KB042505

경찰범죄학

박종철

POLICE CRIMINOLOGY

박영사

머리말

　지금 우리가 살아가고 있는 현대 사회는 과연 과거에 비해 범죄가 증가한 것일까? 아니면 범죄가 감소하고 있는 것일까? 또한 범죄가 감소했다면 그것은 경찰·검찰 등 형사사법기관이 범죄에 대한 대응을 잘해서일까? 아니면 범죄를 유발하는 사회환경적인 요인들이 형사정책적으로 제거되어서일까?

　실로 이와 같이 범죄에 관한 문제들을 하나하나 논하자면 아마 날이 새도 부족할지 모른다. 그만큼 범죄는 단 하나의 요인만으로 발생하는 것도 아니요, 또 범죄 발생 요인을 제거한다고 해서 범죄가 발생하지 않는 것도 아니기 때문이다. 범죄는 그야말로 살아서 움직이는 생물(生物)과 같은 것이고, 범죄는 범죄를 저지르는 대상자와 상황에 따라 천차만별적인 모습을 보여줄 수 있기 때문에 제도적으로 완벽하게 대응하기란 거의 불가능에 가깝다. 그러나 범죄에 대한 관심을 지속적으로 가지고, 시간과 환경을 달리해서 변화하는 범죄에 대한 원인을 분석해 나가면서 진화되는 범죄를 대응해 나간다면 우리 사회는 분명 더 현재보다 행복하고 아름다워질 수 있을 것이다.

　범죄학은 이제 더 이상 순수 학문적인 영역에 머물러 있는 것이 아니다. 전술한 바와 같이 범죄는 진화하고 대응 또한 그에 발맞춰서 변화하기 때문에, 범죄학도 이제는 응용과학, 융합과학이라 불릴만큼 아주 많이 학문적인 발전을 거듭하고 있다. 이는 범죄학뿐만이 아니라 범죄와 관련된 다양한 학문들이 연쇄적으로 반응을 보이고 있기 때문이다.

　대표적으로 대표적인 형사사법기관이라고 할 수 있는 경찰(Police)은 2020년 2월 「형사소송법」이 개정되면서, 그토록 숙원하던 수사에 관한 1차적 종결자 지위를 얻게 되어 명실상부 검찰과 대등한 수준으로 발전하였다. 뿐만 아니라 국가정보원이 독점해오던 대공수사의 영역도 '안보수사'의 이름으로 경찰에 이관되어 경찰은 그야말로 범죄수사의 가장 넓은 영역을 담당하는 기관이 되었다.

이러한 상황에서 출간된 「경찰범죄학」은 범죄학의 한계로 지적되어 온 학문적인 성격을 과감하게 뛰어넘어 융합학문으로의 길을 모색하고자 한다. 범죄와 수사를 아우르는 경찰(Police)을 중심으로 행해지는 각종 범죄의 유형과 원인 및 대책을 총괄적으로 아우름으로써 경찰적 시각에서 본 범죄학을 편찬하고자 하는 것이 저자의 생각이다. 앞으로 경찰은 범죄와 관련한 더 많은 영역에서, 더 많은 범죄를 대응하면서 계속적으로 발전해 나갈 것이다. 이에 발맞추어 「경찰범죄학」도 경찰의 변화에 따라 다양한 모습으로 계속 변신을 시도할 것이다.

본서는 총 3편 14장 57절로 구성되었다. 제1편은 4개의 장으로 구성되었으며, 범죄와 범죄학의 의의 등에 대해 다룬다. 제2편은 4장으로 구성되었으며, 범죄의 유형 등에 대해 다루었다. 제3편은 5개의 장으로 이루어졌으며, 각종 범죄이론과 함께 최신 동향도 소개하였다.

본서는 대학교에서 범죄학을 공부하는 학생들이나, 범죄학에 관심이 있는 사람들에게 범죄에 대한 이해의 폭을 넓히는 데 크게 기여할 수 있도록 내용을 충실하게 기술하였다. 또한 학생들의 학습 편의를 위해 기존의 학술서와 달리 개조식으로 표현하여 내용을 일목요연하게 정리하였다. 나아가 각 단원마다 앞으로의 공무원 등의 시험에 출제가 예상되는 문제를 다수 수록하였고, 부록으로 각종 시험의 기출문제를 자세한 해설과 함께 첨부하였다.

본서가 세상의 빛을 보기까지 정말 많은 분들의 도움이 있었다. 일일이 나열하기는 어렵지만 물심양면으로 많은 도움과 가르침을 주었다. 이 자리를 빌려 진심의 깊은 감사를 올린다. 특히, 남편의 바쁜 삶을 항상 이해하고 도와주는 아내에게 두 손을 모아 감사드리고, 진학을 하는 아들과 딸에게도 고맙다는 말을 전한다. 특히, 올해 한일고등학교 35기로 입학하는 아들 준오가 한일(韓一)이 원하는 세상의 큰 그릇이 되기를 손을 모아 기도한다. 끝으로 본서의 출간을 허락하신 박영사 안종만 회장님, 안상준 대표님을 비롯한 관계자 여러분께도 감사를 올린다.

2021년 겨울
보갑산 기슭 연구실에서
저자 씀

CONTENTS

제2편 범죄유형론

제3편 범죄의 원인

제1편

범죄와 범죄학

제1장 범죄의 의의

제1절 범죄의 개념

1. 범죄의 개념 분류

- 범죄는 상대적이며 다의적인 개념
- 절대적 범죄와 상대적 범죄, 형식적 범죄와 실질적 범죄로 구분

1) 절대적 범죄
① 시대와 국가를 초월하여 절대적으로 적용되는 범죄의 기준은 존재하지 않는다고 보는 입장
② 즉, 일정한 국가의 법질서와 무관한 자연적인 범죄의 기준을 말함

2) 상대적 범죄
① 일정한 국가의 법질서를 통해서 규정된 범죄형식을 기준으로 하는 입장
② 즉, 범죄 인정의 여부가 실정법의 위반에 따라 나눠지며 각 시대와 국가에 따라 다름

3) 형식적 범죄
① 법률상 의미의 범죄로 형벌 법규에 의해 형벌이 부과되는 행위
② 즉, 구성요건에 해당하며 위법하고 유책한 행위를 뜻함(구성요건해당성＋위법성＋책임성)
③ "법률이 없으면 범죄도 없고 형벌도 없다"는 죄형법정주의는 형식적 의미의 범죄를 잘 표현
④ 형벌 법규에 의해 형벌을 과하는 행위

4) 실질적 범죄
① 법 규정과는 관계없이 사회질서에 대한 법익을 침해하는 반사회적 행위
② 그러나 반사회적 행위가 모두 범죄로 규정되는 것은 아님
③ 어떠한 행위를 범죄로 할 것인가에 대한 입법 기준과 한계를 제시했다는 점

에서 "범죄의 형사정책적 의의"라고 함

④ 사회적 유해성 내지 법익을 침해하는 반사회적 행위

> 🜨 **자연적 의미의 범죄**
>
> 시간과 문화를 초월하여 범죄로 인정되는 것(살인, 강간, 절도 등)
> 즉, 법률상 금지와 무관하게 그 자체로 비난받는 범죄행위

2. 일탈과 비행

1) 일탈(deviant)
   ① 특정 사회에서 요구하는 사회규범 및 가치 등의 기준에 따르지 않거나 상반
   되는 행위
   ② 범죄의 개념과 마찬가지로 일탈 행위의 개념도 시대와 국가에 따라 달라지
   는 상대적인 개념

2) 비행(delinquency)
   ① 일상적인 사회규범에서 벗어난 행위, 광의 및 협의의 비행으로 분류
   ② 광의의 비행 : 폭력적인 범죄부터 일반적인 사회규범까지를 포함, 모든 반
   사회적 행위를 포함하는 개념
   ③ 협의의 비행 : 소년비행을 의미, 일반적으로 비행이라고 할 때는 협의의 비
   행을 의미

제2절 ▶ 범죄 정의의 다양한 관점

1. 범죄의 법률적 정의

- 법률적으로 범죄란 법이 요구하는 행위를 고의적으로 하지 않는 행위(부작
  위 행위) 또는 법이 금지하고 있는 행위를 고의적으로 한 행위(작위 행위)
  를 말함
- 이에는 합의론적 관점과 갈등론적 관점이 존재

1) 합의론적 관점
- 법은 사회의 가치·신념·의견의 주류를 반영하는 것이며, 범죄는 법의 위반이자 사회의 전체 요소에 모순되는 행위로 보는 입장

2) 갈등론적 관점
- 범죄는 피지배 집단을 대상으로 지배집단의 지위와 권한을 보호하기 위해 고안된 정치적 산물로 보는 입장

2. 범죄의 비법률적 정의

1) 필요성
① 모든 행위를 법률적으로 규정할 수 없으며, 만약 규정할 경우 과잉 범죄화로 많은 범죄자를 양산
② 범죄의 법률적 정의는 암수범죄가 제외, 범죄로 규정되지 않은 수많은 사회의 위해 초래 행위가 간과될 우려가 큼

2) 접근방법
① 사회-법률적 접근 : 서덜랜드(Sutherland)는 법률의 정의 범주를 넓혀 다양한 반사회적 행위까지 규제할 것을 주장
② 비교문화적 접근 : 셀린(Sellin)은 모든 문화적 집단에서 나타나는 보편적 행위규범이 범죄연구의 초점이라고 주장
③ 통계적 접근 : 윌킨스(Wilkins)는 특정 사회에서 발생하는 행위의 빈도에 초점을 맞추어 정상적 행위와 일탈적 행위를 구분
④ 낙인적 접근 : 베커(Becker)는 집단의 구성원들이 일탈적인 것으로 반응하지 않는 한 어떤 행위라도 일탈적인 것이 아니라고 주장
⑤ 인권적 접근 : 슈벤딩거(Schwendinger) 부부는 모든 사람은 개인이나 국가로부터 안전을 보상받아야 하며, 형법은 이를 보상하고 보호해야 한다고 주장
⑥ 이상향적-무정부주의적 접근 : 테일러(Taylor), 왈튼(Walton), 영(Young)은 범죄와 일탈을 '인간의 다양성'으로 재정의

1. 범죄의 개념에 대한 설명 중 옳지 않은 것은?

① 범죄는 상대적이며 다의적인 개념이다.

② 절대적 범죄는 시대와 국가를 초월하여 절대적으로 적용되는 범죄의 기준은 존재하지 않는다고 보는 입장이다.

③ 상대적 범죄의 입장은 범죄 인정의 여부가 실정법의 위반에 따라 나눠지며 각 시대와 국가에 따라 다르다.

④ "법률이 없으면 범죄도 없고 형벌도 없다"는 격언은 실질적 범죄의 의미를 잘 표현한 것이다.

> **해설**
>
> ④ "법률이 없으면 범죄도 없고 형벌도 없다"는 죄형법정주의는 '형식적 의미의 범죄'를 잘 표현한 것이다.

답 ④

2. 다음 중 형식적 의미의 범죄에 대한 설명 중 옳지 않은 것은?

① 법률상 의미의 범죄로 형벌 법규에 의해 형벌이 부과되는 행위를 의미한다.

② 형식적 범죄는 구성요건에 해당하며 위법하고 유책한 행위를 뜻한다.

③ 죄형법정주의는 형식적 의미의 범죄를 잘 표현한 것이다.

④ 어떠한 행위를 범죄로 할 것인가에 대한 입법 기준과 한계를 제시했다는 점에서 "범죄의 형사정책적 의의"라고 한다.

> **해설**
>
> ④ "범죄의 형사정책적 의의"는 '실질적 의미의 범죄'를 말한다.

답 ④

3. 다음의 설명 중 실질적 의미의 범죄에 해당되는 것은 몇 개인가?

> ㉮ 법 규정과 관계없이 사회질서에 대한 법익을 침해하는 반사회적 행위이다.
>
> ㉯ 형벌 법규에 의해 형벌을 과하는 행위를 말한다.
>
> ㉰ 범죄행위에 대한 입법 기준과 한계를 제시했다는 점에서 "범죄의 형사정책 적 의의"라고 한다.

> ㉣ 일정한 국가의 법질서와 부관한 자연적인 범죄의 기준을 말한다.

① 1개   ② 2개

③ 3개   ④ 4개

해설 ▶
- -

② 2개
㉡ 형벌 법규에 의해 형벌을 과하는 행위는 '형식적 범죄'를 뜻한다.
㉣ 일정한 국가의 법질서와 부관한 자연적인 범죄의 기준을 말하는 것은 '절대적 범죄'이다.

답 ②

4. 다음의 설명에서 뜻하는 의미의 범죄는 무엇인가?

> 살인, 강간, 절도 등 시간과 문화를 초월하여 범죄로 인정되는 것을 말한다.

① 자연적 의미의 범죄

② 절대적 의미의 범죄

③ 형식적 의미의 범죄

④ 실질적 의미의 범죄

해설 ▶
- -

① 시간과 문화를 초월하여 범죄로 인정되는 것, 즉 법률상 금지와 무관하게 그 자체로 비난받는 범죄행위는 '자연적 의미의 범죄'를 말한다.

답 ①

5. 일탈과 비행에 대한 설명 중 옳지 못한 것은?

① 일탈은 특정 사회에서 요구하는 사회규범 및 가치 등의 기준에 따르지 않거나 상반되는 행위를 말한다.

② 비행은 일상적인 사회규범에서 벗어난 행위로써, 광의 및 협의의 비행으로 분류할 수 있다.

③ 광의의 비행은 폭력적인 범죄부터 일반적인 사회규범까지를 포함하나, 모든 반사회적 행위를 포함하는 것은 아니다.

④ 일탈은 범죄의 개념과 마찬가지로 일탈 행위의 개념도 시대와 국가에 따라 달라지는 상대적인 개념이다.

해설 ▶
- -

③ '광의의 비행'은 폭력적인 범죄부터 일반적인 사회규범까지를 포함하나, 모든 반사회적

행위를 포함하는 개념이다.

답 ③

6. 범죄 정의에 대한 다양한 관점 중 옳은 것은 몇 개인가?

> ㉮ 범죄는 법률적 정의와 비법률적 정의로 나눌 수 있다.
> ㉯ 범죄의 법률적 정의는 부작위 행위와 작위 행위를 말하며, 이에는 합의론적 관점과 갈등론적 관점이 존재한다.
> ㉰ 범죄의 비법률적 정의의 필요성은 모든 행위를 법률적으로 규정할 수 없으며, 만약 규정할 경우 과잉 범죄화로 많은 범죄자를 양산할 수 있기 때문이다.
> ㉱ 범죄 정의에 관한 접근 방법 중 사회 – 법률적 접근, 비교문화적 접근, 통계적 접근 등은 비법률적 정의에 관한 것이다.

① 1개   ② 2개
③ 3개   ④ 4개

해설

④ 모든 지문이 정답이다.

답 ④

7. 범죄의 법률적 정의에 관한 설명 중 옳지 않은 것은?

① 법률적으로 범죄란 법이 요구하는 행위를 고의적으로 하지 않는 행위(작위 행위)와 법이 금지하고 있는 행위를 고의적으로 한 행위(부작위 행위)를 말한다.
② 범죄의 법률적 정의는 합의론적 관점과 갈등론적 관점으로 구분할 수 있다.
③ 합의론적 관점은 법은 사회의 가치 · 신념 · 의견의 주류를 반영하는 것이며, 범죄는 법의 위반이자 사회의 전체 요소에 모순되는 행위로 보는 입장이다.
④ 갈등론적 관점은 범죄는 피지배 집단을 대상으로 지배집단의 지위와 권한을 보호하기 위해 고안된 정치적 산물로 보는 입장이다.

해설

① '부작위 행위'는 법이 요구하는 행위를 고의적으로 하지 않는 행위를 말하며, 법이 금지하고 있는 행위를 고의적으로 한 행위는 '작위 행위'를 뜻한다.

답 ①

8. 범죄의 비법률적 정의의 접근방법에 대한 설명 중 옳지 않은 것은?

① 사회-법률적 접근은 법률의 정의 범주를 넓혀 다양한 반사회적 행위까지 규제할 것을 주장한다.

② 비교문화적 접근은 범죄와 일탈을 '인간의 다양성'으로 재정의하였다.

③ 인권적 접근은 모든 사람은 개인이나 국가로부터 안전을 보장받아야 하며, 형법은 이를 보장하고 보호해야 한다고 주장한다.

④ 낙인적 접근은 집단의 구성원들이 일탈적인 것으로 반응하지 않는 한 어떤 행위라도 일탈적인 것이 아니라고 주장한다.

> 해설 ▶
>
> ② '비교문화적 접근'은 모든 문화적 집단에서 나타나는 보편적 행위규범이 범죄연구의 초점이라고 주장하였다. 범죄와 일탈을 '인간의 다양성'으로 재정의한 것은 '이상향적-무정부주의적 접근'이다.
>
> 답 ②

제2장 범죄학의 의의

제1절 범죄학의 의의

1. 범죄학의 개념

- 범죄학(Criminology)이라는 용어는 1879년 프랑스의 '또미나르'에 의해 최초로 사용
- 1885년 이탈리아의 가로팔로(Garfalo)가 본격적으로 사용됨

1) 가로팔로(Garofalo)

① 정의 : 범죄의 현상과 원인 규명을 주된 내용으로 하는 사실학·경험과학
② 가로팔로는 자연범의 개념을 인정하여 범죄학을 국가마다 다른 법체계로부터 독립
③ 가로팔로의 범죄학 개념은 규범 학문인 '형법학'과 정책 학문인 '형사정책'을 구별하게 하는 기초를 마련

2) 서덜랜드(Sutherland)

① 정의 : 사회현상으로서의 비행 또는 범죄에 대한 지식의 총체
② 범죄학은 법의 제정과정과 범법 과정 및 범법에 대한 반응
③ 이는 '범죄원인학'과 '행형학(Penology)'으로 구성

3) 서덜랜드(Sutherland)와 크레시(Cressey)

① 정의 : 범죄를 사회적인 현상으로 간주하는 지식체계
② 범죄학의 궁극적인 목적은 법·범죄·대응의 조치와 관련된 여러 가지 과정들에 대한 일반적이고 신뢰할 수 있는 원칙들을 확립하는데 있음
③ 범죄학을 법의 기원과 발달에 대한 '법사회학', 범죄의 원인을 규명하는 '범죄병리학', 범죄에 대한 사회학적 반응인 '행형학'으로 분류

4) 윌리엄스(Williams)

① 정의 : 사회현상으로서의 비행과 범죄에 대한 지식의 체계

② 범죄학은 범죄행위와 그에 대한 사회의 반응에 대한 과학적인 접근

5) 기번스(Gibbons)

① 정의 : 법의 제정과정과 범법행위에 대한 대응체제인 형사사법제도, 법의 기원, 범죄량과 그 분포, 범죄의 원인을 연구하는 학문

6) 이만종(2002)

① 정의 : 사회현상으로서의 비행과 범죄에 대한 지식의 체계로서 범죄행위와 그에 대한 사회의 반응에 관한 연구의 과학적 접근이자 종합과학

② 범죄학을 형사학의 한 분야로 규정

③ 범죄학의 주요 주제를 범죄현상론, 범죄원인론, 범죄학이론으로 한정시켜 범죄원인론에 중점

7) 천정환(2006)

① 정의 : 범죄원인론, 현상론, 대책론을 연구과제로 하는 학문

② 범죄학의 정의에 대해 광의적인 입장

8) 전대양(2017)

① 정의 : 범죄와 범죄자에 대한 과학적 연구이며, 이를 통하여 범죄의 예방과 진압 그리고 범죄자의 처우에 기여하는 학문

② 본질적으로 범죄학은 범죄와 범죄자에 초점을 둔 좁은 개념

③ 그러나 범죄가 매우 다양하고 범죄와 관련있는 사회현상들이 복잡하기 때문에 그 연구범위는 매우 광범위

2. 범죄학의 세 가지 관점

1) 합의론적 관점

① 범죄란 다수의 사람이 동의 또는 합의하고 있는 일반 사회의 가치에 반하는 행위

② 여기서 합의는 법에 의해 금지된 행위를 하는 경우 범죄가 성립되어 처벌을 받는 것에 대한 동의를 의미

③ 즉, 범죄는 법률 및 사회 신념·가치 등의 다수가 합의한 제도·요소를 위반하는 행위라고 보는 관점

④ 형법은 모든 계층의 사람들에게 균등하게 적용('법 앞에 평등')되는 것과 연관

⑤ 학자 : 서덜랜드(Sutherland), 크레시(Cressey)

2) 갈등론적 관점

① 범죄란 지배계층(권력자)의 권력과 지위를 강화하기 위해 피지배계층(피권력자)의 희생(통제)시키는 수단 및 정치적 개념

② 형법은 피지배계층의 분노가 지배계층에 이르지 못하도록 막는 도구에 그침

③ 실제 거액을 횡령한 화이트칼라범죄자보다 강·절도 등 '거리의 범죄자'가 더 큰 처벌을 받는다고 주장

④ 모든 사람에게 평등해야 할 형법이 실제로는 지배계층(권력자)의 특권과 지위를 보호하고 있다고 보는 관점

3) 상호작용론적 관점

① 범죄란 특정 권력자들의 기준과 관점에서 규정된 사회규범을 위반하여 낙인찍힌 행위

② 즉, 범죄는 본질적으로 악하기보다 사회의 낙인 내지 정의로 인해 불법적인 행위가 됨('낙인이론'에 많은 영향)

③ 베커(Becker) : 일탈자는 성공적으로 낙인찍힌 사람이고, 일탈행위는 사람들이 그렇게 낙인찍은 행위이다.

④ 범죄는 어떤 실체가 존재하지 않으며, 사람·제도 등은 해석에 따라 다양한 평가가 가능

⑤ 학자 : 미드(Mead), 쿨리(Cooley), 토마스(Thomas)

3. 범죄학의 종합적인 특성

① 범죄학은 다른 학문과는 상이한 학문적 관점을 가진 학자들에 의해 또는 학자들 간의 공동연구를 통해 연구되는 학문

② 물론 사회학이 범죄학의 연구를 주도하여 왔지만, 생물학자와 의학자들은 범죄행위의 유발요인을 범죄자의 신체적 특성을 통해 연구

③ 심리학자와 정신건강 전문가들은 범죄의 원인을 정신적 건강에, 역사학자나 정치학자들은 법의 역사나 범죄개념의 진화에 초점

④ 그 외에도 자연과학자들은 자신들의 학문적 관점에도 범죄를 연구

⑤ 따라서 범죄학은 다양한 학문적 분야가 자신의 관점에서 독립적인 연구와 공동의 연구를 진행하는 복수적인 특성과 종합적인 특성을 가짐

⑥ 그러나 범죄학이 과학적 방법, 과학적 접근, 과학적 태도를 활용한 이론적 개념화 및 조직적 자료의 집합 측면에서 독립된 학문분야라고 주장하는 견해도 존재(울프강 & 페라구티)

제2절 범죄학의 역사

1. 근대이전 범죄학

- 19세기 후반에 태동한 과학적이고 실증적인 연구 이전의 범죄학
- 형벌을 통한 고통 부과가 범죄방지의 기본적 수단

1) 고대시대

① 범죄인은 귀신이 들어 신의 저주를 받은 것으로 생각하여 귀신론적 접근(demonolgy)으로 범죄지 치료

② 즉, 귀신을 쫓아내는 의식을 치르거나 실제 머리에 구멍을 뚫어 귀신을 나가게 하는 주술적 방법(천두술, Trephine) 성행

2) 중세시대

① 범죄자를 마녀 또는 악마의 기운이 깃들린 사람으로 생각하여 종교적인 접근을 통해 범죄자 대응

② 즉, 범죄자는 죄를 범한 마귀이므로 종교재판의 대상이 되기도 하였고, 마귀를 쫓기 위한 다양한 고문·주술·화형 등이 성행

③ 마녀재판 : '정의가 힘을 부여해준다'는 생각으로 범죄자의 유무죄를 판단하는 방법인 '시죄법(trial by ordeal)' 등장(예 끓는 물에 사람 던지기 몸을 묶어 호수에 던지기·불에 달군 돌 위를 걷기 등)

2. 고전주의 범죄학

1) 특 징

① 18세기 후반에 나타난 고전학파(Classical criminology)는 범죄예방을 위해

　　　범죄에 상응한 형벌의 부과를 주장
② 범죄행위 자체도 자유의지를 가진 인간이 위험과 보상을 계산하여 실행한 선택적인 행위임
③ 범죄자에 대한 처벌은 필요하나 불필요한 고통을 야기시키는 확대 금지
④ 형벌은 엄격하고 확실하며 신속할수록 범죄 통제 가능성 높음

2) 주요 학자

① 베까리아(Beccaria)
- '현대 범죄학의 아버지'로 불리며, 「범죄와 형벌」을 저술
- 범죄는 사회에 해악을 끼치는 행위로 국한해야 한다고 주장
- 인간은 자유의지를 가지고 자신들의 행위를 선택한다는 가정을 두고 '12가지 개혁안' 제시

> **⊗ 베까리아(Beccaria)의 12가지 개혁안(「범죄와 형벌」)**
> ㉠ 법은 사회계약 유지를 위해서만 사용되어야 한다.
> ㉡ 국회의원만이 법을 만들 수 있다.
> ㉢ 판사는 법률에 따라 형벌을 부과해야 한다.
> ㉣ 판사는 법을 해석해서는 안 된다.
> ㉤ 처벌은 쾌락과 고통의 원리에 근거하여야 한다.
> ㉥ 형벌은 행위자에게 근거하는 것이 아니라 행위에 근거하여야 한다.
> ㉦ 형벌은 범죄에 따라 결정되어야 한다.
> ㉧ 처벌은 신속하고 효과적이어야 한다.
> ㉨ 모든 사람은 평등하게 대접받아야 한다.
> ㉩ 사형은 폐지되어야 한다.
> ㉪ 자백을 얻기 위한 고문은 금지되어야 한다.
> ㉫ 범죄를 처벌하는 것보다 범죄를 예방하는 것이 더욱 좋다.

② 하워드(Howard)
- '감옥 개량 운동의 선구자'로 불리며, 「감옥상태론」을 저술
- 감옥이 징벌 장소가 아닌 개선 장소가 되어야 한다고 주장
- 이를 위해 수형자의 인권 및 건강 유지, 연령과 성별에 따라 분리 수용, 안전한 구금시설 확보 및 노동조건 개선 요구

③ 벤담(Bentham)

- '최대 다수의 최대 행복'의 공리주의 사상을 기반
- 처벌을 통해 범죄를 억제할 수 있다고 주장
- 범죄는 범죄로 인한 기쁨이 처벌의 고통을 능가할 때 발생('행복지수계산법')
- 그러므로 형벌은 범죄로 인해 얻을 수 있는 기쁨 및 이익 등을 초과할 정도의 부과하는 것이 적당
- 공리주의적 형벌관에 기초하여 '파놉티콘 감옥(Panopticon)' 건축양식 고안

3) 평가와 비판

① 평가

- 자의적이고 악랄한 형사사법 실태의 고발
- 야만적인 형사사법제도의 주도적 개편 및 형벌 집행의 합리화·객관화
- 범죄 현상을 이해하는 데 가장 지배적인 견해로 평가

② 비판

- 법률의 공정성에 대한 의문 불제기, 획일적인 법률의 집행만을 주장
- 범죄예방을 위한 처벌의 중요성 외 범죄자 저우 및 교화개선에는 부적합
- 자유의지를 가진 존재라는 인간의 본성에 대한 논증 못함
- 사법기관의 재량성 남용 억제에 매몰, 형벌 부과의 융통성 결여

3. 실증주의 범죄학

1) 특 징

① 19세기 후반에 등장하여 고전주의 범죄학을 정면으로 반박

② 인간은 본래의 생물학적, 심리학적 요인이나 환경 등 사회학적 요인에 의해 범죄를 저지름

③ 그러므로 범죄행위보다는 범죄자에게 중점을 둔 범죄예방이 중요

④ 범죄자가 가진 개별적인 범죄요인의 제거가 범죄통제 효과적

2) 주요 학자

① 롬브로조(Lombroso)

- '근대 범죄학의 아버지'로 불리며, 「격세유전설」 및 「생래적 범죄인설」을

주장

- 격세유전설(atavistic heredity) : 진화과정에서 없어진 고대 인간의 원시성 및 야만성 등 유전적 특성이 많은 세대를 뛰어넘어 나타나는 것을 의미(진화과정의 초기 단계로 역행)
- 생래적 범죄인설(born criminal) : 태어날 때부터 범죄자의 신체적 특징과 성향(격세유전적 징후)을 더 많이 가지고 태어나 범죄자로 운명 지워진 존재

> ### 🔗 생래적 범죄인의 특징
>
> ㉠ 신체적 특징 : 작은 뇌, 두꺼운 두개골, 큰 턱, 좁은 이마, 큰 귀, 비정상적인 치아 배열, 매부리코, 긴 팔
> ㉡ 정신적 특징 : 도덕감각 결여, 잔인성, 충동성, 태만, 낮은 지능, 고통의 둔감

② 페리(Ferri)
- '범죄 포화의 법칙'을 주장, 「범죄사회학」을 저술
- 범죄의 발생에는 물리적, 인류학적, 사회학적 요인이 작용한다고 주장
- 범죄 포화의 법칙(low of criminal saturation) : 위 세 가지 요인이 얽힌 사회는 일정량의 범죄가 반드시 발생
- 범죄자의 처벌에 대해 5가지 유형으로 분류

> ### 🔗 범죄자의 처벌 5가지 유형
>
> ㉠ 생래성 범죄자 : 무기한 격리
> ㉡ 정신병적 범죄자 : 정신병원 수용
> ㉢ 상습 범죄자 : 개선 가능자는 훈육과 치료, 개선 불가능자는 무기한 격리
> ㉣ 우발성 범죄자 : 중범죄는 부정기형, 경범죄는 손해배상
> ㉤ 격정성 범죄자 : 엄격한 손해배상과 강제이주

③ 가로팔로(Galofalo)
- '자연범과 법정범'의 구별을 주장
- 범죄행위의 원인을 도덕적 변종(moral anomalies)에서 찾음

- 그러므로 형벌은 범죄자가 타인을 위해할 수 없도록 고안되어야 함

④ 고링(Goring)
- 롬브로조의 견해를 정면으로 반박
- 범죄자와 정상인 비교연구에서 격세유전의 신체적 징후 불발견
- 범죄는 신체적인 변형이 아닌 유전적인 열등성에 기한 것이라고 주장

⑤ 케틀레(Quetelet)와 게리(Guerry)
- 고전학파의 자유의지 이론을 처음으로 반박, 「사회물리학」을 저술
- 사회환경적 요인들이 범죄의 발생과 연관 관계에 있음을 주장
- 범죄학 연구에 통계를 사용, 범죄 현상의 규칙성을 증명(제도학파)

⑥ 타르드(Tarde)
- '모방의 법칙(laws of imitation)'을 주장, 범죄자가 되는 과정 설명
- 모방의 3가지 법칙 : 거리의 법칙, 방향의 법칙, 삽입의 법칙

> 🔗 **모방의 3가지 법칙**
> ㉠ 거리의 법칙 : 한 개인은 그가 접촉하는 사람들의 빈도와 강도에 따라 다른 사람들을 모방한다.
> ㉡ 방향의 법칙 : 사회적 지위가 열등한 사람은 우월한 사람을 모방한다.
> ㉢ 삽입의 법칙 : 살인자의 흉기가 칼에서 총으로 바뀐 것처럼 두 가지의 행위 패턴이 상충될 때, 하나가 다른 하나를 대체한다.

⑦ 뒤르캠(Durkheim)
- '아노미(Anomie)'를 주장, 「자살론」을 저술
- 심각한 불경기, 정치적 위기, 급격한 사회변동 및 불안정한 사회환경이 무규범 상태인 아노미를 유발하고 자살률을 높임
- 범죄는 사회문화구조 상의 모순에 기인한다고 주장

3) 평가와 비판

① 평가
- 생물학적 · 심리학적 · 사회학적 연구의 3가지 주류로 발전
- 생물학적 결정론 : 롬브로조를 중심, 가계 · 쌍생아 · 체격형과 범죄 관계 연구
- 심리학적 결정론 : 정신박약 및 정신이상과 범죄 관계 연구

- 사회학적 결정론 : 범죄통계 분석 및 사회적 요소와 범죄 관계 연구
- 인간의 행태를 과학적 방법을 통해 경험 증거를 제시하려 노력했다는 점에서 높은 평가
- 범죄통계를 통해 사회 현상 파악, 추후 미국 범죄사회학 발전에 큰 기여
② 비판
- 소수 집단을 연구 대상으로 삼아 일반화 시도, 연구방법론상 결함
  범죄원인을 분석함에 있어 범죄자의 간접적인 환경적 영향 고려 미미
  후천적으로 사회화되는 과정에서 발생하는 범죄 현상 설명 못함

4) 고전주의 학파와 실증주의 학파의 비교
① 고전주의 학파
- 사람들은 자유의지를 가진 존재, 자신의 선택에 따라 범죄를 실행
- 인간의 본성은 쾌락을 추구, 범죄는 매력적이며 이익을 가져오므로 범죄 행동을 행함
- 범죄의 통제 및 억제를 위해서는 사회 전체의 대응과 보복이 필요(범죄행위에 관심)
- 사회의 보복인 형벌을 통해 범죄 행동의 욕망 억제
- 형벌의 부과는 엄격하고, 확실하고, 신속해야 함
- 가장 확실한 범죄예방은 범죄자에 대한 형벌 부과
② 실증주의 학파
- 인간의 행동은 생물학적·심리학적·사회학적 특성이 복잡하게 작용
- 범죄의 원인은 범죄자가 개인적으로 가지는 신체적·심리적·사회적 요인
- 범죄행위보다 범죄자에게 더욱 많은 관심
- 범죄의 원인 파악 및 해결에 과학적인 방법 사용(통계분석 등)
- 효과적인 범죄통제는 개별 범죄자가 가진 범죄요인의 제거

※ 고전주의 학파와 실증주의 학파의 비교

구분 \ 학파	고전주의 학파	실증주의 학파
시 대	18~19세기	19~20세기
대표학자	베까리아, 하워드, 벤담 등	롬브로조, 페리, 가로팔로 등
전 제	의사비결정론	의사결정론
범죄원인	자유의사	신체적 · 심리적 · 사회적 요인
관 점	범죄행위	범죄자
수 단	사법제도(형벌)	과학적 방법(통계분석)
목 적	일반예방	특별예방

4. 사회학적 범죄학

1) 특 징

① 20세기 초기 미국의 범죄사회학은 실증주의의 큰 영향을 받음

② 산업의 발달과 인구의 증가는 범죄사회학의 발달을 촉진

③ 특히, 범죄연구에 각종 통계를 접복한 케틀레(Quetelet)와 사회구조상의 모순을 범죄와 연관 지은 뒤르캠(Durkheim)의 영향이 큼

2) 주요학자

① 파크(Park) & 버제스(Burgess)

- 시카고 지역을 대상, 도시 성장과 사회 계층의 공간적 분화과정을 5개의 원으로 나누어 연구(동심원 이론)

- 인구 이동이 많고 도심에 가까운 '점이 지대'에서 범죄가 가장 많이 발생, 교외지역으로 갈수록 범죄 감소

> ◈ **동심원 단계**
>
> 제1지대 도심 지대, 제2지대 점이 지대, 제3지대 저소득층 지대,
> 제4지대 중산층 지대, 제5지대 교외지구

② 쇼우(Shaw) & 맥케이(Mckay)

- 동심원 이론을 활용해 사회해체에 초점을 둔 생태학적 연구를 시도

- 사회해체는 사회제도의 통제능력을 약화시켜 높은 범죄율 발생 증명
③ 트레이서(Thrasher)
- 청소년 갱(gang) 연구를 통해 심층현장조사의 중요성 인식

3) 사회과정이론의 대두
① 1930~40년대에는 범죄요인에 사회심리학적 요인을 접목
② 빈곤과 사회해체 만을 범죄발생 요인으로 보기에는 불충분하다고 인식
③ 서덜랜드(Sutherland) : 범죄는 운동 및 운전과 같이 학습되는 행위라고 주장
④ 레클리스(Reckless) : 범죄는 스스로 비행을 통제할 수 있는 자아상을 형성하지 못했기 때문이라 주장

4) 갈등범죄학의 등장
① 산업자본주의 성장기에 만연했던 자본가와 노동자의 관계 조명
② 범죄는 자본가 계급(부르주아)의 노동자 계급(프롤레타리아) 착취가 원인, 계급 간 갈등이 범죄 발생 요인이 됨
③ 마르크스(Marx) : 「공산당선언」에서 억압된 노동조건 지적, 이와 같은 자본주의 경제적 모순이 범죄률 증가를 초래하는 원인이라 주장

5. 현대이후 범죄학

1) 특 징
① 1970~80년대를 기점으로 범죄학의 관심사 변화, 범죄유발 요인보다는 범죄자의 처벌에 더욱 관심
② 즉, 상습 범죄자에 대한 통제 및 억제에 더 많은 연구
③ 그러나 범죄는 개인이 통제 불가능, 학교·가족·지역사회의 협력이 더욱 중요하다고 인식(범죄학의 이념적 복수성)

2) 최근의 변화
① 형사사법 영역에서 배제되었던 '범죄피해자'에 대한 관심 부각 및 연구 활발
② 범죄피해에 관한 두려움 연구, 피해자조사를 통한 범죄통계분석, 피해자와 가해자의 관계, 범죄자와 피해자의 개인적 특성 연구, 범죄 발생에 있어서 피해자의 책임 연구 등도 진행

③ 형사정책의 보수화 경향, 범죄피해자 중심의 형사정책의 영향

제3절 범죄학의 연구 필요성 및 연구방법

1. 범죄학의 연구 필요성

1) 범죄 실태의 파악
① 범죄가 사회계층별, 연령별, 성별, 지역별 등 각 기준에 따라 사회적으로 어떻게 분포되고 있는지 그 실태를 연구하는 것이 필요
② 어떤 유형의 사람이 무슨 범죄에 대하여 어떠한 조건으로 어느 정도의 공포를 느끼는지를 파악하는 것은 중요

2) 범죄 원인의 분석
① 범죄는 유형별로 범행의 동기, 성격, 수법, 범죄자의 속성 등 거의 모든 면에서 많은 차이가 존재
② 그러므로 범죄의 원인을 규명함에서도 일반론 뿐만 아니라 특정 범죄자의 특정한 범행을 규명할 수 있는 개별적인 범죄 원인의 분석도 필요

3) 범죄통제 방안의 수립
① 범죄통제를 위한 사회적 대책은 범죄문제의 발생을 예방하는 것과 이미 발생한 범죄사건에 대한 사후 대응으로 나뉨
② 범죄피해에 따른 과다한 비용, 피해회복의 불가능, 범죄자의 처리와 개선의 비용 및 어려움을 고려해볼 때, 범죄의 통제는 사전예방을 우선해야 함

4) 범죄자 교정과 피해자의 보호
① 범죄의 악순환을 벗어나기 위해서는 범죄자 자신의 각오와 노력, 경찰에서의 검거율의 증진, 검찰의 적정한 기소권의 행사, 재판 단계에서의 양형의 합리화, 교정단계에서의 철저한 교정교화 활동 및 사회의 따뜻한 포용력이 필요
② 최근에는 범죄행위를 가해자와 피해자가 상호 작용하여 만들어 낸 것으로 보는 범죄 피해자학이 강조

2. 범죄학의 연구방법

1) 질적 연구방법
  ① 사례 · 생애사 연구
  − 미시 범죄학적 관점이며, 하나 또는 몇 개의 대상에 대한 깊이 있는 정밀조
    사를 목표
  − 예로 대상자의 일기 · 편지 · 자서전 · 전기 등을 분석
  − 단, 연구자의 편견이 개입될 우려가 있으며, 수집된 자료의 부정형성이 문제
  ② 참여관찰법
  − 의의 : 연구자 스스로 범죄 또는 비행집단 내에 들어가 그들과 같은 조건으
    로 생활하면서 그들의 범죄 동기와 제반 활동을 직접 관찰 · 기록하는 방법
  − 장점 : 관찰대상의 배경 및 상황에 대한 살아있는 정보를 얻을 수 있음
  − 단점 : 연구자의 주관적 편견 개입에 따른 사실 왜곡의 우려와 연구자에 의
    해 실제 범죄가 발생할 위험 존재
  ③ 추적조사
  − 의의 : 범죄자를 일정 기간 추적하면서 사회적인 환경 변화를 분석하여 범
    죄 원인을 규명하는 방법
  − 장점 : 사실관계를 정확하게 밝힐 수 있음
  − 단점 : 연구에 오랜 시간과 큰 비용이 소요

2) 양적 연구방법
  ① 설문조사(survey)
  − 의의 : 특정 집단을 대상으로 면접이나 설문조사를 통해 자료를 수집하는
    방법
  − 종류
    ㉠ 대인면접법 : 면접자가 응답자를 직접 대면하여 설문을 시행하고 자료
      를 수집
    ㉡ 전화설문법 : 면접자가 전화로 응답자에게 설문을 시행하고 자료를 수집
    ㉢ 우편설문법 : 설문지를 우편으로 응답자에게 발송하고 응답자가 설문에
      응답한 후 연구자에게 설문지를 우송하여 자료를 수집

       ⓔ 전자설문법 : 응답자의 인터넷 메일 또는 모바일(카톡 · 문자 등)로 설문을 발송하고 응답자가 설문에 응답하여 자료를 수집

- 장점

       ㉠ 직접 관찰이 어려운 사회현상에 대한 자료수집이 가능

       ㉡ 큰 규모의 표본 이용 조사가 가능

       ㉢ 자료수집이 상대적으로 용이

       ⓔ 통계분석이 가능하여 연구결과의 일반화 높음

- 단점

       ㉠ 설문지 개발에 시간과 노력이 많이 필요

       ㉡ 사회현상에 대한 깊이 있는 연구의 어려움

② 표본집단조사법

- 의의 : 범죄자 중 표본집단과 정상집단 중 대조집단을 추출하여 양 집단을 비교 · 분석하는 연구

- 종류

       ㉠ 자기보고식 조사 : 자신의 과거 범죄행위에 관해 묻거나 설문하여 범죄를 밝혀내는 방법

       ㉡ 범죄피해자 조사 : 범죄피해자를 통해 범죄를 파악하는 방법

       ㉢ 정보제공자 조사 : 법 집행 기관에 알려지지 않은 범죄 또는 비행을 알고 있는 자에게 보고토록 하는 방법

- 장점 : 조사대상이 넓으므로 개별조사보다는 신뢰도가 높음

- 단점 : 대량관찰법보다는 객관성이 떨어지고 인과관계 설명이 어려움

③ 공식통계조사법

- 의의 : 특정 국가 또는 단체 등에서 발간하는 공식적인 범죄 관련 통계를 분석하는 연구

- 장짐

       ㉠ 범죄나 범죄자의 일반적인 경향 파악 유용

       ㉡ 객관성이 가장 높아서 치안 수요 예측이 가능

- 단점

       ㉠ 암수범죄 파악 어려움

      ⓛ 범죄의 질적인 특성 파악 비교 불가

      ⓒ 각 국가 간 통계 비교 어려움

④ 실험연구

   – 의의 : 실험연구는 실험을 통해 자료를 수집하고 분석하는 연구

   – 장점

      ㉠ 연구 목적과 관련 있는 변수만을 선정하여 요소 간의 인과관계를 집중 분석 가능

      ⓛ 연구자가 원하는 방향으로 실험 조건 변경 진행 가능

      ⓒ 반복적 연구가 가능하여 연구의 보편성을 향상

   – 단점

      ㉠ 현실적인 한계에 따른 연구결과의 일반화의 무리

      ⓛ 인간의 가치와 윤리적 측면이 결여된 실험 등

      ⓒ 연구자가 실험 상황을 인위적으로 조작할 수 있기 때문에 외적 타당도 낮음

3) 기타 연구방법

① 코호트 분석

   – 의의 : 공통의 생애 경험을 중시하는 일련의 분석기법

   – 코호트(cohort)는 로마 군대조직을 가리키는 말로, 코호트가 학문적으로 사용되기 된 계기는 인구학의 발전과 관련

   – 인구학에서 코호트는 일정한 지리적 공간에 존재하는 인구 가운데 특정한 기간 유의미한 생애 경험을 공유하는 사람들을 말함

   – 가장 대표적인 형태가 출생(出生)으로, 특정한 기간 내 태어난 사람들을 '출생 코호트'라고 함

   – 오늘날 '코호트' 용어는 사회과학 뿐 아니라 의학 및 자연과학에서도 널리 사용됨

1. 범죄학의 개념에 관한 설명으로 옳지 않은 것은?

① 범죄학이라는 용어는 1879년 프랑스의 '또미나르'에 의해 최초로 사용되었다.

② 가로팔로(Garofalo)는 범죄학의 개념을 규범 학문인 '형법학'과 정책 학문인 '형사정책'을 구별하게 하는 기초를 마련하였다.

③ 범죄학의 용어는 이탈리아의 롬브로조(Lombroso)에 의해 본격적으로 사용되었다.

④ 서덜랜드(Sutherland)는 범죄학을 '사회현상으로서의 비행 또는 범죄에 대한 지식의 총체'로 개념지었다.

> **해설**
> ③ 범죄학의 개념은 1885년 이탈리아의 가로팔로(Garfalo)가 본격적으로 사용되었다.
>
> 답 ③

2. 다음의 범죄학의 개념에 관한 학자의 주장과 옳은 것은 몇 개인가?

> ㉮ 서덜랜드(Sutherland)는 범죄학을 '범죄원인학'과 '행형학'으로 분류하였다.
> ㉯ 가로팔로(Garofalo)는 범죄학을 '형법학'과 '형사정책'으로 분류하였다.
> ㉰ 이만종은 범죄학을 형사학의 한 분야로 규정하였다.
> ㉱ 윌리엄스(Williams)는 범죄학의 개념에 대해 형사사법제도, 법의 기원, 범죄량과 그 분포, 범죄의 원인을 연구하는 학문이라 하였다.

① 1개   ② 2개

③ 3개   ④ 4개

> **해설**
> ㉱ 범죄학의 개념에 대해 형사사법제도, 법의 기원, 범죄량과 그 분포, 범죄의 원인을 연구하는 학문이라 정의한 사람은 '기번스(Gibbons)'이다.
>
> 답 ③

3. 범죄학의 관점에 대한 설명 중 옳지 않은 것은?

① 범죄학은 합의론적 관점, 갈등론적 관점, 상호작용론적 관점 등 세 가지 관점으로 구분된다.

② 합의론적 관점은 범죄를 다수의 사람이 동의 또는 합의하고 있는 일반 사회의 가치에 반하는 행위로 보며, 범죄는 어떤 실체가 존재하지 않는 것으로 본다.

③ 갈등론적 관점은 실제 거액을 횡령한 화이트칼라범죄자보다 강·절도 등 '거리의 범죄자'가 더 큰 처벌을 받는다고 주장하며, 형법은 피지배계층의 분노가 지배계층에 이르지 못하도록 막는 도구에 그친다고 비판한다.

④ 상호작용론적 관점은 범죄를 본질적으로 악하기보다 사회의 낙인 내지 정의로 인해 불법적인 행위가 되는 것으로 보는 입장이다.

> **해설**
> ② 범죄는 어떤 실체가 존재하지 않으며, 사람·제도 등은 해석에 따라 다양한 평가가 가능하다고 보는 입장은 '상호작용론적 관점'이다.
>
> 답 ②

4. 형법이 모든 계층의 사람들에게 균등하게 적용되어야 한다('법 앞에 평등')는 관점과 같은 설명은?

① 범죄는 법률 및 사회 신념·가치 등의 다수가 합의한 제도·요소를 위반하는 행위라고 보는 관점이다.

② 범죄란 지배계층(권력자)의 권력과 지위를 강화하기 위해 피지배계층(피권력자)의 희생(통제)시키는 수단 및 정치적 개념이다.

③ 범죄란 특정 권력자들의 기준과 관점에서 규정된 사회규범을 위반하여 낙인찍힌 행위이다.

④ 대표적인 학자로는 미드(Mead), 쿨리(Cooley), 토마스(Thomas) 등이 있다.

> **해설**
> ① '법 앞의 평등'과 연관된 관점은 '합의론적 관점'이며, 대표적인 학자로는 서덜랜드(Sutherland)와 크레시(Cressey) 등이다.
> ② 갈등론적 관점
> ③④ 상호작용론적 관점
>
> 답 ①

5. 범죄학의 특성에 관련한 설명 중 옳은 것은?

> ㉮ 범죄학은 다른 학문과는 상이한 학문적 관점을 가진 학자들에 의해 또는 학자들 간의 공동연구를 통해 연구되는 학문이다.
>
> ㉯ 심리학자와 정신건강 전문가들은 범죄의 원인을 정신적 건강에, 역사학자나 정치학자들은 법의 역사나 범죄개념의 진화에 초점을 두었다.
>
> ㉰ 사회학이 범죄학의 연구를 주도하여 왔지만, 생물학자와 의학자들은 범죄행위의 유발요인을 범죄자의 신체적 특성을 통해 연구하였다.
>
> ㉱ 범죄학은 다양한 학문적 분야가 자신의 관점에서 독립적인 연구를 진행한다는 측면에서 학문의 특성은 독립적이다 할 수 있다.

① 1개 ② 2개
③ 3개 ④ 4개

해설 ┈┈┈┈┈┈┈┈┈┈┈┈┈┈┈┈┈┈┈┈┈┈┈┈┈┈┈┈┈┈┈┈┈┈

㉱ 범죄학은 다양한 학문적 분야가 자신의 관점에서 독립적인 연구와 공동의 연구를 진행하는 복수적인 특성과 종합적인 특성을 가진다. 그러나 범죄학이 과학적 방법, 과학적 접근, 과학적 태도를 활용한 이론적 개념화 및 조직적 자료의 집합 측면에서 독립된 학문분야라고 주장하는 견해도 존재한다.

답 ③

6. 범죄학의 역사에 관한 설명 중 옳지 않은 것은?

① 고대시대에는 범죄인은 귀신이 들어 신의 저주를 받은 것으로 생각하여 귀신론적 접근(demonolgy)으로 범죄자 치료하였다.
② 중세시대에는 범죄자는 죄를 범한 마귀이므로 종교재판의 대상이 되기도 하였고, 마귀를 쫓기 위한 다양한 고문·주술·화형 등이 성행하기도 하였다.
③ 18세기 후반에 나타난 고전학파(Classical criminology)는 범죄예방을 위해 범죄에 상응한 형벌의 부과를 주장하였다.
④ 실증주의는 범죄행위보다는 범죄자에게 중점을 둔 사후 대응(처벌)이 중요하나고 보았다.

해설 ┈┈┈┈┈┈┈┈┈┈┈┈┈┈┈┈┈┈┈┈┈┈┈┈┈┈┈┈┈┈┈┈┈┈

④ 19세기 후반에 등장한 실증주의는 고전주의 범죄학을 정면으로 반박하였으며, 범죄행위보다는 범죄자에게 중점을 둔 범죄예방이 중요하다고 보았다.

답 ④

7. 고전주의 범죄학과 관련한 설명 중 옳지 않은 것은?

① 형벌은 임격하고 확실하며 신속힐수록 범죄 통제의 가능성이 높이진다.
② 현대 범죄학의 아버지로 불리는 '베까리아(Beccaria)'가 대표적인 학자이며, 범죄는 사회에 해악을 끼치는 행위로 국한해야 한다고 주장하였다.
③ 벤담(Bentham)은 '행복지수계산법'을 통해 범죄는 범죄로 인한 기쁨이 처벌의 고통을 능가할 때 발생한다고 하였다.
④ 고전주의 범죄학은 인간은 자유의지를 가진 존재라는 인간의 본성에 대해 논증을 하였다.

> **해설**
> ④ 고전주의 범죄학은 인간은 자유의지를 가진 존재라는 인간의 본성에 대해 논증을 하지 못했다.
>
> 답 ④

8. 고전주의 범죄학과 관련된 학자들의 설명 중 옳은 것은?

① 하워드(Howard)는 감옥이 징벌 장소가 아닌 개선 장소가 되어야 한다고 주장하였으며, '감옥 개량 운동의 선구자'로 불린다.
② 공리주의적 형벌관에 기초하여 '파놉티콘 감옥(Panopticon)' 건축양식 고안한 사람은 베까리아(Beccaria)이다.
③ 벤담(Bentham)은 인간은 자유의지를 가지고 자신들의 행위를 선택한다는 가정을 두고 '12가지 개혁안' 제시하였다.
④ 범죄는 사회에 해악을 끼치는 행위로 국한해야 한다고 주장한 사람은 벤담(Bentham)이다.

> **해설**
> ② 벤담(Bentham)에 대한 설명이다.
> ③ 베까리아(Beccaria)에 대한 설명이다.
> ④ 베까리아(Beccaria)에 대한 설명이다.
>
> 답 ①

9. 베까리아(Beccaria)가 제시한 '12가지 개혁안'에 해당되는 것은 몇 개인가?

㉮ 법은 사회계약 유지를 위해서만 사용되어야 한다.
㉯ 판사는 법률에 따라 형벌을 부과해야 한다.
㉰ 처벌은 쾌락과 고통의 원리에 근거하여야 한다.

㉪ 형벌은 범죄에 따라 결정되어야 한다

㉫ 모든 사람은 평등하게 대접받아야 한다.

㉯ 사형은 유지되어야 한다.

① 2개   ② 3개

③ 4개   ④ 5개

해설

㉯ 사형은 폐지되어야 한다.

※ 베까리아(Beccaria)의 12가지 개혁안(「범죄와 형벌」)
  ㉠ 법은 사회계약 유지를 위해서만 사용되어야 한다.
  ㉡ 국회의원만이 법을 만들 수 있다.
  ㉢ 판사는 법률에 따라 형벌을 부과해야 한다.
  ㉣ 판사는 법을 해석해서는 안 된다.
  ㉤ 처벌은 쾌락과 고통의 원리에 근거하여야 한다.
  ㉥ 형벌은 행위자에게 근거하는 것이 아니라 행위에 근거하여야 한다.
  ㉦ 형벌은 범죄에 따라 결정되어야 한다.
  ㉧ 처벌은 신속하고 효과적이어야 한다.
  ㉨ 모든 사람은 평등하게 대접받아야 한다.
  ㉩ 사형은 폐지되어야 한다.
  ㉪ 자백을 얻기 위한 고문은 금지되어야 한다.
  ㉫ 범죄를 처벌하는 것보다 범죄를 예방하는 것이 더욱 좋다.

답 ④

10. 실증주의 범죄학과 관련한 설명 중 옳지 않은 것은?

① 범죄행위보다는 범죄자에게 중점을 둔 범죄예방이 중요하다. 범죄자가 가진 개별적인 범죄요인의 제거가 범죄통제에 효과적이다.

② 롬브로조(Lombroso)는 근대 범죄학의 아버지로 불리며, 「격세유전설」 및 「생래적 범죄인설」을 주장하였다.

③ 19세기 후반에 등장하여 고전주의 범죄학을 정면으로 반박하였다.

④ 범죄자가 가진 개별적인 범죄요인의 제거보다 범죄를 유발하는 사회적 환경의 개선이 범죄통제에 효과적이다.

해설

④ 실증주의 범죄학은 범죄자가 가진 개별적인 범죄요인의 제거가 범죄통제에 효과적이다고 보았다.

답 ④

11.

실증주의 범죄학의 대표적 학자인 롬브로조(Lombroso)에 관한 설명 중 옳지 않은 것은?

① 근대 범죄학의 아버지로 불린다.

② 격세유전설은 진화과정에서 없어진 고대 인간의 원시성 및 야만성 등 유전적 특성이 많은 세대를 뛰어넘어 나타나는 것을 의미한다.

③ '범죄 포화의 법칙'을 주장하였으며, 「범죄사회학」을 저술하였다.

④ 생래적 범죄인설은 태어날 때부터 범죄자의 신체적 특징과 성향을 더 많이 가지고 태어나 범죄자로 운명 지워진 존재를 뜻한다.

> **해설**
> ③ '범죄 포화의 법칙'을 주장하였으며, 「범죄사회학」을 저술한 사람은 '페리(Ferri)'이다.
>
> 답 ③

12.

실증주의의 범죄학과 관련된 학자들의 설명 중 옳은 것은?

① 페리(Ferri)는 범죄자의 처벌에 대해 5가지 유형으로 분류하였다.

② 고링(Goring)은 '자연범과 법정범'의 구별을 주장하며, 범죄행위의 원인을 도덕적 변종(moral anomalies)에서 찾았다.

③ 가로팔로(Galofalo)는 범죄자와 정상인 비교연구에서 격세유전의 신체적 징후 불발견했다고 주장하며, 롬브로조의 견해를 정면으로 반박하였다.

④ 타르드(Tarde)는 '아노미(Anomie)'를 주장하였고, 급격한 사회변동 및 불안정한 사회환경이 무규범 상태인 아노미를 유발하고 자살률을 높인다고 보았다.

> **해설**
> ② 가로팔로(Galofalo)에 대한 설명이다.
> ③ 고링(Goring)에 대한 설명이다.
> ④ 뒤르캠(Durkheim)에 대한 설명이다.
>
> 답 ①

13.

타르드(Tarde)가 주장한 '모방의 법칙(laws of imitation)'에 관한 설명 중 옳지 않은 것은?

① 모방의 3가지 법칙은 거리의 법칙, 방향의 법칙, 삽입의 법칙으로 구성된다.

② 거리의 법칙은 한 개인은 그가 접촉하는 사람들의 빈도와 강도에 따라 다른 사람들을 모방한다는 의미이다.

③ 방향의 법칙은 사회적 지위가 우월한 사람이 열등한 사람을 모방한다는 것이다.

④ 삽입의 법칙은 살인자의 흉기가 칼에서 총으로 바뀐 것처럼 두 가지의 행위 패턴이 상충될 때, 하나가 다른 하나를 대체한다는 것을 뜻한다.

해설

③ 방향의 법칙은 사회적 지위가 열등한 사람이 우월한 사람을 모방한다는 것이다.

※ 모방의 3가지 법칙
㉠ 거리의 법칙 : 한 개인은 그가 접촉하는 사람들의 빈도와 강도에 따라 다른 사람들을 모방한다.
㉡ 방향의 법칙 : 사회적 지위가 열등한 사람은 우월한 사람을 모방한다.
㉢ 삽입의 법칙 : 살인자의 흉기가 칼에서 총으로 바뀐 것처럼 두 가지의 행위 패턴이 상충될 때, 하나가 다른 하나를 대체한다.

답 ③

14. 고전주의 학파와 실증주의 학파의 비교 설명 중 옳지 못한 것은?

번호	학파 구분	고전주의 학파	실증주의 학파
	시 대	18~19세기	19~20세기
①	대표학자	베까리아, 하워드, 벤담 등	롬브로조, 페리, 가로팔로 등
②	전 제	의사결정론	의사비결정론
	범죄원인	자유의사	신체적 · 심리적 · 사회적 요인
③	관 점	범죄행위	범죄자
	수 단	사법제도(형벌)	과학적 방법(통계분석)
④	목 적	일반예방	특별예방

해설

② 고전주의 학파는 '의사비결정론'을, 실증주의 학파는 '의사결정론'을 전제하고 있다.

답 ②

15. 다음의 범죄사회학과 관련한 설명 중 옳지 않은 것은?

① 20세기 초기 미국의 범죄사회학은 실증주의의 큰 영향을 받았으며, 산업의 발달과 인구의 증가는 범죄사회학의 발달을 촉진하였다.

② 파크(Park)와 버제스(Burgess)는 시카고 지역을 대상으로 도시 성장과 사회 계층의 공간적 분화과정을 5개의 원으로 나누어 연구한 '동심원 이론'을 주장했다.

③ 1930~40년대에는 범죄요인에 사회심리학적 요인을 접목한 사회과정이론이 대두하였으며, 주요 학자는 서덜랜드(Sutherland)와 레클리스(Reckless) 등

이다.

④ 비판범죄학은 범죄를 자본가 계급(부르주아)의 노동자 계급(프롤레타리아) 착취가 원인으로 보며, 계급 간의 갈등이 범죄 발생 요인이 된다고 하였다.

> **해설**
> ④ 갈등범죄학은 산업자본주의 성장기에 만연했던 자본가와 노동자의 관계를 조명하고자 했으며, 범죄는 자본가 계급과 노동 계급 간의 갈등 때문에 발생한다고 보았다.
>
> 답 ④

16. 현대 범죄학에 관한 설명 중 옳은 것은 몇 개인가?

> ㉮ 1970~80년대를 기점으로 범죄학의 관심사가 변화하여 범죄유발 요인보다는 범죄자의 처벌에 더욱 관심을 두었다.
> ㉯ 범죄는 개인이 통제 불가능하고 학교·가족·지역사회의 협력이 더욱 중요하다고 인식하게 되었다.
> ㉰ 형사사법 영역에서 배제되었던 '범죄피해자'에 대한 관심이 부각되었고 연구가 활발하게 진행되었다.
> ㉱ 범죄피해자 중심의 영향으로 형사정책이 보수화 경향을 보였다.

① 1개   ② 2개
③ 3개   ④ 4개

> **해설**
> ④ 모든 지문이 올바른 설명이다.
>
> 답 ④

17. 범죄학의 연구 필요성에 관한 설명 중 옳지 않은 것은?

① 범죄가 사회계층별, 연령별, 성별, 지역별 등 각 기준에 따라 사회적으로 어떻게 분포되고 있는지 그 실태를 연구하는 것이 필요하다.

② 범죄는 유형별로 범행의 동기, 성격, 수법, 범죄자의 속성 등 거의 모든 면에서 많은 차이가 존재하기 때문에 범죄 원인의 분석도 필요하다.

③ 신속한 피해 회복 및 상습 범죄자 예방·교화 등을 위해 사후 대응을 우선하는 범죄통제 방안의 수립이 필요하다.

④ 범죄자의 교정과 피해자의 보호를 위해 범죄학의 연구는 필요하다.

> **해설**
> ③ 범죄통제를 위한 사회적 대책은 범죄문제의 발생을 예방하는 것과 이미 발생한 범죄사

건에 대한 사후 대응으로 나뉜다. 범죄피해에 따른 과다한 비용, 피해회복의 불가능, 범죄자의 처리와 개선의 비용 및 어려움을 고려해볼 때, 범죄의 통제는 사전예방을 우선해야 한다.

답 ③

18. 범죄학의 연구방법에 관한 설명 종 옳지 않은 것은?

① 범죄학의 연구방법은 질적 · 양적 연구방법으로 나눌 수 있으며, 참여관찰법 · 설문조사 · 실험연구 등은 양적 연구방법이다.

② 사례 · 생애사 연구는 하나 또는 몇 개의 대상에 대한 깊이 있는 정밀한 조사를 할 때 사용되나, 연구자의 편견이 개입될 우려가 있다.

③ 추적조사는 사실관계를 정확하게 밝힐 수 있는 장점이 있는 반면, 연구에 오랜 시간과 큰 비용이 소요된다는 단점을 가진다.

④ 공통의 생애 경험을 중심하는 일련의 분석기법을 '코호트 분석'이라 하는데, 최근에는 '코호트' 용어가 사회과학 뿐 아니라 의학 및 자연과학에서도 널리 사용되고 있다.

해설

① 참여관찰법은 질적 연구방법의 한 종류이다.

답 ①

19. 설문조사(survey)에 관한 설명 중 옳지 않은 것은?

① 특정 집단을 대상으로 면접이나 설문조사를 통해 자료를 수집하는 방법이다.

② 종류는 대인면접법, 전화설문법, 우편설문법, 전자설문법 등이 있다.

③ 큰 규모의 표본을 이용한 조사가 가능하고 자료 수집이 상대적으로 용이하며 통계분석이 가능하여 연구결과의 일반화가 높다.

④ 설문지 개발에 시간과 노력이 많이 필요하나, 사회현상에 대한 깊이 있는 연구가 가능하다.

해설

④ 설문조사(survey)의 단점은 설문지 개발에 시간과 노력이 많이 필요하다는 점과 사회현상에 대한 깊이 있는 연구가 어렵다는 것이다.

답 ④

제3장 범죄 현상의 파악

제1절 공식적 범죄통계

1. 공식통계의 의의

- 경찰·검찰·법원·교정 등 공식적인 형사사법기관의 통계를 사용하여 범죄와 범죄자 및 피해자 등에 대한 제반 사항을 조사하고 연구하는데 이용되는 자료

2. 공식통계의 유형

1) 외 국

① 미국
- 형사사법통계국(BJS) - 형사사법자료집
- 연방수사국(FBI) - 표준범죄통계

② 독일
- 독일연방범죄수사국(BKA) - 경찰범죄통계

③ 일본
- 법무총합연구소 - 범죄백서

2) 우리나라

① 경찰청 - 경찰범죄통계·경찰백서·경찰통계연보·교통사고통계·도로교통안전백서

② 대검찰청 - 범죄분석·마약류범죄백서·심사분석·검찰연감·형사사건동향

③ 법원행정처 - 사법연감

④ 법무연수원 - 범죄백서

⑤ 문화체육관광부 - 청소년백서

⑥ 법무부 교정본부 - 교정수용통계연보

⑦ 법무부 범죄예방정책국 - 비행소년통계

⑦ 통계청 - 한국의 사회지표, 한국통계연감

3. 범죄율과 범죄시계

1) 범죄율

① 의의 : 인구 십만 명(100,000명)당 범죄 발생 건수를 계산한 것

② 장점 : 인구 대비 범죄 발생 건수 파악 가능

③ 단점 : 중요범죄와 경미한 범죄가 동등 범죄로 취급되어 계량화되는 문제

2) 범죄시계

① 의의 : 중요범죄의 발생 상황을 시계로 표시한 것

② 장점 : 범죄 발생 상황을 실감 나게 표현하여 범죄 경보 기능 및 범죄의 심각성을 경고

③ 단점 : 인구성장률을 미반영, 시간을 고정적 단위로 표현해 통계 무가치

4. 실시간집계 시스템

1) 미국의 컴스탯(COMSTAT)

① 의의 : 범죄통계를 실시간으로 집계하는 프로그램(NYPD)

② 1994년부터 살인 · 강도 등 지표범죄 및 음주 · 소란 등 경미 범죄도 발생과 동시에 입력

③ 장점 : 관내의 범죄 발생 상황을 실시간으로 확인, 즉각적 대응 가능

2) 우리나라의 프로그램

① 범죄정보관리시스템(CIMS)

- 종전 컴스탯(범죄분석시스템)을 보완 개발하여 사건관리, 범죄통계, 수사지식정보, 전자지도 분석, 형사사법정보망이 연계 · 통합된 종합정보관리시스템

② 수사종합검색시스템

- 과거 단일망으로 운영되던 범죄수법영상전산시스템을 중심으로 마약 · 변사 · 조직폭력영상시스템을 통합하고, 운전면허증 사진 · 주민등록증 사진 · 수용자(재소자) 사진 · AFIS(지문자동검색시스템)지문 · 수배자료 · 수

용자 자료 등을 연계하여 일선 현장에서 필요한 수사 자료를 종합·효율적
으로 제공하는 영상전산시스템

③ 형사사법정보시스템(KICS)

- 경찰, 검찰, 법원, 법무부의 4개 형사사법기관의 표준화된 정보시스템에서
수사·기소·재판·집행업무를 수행하고 그 결과 생성된 정보와 문서를
공동으로 활용하는 전자적 업무관리 체계

④ 전자수사자료표시스템(e-CRIS)

- 피의자의 신원을 확인하고 필요사항을 전산입력하는 등 수사자료표를 전자
문서로 작성 및 관리하는 시스템

5. 공식통계의 장단점

1) 장 점
① 범죄자료를 매년 정기적으로 취합함으로 정확한 비교가 가능
② 범죄에 대한 다양한 정보의 수집으로 범죄와 범죄자에 대한 유형과 추세 파
악이 용이

2) 단 점
① 통계의 대상이 신고되거나 직접 인지된 범행에 국한
② 통계를 작성하는 기관의 주관적 의지가 작용하는 한계
③ 범죄 수치의 증감을 생태적 변화와 요소에 연관시키지 않음
④ 범죄에 대한 법률적 분류로 인해 연구자가 동질 범죄로 재분류하지 않는 한
통계의 유의미성을 찾기 어려움
⑤ 범죄자와 피해자에 대한 정보와 자료가 부족하여 이들 간의 연관성 파악의
어려움이 존재

3) 한 계
① 부분성 : 전체 범죄의 부분 만을 나타낼 뿐임
② 수량성 : 수사기관에 적발된 범죄의 수와 양 만을 보여줌
③ 왜곡성 : 범죄의 발생 및 피해 규모를 축소 또는 확대하는 왜곡을 보임

6. 암수범죄(暗數犯罪)

1) 의 의
- 암수범죄란 경찰이 인지하지 못한 범죄로, 절대적 암수범죄와 상대적 암수범죄로 구분

2) 분 류
가. 절대적 암수범죄

① 정의 : 실제로 범죄가 발생했으나 수사기관에 인지되지 않았거나, 피해자가 자신이 범죄를 당한 지도 알지 못하는 범죄

② 주로 강간, 강제추행 등 성범죄와 같이 피해자가 수사기관에 신고하기를 꺼리거나, 마약범죄와 같이 범죄자가 피해자이면서 가해자인 범죄 등 '피해자 없는 범죄'에서 주로 발생

③ 범죄신고에 따른 불편과 범죄자에 의한 보복의 두려움 등

나. 상대적 암수범죄

① 정의 : 수사기관에 인지는 되었으나 용의자 신원파악이 되지 않거나 증거수집 불능 등으로 사건이 해결되지 않아 공식통계에 집계되지 않은 범죄

② 주로 법집행과정에서 경찰, 검찰, 법관 등이 범죄 혐의가 명백함에도 개인적 편견 및 가치관에 따라 범죄자에 대해 차별적인 취급을 함으로써 주로 발생

③ 소수민족이나 유색인종에 대한 차별, 여성이나 화이트칼라범죄에 대한 관대함 등

3) 발생원인
① 완전범죄로 인한 범인의 미검거와 피해자의 신고 기피

② 수사기관의 범죄 선별과정에서의 자의적 누락

③ 형사사법기관의 소극적 활동 및 무능

④ 회복적사법 활동(갈등해소 중심)에 따른 사건의 비공식적 처리

⑤ 증거불충분 등 사유로 무죄판결

⑥ 사법기관의 통계 미비 및 정치적 이유의 통계 조작 등

4) 암수조사의 장점

① 범죄학적 관점의 경미 일탈행위 등의 파악 용이
② 범죄에 대한 물질적 · 신체적 · 정신적 피해 자료를 제공함으로써 범죄피해 위험정보 제공
③ 공식통계와의 비교를 통한 형사사법기관의 역할 효율성 확인
④ 통계상 왜곡이 적으므로 국제적 범죄 비교가 가능

5) 암수조사의 한계
① 설문 조사의 질문 등의 자체적 한계로 인한 응답의 왜곡 가능성 존재와 설문결과의 신빙성 및 유용성 의문 제기 우려
② 마약범죄, 경제범죄, 정치범죄, 조직범죄와 가정 내 범죄에 대한 자료 제공 어려움
③ 대상자의 망각 및 기억 부정 등으로 인한 소극적 대응
④ 조사자와 피조사자의 태도에 따라 조사 결과가 왜곡될 우려 존재

제2절 │ 비공식적 조사자료

1. 비공식조사자료의 의의

- 경찰 · 검찰 · 법원 등의 공식적인 형사사법기관의 공식통계를 이용하지 않고, 범죄자나 범죄피해자 등을 대상으로 설문하거나 면접하는 방법으로 조사하고 연구하는 방법
- 자기보고식조사와 범죄피해자조사가 대표적

2. 비공식조사자료의 유형

1) 자기보고식조사
① 개념
- 사람들에게 자신들의 과거 범죄행위에 대하여 물어보고 자료를 수집하는 방법
- 면접자가 응답자의 대답을 듣고 응답자의 과거 일정기간의 위법사실을 밝히는 방법

- 공식적인 경찰통계에 잘 잡히지 않는 범죄 발생과 특성을 알아보기 적합, 피해자조사의 단점도 보완
② 활용
- 범죄의 암수(dark figure)에 대한 올바른 분석 필요성의 대안으로 등장
- 예로 "귀하는 지난 6개월 동안 몇 건의 비행을 하였습니까?" 등의 질문이 사용
- 주로 청소년들의 약물남용 등 비행과 관련된 자료를 확인하기 위해 활용
- 두 사람 사이 은밀하게 이루어지는 범죄나 수감자들 사이 폭력범죄 등 연구에도 활용
- 손베리(Thornberry)와 크론(Krohn) : "자기보고식조사야 말로 범죄나 비행을 연구하는데 있어 필수불가결한 연구방법"

2) 범죄피해자조사
① 개념
- 범죄피해자를 통해 범죄를 파악하는 방법
- 적정한 수의 가구를 임의로 추출, 연구자가 직접 방문해 범죄피해에 대해 면접 조사 방식
② 활용
- 공식통계에서 파악되지 않은 숨은 범죄와 관련된 정보를 파악 가능
- 범죄자와 피해자를 동시에 살펴볼 기회를 제공, 범죄피해 실태를 보다 정확하게 판단
- 일정 기간의 범죄피해 경험 여부와 범죄피해의 정도 및 상황 대응을 확인 가능
- 범죄피해조사는 사회의 삶의 질 및 안전 측정의 사회지표로 활용
- 우리나라는 1990년 '형사정책연구원'에서 서울지역 범죄 실태 조사가 최초, 현재 3년마다 '한국의 범죄피해에 관한 연구' 책자 발간

3) 정보제공자조사
① 개념
- 법 집행 기관에 알려지지 않은 범죄 또는 비행을 알고 있는 자에게 보고토록 하는 방법

② 활용
- 범죄피해자 조사에 의해 밝혀지지 않은 범죄를 밝히기 위한 보조수단으로 사용

3. 비공식조사자료의 장단점

1) 자기보고식조사
  ① 장점
  - 범죄피해자 성격·태도·습관 등 공식통계상 없는 자료를 통해 범죄피해 원인 및 실태·과정 등 연구 가능
  - 형사사법기관의 영향을 받지 않은 범죄피해 발생 분포 파악 용이
  - 범죄자의 태도·가치·행동에 대한 정보 파악 가능
  ② 단점
  - 특정한 표본을 대상으로 한 추출 조사로 전국적 한계 존재, 대표성이 없어 연구결과의 일반화 어려움
  - 조사대상자의 기억력 및 정확성 문제, 조사항목의 중복, 모호한 응답지, 범죄피해에 대한 과소 또는 과다 등 문제점 존재
  - 연구대상자가 불성실하게 응답 시 올바른 자료 구할 수 없음
  - 다양한 종류의 범죄피해 실태 파악의 어려움

2) 범죄피해자조사
  ① 장점
  - 전국 규모의 조사이므로 대표성 있는 자료수집이 가능
  - 형사사법기관의 공식통계보다 더욱 자세한 정보를 제공
  - 범죄피해에 대한 위험성 요인 자료와 다양한 집단의 위험성 분포 관련 자료를 제공
  - 범죄피해 이후 피해자가 겪는 영향, 피해 결과, 다양한 형사사법기관의 업무수행 결과, 각 기관 서비스의 질 등을 평가 가능
  - 특정한 범죄예방 프로그램의 효과성을 평가할 수 있음
  - 형사사법기관의 업무수행과 피해자의 만족도 측정으로 사법제도의 공공성 측정 가능

- 시민들의 범죄피해에 대한 두려움과 실제 피해 위험성이나 피해 경험과의 관계도 측정
- 범죄피해 신고자와 미신고자의 수와 특성을 파악함으로써 그들 간의 차이점 및 미신고 이유 파악 가능

② 단점

- 범죄피해 발생에 대한 추정일 뿐, 실제 범죄가 발생한 것을 의미하는 것은 아님
- 피해자조사만으로는 전체 범죄를 파악 불충분, 특히 조직범죄나 조직을 대상으로 한 피해 파악 곤란
- 피해자 없는 범죄 또는 화이트칼라범죄의 피해 조사 어려움
- 살인 · 강간 등 강력범죄의 피해 조사는 특히 어려우며, 이 중 '살인'은 범죄피해조사가 가장 어려운 범죄유형
- 비교기준의 차이로 공식통계와 직접 비교 불가능
- 망각 및 오기억으로 인한 대상자의 잘못된 응답이 가능
- 전국 단위의 피해 조사의 경우 표본의 대표성 확보가 더욱 어려움
- 표본의 크기가 충분하지 않으면 사례의 수가 적어지고 정확한 통계분석이 불가능
- 대체로 전국 단위의 표본과 면접자의 직접 방문하여 조사가 진행되어 조사비용 지출이 많음
- 일반적으로 기억력 및 비용의 한계로 조사대상이 중요범죄로 한정, 모든 유형의 범죄피해 조사 어려움

3) 정보제공자조사

① 장점

- 조사대상이 넓으므로 개별조사보다는 신뢰도가 높음

② 단점

- 대량관찰법(공식통계)보다는 객관성이 떨어지고 인과관계 설명이 어려움

1. 공식적 범죄통계에 관한 설명 중 옳지 않은 것은?

① 경찰·검찰·법원 등 공식적인 형사사법기관의 통계를 사용하여 범죄와 범죄자 및 피해자 등에 대한 제반 사항을 조사하고 연구하는데 이용되는 자료를 말한다.

② 미국의 공식 범죄통계는 형사사법통계국(BJS)의 형사사법자료집과 연방수사국(FBI)의 표준범죄통계가 있다.

③ 우리나라 경찰청의 공식 범죄통계는 경찰백서·경찰통계연보·범죄분석·교통사고통계 등이 있다.

④ 범죄율은 인구 10만 명당 범죄 발생 건수를 나타낸 것으로, 이를 통해 인구 대비 범죄 발생 건수 파악이 가능하다.

> **해설**
>
> ③ 범죄분석은 대검찰청의 공식 범죄통계이다.
>
> **※ 경찰청 및 대검찰청 공식 범죄통계**
>   ㉠ 경찰청 – 경찰범죄통계·경찰백서·경찰통계연보·교통사고통계·도로교통안전백서
>   ㉡ 대검찰청 – 범죄분석·마약류범죄백서·심사분석·검찰연감·형사사건동향
>
> 답 ③

2. 공식 범죄통계 유형 중 '법원행정처'와 '법무연수원'에서 발간하는 자료를 순서대로 올바르게 기술한 것은?

① 심사분석, 범죄분석

② 사법연감, 범죄백서

③ 형사사건동향, 청소년백서

④ 심사분석, 사법연감

> **해설**
>
> ② 법원행정처에서는 '사법연감', 법무연수원에서는 '범죄백서'라는 공식 범죄통계를 발간하고 있다.
>
> 답 ②

3. 범죄율과 범죄시계에 관한 설명 중 옳지 않은 것은?

① 범죄율은 인구 십만 명(100,000명)당 범죄 발생 건수를 계산한 것이다.

② 범죄시계는 중요범죄의 발생 상황을 시계로 표시한 것이다.

③ 범죄율은 인구 대비 범죄 발생 건수 파악이 가능한 반면, 중요범죄와 경미한 범죄가 동등 범죄로 취급되어 계량화되는 문제가 있다.

④ 범죄시계는 인구성장률을 반영하지 못하는 단점이 있는 반면, 범죄 발생 상황을 시간이라는 객관적 단위로 표현하여 높은 통계적 가치를 가진다.

> **해설**
>
> ④ 범죄시계는 인구성장률을 반영하지 못하고, 시간을 고정적 단위로 표현해 통계가 무가치하다는 단점이 있다.
>
> 답 ④

4. 국내외 범죄 발생 실시간 집계 프로그램에 관한 설명 중 옳은 것은 몇 개인가?

> ㉮ 미국의 '컴스탯(COMSTAT)'은 범죄통계를 실시간으로 집계하는 프로그램이다.
>
> ㉯ '범죄정보관리시스템(CIMS)'은 종전 컴스탯(범죄분석시스템)을 보완 개발하여 사건관리, 범죄통계, 수사지식정보, 전자지도 분석, 형사사법정보망이 연계·통합된 종합정보관리시스템이다.
>
> ㉰ '형사사법정보시스템(KICS)'은 피의자의 신원을 확인하고 필요사항을 전산 입력하는 등 수사자료표를 전자문서로 작성 및 관리하는 시스템이다.
>
> ㉱ 경찰, 검찰, 법원, 법무부의 4개 형사사법기관의 표준화된 정보시스템에서 수사·기소·재판·집행업무를 수행하고 그 결과 생성된 정보와 문서를 공동으로 활용하는 전자적 업무관리 체계를 '전자수사자료표시스템(e-CRIS)'이다.
>
> ㉲ '수사종합검색시스템'은 과거 단일망으로 운영되던 범죄수법영상전산시스템을 중심으로 마약·변사·조직폭력영상시스템을 통합하고, 운전면허증 사진·주민등록증 사진·수용자(재소자) 사진·AFIS(지문자동검색시스템)지문·수배자료·수용자 자료 등을 연계하여 일선 현장에서 필요한 수사 자료를 종합·효율적으로 제공하는 영상전산시스템이다.

① 1개   ② 2개
③ 3개   ④ 4개

해설

ⓒ 형사사법정보시스템(KICS) : 경찰, 검찰, 법원, 법무부의 4개 형사사법기관의 표준화된 정보시스템에서 수사, 기소, 재판, 집행업무를 수행하고 그 결과 생성된 정보와 문서를 공동으로 활용하는 전자적 업무관리 체계

ⓓ 전자수사자료표시스템(e-CRIS) : 피의자의 신원을 확인하고 필요사항을 전산입력하는 등 수사자료표를 전자문서로 작성 및 관리하는 시스템

답 ③

5. 공식 범죄통계의 장·단점 및 한계에 관한 설명 중 옳지 않은 것은?

① 범죄자료를 매년 정기적으로 취합함으로 정확한 비교가 가능하다.

② 통계의 대상이 신고되거나 직접 인지된 범행에 국한되며, 통계를 작성하는 기관의 주관적 의지가 작용하는 한계를 가진다.

③ 범죄자와 피해자에 대한 정보와 자료가 부족하여 이들 간의 연관성 파악의 어려움이 존재한다.

④ 공식 범죄통계의 한계 중 '부분성'은 범죄의 발생 및 피해 규모의 자의적인 축소 또는 확대를 의미한다.

해설

④ 공식 범죄통계는 부분성, 수량성, 왜곡성의 한계를 가진다.

※ **공식 범죄통계의 한계**
ⓐ 부분성 : 전체 범죄의 부분만을 나타낼 뿐임
ⓑ 수량성 : 수사기관에 적발된 범죄의 수와 양만을 보여줌
ⓒ 왜곡성 : 범죄의 발생 및 피해 규모를 축소 또는 확대하는 왜곡을 보임

답 ④

6. 암수범죄에 관한 설명 중 옳지 않은 것은?

① 암수범죄란 경찰이 인지하지 못한 범죄로, 절대적 암수범죄와 상대적 암수범죄로 구분된다.

② 절대적 암수범죄는 수사기관에 인지는 되었으나 용의자 신원파악이 되지 않거나 증거 수집 불능 등으로 사건이 해결되지 않아 공식통계에 집계되지 않은 범죄를 말한다.

③ 암수범죄는 범죄학적 관점의 경미 일탈행위 등의 파악이 용이하고, 범죄에 대

한 물질적 · 신체적 · 정신적 피해 자료를 제공함으로써 범죄피해 위험정보 제공한다는 장점이 있다.

④ 암수범죄의 발생 원인은 형사사법기관의 소극적 활동 및 무능, 사건의 비공식적 처리, 수사기관의 자의적 누락, 범인의 미검거와 피해자의 신고 기피 등이다.

> **해설** ▶
>
> ② '상대적 암수범죄'에 관한 설명이다. '절대적 암수범죄'는 실제로 범죄가 발생했으나 수사기관에 인지되지 않았거나, 피해자가 자신이 범죄를 당한 지도 알지 못하는 범죄를 말한다.
>
> 답 ②

7. 암수범죄의 장점과 한계에 관한 설명 중 옳은 것은 몇 개인가?

> ㉮ 공식통계와의 비교를 통한 형사사법기관의 역할 효율성 확인이 가능하다.
> ㉯ 통계상 왜곡이 크므로 국제적으로 국가 간의 범죄 비교가 불가능하다.
> ㉰ 마약범죄, 경제범죄, 정치범죄, 조직범죄와 가정 내 범죄에 대한 자료 제공 어려움이 있다.
> ㉱ 대상자의 망각 및 기억 부정 등으로 인한 소극적 대응 문제가 있으나, 이는 설문 조사의 질문 등을 통해 응답의 왜곡 가능성을 방지할 수 있다.

① 1개   ② 2개
③ 3개   ④ 4개

> **해설** ▶
>
> ㉯ 암수범죄는 통계상 왜곡이 적으므로 국제적 범죄 비교가 가능하다.
> ㉱ 암수범죄는 설문 조사의 질문 등의 자체적 한계로 인한 응답의 왜곡 가능성이 존재한다.
>
> 답 ②

8. 비공식적 조사 자료에 관한 설명 중 옳지 않은 것은?

① 비공식적 조사 자료의 종류에는 자기보고식조사, 범죄피해자조사, 정보제공자 조사 등이 있다.

② 자기보고식조사의 예로는 "귀하는 지난 6개월 동안 몇 건의 비행을 하였습니까?" 등의 질문이 사용된다.

③ 범죄피해조사는 사회의 삶의 질 및 안전 측정의 사회지표로 활용되며, 우리나라는 1990년부터 치안정책연구소에서 최초로 실시하였다.

④ 정보제공자조사는 범죄피해자 조사에 의해 밝혀지지 않은 범죄를 밝히기 위한 보조수단으로 사용하고 있다.

> **해설**
>
> ③ 범죄피해조사는 1990년 '형사정책연구원'에서 서울지역 범죄 실태 조사가 최초로 실시되었으며, 현재 3년마다 '한국의 범죄피해에 관한 연구' 책자를 발간하고 있다.
>
> 답 ③

9. 자기 보고식 조사에 관한 설명 중 옳지 않은 것은?

① 특정 집단을 대상으로 면접이나 설문 조사를 통해 자료를 수집하는 방법이다.
② 범죄피해자 성격·태도·습관 등 공식통계상 없는 자료를 통해 범죄피해 원인 및 실태·과정 등의 연구가 가능하다.
③ 특정한 표본을 대상으로 하여 조사를 진행하기 때문에 대표성을 담보할 수 있어 연구결과의 일반화가 용이하다.
④ 범죄의 암수(dark figure)에 대한 올바른 분석 필요성의 대안으로 등장하였다.

> **해설**
>
> ③ 특정한 표본을 대상으로 한 추출 조사로 전국적인 한계가 존재함으로써 대표성이 없으므로 연구결과의 일반화가 어렵다.
>
> 답 ③

10. 범죄피해자조사의 장·단점에 관한 설명 중 옳지 않은 것은 몇 개인가?

> ㉮ 전국 규모의 조사이므로 대표성 있는 자료수집이 가능하며, 공식통계와의 직접 비교가 가능하다.
> ㉯ 형사사법기관의 공식통계보다 더욱 자세한 정보를 제공할 수 있다.
> ㉰ 형사사법기관의 업무수행과 피해자의 만족도 측정으로 사법제도의 공공성 측정이 가능하다.
> ㉱ 공식통계에서는 파악할 수 없는 피해자 없는 범죄 또는 화이트칼라범죄의 피해에 관한 조사가 가능하다.
> ㉲ 대체로 전국 단위의 표본과 면접자의 직접 방문하여 조사가 진행되어 조사비용 지출이 많다.

① 1개   ② 2개
③ 3개   ④ 4개

해설

㉮ 비교기준의 차이로 공식통계와 직접 비교는 불가능하다,
㉱ 피해자 없는 범죄 또는 화이트칼라범죄의 피해 조사가 어렵다.

답 ②

제4장 범죄의 사회인구학적 특성

1. 성별과 범죄

1) 의 의
① 범죄율은 거의 모든 범죄에서 남성이 여성보다 높음
② 여성범죄가 증가하고 있지만, 남성범죄 역시 증가하는 추세
③ 예외적으로 '성매매(매춘)'는 남성보다 여성이 더 높은 범죄율을 보임

2) 여성범죄의 원인

(1) 롬브로조(Lombroso)
① 여성은 남성보다 수동적이며, 남성보다 덜 진화되었고, 보다 어린이 같으며, 덜 감성적이고, 지능이 낮아 범죄성이 약함
② 그러나 경건함 · 모성애 · 저지능 · 약함 등 여성의 전형적 특질이 부족한 소수 여성범죄 집단이 있다고 주장
③ 범죄 여성은 몸에 털이 많이 나는 등의 신체적 특징과 감성적인 면이 남성과 더 가까움을 보이는 등 정상적 여성과 구별되는 '남성적 가설' 주장

(2) 프로이드(Freud)
① 여성을 일반적으로 수동적임
② 범죄 여성은 남성에 대한 시기심의 억제 불가로 규범으로부터 일탈

(3) 폴락(Pollak)
① 여성은 자연적으로 범죄 지향적 성향을 지니며, 남성보다 더 일탈적이며, 약삭빠르고, 생리적
② 사회적으로도 어떤 범죄에 대해서는 여성이 더 용이
③ 여성범죄는 은폐되거나 재판부의 편견적 선처를 받으므로 공식적 통계상으로 적어 보일 뿐임
④ 여성이 남성을 범죄에 이용한다는 '기사도 정신 가설'을 주장

(4) 아들러(Adler)

① 1970년대 '신여성범죄자' 개념을 주장

② 여성 범죄율이 전통적으로 낮은 이유는 여성의 사회·경제적 지위가 낮기 때문

③ 여성의 사회적 역할의 변화와 남성과 유사해진 생활형태로 여성범죄가 남성범죄를 닮아감

3) 여성범죄의 특징

① 은폐된 범죄성 : 여성범죄는 대부분 가시적이지 않아 인지가 어렵고, 자신의 은폐가 쉬움

② 고의범보다는 우발적·상황적 범죄를 주로 저지름

③ 정범보다는 교사범·공범·종범으로 가담하는 경우가 높음

④ 자신이 잘 알고 있는 사람을 대상으로 범행

⑤ 독살, 유기, 미신 활용 등 비신체적 수법을 주로 활용

⑥ 경미한 범행을 반복적으로 행함

⑦ 범죄의 동기가 여성의 성적 위기감이나 모성애의 발로에 기인

⑧ 주변 남성의 암시나 유혹에 따라 범행하게 되는 경우 많음

⑨ 누범자의 비중이 높고, 일반적으로 지능이 낮고 정신질환자가 많음

⑩ 여성의 사회적 진출이 높아짐에 따라 여성범죄도 증가

⑪ 남성보다 여성 기혼자의 범죄 비율이 높음

⑫ 자신의 육체를 무기로 삼아 범행에 사용하는 경우가 높음

⑬ 의외로 큰 사기꾼 중에는 여성의 비율이 높음

⑭ 남성을 부추기거나 범죄로 끌어들이는 경우가 있음

2. 연령과 범죄

1) 의 의

① 서덜랜드(Sutherland)와 크레시(Cressey) : 범죄성이 최고인 시기는 사춘기 또는 그 직전, 이후 범죄율이 꾸준히 감소

② 허쉬(Hirsch)와 갓프레드슨(Gottfredson) : 사회경제적 지위, 결혼, 성별 등과 관계없이 젊은 사람이 나이 든 사람보다 더욱 범죄율이 높음

③ 리들(Riedl) : 30세 이전의 범죄를 '조발(무發) 범죄', 30세 이후의 범죄를 '지발(遲發) 범죄'로 구분

④ 로우(Rowe)와 티틀(Tittle) : 범죄행위에 스스로 참여할 가능성인 '범죄적 성향'을 연구, 연령에 따라 점차 범죄적 성향이 감소

2) 연령과 범죄의 상관관계 이론

① 맛짜(Matza)의 성장효과 이론 : 사회에 대한 책임감 등의 사회학적 연령의 증가로 30대 이후 범죄가 감소

② 시겔(Sigel)의 노쇠화 이론 : 시설수용의 기간이 길어져 나이가 들수록 범행에 대한 동기와 기회가 줌

③ 레클리스(Reckless)의 정착과정 이론 : 과거 시설수용의 경험이 재범의 동기를 억제하여 재범 방지

④ 일반적으로 청년기에는 폭력적인 범죄유형이 많고, 갱년기와 노년기에는 지능적인 범죄유형이 높음

제2절 ▶ 계층 · 가정 · 교육

1. 계층과 범죄

1) 의 의

① 하류 계층에 있는 사람들이 범행에 대한 유인요인을 많이 가진다는 것

② 하류 계층은 원하는 물품을 관습적인 방법에 따라 얻지 못할 경우, 결국 불법적인 방법에 따라 획득(도구적 · 제도적 범죄)

③ 가난한 사람들은 자신을 강인하고 나쁜 사람으로 인식하여 긍정적 자아상 개발이 어려움

④ 자신의 분노와 좌절감을 표현하는 수단으로써 폭행 · 강간 등의 폭력성을 띤 '표출적 범죄'가 다수

⑤ 하류 계층은 풍속범죄, 중상류 계층은 경제범죄 등 지능범죄 범함

2) 연구결과

① 티틀(Tittle) : 사회경제적 지위와 범죄는 직접적인 연관성이 없다고 주장

② 엘리엇(Elliott) : 가벼운 범죄는 사회경제적 지위와 무관, 강력범죄는 하류
  계층의 비율 높음

2. 가정과 범죄

1) 결손가정

① 개념 : 양친 모두 또는 어느 일방이 없는 가정을 의미
② 원인 : 사별, 이혼, 별거, 유기, 실종, 수형(受刑), 장기 부재 등
③ 비행 유발요인 : 자녀의 훈육·통제·보호에 차질 유발, 경제적 빈곤, 감정
  적 상실, 사회화 역할모형 상실, 통제약화에 따른 비행적 교우 관계 등
④ 학령기 전에는 어머니 부재가 더 위험, 학령기 후에는 아버지 부재가 더 위
  험(다수설)
⑤ 영향 관계
− 어린 나이에 일찍 경험할수록 범죄에 더 많이 노출
− 소년보다는 소녀가 범죄에 더 많이 노출
− 어머니보다는 아버지의 결손이 범죄에 더 많이 노출
− 사별·이혼·질병 등 보다 미혼모·유기·수형·별거 등의 결손이 범죄에
  더 많이 영향
− 경미범죄보다는 강력범죄가 더욱 큰 영향
⑥ 가정결함 형태
− 비행가정 : 사회적 부적응자가 가족의 구성원으로 되어 있는 가정, 기능적
  결손가정
− 갈등가정 : 가족 간에 감정·이해·가치관 등 심리적 갈등 존재하여 인간
  관계의 융화가 없는 가정
− 시설가정 : 고아원 등 기타 아동 양육시설이 가정이 역할을 하는 경우

2) 훈육과 통제

① 훈육의 유형보다 훈육의 일관성·강도·질 등이 비행에 더 중요한 요인
② 훈육결함 : 부모의 무관심, 부모의 신체적·도덕적·지적 결함, 부모의 의
  견 불일치, 지나치게 엄격하거나 부족한 훈육 등
  ㉮ 버트(Burt)

훈육의 결함이 소년비행의 가장 중요한 비행의 원인

㉯ 글럭(Glueck) 부부

- 훈육결함이 소년비행의 주요 원인
- 느슨하거나 비일관적인 훈육이 지나치게 엄격한 훈육보다 비행과 높은 관계있음
- 체벌에 의한 훈육방법은 비행소년의 부모에 의해 더욱 자주 사용

㉰ 나이(Nye)

- 지나친 권위주의적 훈육은 청소년의 이동성(mobility) 방해, 집단 내 자유로운 상호작용 및 관계 형성 지장 초래
- 반면, 지나친 관대한 훈육은 청소년 행동이 준거점의 통제 기준과 한계 미제시

㉱ 맥코드(McCord) 부부와 졸라(Zola)

- 무(無)원칙의 훈육이 소년비행을 유발하는 중요한 요인
- 훈육의 유형보다 일관성이 비행에 더 중요하게 작용
- 청소년에 대한 훈육방법을 「사랑 지향적 훈육, 처벌적 훈육, 느슨한 훈육, 무원칙적 훈육 1 · 2 · 3」 등 6가지로 구분

> ### ❸ 청소년에 대한 훈육방법 6가지 유형
>
> ㉠ **사랑 지향적 훈육** : 합리성이 동원되고 특권과 보상을 보류하는 등 방법으로 체벌
> ㉡ **처벌적 훈육** : 체벌을 이용하여 분노, 공격성, 위험이 내재하는 훈육
> ㉢ **느슨한 훈육** : 부모의 어느 한쪽도 충분히 통제하지 않는 훈육
> ㉣ **무원칙적 훈육 1** : 부모의 어느 한쪽이 사랑 지향적인데 반해, 다른 한쪽에서는 느슨하거나 2가지 유형을 왔다 갔다 하는 훈육
> ㉤ **무원칙적 훈육 2** : 부모 모두가 사랑 지향적 훈육과 느슨한 훈육 및 처벌적 훈육을 모두 활용하는 훈육
> ㉥ **무원칙적 훈육 3** : 한쪽 부모는 처벌적이고, 다른 부모는 느슨한 경우 또는 양쪽 부모가 모두 왔다 갔다 하는 훈육

3) 가정의 결집성과 상호작용 관계

① 쇼(Saw)와 매케이(McKay)

- 비행 유발요인은 가족 구성원의 결손이 아니라 내적인 긴장과 부조화

② 태판(Tappan)

- 가족의 공식적 결손보다 가정에서의 갈등 · 부조화 · 긴장 등으로 인한 아동의 부적응이 비행 유발요인

③ 나이(Nye)

- 비행의 정도는 부모와 자식 간의 수용과 거부에 비례
- 부모의 자식 거부는 직접 비행과 관련
- 반면, 부모 · 자식 간의 수용은 낮은 비행과 연관
- 부모의 자식 거부는 자식의 부모 거부보다 비행에 더욱 중요

④ 디보스(DeVoss) : 가족의 응집력이 부족할수록 비행소년 발생 비율 높음

4) 가족의 부도덕성과 범인성 관계

① 다른 가족과의 비행성과 범인성 영향 요인

- 지나친 음주, 마약 복용, 가족 간 폭력성
- 법 · 제도와의 충돌, 부모와 형제자매 등 가족 간 갈등 등

② 자녀 비행 유발요인

- 가정의 범죄성, 무규범성, 문제성 등

3. 교육과 범죄

1) 교육과 범죄와의 관계

- 교육은 청소년의 인격형성 및 사회적 존재로서 바로 설 수 있는 제공
- 개인의 교육수준은 부모의 사회배경을 반영함과 동시에 개인의 성취능력을 나타내는 척도
- 따라서 학업능력이 떨어지는 학생들은 학교 부적응 위험이 높고, 비행이나 일탈행동에 빠질 위험성이 큼
- 범죄인의 학력은 평균적으로 일반 국민보다 낮고, 학교 적응 여부는 직접 비행과 관련
- 성적 불량, 학습 무기력, 학습 태만 등이 범죄유발 원인

2) 교육수준과 범죄와의 연관성

- 교육수준이 높다고 하여 범죄를 저지르지 않는 것은 아님
- 고위 공직자나 화이트칼라범죄(지능범죄)는 오히려 교육의 역기능을 제시
- 특히, 화이트칼라범죄는 사회적 파장이 크고, 국가와 사회에 미치는 해악이 큼
- 또한 범죄행위에 비해 처벌정도가 약해 국민들의 형사사법 불신을 초래
- 따라서 교육수준의 높고 낮음을 통해 범죄의 질을 구분하기 어려움

제3절 ▎ 경제 · 직업 · 대중매체

1. 경제와 범죄

1) 빈곤과 범죄

- 토비(Toby) : 절대 빈곤에서 오는 박탈감보다 개개인의 기대 수준 차이에서 발생하는 심리적 빈곤 현상인 '상대적 박탈감'이 범죄와 연관

2) 경기변동과 범죄

① 경제환경은 직 · 간접적으로 범죄에 영향, 특히 재산범죄 두드러짐
② 호황기는 사치성 범죄 및 종업원 · 젊은 층 범죄 증가, 불황기는 남성 · 기혼자 · 기업주 · 고령층 · 절도 등 일반 범죄가 증가
③ 유엔 사회방위연구소 : 자동차 절도 등은 호경기에 발생, 대부분 경제범죄 및 음주 등은 경제적 공황기에 증가 분석

3) 실업과 범죄

① 실업은 범죄에 큰 영향, 범행에 노출 많은 범죄 지향적 사람에게 더욱 큰 영향
② 실업은 범죄 확산 주요 요인이나, 실업 해결이 범죄 해결 의미는 아님(간접적인 의미)

2. 직업과 범죄

- 경리원 및 은행원 등 : 횡령 및 배임 등 재산범죄 노출

- 기업가 : 세법 및 노동법 등 특별법 위반 노출
- 공무원 : 뇌물죄 노출
- 변호사 · 의사 · 목사 등 : 명예 관련 범죄 노출
- 농수산업자 : 절도 등 재산범죄 노출 위험

3. 대중매체와 범죄

1) 범죄 유발적 측면
① 자극성 가설(모방 효과) : 매스컴이 범죄 실행 장면을 노골적 묘사, 사회적 암시 효과로 범행 수법 학습과 모방 범행(⑩ 영화 주유소 습격 사건)
② 습관성 가설 : 폭력장면 장기 노출시 범죄행위 무감각 및 범죄 미화 가치관 형성, 장기적으로 범죄유발

2) 범죄 억제적 측면
① 정화 가설 : 매스컴을 통한 폭력성 등 간접 경험, 대리만족과 공격성 일시적 감소 효과
② 억제 가설 : 폭력 피해의 책임감과 보복의 공포심 유발, 공격적 성향 억제 효과

3) 일반적 연구결과
- TV 등 매스컴이 성인과 어린이의 공격적 행동에 영향을 미침

제4절 범죄 현황의 평가

1. 1990년대 범죄 동향
- 특징 : 경기침체로 인한 고용구조 불안과 실업 증가
- 보복성 폭력범죄 및 생계비 마련을 위한 강절도 범죄 증가
- 사기 · 횡령 · 배임행위 및 외국인 상대 범죄 증가
- 자동차 절도 및 뺑소니 범죄 증가
- 신용카드 범죄, 매점매석(사재기), 자살 및 알코올 중독, 마약범죄, 매춘 · 도박 · 투기 등 증가

2. 2000년대 범죄 동향

- 특징 : 범죄의 양적 증가 더불어 범죄의 질적 변화, 직무 및 전문지식 범죄 등장과 범죄 흉악화 가속 추세
- 돈에 집착하는 배금주의(拜金主義) 심화로 사기 · 횡령 · 배임 및 자동차 절도 등 재산범죄 급격히 증가
- 타인 무형재산 침해하는 '지적재산권' 범죄 급증

3. 2005년대 범죄 동향

- 특징 : 총기 사용 등 범죄의 흉악화, 새로운 범죄 현상의 출현
- 비공식적 사회통제 약화 및 국제화에 따른 외국인 입국 증가
- 외국인 불법 체류와 체류 외국인에 의한 조직 · 지능화된 각종 범죄 증가
- IMF 사태 등 거품 경제 붕괴, 경제사범과 화이트칼라범죄 증가

4. 2010년대 범죄 동향

- 특징 : 전통적인 강도 · 절도 등 강력범죄 감소, 사기 · 배임 등 지능범죄의 비율 증가
- CCTV 설치 대폭 증가로 범죄자들이 검거된다는 인식이 확산, 전통적 범죄 감소
- 반면, IT 기술 발달에 따른 '피싱 범죄(사기)'의 급격한 증가

5. 2015년 이후 범죄 동향

- 특징 : 정신장애인과 노년층 범죄 증가, 사회 소외층의 경제적 고립 심화
- 빈부 간 큰 폭의 경제적 격차로 사회의 양극화 추세의 심화
- 특히, 정신장애인과 노년층 등 경제적 소외자들의 여건 악화
- 사회 불만 및 욕구 불충족 등 원인으로 인한 동기 없는 범죄, 묻지마범죄 등 증가

1. 성별과 범죄와 관련한 설명 중 옳지 않은 것은?

① 범죄율은 거의 모든 범죄에서 남성이 여성보다 높다.

② 그러나 예외적으로 '성매매(매춘)'는 남성보다 여성이 더 높은 범죄율을 보인다.

③ 아들러(Adler)는 여성이 남성을 범죄에 이용한다는 '기사도 정신 가설'을 주장하였다.

④ 여성범죄는 대부분 가시적이지 않아 인지가 어렵고, 자신의 은폐가 쉬운 특징이 있다.

> **해설**
>
> ③ '기사도 정신 가설'은 폴락(Pollak)이 주장하였으며, 아들러(Adler)는 1970년대 '신여성범죄자' 개념을 주장하였다.
>
> 답 ③

2. 여성범죄의 특징에 관할 설명 중 옳지 않은 것은 몇 개인가?

> ㉮ 고의범보다는 우발적 · 상황적 범죄를 주로 저지른다.
>
> ㉯ 자신이 잘 알지 못하는 사람을 대상으로 범행한다.
>
> ㉰ 범죄의 동기가 여성의 성적 위기감이나 모성애의 발로에 기인하는 경우가 많다.
>
> ㉱ 여성의 사회적 진출이 높아짐에 따라 여성범죄도 증가하고 있다.
>
> ㉲ 의외로 큰 사기꾼 중에는 여성의 비율이 높은 편이다.
>
> ㉳ 교사범이나 종범보다는 정범으로 범죄를 실행하고, 남성을 부추기거나 범죄로 끌어들이는 경우도 있다.

① 1개   ② 2개

③ 3개   ④ 4개

> **해설**
>
> ㉯ 자신이 잘 알고 있는 사람을 대상으로 범행한다.
>
> ㉳ 정범보다는 교사범 · 공범 · 종범으로 가담하는 경우가 높다.
>
> 답 ②

3. 연령과 범죄에 관한 설명 중 옳지 않은 것은?

① 일반적으로 청년기에는 폭력적인 범죄유형이 많고, 갱년기와 노년기에는 지능적인 범죄유형이 높다.

② 서덜랜드(Sutherland)와 크레시(Cressey)는 범죄성이 최고인 시기는 사춘기 또는 그 직전이며 이후 범죄율이 꾸준히 감소한다고 주장하였다.

③ 레클리스(Reckless)는 과거 시설수용의 경험이 재범의 동기를 부여하여 재범을 증가시킨다는 '정착과정 이론'을 주장하였다.

④ 리들(Riedl)은 30세 이전의 범죄를 '조발(早發) 범죄', 30세 이후의 범죄를 '지발(遲發) 범죄'로 구분하였다.

> **해설**
>
> ③ 레클리스(**Reckless**)는 정착과정 이론에서 과거 시설수용의 경험이 '재범의 동기를 억제'하여 재범을 방지한다고 주장하였다.
>
> 답 ③

4. 가정과 범죄의 영향 관계에 관한 설명 중 옳지 않은 것은?

① 어린 나이에 일찍 경험할수록 범죄에 더 많이 노출된다.

② 소년보다는 소녀가 범죄에 더 많이 노출된다.

③ 아버지보다는 어머니의 결손이 범죄에 더 많이 노출된다.

④ 사별 · 이혼 · 질병 등 보다 미혼모 · 유기 · 수형 · 별거 등의 결손이 범죄에 더 많이 노출된다.

> **해설**
>
> ③ 어머니보다는 '아버지의 결손'이 범죄에 더 많이 노출된다.
>
> 답 ③

5. 다음 설명하는 가정결함의 형태를 순서대로 올바르게 기술한 것은?

> ㉮ 가족 간에 감정 · 이해 · 가치관 등 심리적 갈등 존재하여 인간관계의 융화가 없는 가정
>
> ㉯ 사회적 부적응자가 가족의 구성원으로 되어 있는 가정, 기능적 결손가정
>
> ㉰ 고아원 등 기타 아동 양육시설이 가정이 역할을 하는 경우

① 비행가정, 갈등가정, 시설가정
② 갈등가정, 비행가정, 시설가정
③ 비행가정. 시설가정, 갈등가정
④ 시설가정, 갈등가정, 비행가정

해설

② 갈등가정, 비행가정, 시설가정에 관한 설명이다.

답 ②

6. 훈육과 통제에 관한 학자들의 주장 중 옳지 않은 것은?

① 버트(Burt)는 훈육의 결함이 소년비행의 가장 중요한 비행의 원인이라고 하였다.
② 글릭(Glueck) 부부는 비행소년의 부모가 체벌에 의한 훈육방법을 더욱 자주 사용한다고 주장하였다.
③ 맥코드(McCord) 부부와 졸라(Zola)는 무(無)원칙의 훈육이 소년비행을 유발하는 중요한 요인으로 보고, 훈육의 일관성보다 유형을 강조하였다.
④ 나이(Nye)는 지나치게 관대한 훈육은 청소년 행동이 준거점의 통제 기준과 한계를 제시하지 못한다고 하였다.

해설

③ 맥코드(McCord) 부부와 졸라(Zola)는 훈육의 유형보다 '일관성'이 비행에 더 중요하게 작용한다고 주장하였다.

답 ③

7. 경제 · 직업 · 대중매체와 범죄에 관한 설명 중 옳지 않은 것은?

① 대중매체의 범죄 억제적 측면에서 '억제 가설'은 매스컴을 통한 폭력성 등 간접 경험을 통한 대리만족으로 공격성이 일시적으로 감소하는 효과를 말한다.
② 실업은 범죄 확산 주요 요인이나, 실업 해결이 범죄 해결을 의미하는 것은 아니다.
③ 경제환경은 직 · 간접적으로 범죄에 영향을 주며, 호황기는 사치성 범죄 및 종업원 · 젊은 층 범죄 증가, 불황기는 남성 · 기혼자 · 기업주 · 고령층 · 절도 등 일반 범죄가 증가한다.
④ 토비(Toby)는 절대 빈곤에서 오는 박탈감보다 개개인의 기대 수준 차이에서

발생하는 심리적 빈곤 현상인 '상대적 박탈감'이 범죄와 연관된다고 주장하였다.

> 해설 ▶
>
> ① '정화 가설'에 대한 설명이다. '억제 가설'은 폭력 피해의 책임감과 보복의 공포심을 유발하여 공격적 성향이 억제되는 효과를 말한다.
>
> 답 ①

8. 범죄 현황의 평가에 관한 설명 중 옳지 않은 것은?

① 1990년대 범죄 특징은 경기침체로 인한 고용구조 불안과 실업의 증가로 보복성 폭력범죄 및 생계비 마련을 위한 강절도 범죄가 증가하였다.

② 2000년대는 범죄가 양적 증가 뿐만 아니라 질적으로도 변화하였으며, 특히 타인의 무형재산을 침해하는 '지적재산권'의 범죄가 급증하였다.

③ 2010년대 범죄는 비공식적 사회통제 약화 및 국제화에 따른 외국인 입국 증가로 인해 외국인에 의한 조직 · 지능화된 각종 범죄가 증가하였다.

④ 2015년 이후 범죄 특징은 정신장애인과 노년층의 범죄가 증가하였으며, 빈부 간의 큰 경제적 격차로 인한 양극화 추세가 심화되었다.

> 해설 ▶
>
> ③ 외국인의 입국 증가에 따른 각종 외국인 범죄의 증가는 2005년대 범죄 동향이다. 2010년대 범죄 특징은 CCTV의 설치가 대폭 증가하여 전통 범죄는 감소한 반면, IT 기술 발달에 따른 '피싱 범죄(사기)'가 급격하게 증가하였다.
>
> 답 ③

제2편

범죄유형론

제1장 범죄유형의 의의

1. 형법적 논의

1) 결과범과 거동범

(1) 결과범(실질범)

① 결과의 발생을 요건으로 하는 범죄

② 결과적 가중범도 결과범의 특수한 형태

③ 살인죄, 상해죄 등

(2) 거동범(형식범)

① 결과의 발생을 필요로 하지 않고 법에 규정된 행위를 함으로써 성립하는 범죄

② 주거침입죄, 무고죄, 위증죄, 폭행죄 등

2) 침해범과 위험범

(1) 침해범

① 법익의 현실적 침해를 구성요건으로 하는 범죄

② 살인죄, 상해죄 등

(2) 위험범

① 추상적 위험범

- 일반적 위험성만 있으면 가벌성 인정하는 범죄

- 위험의 발생이 구성요건에 불규정

- 위험 발생의 입증 불요

- 현주건조물방화죄, 공용건조물방화죄, 타인소유 일반건조물방화죄, 연소죄, 위증죄, 무고죄, 유기죄, 명예훼손죄, 신용훼손죄, 업무방해죄 등

② 구체적 위험범

- 현실적 위험의 발생을 구성요건에 명시하고 있는 범죄

- 위험 발생 입증 필요

　　－ 자기소유 일반건조물방화죄, 일반물건방화죄, 자기소유 일반건조물·일반물
　　　건실화죄, 가스등공작물손괴죄, 중유기죄·중상해죄(중체포감금죄 ×) 등

3) 즉시범, 상태범, 계속범

(1) 즉시범
① 행위객체의 법익 침해 또는 위태롭게 함으로써 범죄 기수 및 범행 종료되는
　　범죄
② 시간의 계속이 필요하지 않음
③ 살인죄, 상해죄 등

(2) 상태범
① 실행행위로 구성요건 결과 발생하여 기수 및 범행 종료, 기수 이후에도 위
　　법상태가 지속되는 범죄
② 절도죄, 강도죄, 사기죄, 공갈죄, 횡령죄, 배임죄 등

(3) 계속범
① 실행행위로 구성요건 결과 발생하여 기수, 기수 이후에도 위법상태 지속 및
　　범행이 종료되지 않는 범죄
② 체포감금죄, 다중불해산죄, 주거침입죄, 퇴거불응죄, 약취유인죄, 직무유기
　　죄 등

4) 일반범, 신분범, 자수범

(1) 일반범
① 누구나 정범이 될 수 있는 범죄
② 형법에 '~한 자'라고 규정

(2) 신분범
① 진정신분범
－ 일정한 신분 있는 자에 의하여만 성립되는 범죄
－ 직무유기죄, 수뢰죄, 도주죄, 위증죄, 허위진단서작성죄, 유기죄, 업무상비
　밀누설죄, 횡령죄, 배임죄 등
② 부진정신분범
－ 신분 없는 자도 범죄 성립하나, 신분 있는 자가 죄를 범할시 형이 가중 또
　는 감경되는 범죄

- 존속살해죄, 영아살해죄, 업무상과실치사죄, 업무상낙태죄, 영아유기죄, 업무상횡령죄, 업무상배임죄 등

(3) **자수범**

① 행위자 자신이 직접 실행해야 범할 수 있는 범죄

② 즉, 타인을 이용해서는 범행을 저지를 수 없는 범죄

③ 위증죄 등

5) 목적범, 경향범, 표현범

(1) **목적범**

① 진정목적범

- 구성요건상 일정한 목적을 필요로 하는 범죄

- 내란죄, 강제집행면탈죄, 다중불해산죄, 허위공문서작성죄(허위진단서작성죄 ×), 통화·유가증권·문서 등 각종 위변조죄, 음행매개죄, 영리약취유인죄, 준강도죄, 각종 예비음모죄 등

② 부진정목적범

- 목적의 존재가 형의 가중 또는 감경 사유인 범죄

- 내란목적살인죄, 모해증거죄, 모해증거인멸죄, 출판물에 의한 명예훼손죄, 판매목적 아편등소지죄, 결혼·국외이송목적 약취유인죄 등

(2) **경향범**

① 행위자의 일정한 주관적 경향의 발현으로 행하여진 범죄

② 공연음란죄, 학대죄, 가혹행위죄, 준강간죄, 준사기죄 등

(3) **표현범**

① 행위자의 내면적 지식상태와 모순되는 표현으로서의 행위가 행해졌을 때 범죄 성립

② 위증죄, 무고죄, 허위감정·통역·번역죄, 분고지죄 등

2. 범죄학적 논의

1) 형사범과 행정범

① 형사범

- 성질이 사회윤리에 반하는 범죄, 자연범

     – 대부분 법전에 규정

    ② 행정범

     – 원래 사회윤리에 반하지 않는 행위를 행정 목적을 위해 범죄화

     – 대부분 형법전 이외 법규에 의해 규정

2) 동기에 의한 유형

    ① 이욕범

     – 자신의 경제적 이익을 위해 행한 범죄

     – 절도, 횡령, 배임, 통화위조 등

    ② 곤궁범

     – 경제적인 곤궁에서 벗어나기 위해 실행한 범죄

     – 절도, 영아살인, 유기 등

    ③ 격정범

     – 증오, 질투, 복수심, 성욕 등 격정에 휩싸여 저지른 범죄

     – 폭행, 상해, 살인, 강간 등

    ④ 유쾌범

     – 스릴이나 흥분을 얻고자 하는 목적으로 저지른 범죄

     – 가게물건 절도, 과속운전 등

    ⑤ 정치범

     – 정치적인 목적으로 저지른 범죄

     – 내란죄, 소요죄 등

3) 행위 양태의 성질에 의한 유형

    ① 폭력범

     – 피해자의 신체에 대해 공격을 하는 범죄

     – 살인, 상해, 강도, 강간 등

    ② 지능범

     – 물리적 공격 없이, 기망 등의 행위로 남을 속이거나 주어진 임무 위반 등 방법으로 저지른 범죄

     – 사기, 횡령 등

    ③ 무력범

- 범죄자의 무력한 태도에 의해 실행되는 범죄
- 절도, 영아살인 등

제2절 5대 범죄와 범죄지표

1. 5대 범죄

1) 의 의
① 개념 : 주요 범죄를 통칭, 살인 · 강도 · 강간 · 절도 · 폭력을 의미
② 도입 : 경찰청은 1991년 범죄와의 전쟁 1주년 성과 분석을 위해 도입
③ 변화과정
- 1987년 : '주요범죄' 용어 미사용, 형법범 · 특별법범 · 강력범 · 절도범 · 폭력범으로 구분
- 1988년 : '중요범죄' 용어 사용, 강력범 · 절도범 · 폭력범 포함
- 1999년 이후 : 5대 범죄에 마약 · 방화 추가, '7대 범죄' 개념 사용

2. 범죄지표

① 개념
- 매년 각급 경찰관서에서 취급한 형사 범죄통계원표(발생 · 검거 · 피의자통계원표) 토대 산출 통계
② 유형
- 범죄율 : 인구 10만 명 당 범죄 발생 건수
- 범죄시계 : 매시간 범죄 발생 현황 표시, 미국 범죄통계에서 사용
  피해자시계 : 매시간 피해자 발생 현황 표시, 범죄시계보다 빨리 이동
- 교정시계 : 수형자의 재사회화 속도를 표시, 노인 수형자 교정시계는 느리게 움직이나, 소년 수형자 교정시계는 빠르게 이동
- 범죄농담(犯罪濃淡) : 한 지역사회의 일정 기간 발생 총 범죄를 강도 · 살인과 같은 중범죄로 나눈 것, 범죄농담률이 높을수록 지역사회 중범죄 많이 발생 추론 가능

- 범죄농담지도 : 각 지역의 범죄농도를 전국적으로 표시, 국가의 범죄예방
  정책 수립시 기준과 방향 제시

1. 범죄의 유형에 대한 형법적 논의와 관련한 설명 중 옳지 않은 것은?

① 거동범(형식범)은 결과의 발생을 필요로 하지 않고 법에 규정된 행위를 함으로써 성립하는 범죄로써, 주거침입죄·무고죄·위증죄 등이 있다.

② 즉시범은 행위객체의 법익 침해 또는 위태롭게 함으로써 범죄 기수 및 범행 종료되는 범죄로써, 시간의 계속이 필요하지 않다.

③ 신분범은 진정신분범과 부진정신분범으로 구분하며, 부진정신분범은 신분 있는 자가 죄를 범할시 형이 가중 또는 감경되는 범죄를 말한다.

④ 목적범은 진정목적범과 부진정목적범으로 구분하며, 진정목적범의 종류에는 강제집행면탈죄·다중불해산죄·허위진단서작성죄 등이 있다.

> **해설**
>
> ④ 진정목적범은 구성요건상 일정한 목적을 필요로 하는 범죄이다. 허위공문서작성죄는 진정목적범이나, 허위진단서작성죄는 진정목적범이 아니다.
>
> 답 ④

2. 동기에 의한 범죄유형 중 옳지 않은 것은?

① 자신의 경제적 이익을 위해 행한 범죄 유형은 '이욕범'이다.

② 경제적인 곤궁에서 벗어나기 위해 실행한 범죄인 '곤궁범'은 절도, 횡령, 배임, 통화위조 등이다.

③ '유쾌범'은 범죄로 인한 이득보다 스릴이나 흥분을 얻고자 하는 목적으로 저지른 범죄로써, 가게물건 절도나 과속운전을 예로 들 수 있다.

④ '격정범'은 증오, 질투, 복수심, 성욕 등 격정에 휩싸여 저지른 범죄를 말한다.

> **해설**
>
> ② 곤궁범의 예는 절도, 영아살인, 유기 등이다.
>
> 답 ②

3. '5대 범죄'에 관한 설명 중 옳지 않은 것은?

① 5대 범죄는 주요 범죄를 통칭하는 것으로, 살인·강도·강간·절도·폭력을

의미한다.

② 경찰청에서는 1991년 범죄와의 전쟁 1주년의 성과 분석을 위해 5대 범죄 개념을 도입하였다.

③ 1987년 '주요 범죄'라는 용어를 사용하지 않고, 형법범 · 특별법범 · 강력범 · 절도범 · 폭력범으로 구분하여 사용하였다.

④ 1999년 이후에는 5대 범죄에 '방화 · 사기'를 추가하여 '7대 범죄'의 개념을 사용하였다.

> **해설** ▶
>
> ④ 경찰청은 1999년 이후에는 5대 범죄에 '마약 · 방화'를 추가하여 '7대 범죄'의 개념을 사용하였다.

답 ④

4. 범죄지표 등과 관련한 설명 중 옳은 것은 몇 개인가?

> ㉮ 범죄지표는 매년 각급 경찰관서에서 취급한 형사 범죄통계원표(발생 · 검거 · 피의자통계원표) 토대로 산출한 통계이다.
> ㉯ 범죄시계는 매시간의 범죄 발생 현황을 표시한 것으로 미국 범죄통계에서 사용하고 있다.
> ㉰ 피해자시계는 매시간의 피해자 발생 현황을 표시한 것으로 범죄시계보다 늦게 이동한다.
> ㉱ 범죄농담은 한 지역사회에서 일정 기간 발생한 총 범죄를 강도 · 살인과 같은 중범죄로 나눈 것을 의미한다.
> ㉲ 범죄농담률이 낮을수록 지역사회의 중범죄가 많이 발생하는 것으로 추론이 가능하다.

① 1개   ② 2개   ③ 3개   ④ 4개

> **해설** ▶
>
> ㉰ 피해자시계는 매시간의 피해자 발생 현황을 표시한 것으로 범죄시계보다 빨리 이동한다.
> ㉲ 범죄농담률이 높을수록 지역사회의 중범죄가 많이 발생하는 것으로 추론이 가능하다.
>
> ※ **교정시계**
> 　수형자의 재사회화 속도를 표시한 것으로, '노인 수형자'의 교정시계는 느리게 움직이나 '소년 수형자'의 교정시계는 빠르게 이동한다.

답 ②

제2장 일반적 범죄유형

살인범죄

1. 개 념

- 특정인에 대한 타인에 의한 불법적 죽음

2. 특 징

- 낯선 사람에 의한 범행보다 면식범에 의한 범행이 다수
- 여성 살인은 일시 감정보다 계획적이며 피해자와 가까운 관계 간의 불화 · 원한 · 분노에 의한 살인이 많이 발생
- 가해자의 일방적 공격으로 인한 피해 이외 피해자가 유발하는 살인도 25% 가량 발생(볼프강, Wolfgang)
- 살인의 동기는 의외로 매우 사사로움(일시적 격정, 몸싸움, 말다툼 등)
- 범죄피해자 조사를 통한 실태 파악이 불가능
- 도구를 사용한 살인 경향 높음, 음주 및 약물사용 다수
- 원상회복 불가, 하층민에 의한 발생 및 우발적 동기 살인 비율 높음
- 30~40대의 면식범에 의한 도검류 피해 비율이 가장 높음
- 남성은 피해자 평균연령이 여성에 비해 가해자보다 상대적으로 높음

3. 원 인

1) 생물학적 원인

① 인종학적 이론
- 인간은 생물학적으로 다른 동물보다 살인본능이 강함

② 유전학적 이론
- 'XYY염색체'를 가진 남성은 살인범죄 범할 우려 큼
- 'Y염색체'가 공격적 성향으로 XYY염색체를 가진 남성은 공격적인 확률 높음

2) 심리학적 · 분석학적 이론

① 원시본능(ego) - 자아(id) - 초자아(superego) 간의 불균형

② 불행 · 죄의식의 감정 발현, 정신적 질병 발병 등으로 살인범죄 저지름

3) 좌절-공격성 관련 이론

① 헨리(Henry)와 숏(Short) : 자살은 자신을 향한 내부지향적 공격성, 살인은 타인을 향한 외부지향적 공격성

② 세력 이론 : 부유층 보다 하류층의 사람들이 살인 노출 빈도 높음, 부유층은 폭력성의 노출 방법이 여러 가지지만, 하류층은 대안 제한

4. 유 형

1) 형법상 살인

① 보통살인 : 사람을 살해

② 존속살인 : 자기 또는 배우자의 직계존속을 살해

- 직계존속은 법률상 개념

- 혼인외 출생자는 생부는 인지 시 · 생모는 출생으로 당연히 직계존속 성립

- 입양의 경우 절차에 따른 입양 관계 성립하며 법률상 직계존속

- 배우자는 생존의 법률상 배우자 만을 의미, 사실혼 관계 제외

③ 영아살인 : 분만 중 또는 분만 직후의 영아를 살해

- 동기 : 치욕을 은폐, 양육할 수 없음을 예상, 특히 참작할만한 동기

④ 촉탁 · 승낙살인 : 사람의 촉탁 또는 승낙을 받아 살해

⑤ 자살교사 · 방조 : 사람을 교사 또는 방조하여 자살

- 자살교사 : 자살의 결의가 없는 자에게 자살을 결의하게 하는 것

- 자살방조 : 이미 자살을 결의한 자를 도와 자살을 쉽게 하는 것

⑥ 위계 등에 의한 촉탁살인죄 : 위계 또는 위력으로서 촉탁 또는 승낙하게 하거나 자살을 결의

⑦ 살인예비음모 : 살인 · 존속살인 · 위계 등에 의한 촉탁살인의 죄를 범할 목적으로 예비 또는 음모

2) 범죄학상 살인

　① 살인 : 사람을 살해

　② 연쇄살인 : 일정 기간 3명 이상을 연속적으로 살해

　③ 집단살인 : 한 사건에서 가해자가 4명 이상의 사람을 살해

5. 연쇄살인과 대량살인

1) 연쇄살인

　① 의의

　　－ 1970년대 미국 FBI 요원 '로버트 레슬리'가 처음 용어 사용

　　－ 일정 기간 세 곳 또는 그 이상의 장소에서 사람을 살해

　　－ 살인과 그다음 살인 사이의 일정한 잠복기인 '심리적 냉각기'를 가짐

　② 특징

　　－ 주로 계획적이며 일정한 간격을 가짐

　　－ 살인 과정에 표식하는 등 자기 과시적 범죄 높음

　　－ 사건의 횟수가 증가할수록 더욱 교묘한 범행 수법 실행

　　－ 범인 미검거 시 사회의 극심한 공포 유발

　　－ 동기가 불분명해 범인 검거의 큰 어려움

　③ 유형

　　－ 스릴 추구형 : 성적인 사디즘(sadism)이나 피해자 지배를 추구하는 연쇄살인범의 전형

　　－ 미션 추구형 : 세상의 변혁을 위한 임무 수행의 일환

　　－ 이익 추구형 : 물질적 보상 획득 또는 예상된 위협 이탈 목적

　④ 발생원인

　　－ 정신질환, 성 욕구 좌절, 신경조직 손상, 아동학대와 방치, 불우한 유년 시절 등 다양한 원인 주장

　　－ 전문가들은 연쇄살인범의 '어린 시절의 동물 학대 경험'에 주목

　　－ 단정적 원인이 없으므로, 양심이나 죄의식을 못 느끼는 살인범을 '사이코패스'라 명명

　⑤ 연쇄살인 사례

- 김대두 사건 : 1975년, 수원과 평택에서 17명을 살해
- 지존파 사건 : 1994년, 전남 영광에 아지트를 두고 사업가 부부 등 5명을 살해, 토막을 내 불태우고 암매장
- 온보현 사건 : 1994년, 서울 등지에서 택시를 훔쳐 부녀자 6명을 납치, 살해
- 정두영 사건 : 1999년부터 2000년까지 부산과 울산 지역에서 부유층 9명을 살해
- 유영철 사건 : 2003년부터 2004년까지 10개월간 21명을 살해, 시신 11구는 토막을 내 암매장
- 정남규 사건 : 2004년부터 2006년까지 2년간 서울·경기지역에서 14명을 살해
- 강호순 사건 : 2006년부터 2008년까지 2년간 경기 서남부지역에서 부녀자 7명을 살해, 암매장
- 이춘재 사건 : 1986년부터 1991년까지 5년간 경기 화성 일대에서 부녀자 10명을 성폭행 후 살해, '화성연쇄살인사건'이라 불리며 2019년 진범이 밝혀짐

2) 대량살인

① 의의
- 한 사건에서 '1명 또는 몇 명의 가해자'가 4명 이상의 사람들을 살해
- 전쟁, 테러, 마피아·조폭 등에 의한 다수 살인은 대량살인에 미포함
- 동시살인 : 단 한 번의 통제할 수 없는 감정의 폭발이나 분노에 의한 것

② 특징
- 단 한 번의 감정폭발이나 분노 때문에 발생
- 살인과 다음 살인 사이의 정상적 생활을 하는 심리적 냉각기 없음

③ 유형(Fox & Levin)
- 복수형 살인 : 개인이나 사회에 대한 증오와 그에 대한 응징 및 복수, 헤어진 아내·아이·고용주·피고용인·상사 등
- 사랑형 살인 : 아내와 아이를 사랑하는 마음에서 살인하는 것으로 포장, 통상 피해자 살해 후 자살
- 이익추구형 살인 : 범죄 은폐를 위한 목격자 제거 및 범죄 음모 실행

- 테러형 살인 : 갱(gang) 집단살인은 상대방 경고 목적, 종교숭배 집단살인
  은 사회에 세상 종말 임박을 알림 목적
④ 대량살인 사례
- 순경 우범곤 사건 : 1982년 4월 26일, 경남 의령경찰서 소속 순경 우범곤이
  예비군 무기고에서 소총 2정 · 수류탄 6발 탈취해 주민 56명에게 총기를 난
  사, 62명이 사망
- 조승희 사건 : 2007년 4월 16일, 미국 버지니아 주립대 4학년 조승희가 권
  총 2정으로 대학 기숙사 및 강의실에 권총을 난사, 학생 32명이 사망

제2절 | 강도범죄

1. 개 념

- 피해자를 폭행 또는 협박하여 타인의 재물을 강제로 빼앗음
- 재산범죄(절도)와 폭력범죄(폭행 · 협박)가 결합한 형태의 강력범죄

2. 특 징

- 일반적으로 재물 강취에 흉기 등을 사용
- 재물 강취 후 강간 · 살인 등 다른 범죄로 이어지는 결과적 가중범이 다수

3. 유 형

1) 형법상 강도
  ① 강도
    폭행 또는 협박으로 타인의 재물을 강취, 기타 재산상 이익 취득, 제3자로
    하여금 이를 취득케 함
  ② 특수강도
  - 야간에 사람의 주거, 관리하는 건조물, 선박이나 항공기 또는 점유하는 방
    실에 침입하여 강도
  - 흉기 휴대 및 2인 이상 합동하여 강도

③ 준강도
- 절도가 재물의 탈환에 항거, 체포를 면탈, 죄적을 인멸할 목적으로 폭행 또는 협박

④ 인질강도
- 사람을 체포 · 감금 · 약취 또는 유인하여 이를 인질로 삼아 재물 또는 재산상 이익 취득, 제3자로 하여금 취득케 함

⑤ 강도상해 · 치상
- 강도가 사람을 상해하거나 상해에 이르게 함

⑥ 강도살인 · 치사
- 강도가 사람을 살해하거나 사망에 이르게 함

⑦ 강도강간
- 강도가 사람을 강간

⑧ 해상강도
- 다중 위력으로 해상에서 선박을 강취, 선박 내 침입하여 타인 재물 강취
- 해상강도상해 · 치상 : 해상강도가 사람을 상해하거나 상해에 이르게 함
- 해상강도살인 · 치사 : 해상강도가 사람을 살해하거나 사망에 이르게 함
- 해상강도강간 : 해상강도가 사람을 강간

⑨ 상습강도
- 상습으로 강도, 특수강도, 인질강도, 해상강도를 범함

⑩ 강도예비음모
- 강도죄를 범할 목적으로 예비음모

2) 범죄학상 강도

가) 해상강도

① 개념 : 공해상 위에서 선박을 이용해 다른 선박을 공격, 화물을 비롯한 가치 있는 물건을 강취, '해적(pirates)'이라 명명

② 최근 해적들에 의한 해상강도행위가 국제적 문제로 대두

③ 무기로 중무장한 해적이 화물선이나 유조선 등 강취 또는 선박 내 침입 재물 강취, 선원 등을 인질로 잡고 거액 요구 등 점차 증가 실정

④ 해적행위는 해적선(가해자)이 다른 선박(피해자)을 습격하는 형태로 성립

⑤ 따라서 1961년 카리브해 산타마리아호 선박 내 반란 사범과 1985년 지중해 아키레라우로호 선박 내 테러 사범은 해적행위 미해당

⑥ 우리나라의 경우 해적의 인질 거액 요구에 8번 거액 지급 사례 있음

> 🌐 **아덴만 여명 작전**
> * 2011년 1월 15일, 화학물질 운반선 삼호주얼리호 소말리아 해적에 피랍
> * 동년 1월 21일, 해군 청해부대 소속 특수부대원들이 현지 출동, 아덴만 여명 작전 수행
> * 피랍 6일, 작전 개시 4시간 58분 만에 삼호주얼리호 선원 전원(한국인 8명, 인도네시아인 2명, 미얀마인 11명) 구출
> * 이 작전은 해적과 선원이 섞인 상황에서 인질이나 군인이 한 명도 사망자 발생이 없는 성공 작전, 전 세계 군(軍) 작전 중 유일

나) 인질강도

① 개념 : 사람을 인질로 삼아 재물 또는 재산상 이익을 취득

② 인질로 잡힌 사람의 신변 보호가 가장 중요

③ 인질강도 상황 발생 시 신속하고도 체계적인 대응이 매우 중요

④ 범인의 요구조건을 들어주면서 최대한 시간을 끌고, 전문 협상팀에 의한 대응이 필요

⑤ 범인이 흥분하지 않도록 감정 자극 자제

⑥ 총기 사용 강도는 매우 위험함으로 피습 등에 유의, 안전 장구 꼭 착용

⑦ 인질강도의 도주 차단을 위한 경찰력 긴급배치 중요

다) 택시강도

① 개념 : 택시 기사 또는 승객으로 위장하여 폭행 또는 협박으로 재물 강취

② 신고 접수 시 수사 책임자 즉시 보고, 범인과 택시에 대한 수사 긴급배치

③ 반경이 여러 경찰서 담당 지역인 경우, 승차지점 · 범행지점 · 차량발견지점 공조 수사

④ 도난 택시 발견 시 해당 발생 경찰관서에 즉시 통보, 현장보존

라) 퍽치기

① 개념 : 취객 등을 대상으로 둔기 및 발차기 등으로 피해자를 공격하여 금품을 강취

② 피해자가 술 등에 취해 범인의 얼굴을 알지 못하는 경우 다수

③ 범죄 발생이 야간 또는 심야시간대 집중

④ 사건 발생 시 주변 CCTV 분석과 통행자 및 업소 종업원 등 탐문 수사

⑤ 빈발 장소 등에 잠복, 범행 실행 중 범인 검거 노력 필요

※ 콩클린(Conklin)의 강도 유형 분류

구 분	내 용
전문강도	직업으로 강도
기회강도	여러 재산범죄 실행 중 기회가 되면 강도
중독강도	마약 중독 상태에서 마약류 구매를 위해 강도
음주강도	술을 마신 상태에서 강취 충동으로 강도, 기회강도와 중독강도의 혼합

제3절 강간범죄

1. 개 념

- 저항할 수 없는 폭행·협박으로 상대방이 원치 않는 성행위를 하는 것
- '강간(rape)'은 상대방의 동의 없는 성행위, 윤간(multiple rape)'은 집단 성폭행

2. 특 징

1) 일반적 특징

① 암수범죄가 많고, 수일 등 시간이 경과 후 신고하여 증거수집 어려움

② 따라서 자백 등에 의존한 범죄사실 입증이 다수

2) 피해자 특징

① 피해자의 3중 피해 : 범행의 직접적인 피해(직접 피해), 형사사법기관에서의 2차 피해(형사사법제도 피해), 사회생활에서의 제약으로 인한 3차 피해

　(사회생활 피해)

② 유교적 사회 분위기와 수치심, 괴로운 기억의 상기, 피해자 책임 등의 따가운 시선으로 인한 신고 기피

③ 증거의 오염과 시일의 경과, 상처의 치유 등으로 증거 제출에 소극적

④ 상세한 피해 진술 꺼리고, 범죄피해 공포심으로 인한 피해 사실에 대한 망각 경향

3) 가해자 특징

① 직접적 물증 부재 시 부인으로 일관

② 피해자가 고소 전 가해자 항의가 대부분

③ 가해자가 미리 답변 준비 또는 증거 인멸하여 조사 어려움

3. 원 인

1) 생물학적 요인

① 남성들은 종족 보존을 위해 더 많은 여성과 접촉 본능 지님

② 그러나 상황의 어려움으로 강제로 여성과의 성적 접촉 시도

③ 남성의 여성과의 성관계 욕구는 자연적이고 본능적

2) 심리학적 요인

① 강간범이 일종의 성적 이상이나 정신적 문제가 있다고 봄

② 여성에게 많은 적의를 가지며, 가학적인 변태적 성욕자

③ 특히, 연쇄강간범은 사이코패스 또는 자기애적 성격이상자가 일반적

3) 사회학적 요인

① 강간 역시 다른 사회행위를 학습하는 것과 동일

② 성폭력에 우호적인 친구 관계 및 포르노물 등을 통해 강간을 학습, 실행

③ 대부분 국가의 10대 포르노물 제한, 강간 등 성적 공격과 큰 관련

4) 일반적 원인

① 남성을 여성보다 우위에 두는 성차별적 사회 구조

② 여성의 가치를 오직 '성'으로 다루는 광고 및 영화 등으로 왜곡된 성문화 인식

③ 여성과 남성의 원활하지 못한 의사소통 문화로 인한 의사 불일치

④ 성에 대한 가치나 올바른 성적 행동에 대한 진지한 고민 없는 성교육 부재 현상

⑤ 형사사법기관의 성폭력에 대한 잘못된 통념 수용으로 인한 인식 부족

4. 유 형

1) 대상별 강간

① 어린이 강간
- 만 13세 미만 어린이를 강간
- 아는 사람에 의한 발생 비율이 80% 해당
- 많은 가해자가 범행 사실을 회유하거나 과장된 협박
- 어린이는 자신의 피해를 성폭력이라 인식하기 어려움, 범행의 발견 지연
- 이상 행동, 공포심 및 두려움, 성기 통증 등 발견을 위한 세심한 관찰 필요

② 청소년 강간
- 만 13세 이상 18세 이하 청소년을 강간
- 어린이나 성인 강간보다 윤간 및 강도강간 등 특수강간 비율 높음
- 학교 폭력배 등에 의한 집단폭행 및 강도·침입 등 표적이 됨
- 친족의 피해, 선배 또는 동급생의 피해, 교사 또는 강사에 의한 피해 비율 현저히 높음
- 청소년 강간은 동의한 성관계로 오인, 피해자 비난 여론이 형성되기도 함

③ 남성 강간
- 남성 피해자는 강간에 대한 수치심과 힘든 감정을 외면하려고 함
- 강간 피해에 대한 문제 제기가 부적절하고 남자답지 못한 것으로 생각
- 피해에 대한 인정이 어려워 신고율 매우 낮음
- 남성 간 강간은 집단 생활하는 '군대'에서 다수 발생

④ 장애인 강간
- 범행 저항의 한계와 범죄 발생의 취약으로 일반 강간보다 엄격히 처벌
- 장애인은 성별과 성욕이 없는 존재로 인식하는 경향
- 범죄피해 발견과 구체적 피해 진술의 어려움

⑤ 친족 강간

- 가해자가 가까운 가족이나 친척으로 신고를 꺼리며 피해가 지속적
- 피해를 알게 된 친족 등은 큰 충격과 혼란, 피해 사실을 불신·회피하거나 거부
- 주위 사람들의 분노 및 두려움, 피해자 보호를 하지 못한 죄책감 겪음
⑥ 직장 내 강간
- 일반적으로 가해자가 피해자보다 상급자 위치
- 피해자의 직장 내 불이익 우려로 인한 신고 기피와 자책
- 높은 사회적 위치와 권력을 가진 가해자의 많은 압박, 많은 스트레스 받음
⑦ 부부 강간
- 부부 간 발생하는 강제적 성관계, 대부분 아내가 피해자
- 부부 간 합의하지 않은 상태의 일방적 성행위이므로 상대방의 성적 자기 결정권이 기준
- 우리나라는 2013년 대법원에서 '부부 강간'을 첫 인정
- 유럽은 부부강간죄를 인정하는 국가 다수, 미국(1984)과 영국(1991)도 '배우자 강간 면책' 이론 폐기

2) 학자별 분류
① 코헨(Cohen)의 분류
- 대체적 공격 : 배우자나 애인 등에게 성적 거절을 당했을 때, 불만 해소를 위해 임의로 선택한 낯선 여성에게 성적 공격
- 보상적 공격 : 여자를 만나기 어려운 소극적 성격으로, 쉽게 항복하고 순종할 수 있는 여성을 대상으로 성적 공격
- 성(性) 공격 동시 수행 : '성'을 공격과 관련지어, 피해자가 공격하면 더욱 흥분하고 강간을 야만적으로 범행
- 충동 : 순간적인 충동으로, 변덕적·폭발적으로 강간
② 그로스(Groth), 버제스(Burgess), 홀스트롬(Holstrom)의 분류
- 권력·완력 강간 : 남성다움을 표현, 여성의 지배 또는 남성다움에 대한 의혹 해소를 위한 강간
- 분노 강간 : 여성에 대한 분노·경멸·미움 등을 표출하기 위한 강간
- 가학적 강간 : 여성의 고통을 즐기려는 강간

③ 그로스(Groth) 등의 분류
- 지배 강간 : 패배감 또는 굴욕감 극복하기 위한 강간, 남성의 우월감 및 지배욕 과시 목적(힘으로 통제), 자신의 열등감 및 왜소감 부정하기 위해 안간힘
- 분노 강간 : 여성에 대한 분노 · 경멸 · 증오심 등 극복하기 위한 강간, 불안한 심리상태 극복 목적으로 저속한 욕설 · 상처 · 폭행 시도, 여성 관계의 부정성(갈등 · 좌절 · 질투)으로 살인으로 이어질 수 있음

제4절 폭력범죄

1. 개 념

- 사람의 신체에 대해서 폭행을 하는 것
- 신체의 완전성을 침해할 가능성 있는 행위

2. 특 징

- 범죄 발생 사건 중 가장 높은 비율
- 일반적으로 폭력범죄와 약물범죄는 높은 연관성
- 대도시 폭력범죄가 농촌 지역보다 더욱 많이 발생
- 여성보다 남성에 의한 폭력범죄 발생 비율 높음
- 나이가 어릴수록 높은 발생 비율, 20대가 60대보다 더 많이 폭력범죄 가담
- 문제가 있는 행동 시작이 빠를수록 폭력범죄 지속적 노출 가능성 큼

3. 유 형

1) 형법상 유형
① 폭행 : 사람의 신체에 대한 폭행, 신체의 직접적인 유형력 행사
② 존속폭행 : 자기 또는 배우자의 직계존속에 대한 폭행
③ 특수폭행 : 단체 또는 다중의 위력, 위험한 물건 휴대하여 폭행
④ 폭행치사상 : 폭행으로 인해 사람을 사망 또는 상해

⑤ 상습폭행 : 상습으로 사람의 신체에 대한 폭행

2) 범죄학상 유형

① 가정폭력

- 가정구성원 사이 신체적 · 정신적 또는 재산상 피해를 수반하는 행위

② 데이트폭력

- 남녀가 교제 기간 중 상대의 합의 없이 고의를 가지고 행해지는 신체적 · 정신적 · 성적 폭력

③ 성폭력

- 전통적 관점 : 성을 매개로 이뤄지는 유무형의 강제력 행사

- 여성학 관점 : 성과 관련한 신체적 · 언어적 · 정신적 폭력과 그로 인한 행동 제약까지 포함

④ 학교폭력 : 학교 내외에서 학생을 대상으로 발생한 폭행, 협박, 따돌림 등에 의해 신체 · 정신적 또는 재산적 피해를 수반하는 행위

⑤ 사이버폭력 : 사이버 공간에서 다양한 형태로 타인에게 가해지는 괴롭힘, 전통적 폭력보다 폭력의 형태가 매우 다양함

제5절 　가정폭력

1. 개 념

- 가정구성원 사이 신체적 · 정신적 또는 재산상 피해를 수반하는 행위

2. 특 징

- 가정구성원에게 지속적이고 반복적으로 폭력 행사
- 하층 계급에 국한된 문제가 아니며, 최근 경제적 중상류층 이상 증가 추세
- 가정이라는 사적 공간에서 은밀히 발생, 사전 발견 어려움
- 집안 문제로 치부, 가해자의 신고와 처벌을 기피
- 유년 시절 피해자, 성인 가정폭력 가해자 될 확률 높음

3. 원 인

1) 생물학적 요인
① 공격적 성향 증가 및 충동 조절 능력 부족으로 폭력 증가
② 유전적 폭력성, 뇌전증(간질) 발작, 뇌졸중, 충격으로 두부 손상, 알코올 중독, 약물 중독 등

2) 심리적 요인
① 성격 장애 : 반사회적 인격장애, 충동조절 장애, 가학적 · 의존적인 미성숙 성격 등
② 폭력 경험 : 어린 시절 가정폭력 목격하면서 성장 다수
③ 피해자 요인 : 어린 시절 폭력 경험, 건강 악화, 경제력 및 사회능력 저하될수록 노예화 경향
④ 기타 요인 : 의처증 및 의부증, 우울증, 정신장애 등

3) 사회적 요인
① 가부장적 사회제도 : 왜곡된 제도가 가족 간 갈등과 폭력 심화
② 사회적 스트레스 : 가장의 스트레스가 높을수록 폭력이 분노 표출 수단
③ 결손가정 : 결손가정 자녀가 가정폭력 경험 다수
④ 사회경제적 상태 : 경제적 하층일수록 폭력 발생 다수가 일반적, 최근 중상층도 가정폭력 비율 높음
⑤ 왜곡된 사회적 통념 : 배우자나 자녀의 소유의식, 폭력문화의 만연, 집안 문제로 치부 인식

4. 유 형

1) 부부폭력
① 부부 사이 합의 관계가 아닌 상대 일방이 신체적 · 정신적 · 성적 · 경제적 힘을 남용
② 가족 해체의 직접적 원인, 다른 가족 구성원에게도 심각한 영향
③ 반복성과 심각성의 증가가 주된 특징, 심지어 사망에도 이름

④ 주된 피해자는 '아내', 최근 '매 맞는 남편'도 증가

⑤ 남편 피해자 발생 주된 원인은 경제적 능력 위축과 많은 나이

⑥ 신체적 학대, 언어적 · 정서적 학대, 성적 학대, 경제적 학대, 방임 · 유기 등

2) 아동학대

① 부모의 훈육 목적의 체벌 구타 여전, 세계적 높은 비율

② 학대 부모는 어린 시절 부모로부터 구타 경험 다수

③ 부부폭력 비율이 높을수록 아동학대 증가, 유의미한 상관성

④ 흥분한 부모의 저항능력 없는 아동 상대 폭력, 심한 경우 사망에 이름

⑤ 뇌 손상, 정신지체 및 정서불안, 타박상 및 장기파열, 두개골 골절 등 각종 골절상

3) 노인폭력(부모폭력)

① 사회와 가정에서의 지위와 권위 상실 및 경제력 저하가 원인

② 수치심 등으로 외부에 폭력 신고 기피

③ 주로 정서적 학대(무시 · 멸시 · 욕설)가 다수, 방임 · 유기 및 신체 폭행 등

5. 영 향

1) 피해자의 영향

① 우울증 · 불안 및 자살

- 자존심 및 모멸감 · 자괴심 등으로 우울증 증세, 스트레스성 장애 불안

- 자살은 우울증과 상당한 관련

② 화병(火病) : 반복된 폭력으로 인한 울화증, 몸이 우는 장애

③ 복수심을 부르는 폭력 : 지속된 폭력에 노출된 아내가 복수심에 잠든 남편 살해 사례

④ 자녀의 부정 영향

- 가정폭력 다수 노출시, 자녀의 심리적 좌절과 자아존중감 저하

- 불행감, 무력감, 거부감, 죄의식, 분노 등 다양한 감정 경험

- 두통 · 말더듬증 · 불면증 등 신체 이상과 학습장애 · 비행 행동 등 정신이 상 유발

- 심한 경우 자녀의 자살에 이르기도 함

2) 가정생활 및 사회의 영향

① 폭력 가정의 대물림
- 어린 시절의 가정폭력 경험이 세대를 거쳐 계속 발생, 더욱 심각화
- 아들은 폭력적인 남편, 딸은 남성 혐오 · 남성 기피증 발전 가능성 큼

② 가정 파괴와 청소년 범죄 증가
- 가정폭력의 반복은 결국 정상 가정의 붕괴로 이어짐
- 이는 청소년 학교폭력 및 각종 비행 등 유발, 사회문제화

제6절 데이트폭력

1. 개 념

- 남녀가 교제 기간 중 상대의 합의 없이 고의를 가지고 행해지는 신체적 · 정신적 · 성적 폭력
- 미혼의 연인 사이에서 나타나는 폭력이나 위협

2. 특 징

- 동반자 중 한쪽이 폭력을 이용, 다른 한쪽을 권력적으로 통제 우위 유지
- '사랑'이라는 이름 아래 지속적 발생, 피해자의 신고 어려움
- 가해자에 대한 두려움으로 피해자들이 헤어지지 못하는 것이 큰 문제
- 성적 폭력의 비율이 높고, 구타 및 모욕 · 수치심 유발 발언도 심각
- 연인 사이에 발생, 당사자들 간의 은밀히 진행되므로 외부 발견 어려움

3. 원 인

- 폭력 행사 가해자의 열등감 및 정신적 미숙
- 상대방을 소유물이나 부속물로 인식, 과도한 집착
- 여성에 대한 의심이나 여성의 거절을 이유, 폭력을 행사

4. 유 형

1) 심리적 폭력

① 상대방 자아 개념을 손상

② 주로 욕설·모욕 등 언어적 폭력 자행, 물건 파괴·폭행 위협 등 비언어적 폭력도 병행

③ 고함치기, 날카로운 소리, 모욕적 언행, 외모 비난, 폭행 위협 등

2) 신체적 폭력

① 상대방 고통 및 상해 의도로 폭행

② 주로 신체적인 힘이나 도구를 사용하여 폭행

③ 떠밀기, 움켜잡기, 머리카락 당기기, 뺨 때리기, 발로 차기, 목 조르기, 물건 던지기 등

3) 성적 폭력

① 의사에 반해 원치 않는 성적 행위 강요

② 주로 신체접촉 행위를 강요, 심리적 상해도 병행

③ 신체 일부 사진찍기, 외설적 그림 및 글 보기, 외모 및 옷차림 성적 평가, 음담패설, 신체 일부 밀착접촉, 강제로 껴안거나 키스하기, 성교 강요 등

4) 통제 권력적 폭력

① 자유로운 행동을 제한 또는 방해, 정보의 공유 요구

② 피해자의 의사를 전면적 차단, 가해자가 모든 결정

③ 친구 만나지 못하게 하기, 가족 연락 제한, 가족과 가해자 중 양자택일 강요, 모든 상황 보고 및 해명하기, 다른 이성과 대화 시 분노, 의료행위 사전 허락받기, 외적인 부분을 상대가 결정하기 등

제7절 | 학교폭력

1. 개 념

- 학교 내외에서 학생을 대상으로 발생한 폭행, 협박, 따돌림 등에 의해 신체·정신적 또는 재산적 피해를 수반하는 행위
- 따돌림 : 학교 내외의 2명 이상 학생이 특정인 및 특정 집단 학생들을 대상, 신체적 또는 심리적 공격을 지속·반복적으로 하여 상대방의 고통을 유발하는 일체 행위
- 사이버 따돌림 : 인터넷 휴대전화 등 정보통신기기를 이용하여 학생이 특정 학생들을 대상으로 지속적·반복적으로 심리적 공격, 특정 학생과 관련 개인정보 또는 허위정보를 유포 상대방의 고통을 유발하는 일체 행위

2. 특 징

- 장기간에 걸쳐서 나타나는 집단따돌림 현상 두드러짐
- 여학생들에 의한 학교폭력 비율 증가
- 가해자와 피해자의 저연령화 추세, 중학교 폭력 비율 최고
- 가해 행동에 대한 죄책감의 부재
- 가해자와 피해자의 구별 불분명, 피해 학생이 가해 학생으로 전환
- 정서적(언어) 폭력의 증가
- 학교폭력의 집단화 경향

3. 원 인

1) 피해자 및 가해자 요인
  ① 피해자 요인
  - 사회성 저하 및 보편적이지 않은 사고방식
  - 잘못된 생활습관 또는 신체·정신적 장애 등
  ② 가해자 요인
  - 폭력을 통한 피해자에 대한 우월감 인식

2) 폐쇄적인 학교 구조

① 학생 요인 : 폐쇄적인 같은 공간에서의 지속적 학습

② 교사 요인 : 일시적인 담당 과목 수업, 상대적 무관심

3) 맞벌이 부모 증가와 폭력에 무감각한 사회

① 맞벌이 부모의 증가

– 자녀 문제 발생 시 즉각 대처 어려움, 자녀 비행 유발

– 직장 문제로 자녀의 학교생활 관심 저하

② 폭력에 무감각한 사회

– 청소년 대상, 폭력물 규제 심의 기준 낮음

– 미성년자의 범죄 처벌 수위 매우 가벼움

– '청소년 싸움'에 대한 사회 인식의 관대('애들은 원래 싸우면서 큰다.')

4) 교사의 무관심과 적극적 은폐

① 교사의 무관심

– 학생 간 으레 발생하는 일 등으로 치부

– 학년 진급에 따른 학생들의 반별 교체, 교사·학생 간 거리 존재

– 담임 교사의 과중한 업무, 학생 지도 부실

② 학교의 적극적 은폐

– 학교폭력 해결을 '성과'가 아닌 '과실'로 처리

– 지역 및 학교의 이미지 실추와 감독기관 강화 유발

4. 유 형

1) 물리적 폭력

① 신체 폭행

– 상대방의 신체를 직접 폭행, 상해

– 때리기, 밀기, 발 걸기, 머리 치기, 침 뱉기 등

② 괴롭힘

– 싫어하거나 원하지 않는 일을 하게 강제적으로 하게 하는 행위

– 억지로 심부름시키기, 귀찮게 하기, 숙제시키기, 부모님 비웃게 하기, 돈 훔

치게 하기, 가방 등 숨기기, 과잉 친절로 불안하게 하기, 옷을 벗기려고 하기 등

2) 정서적 폭력

① 언어폭력

- 욕설이나 모욕·멸시하는 말 등을 하는 행위
- 욕설하기, 위협하기, 협박하기, 비웃기, 이상한 소문 내기, 약점 건드리기, 싫어하는 별명 부르기, 흉내 내면서 놀리기, 신체 외모 놀리기, 옷차림 비웃기 등

② 금품 갈취

- 피해자의 돈이나 가치 있는 물건을 뺏음
- 돈 뺏기, 돈을 억지로 빌리고 갚지 않기, 학용품 빌리고 돌려주지 않기, 물건 파손, 물건 훔치기 등

③ 폭력·음란물 전송

- 정보통신기기를 이용하여 폭력·음란물을 전송하는 행위

제8절 ▶ 사이버폭력

1. 개 념

- 사이버상에서 매우 다양한 형태로 타인에게 가해지는 괴롭힘 등
- 사이버 공간에서 모욕, 따돌림, 협박, 갈취 등과 같이 사소하지만, 지속적·반복적·의도적으로 가해지는 행위
- '사이버 불링(Cyber bullying)'이란 용어도 함께 사용

2. 특 징

- 비대면성, 익명성, 영구성, 확산성 및 물리적 힘의 불필요
- 비대면성 : 피해자의 고통을 볼 수 없으므로 가해자가 죄책감을 못 느끼고, 행위 자체의 범죄성 불인식
- 익명성 : 가해행위의 비노출로 행위가 드러나지 않을 것이라는 강한 믿음

- 영구성·확산성 : 매우 **빠른** 유포와 전파로 자료의 삭제가 매우 어려움
- 물리적 힘의 불필요 : 전통적 폭력과 달리 힘이 부족해도 기술 사용으로 가해 가능, 여성이 가해자가 될 가능성도 큼

3. 유 형

1) 가해행위
① 사이버 모욕
- 특정인에게 직접 모욕적인 말이나 욕설
② 사이버 명예훼손
- 특정인에 대한 허위의 글이나 명예에 관한 사실을 인터넷에 게시하거나 불특정 다수에게 유포
③ 사이버 성희롱 및 성폭력
- 음란한 대화를 강요하거나 성적 수치심을 주는 대화 또는 신체 노출 및 성 관련 이미지·영상 등을 유포
④ 사이버 스토킹
- 특정인에게 원하지 않는 접근을 지속해서 시도
⑤ 기타
- 개인의 신상정보(이름, 전화번호, 거주지, 학교 등) 무작위 유포
- 단체 채팅방 강제 초대하거나 초대 후 집단 탈퇴

2) 가해 이유
① 자기 분노형
- 생활 불만 및 긴장을 타인에 대한 공격으로 해소
② 보복형
- 자신에게 가해행위를 한 타인을 찾아서 공격
③ 온라인 가해형
- 오프라인에서는 나서지 못하면서 사이버상에서 가해가 쉬운 표적을 대상으로 공격
④ 자기과시형
- 집단 앞에서 자기의 능력을 과시

⑤ 심술형
– 타인의 시선을 끌거나 재미를 위해 타인을 괴롭힘
⑥ 동조형
별 생각 없이 타인의 폭력에 가담 동조

4. 대응방안

– 상대방의 글에 감정적으로 대응 금지
– 가해자의 행위를 원하지 않음을 적극적으로 의사 표현
– 피해 사실에 대한 증거 자료의 확보
– 정보통신윤리위원회에 피해구제 및 사업자에게 글의 삭제 요청
– 폭력행위 등에 대해 구체적으로 기재 후 수사기관에 신고, 처벌 요청

제9절 │ 절도범죄

1. 개 념

– 타인의 재물을 그 의사에 반하여 절취하는 것
– 재물의 '타인성'은 범인 이외 다른 사람의 소유에 속하는 것

2. 특 징

– 원시적 본능 범죄로 역사가 오래된 가장 전형적인 관습범
– 범죄 종류가 매우 다양하고 수법 또한 발전
– 절도 방지를 위한 과학기술도 크게 발전
– 경비원 배치, CCTV 설치, 출입 카드, 지문 및 홍채 인식 출입, 제한구역 설
  정 등

3. 유 형

1) 형법상 유형
① 단순절도 : 타인의 재물을 절취

② 야간주거침입 절도 : 야간에 사람의 주거, 간수(看守, 지키는)하는 저택, 건조물이나 선박 또는 점유하는 방실에 침입하여 절취

③ 특수절도

- 야간에 문호 또는 장벽 기타 건조물의 일부 손괴하고 침입하여 절취
- 흉기를 휴대 또는 2인 이상이 합동하여 절취

④ 자동차 등 불법사용 : 권리자의 동의 없이 타인의 자동차, 선박, 항공기 또는 원동기장치자전거를 일시 사용

⑤ 상습절도 : 상습으로 절도

2) 범죄학상 유형

① 스카르(Schar)의 절도 유형

- 전문적 침입절도 : 직업적으로 타인의 집 또는 사무실 침입 절도
- 아마추어 침입절도 : 전문기술 또는 수법 없는 사람이 타인 금품에 욕심 생겨 침입 절도

② 월시(Walsh)의 절도 유형

- 도전적 침입절도 : 재물 욕심이 아니라 소유자의 재산피해를 위해 침입 절도
- 만용적 침입절도 : 아동·청소년들이 또래에 용맹 과시 목적으로 침입 절도
- 탈취적 침입절도 : 전형적 침입절도 유형, 현금 및 귀중품 절취 목적 침입 절도

③ 서덜랜드(Sutherland)의 절도 유형

- 전문절도 : 소매치기, 신용사기꾼, 위조범, 호텔 및 유명업소 절도, 가짜와 진짜를 바꿔치기하는 보석절도 등
- 좀도둑 : 거리 좀도둑, 상점이나 사무실 털이

④ 베넷(Benet)과 라이트(Wright)의 절도 유형

- 계획적 침입절도 : 사전에 직질 대상 물색 후 치밀한 계획 구상 전문털이
- 탐색적 침입절도 : 범행지역 사전 답사 후 어느 정도 계획 구상 실행
- 기회주의적 침입절도 : 범행 적합한 환경 및 기회 시 즉각적 범죄 실행

⑤ 시겔(Siegel)의 절도 유형

- 비상습적 절도, 전문절도, 전문 장물아비, 비전문 장물아비, 좀도둑

4. 수법상 분류

1) 침입절도
① 개념 : 침입이 용이하거나 잠금장치 파괴 후 방실 등에 침입 절도
② 특징
- 전문적인 절도범들이 다수, 범행 대상 선정 치밀
- 범행 현장에 지문 등 흔적 남기는 경우 거의 없음
- 침입구 및 도주로 등 사전에 치밀 답사
- 복면 또는 위장으로 개인 식별 곤란케 함
- 범행 시간 매우 신속, 장물처리에 익숙

2) 방치물 절도
① 개념 : 옥외 또는 노상에 방치된 물건, 감시 부재 틈 이용 절취
② 특징
- 범인 특정이 매우 어려움
- 아마추어 범행이 일반적, 기회 발견 시 즉각적 이뤄짐
- 가출 학생들에 의한 순간적 범행 실행
- 무계획적이며 즉흥적 경향
- 단, 모든 방치물 절도가 무계획적인 것은 아님

3) 날치기
① 개념 : 노상에서 타인 물건을 순간적으로 잡아채 절취 도주
② 특징
- 통행인이 혼잡한 정류장 및 유원지 등에서 발생
- 주로 추격 능력이 없는 여성·노인 대상
- 최근 다액 인출 여성 상대로 은행 입구 또는 주거지까지 따라와 범행
- 오토바이나 차량을 이용 범행, 주로 오토바이 날치기 다수
③ 분류
- 굴레치기 : 공범들이 바람 잡는 사이 금목걸이 날치기 수법
- 핸드백치기 : 한적한 길 걷는 여성 핸드백을 뒤에서 날치기 수법

4) 소매치기

① 개념 : 타인 물건을 주의 산만한 틈을 이용 기술적으로 절취

② 특징

- 6단계 : 물색 - 접근 - 혼잡 - 방심 - 착수 - 이동

- 사전 각 단계 치밀한 계획 수립, 현장 증거 포착 매우 어려움

③ 분류

- 안창따기 : 혼잡한 버스 · 지하철 내 바람잡이들이 에워싼 후, 기술자가 피해자 상의 안주머니를 면도날로 찢어 지갑 절취

- 백따기 : 걸어가는 피해자 곁에 바짝 붙어 가다가 순간적으로 핸드백 찢어 물건 절취

- 부축빼기 : 술 취한 사람을 부축하는 척하면서 주머니 내 물건 절취

5) 들치기

① 개념 : 백화점 기타 상점의 고객을 가장하여 상품 절취

② 특징

- 다른 절도와 달리 수법이 대담하고 발달

- 부녀자 또는 상습범이 다수

③ 분류

- 흠집내기 : 대상물에 흙칠이나 가래침 등 오물 튀긴 후, 닦아주는 척하다가 물건 들고 도주

- 바꿔치기 : 비슷한 대상물을 살짝 바꿔치기 후 절취

- 틈새 노리기 : 대상자가 졸거나 화장실에 갈 때 및 전화를 걸 때 물건 절취 후 도주

- 들창들치기(낚시질) : 창밖에서 막대기 또는 낚싯대를 창문으로 넣어 물건 질취

| 제10절 | 사기범죄 |

1. 개 념

- 사람을 속이고(기망) 재물 또는 재산상의 이익을 취득하는 행위
- 사기는 발생영역이 광범위, 재산피해가 심각한 범죄
- '기망'은 상대방의 무지 또는 어리석음보다 신뢰감을 역이용
- 피해자의 자발적 협력 필요한 '비폭력적 범죄'

2. 특 징

- 합법을 가장한 계획적·조직적 특성
- 상대의 반감을 전문적으로 다룰 수 있는 능력, 깔끔한 외모, 세련된 언어, 친밀한 목소리, 매력적 제안 등 정교한 기술 보유
- 연령, 소득, 지역, 학력, 지식 등과 무관, 피해 대상 확대
- 범행의 반복으로 인한 지능화 경향, 수법의 발전
- 수단과 방법의 고정화, 높은 재범률과 상습성
- 사기의 재정 손실은 강절도 등 통상 재산범죄 손실보다 더욱 큼
- 범행의 대단히 계획적, 증거수집의 큰 어려움
- 피해자가 피해를 당한 사실조차 모르는 경우가 많음
- 최근 인터넷을 이용한 사이버 사기 및 노인 대상 사기 등이 급증

3. 유 형

1) 형법상 유형
① 단순사기 : 사람을 기망하여 재물의 교부를 받거나 재산상 이익을 취득
② 컴퓨터 등 사용사기
- 컴퓨터 등 정보처리장치에 허위의 정보 또는 부당한 명령을 입력
- 권한 없이 정보를 입력·변경하여 정보처리를 하게 함으로써 재산상 이익 취득
③ 준사기 : 미성년자의 지려천박 또는 사람의 심신장애 이용 재물 교부를 받

거나 재산상 이익 취득

④ 편의시설부정이용 : 부정한 방법으로 대가를 미지급하고 자동판매기, 공중전화 기타 유료자동설비를 이용하여 재물 또는 재산상 이익 취득

⑤ 부당이득 : 사람의 궁박한(매우 어려운) 상태를 이용, 현저하게 부당한 이익을 취득

⑥ 상습사기 : 상습으로 사기

2) 범죄학상 유형

① 재물 사기 : 상대방을 기망, 피해자를 착오에 빠지게 하여 재물 교부

② 거래 사기 : 신분을 속이고 고가의 물품을 할부로 매입 또는 타인 명의로 차량 및 가전제품 할부 구입, 되팔아 대금 편취

③ 물품거래빙자 사기 : 피해자와의 물품거래를 빙자, 계약금 수령 또는 판매대금 등 미지급('편취 사기')

④ 무전취식·무임승차 : 음식 또는 차량 이용 요금 미지불 고의, 음식 섭취 및 차량 이용

⑤ 사이버 사기 : 사이버상에서 발생하는 전자상거래 사기, 게임 사기 등

⑥ 보이스피싱(전화금융사기) : 전기통신수단 등을 통해 개인정보를 탈취, 계좌이체 등 금융 사기

⑦ 기타 사기 : 당첨 사기, 방문판매 사기, 취업 알선 사기, 토지·어음 사기 등

제11절 방화범죄

1. 개 념

- 고의로 불을 내어 사람의 주거 사용 또는 현존하는 건조물 등을 훼손하는 것
- 방화 시 재산상 손실 및 생명 위험도 커서 엄하게 처벌

2. 특 징

- 화재로 인한 현장 소실, 범죄 증거수집의 곤란
- 다른 범죄 비해 수사관의 공학적 전문지식 및 유사 경험이 크게 요구
- 범행 동기는 뚜렷, '동기 범죄의 대표'
- 그러나 실화 및 자연발화 등으로 가장, 동기 파악 큰 어려움
- 한 번의 발생으로 사상자의 수가 다수 발생
- 강력범죄 후 범죄 증거를 인멸할 목적으로도 방화 실행

3. 원인(동기)

- 보험금 편취 등 재산상의 이익 취득 목적 방화
- 가정불화, 치정, 원한, 분노, 악의 등 복수 목적 방화
- 범죄 실행 후 현장 증거 인멸 및 현장 파괴 목적 방화
- 청소년 등이 특정 장소에 불을 놓는 등 장난으로 방화
- 실업자나 구직자 등이 처지 비관, 사회 불만 목적 방화
- 정파 · 지역 · 계층갈등 및 노사분쟁 등 시위 목적 해결 목적 방화
- 살인 · 공갈 · 협박 · 절도 등 다른 범죄 실행 수단 목적 방화

4. 유 형

1) 형법상 유형

① 현주건조물등 방화 : 불을 놓아 사람이 주거 사용, 현존하는 건조물 · 기차 · 전차 · 자동차 · 선박 · 항공기 또는 광갱(이하 '건조물 등')을 소훼

② 공용건조물등 방화 : 불을 놓아 공용 또는 공익의 건조물 등을 소훼

③ 일반건조물등 방화 : 불을 놓아 현주건조물등 및 공용건조물등 이외 건조물 등을 소훼

④ 일반물건 방화 : 불을 놓아 현주건조물등 · 공용건조물등 · 일반건조물등 이외 건조물 등을 소훼

⑤ 연소 : 일반건조물등 또는 일반물건에 불을 놓아 사람의 주거 및 건조물 등을 소훼

⑥ 진화방해 : 화재 진화용 시설 또는 물건 은닉, 손괴, 기타 방법으로 진화방해

⑦ 실화 : 과실로 현주건조물등 · 공용건조물등, 타인소유 일반건조물등 물건

소훼

⑧ 업무상실화, 중실화 : 업무상과실 또는 중대한 과실로 실화

2) 범죄학상 유형(청소년 방화)

① 우든(Wooden)의 분류
- 놀이형 방화 : 4~9세 어린이, 성냥이나 라이터 부주의
- 도움요청형 방화 : 7~13세 어린이, 가족갈등·이혼·학대 등 스트레스 해소 목적
- 일탈형 방화 : 청소년들이 학교에서의 부당 경험 및 잘못된 행동 은폐 목적, 학교 재산 및 학교 주위 방화
- 정신장애형 방화 : 청소년이 환상에 사로잡혀 방화, 가장 심각한 형태
② 게리(Garry)의 분류
- 7세 이하 집단 방화 : 단순한 사고와 호기심
- 8~12세 집단 방화 : 상당수 방화가 사회 심리적 갈등 표출 수단
- 13~18세 집단 방화 : 고의성을 가진 방화, 오랜 방화 경력

5. 사 례

① 진주 가좌주공아파트 방화살인 사건
- 2019년 4월 17일 새벽 4시 25분경
- 방화범 안인득(당시 42세)이 피해망상으로 자신의 집에 휘발유를 뿌리고 불을 붙여 방화
- 위 화재로 대피 주민에게 흉기 휘둘러 5명 사망·15명 중경상
② 제천 스포츠센터 화재 사건
- 2017년 12월 21일 15시 53분경
- 1층 주차장 배관 열선 작업 중 불꽃이 발생해 천장 구조물에 불이 옮기면서 화재 발생
- 위 화재로 사우나 중이던 남녀 29명 사망·37명 부상
③ 서울 숭례문 방화 사건
- 2008년 2월 10일 20시 40분경
- 방화범 채종기(당시 69세)가 토지보상 불만으로 숭례문 2층 누각에 침입해

바닥에 시너를 뿌리고 라이터로 불을 붙여 방화

- 위 화재로 인해 국보 제1호 숭례문 전소

④ 대구 지하철 방화 사건

- 2003년 2월 18일 9시 53분경

- 방화범 김대한(당시 56세)이 신변 비관하여 대구 지하철 1호선 1호차 내에
  서 준비한 휘발유에 라이카를 켜 불을 붙인 후 바닥에 던져 방화

- 위 화재로 지하철 승객 192명 사망 · 21명 실종 · 148명 부상 및 열차 전소

⑤ 인천 호프집 화재 사건

- 1999년 10월 30일 19:00경

- 지하 노래방 내부 수리 공사장에서 발생한 전기합선으로 화재 발생

- 위 화재로 내부에 있던 중 · 고교생 등 손님 56명 사망 · 78명 부상

⑥ 화성 씨랜드 청소년수련원 화재 사건

- 1999년 6월 30일 새벽경

- 원인 불명(모기향 추정)으로 화재 발생

- 위 화재로 취침 중이던 유치원생 및 인솔교사 등 23명 사망 · 6명 부상

1. 살인범죄의 특징에 관한 설명 중 옳지 않은 것은?

① 낯선 사람에 의한 범행보다 면식범에 의한 범행이 다수이다.

② 살인의 동기는 일시적 격정, 몸싸움, 말다툼 등 의외로 매우 사사롭다.

③ 여성 살인은 일시 감정보다 계획적이며, 피해자와 가까운 관계 간의 불화ㆍ원한ㆍ분노에 의한 살인이 많이 발생한다.

④ 20~30대의 면식범에 의한 도검류 피해 비율이 가장 높다.

> **해설**
>
> ④ 살인범죄는 30~40대의 면식범에 의한 도검류 피해 비율이 가장 높다.
>
> 답 ④

2. 살인범죄의 발생 원인에 관한 설명 중 옳지 않은 것은?

① 인종학적 이론에 따르면 인간은 생물학적으로 다른 동물보다 살인본능이 강하다.

② 'XYY염색체'를 가진 남성은 살인범죄 범할 우려가 큰 이유는 'Y염색체'가 공격적 성향을 가지기 때문이다.

③ 세력 이론에서는 부유층보다 하류층이 살인범죄에 더 노출이 쉬운 이유에 대해 '하류층의 공격성'으로 보고 있다.

④ 심리학적 이론에서는 살인범죄가 불행ㆍ죄의식의 감정 발현이나 정신적인 질병의 발병 등으로 저질러진다고 보고 있다.

> **해설**
>
> ③ 세력 이론 : 부유층보다 하류층의 사람들이 살인범죄의 노출 빈도가 높은 이유는 부유층은 폭력성의 노출 방법이 여러 가지지만, 하류층은 내만이 제한되어 있기 때문이나.
>
> 답 ③

3. 연쇄살인과 대량살인에 관한 설명 중 옳지 않은 것은?

① 대량살인은 단 한번의 감정폭발이나 분노 때문에 발생하기도 하지만, 대체적으로 구체적인 살인 계획을 가지고 범죄를 실행한다.

② 연쇄살인은 살인과 그 다음 살인 사이의 일정한 잠복기인 심리적 냉각기를 가지지만, 대량살인은 심리적 냉각기가 없다.

③ 연쇄살인은 1970년대 미국 FBI 요원인 '로버트 레슬리'가 처음으로 용어를 사용하였다.

④ 전문가들은 연쇄살인범의 '어린 시절의 동물 학대 경험'에 주목하였다.

> **해설** ▶ ....
>
> ① '대량살인'은 단 한번의 감정폭발이나 분노 때문에 발생한다. 구체적인 살인 계획을 가지고 범죄를 실행하며 일정한 간격을 가지는 것은 '연쇄살인'이다.
>
> 답 ①

4. 콩클린(Conklin)이 분류한 강도 유형에 관한 설명 중 옳지 않은 것은

① 전문강도는 직업으로 강도하는 것으로, 기회강도와 중독강도가 혼합된 것이다.

② 기회강도는 여러 재산범죄 실행 중 기회가 되면 강도를 하는 것이다.

③ 중독강도는 마약 중독 상태에서 마약류 구매를 위해 강도하는 것을 말한다.

④ 음주강도는 술을 마신 상태에서 강취 충동으로 강도를 하는 것이다.

> **해설** ▶ ....
>
> ① 기회강도와 중독강도의 속성이 혼합된 형태는 '음주강도'이다.
>
> 답 ①

5. 범죄학상 강도 중 해상강도에 관한 설명 중 옳지 않은 것은?

① 공해상 위에서 선박을 이용해 다른 선박을 공격하고 화물을 비롯한 가치 있는 물건을 강취하는 것으로, '해적(pirates)'이라 명명한다.

② 무기로 중무장한 해적이 화물선이나 유조선 등 강취 또는 선박 내 침입하여 재물을 강취하고 선원 등을 인질로 잡고 거액을 요구하는 사례 등이 점차 증가하고 있는 실정이다.

③ 2011년 1월 15일, 화학물질 운반선 삼호주얼리호가 소말리아 해적에 피랍되어 해군 특수부대원들이 출동한 '아덴만 여명 작전'은 성공적인 작전으로 평가받고 있다.

④ 우리나라의 경우에 해적의 인질 거액 요구에 거액을 지급한 사례는 현재까지 없으나, 무역량의 증가와 해적의 출몰이 빈번해짐에 따라 발생할 것으로 예상된다.

④ 우리나라의 경우에 해적의 인질 거액 요구에 '8번'의 거액을 지급한 사례가 있다.

답 ④

6. 강간범죄의 특징에 관한 설명 중 옳지 않은 것은?

① 암수범죄가 많고, 수일 등 시간이 경과 후 신고하여 증거수집의 어려움이 있다.
② 성범죄의 특성상 DNA 및 체액·타액 검사 등 첨단 과학적인 수사기법에 기반한 범죄사실 입증이 다수이다.
③ 피해자는 범행의 직접적인 피해, 형사사법기관에서의 2차 피해, 사회생활에서의 제약으로 인한 3차 피해를 당한다.
④ 가해자는 직접적인 물증이 없을 경우에 부인으로 일관하고, 피해자가 고소 전에 미리 항의하는 경우가 대부분이므로 미리 답변을 준비하거나 증거를 인멸하기도 한다.

② 강간범죄는 증거의 오염과 시일의 경과, 상처의 치유 등으로 가해자의 자백 등에 의존한 범죄사실 입증이 다수이다.

답 ②

7. 강간범죄의 원인에 관한 설명 중 옳은 것은 몇 개인가?

㉮ 생물학적으로 남성들은 종족 보존을 위해 더 많은 여성과 접촉 본능 지니고 있으나, 상황의 어려움으로 강제로 여성과의 성적 접촉을 시도한다.
㉯ 심리학적으로 연쇄강간범은 사이코패스 또는 자기애적 성격이상자가 일반적이다.
㉰ 성폭력에 우호적인 친구 관계 및 포르노물 등을 통해 강간을 학습하고 실행하는 것은 심리학적 요인으로 볼 수 있다.
㉱ 남성을 여성보다 우위에 두는 성차별적 사회 구조 및 여성과 남성의 원활하지 못한 의사소통 문화로 인한 의사 불일치도 강간범죄의 원인이라 할 수 있다.

① 1개　　　　　　② 2개
③ 3개　　　　　　④ 4개

해설 ▶

㉣ 강간범죄 역시 다른 사회행위를 학습하는 것과 동일하며, 성폭력에 우호적인 친구 관계 및 포르노물 등을 통해 강간을 학습하고 실행하는 것은 '사회학적 요인'이다.

답 ③

8. 강간범죄의 유형에 관한 설명 중 옳지 않은 것은?

① 어린이 강간은 아는 사람에 의한 발생 비율이 80%에 해당한다.

② 청소년 강간은 어린이나 성인 강간보다 윤간 및 강도강간 등 특수강간 비율이 높다.

③ 남성 강간은 피해에 대한 인정이 어려워 신고율 매우 낮으며, 남성 간 강간은 집단 생활하는 '군대'에서 다수 발생한다.

④ 부부 강간은 부부 간 발생하는 강제적 성관계로 대부분 아내가 피해자이며, 아직까지 우리나라는 법적으로 부부 강간을 인정하지 않고 있다.

해설 ▶

④ 부부 강간은 부부 간 합의하지 않은 상태의 일방적 성행위이므로 상대방의 성적 자기결정권이 기준이며, 우리나라는 2013년 대법원에서 '부부 강간'을 처음으로 인정하였다.

답 ④

9. 폭력범죄의 특징에 관한 설명 중 옳은 것은?

① 일반적으로 폭력범죄와 약물범죄는 높은 연관성을 보인다.

② 대도시는 폭력범죄가 농촌 지역보다 더욱 많이 발생한다.

③ 나이가 어릴수록 높은 폭력범죄 발생 비율을 보이며, 20대가 60대보다 더 많이 폭력범죄에 가담한다.

④ 전체 범죄 발생 사건 중 절도 다음으로 높은 비율을 보이고 있다.

해설 ▶

④ 폭력범죄는 전체 범죄 발생 사건 중 가장 높은 비율을 보이고 있다.

답 ④

10. 가정폭력이 미치는 영향에 관한 설명 중 옳지 않은 것은?

① 어린 시절의 가정폭력 경험이 세대를 거쳐 계속해서 발생하는 것은 아니나,

일부 경우는 폭력적인 성향을 나타내기도 한다.

② 자존심 및 모멸감·자괴심 등으로 우울증 증세를 겪고 이로 인해 자살을 하기도 한다.

③ 가정폭력에 다수 노출되는 경우에 자녀의 심리적 좌절과 자아존중감 저하가 나타나기도 한다.

④ 가정폭력의 반복은 결국 정상 가정의 붕괴로 이어져서 이는 청소년 학교폭력 및 각종 비행 등 유발하는 사회문제가 된다.

> **해설** ▸
>
> ① 어린 시절의 가정폭력 경험은 세대를 거쳐 계속 발생하여 폭력 가정이 대물림되는 현상을 초래한다.
>
> 답 ①

11. 데이트폭력에 관한 설명 중 옳지 않은 것은?

① 남녀가 교제 기간 중 상대의 합의 없이 고의를 가지고 행해지는 신체적·정신적·성적 폭력을 의미한다.

② 가해자에 대한 두려움으로 인해 피해자들이 헤어지지 못하는 것이 큰 문제라고 할 수 있다.

③ 상대방을 소유물이나 부속물로 인식하고 과도한 집착 반응을 나타낸다.

④ 폭력 유형 중 신체적 폭력의 비율이 높고, 구타 및 모욕·수치심 유발 발언도 심각하다.

> **해설** ▸
>
> ④ 데이트폭력은 '성적 폭력'의 비율이 가장 높으며, 연인 사이에 은밀히 발생하여 외부 발견의 어려움이 있다.
>
> 답 ④

12. 학교폭력에 관한 설명 중 옳지 않은 것은?

① 최근 여학생들에 의한 학교폭력 비율이 증가하고 있으며, 가해자와 피해자의 저연령화 추세로 중학교 폭력의 비율이 가장 높다.

② 학교폭력의 원인 중 폭력을 통한 피해자에 대한 우월감 인식은 '가해자 요인'이다.

③ 따돌림은 학교 내에서 3명 이상 학생이 특정 학생들을 대상으로 신체적 또는

심리적 공격을 지속·반복적으로 하여 상대방의 고통을 유발하는 일체 행위를 말한다.

④ 학교폭력의 유형은 물리적 폭력과 정서적 폭력으로 구분하며, 언어폭력 및 폭력·음란물 전송 등은 정서적 폭력에 해당한다.

> **해설**
>
> ③ 따돌림은 '학교 내외'에서 '2명 이상' 학생이 특정인 및 특정 집단 학생들을 대상으로 신체적 또는 심리적 공격을 지속·반복적으로 하여 상대방의 고통을 유발하는 일체 행위를 말한다.
>
> 답 ③

13. 사이버폭력에 관한 설명 중 옳지 않은 것은?

① 사이버 공간에서 모욕, 따돌림, 협박, 갈취 등과 같이 사소하지만, 지속적·반복적·의도적으로 가해지는 행위를 말한다.

② 사이버폭력의 특징은 비대면성, 익명성, 영구성, 확산성 및 물리적 힘의 불필요 등이다.

③ 사이버폭력에 대해서는 상대방의 글에 감정적으로 대응하는 것을 금하고 가해자의 행위를 원하지 않음을 적극적으로 의사 표현하는 것이 중요하다.

④ 사이버 스토킹은 단체 채팅방 강제 초대하거나 초대 후 집단 탈퇴하거나 개인의 신상정보(이름, 전화번호, 거주지, 학교 등) 무작위로 유포하는 행위를 말한다.

> **해설**
>
> ④ '사이버 스토킹'은 특정인에게 원하지 않는 접근을 지속해서 시도하는 행위를 말하다.
>
> 답 ④

14. 절도범죄에 관한 설명 중 옳지 않은 것은?

① 원시적 본능 범죄로 역사가 오래된 가장 전형적인 관습범으로 종류가 매우 다양하고 수법 또한 발전하고 있다.

② 침입절도의 경우에 전문적인 절도범들이 다수이며, 범행 현장에 지문 등 흔적을 남기는 경우가 거의 없다.

③ 소매치기는 사전에 각 단계별로 치밀한 계획을 수립하고 실행을 하므로 현장 증거 포착이 매우 어려우며, 종류로는 굴레치기와 핸드백치기 등이 있다.

④ 들치기는 백화점 및 기타 상점에서 고객을 가장하여 상품을 절취하는 것으로, 다른 절도와 달리 수법이 대담하고 발달되어 있다.

> **해설** ▶
>
> ③ 굴레치기와 핸드백치기는 '날치기'의 종류이며, '소매치기'의 종류는 안창따기·백따기·부축빼기 등이 있다.
>
> 답 ③

15. 절도범죄의 범죄학상 유형과 관련한 설명 중 옳지 않은 것은?

① 스카르(Schar)는 절도범죄를 전문적 침입절도와 아무추어 침입절도로 구분하였다.

② 월시(Walsh)는 절도범죄를 3가지로 구분하였으며, 이 중 탈취적 침입절도는 재물 욕심이 아니라 소유자의 재산에 피해를 입히기 위해 침입 절도하는 것을 말한다.

③ 서덜랜드(Sutherland)는 전문절도와 좀도둑으로 절도범죄를 구분하였다.

④ 베넷과 라이트(Benet & Wright)는 범행지역을 사전에 충분히 답사한 후 어느 정도의 계획을 구상하여 절도를 실행하는 것을 탐색적 침입절도라고 하였다.

> **해설** ▶
>
> ② 월시(Walsh)는 절도범죄를 도전적 침입절도, 만용적 침입절도, 탈취적 침입절도 등 3가지로 구분하였다. 이 중 '탈취적 침입절도'는 전형적인 침입절도의 유형으로, 현금 및 귀중품을 절취하기 위한 목적으로 침입 절도하는 것을 말한다.
>
> 답 ②

16. 사기범죄에 관한 설명 중 옳지 않은 것은 몇 개인가?

> ㉮ 일반적으로 범인은 깔끔한 외모에 세련된 언어를 사용하고, 상대의 반감을 전문적으로 다룰 수 있는 능력을 가지고 있다.
>
> ㉯ 통상적으로 피해자들이 중상류층에 편중되어 있으며, 노인 대상 사기도 최근 증가 추세이다.
>
> ㉰ 사기의 재정적인 손실은 강절도 등 통상의 재산범죄보다 손실이 적은 편이다.
>
> ㉱ 수단과 방법이 고정적이지 않고 매우 다양하며, 높은 재범률과 상습성을

> 가진다.
> ⑩ 범행이 대단히 계획적이며, 피해자가 자신이 피해를 당했다는 사실조차 모르는 경우가 많은 편이다.

① 1개   ② 2개
③ 3개   ④ 4개

해설

> ⓑ 피해자는 연령, 소득, 지역, 학력, 지식 등과 '무관'하며 점차적으로 피해 대상이 확대되어가고 있다.
> ⓓ 사기범죄의 재정적인 손실은 통상 강절도 등 통상의 재산범죄보다 손실이 '큰 편'이다.
> ⓔ 사기범죄는 일반적으로 수단과 방법이 '고정화'되어 있다.

답 ③

17. 사기범죄의 유형에 관한 설명 중 옳지 않은 것은?

① 편취 사기는 피해자와의 물품거래를 빙자하여 계약금 수령 또는 판매대금 등을 미지급하는 유형이다.
② 부당이득은 사람의 궁박한 상태를 이용하여 현저하게 부당한 이익을 취득하는 것을 말한다.
③ 재물 사기는 신분을 속이고 고가의 물품을 할부로 매입하거나 타인 명의로 차량 및 가전제품을 할부로 구입한 후에 이를 되팔아서 대금을 편취하는 유형이다.
④ 전화금융사기는 '보이스피싱'이라고도 하며, 전기통신수단 등을 통해서 개인정보를 탈취 후 계좌이체 등을 요구하는 금융 사기 유형이다.

해설

> ③ '거래 사기' 유형에 대한 설명이다. '재물 사기'는 상대방을 기망하여 피해자를 착오에 빠지게 한 후 재물을 교부받는 유형을 말한다.

답 ③

18. 방화범죄의 특징에 관한 설명 중 옳지 않은 것은?

① 방화범죄는 범행 동기가 뚜렷하지 않아서 동기 파악에 큰 어려움을 겪는다.
② 화재로 인한 현장이 소실되어 범죄 증거 수집이 매우 곤란하다.
③ 다른 형사범죄에 비해 수사관의 공학적 전문지식 및 유사 경험이 크게 요구된다.

④ 살인 · 강도 등 강력범죄 실행 후에 범죄 증거를 인멸할 목적으로 방화범죄를 실행하기도 한다.

해설 ⟩
① 방화범죄는 범행 동기가 뚜렷하여 '동기 범죄의 대표'라고도 하나, 범인이 실화 및 자연방화 등으로 가장하여 동기 파악에 큰 어려움을 겪는다.

답 ①

19. 다음은 우든(Wooden)이 분류한 청소년 방화에 관한 설명이다. 괄호 안에 들어 갈 말이 바르게 짝지어진 것은?

> ㉮ (　　　　) 4~9세 어린이가 성냥이나 라이터 부주의로 방화
> ㉯ (　　　　) 7~13세 어린이가 가족갈등 · 이혼 · 학대 등의 스트레스를 해소할 목적으로 방화
> ㉰ (　　　　) 청소년들이 학교에서의 부당 경험 및 잘못된 행동 등을 은폐할 목적으로 학교 재산 및 학교 주위에 방화
> ㉱ (　　　　) 청소년이 환상에 사로잡혀 방화하는 것으로 가장 심각한 형태

	㉮	㉯	㉰	㉱
①	놀이형	도움요청형	일탈형	정신장애형
②	일탈형	정신장애형	놀이형	도움요청형
③	놀이형	정신장애형	일탈형	도움요청형
④	일탈형	도움요청형	놀이형	정신장애형

해설 ⟩
① 우든(Wooden)은 청소년 방화를 놀이형, 도움요청형, 일탈형, 정신장애형 방화 등 4가지로 구분하였다.

답 ①

20. 다음의 설명에 해당하는 화재 사건에 해당하는 것은?

> 2019년 4월 17일 새벽 4시 25분경에 범인 ○○○이 피해망상으로 자신의 집에 휘발유를 뿌리고 불을 붙인 후에 대피로를 점거하고 위 화재로 탈출하던 주민들에게 흉기를 마구 휘둘러 5명이 사망하고 15명이 중경상의 피해를 입었다.

① 제천 스포츠센터 화재 사건
② 대구 지하철 화재 사건
③ 진주 가좌주공아파트 화재 사건
④ 인천 호프집 화재 사건

해설

③ 진주 가좌주공아파트 방화살인 사건에 관한 설명이다. 방화범 안인득(당시 42세)는 1심에서 사형이 선고되었으나, 항소심에서 심신미약이 인정되어 무기징역으로 감형되었고, 2019년 10월 29일 대법원에서 무기징역이 확정되었다.

답 ③

제3장 특수한 범죄유형

제1절 조직범죄

1. 개 념

- 여러 사람이 한 명의 지도자 또는 지도 집단의 지시 하에 위법한 방법으로 이익을 취하는 범죄 또는 범죄 조직 · 범죄 집단

1) 법률 및 위원회 정의

① 미국연방조직범죄규제법(1970년)
- 복잡한 조직구조를 이용, 불법 연루를 피하는 두목과 자체 규범 준수 조직원으로 구성, 질서정연하고 체계적 공무에 의해 활동하는 범죄 조직형태
- 기본 요건 : 영속성, 조직성, 규범 존재, 뇌물수수
- 전적 또는 부분적으로 불법 · 은폐 및 적법한 수단을 혼합 사용, 금전적 이윤 및 뇌물수수를 통해 자체 활동을 보호하는 조직

② 펜실베니아 범죄위원회
- 도박 · 매춘 · 고리대금 · 노동착취 · 범죄모의 · 기타 불법 등의 불법상품과 서비스를 거래하는 불법적 활동
- 사기 및 강압 수단을 사용, 부적절하게 정부에 영향력 행사하여 경제적 이익 극대화 목적
- 미국 국민과 정부 밖에서 활동, 대기업만큼 복잡한 구조 내에서 법률보다 엄격한 규칙 준수하며 수천 명의 범죄자 소속
  철저하게 계획된 활동하여 이익을 위한 긴 분야에 통제력 행사, 권력 및 돈을 위해 불법 및 합법적 사업 적극 관여

③ 형사사법기준 및 목표에 관한 국가자문위원회
- 불법적 이익 및 권력 추구를 위한 협박, 기타 필요시 복잡한 금융 조작을 통해 형법 위반을 주로 하는 사람들 집단

2) 범죄학자의 정의

① 서덜랜드(Sutherland)

- 기업이 소비자 · 경쟁자 · 주주 · 투자자 · 발명가 · 고용인이나 국가에 대해 행하는 모든 범죄

② 블록(Block)과 챔블리스(Chambliss)

- 폭력 · 공갈 · 강요 · 약탈 · 마약밀매 · 사기도박 · 고리대금 · 매춘 등 비윤리적 행위를 관리 조장하는 위법한 행위

③ 스미스(Smith)

- 이윤 추구하는 불법 기업이 잠재적 불법 수요 충족을 위해 그 활동 범위를 공개된 합법 시장으로 확장하며 행하는 범죄

④ 알바니스(Albanese)

- 상당한 대중적 수요가 있는 불법 활동으로부터 이득을 위해 합리적으로 움직이는 지속적 범죄 활동
- 조직의 존속은 무력 및 위협사용, 공무원의 부패 등으로 유지

⑤ 하겐(Hagen)

- 조직범죄 개념 정의의 특성 지적
- 조직적 위계질서의 지속, 범죄를 통한 이익 추구, 무력의 사용이나 위협, 면책을 위한 매수, 용역에 대한 공공수요 등

3) 우리나라의 정의

① 대법원 판례

- 특정 다수인이 특정한 범죄를 범할 공동 목적 하에서 이루어진 계속적 결합체, 그 단체를 주도하는 최소한의 통솔체계 갖춘 것

② 형법

- 형법 제114조(범죄단체의 조직)에 규정
- 범죄 실행 목적 또는 의무(병역 · 납세) 거부를 목적으로 하는 단체의 조직

2. 특 징

1) 일정한 계층적 구조와 규칙 존재

① 조직 목표 달성을 위한 구성원 사이 계층적 질서 확립

② 규율 위반자에 대한 엄격한 제재와 철저한 분업·전문화

③ 조직 내 맹목적 충성 유도를 위한 혈연 공동체 성격

④ 조직 운영을 위한 특별한 보상과 승진체계를 갖춤

⑤ 조직 내부의 관료 체계를 통한 범행 모의 및 지시, 은밀성 갖춤

⑥ 조직 구성원의 제한적·배타적 영입

⑦ 엄격한 통제를 위한 각종 규칙 제정, 엄격 준수

2) 경제적 이익 추구와 비호세력 존재

① 경제적 이익 추구를 최고 목적, 합법·비합법 활동 모두 동원

② 합법 활동은 비합법 활동을 위한 가장적 사업 가능성 큼

③ 비호세력의 적극 지원을 받아 불법 활동 전개

④ 과거 도박장·마약·갈취·성매매 등 불법 활동, 최근 유흥업·주류업·
선거운동·노사분규 등 다양한 업종으로 변화

3) 폭력과 뇌물을 수단으로 활용

① 조직의 운영·활동을 위해 주로 폭력·공갈·협박 등 사용

② 폭력은 조직 내부 기강 확립 및 외부 세력 견제·통합 등에 수시 사용

③ 폭력 유형 : 일반인 폭력, 조직 사이 폭력, 조직 내 폭력으로 구분

④ 빠른 목표 달성을 위해 뇌물 적극 활용, 매수

4) 사회 전반적인 해악성

① 사회 전반 불안감 고조, 국민 불안감 조성

② 경찰 대응력 약화에 따른 공권력 실추와 신뢰감 저하

③ 범죄조직 비호 세력 등장, 공직사회의 부정부패 증가

④ 불법적 경제활동 증가로 자유경쟁 시장질서 붕괴, 국가경제력 약화

⑤ 불법 자금 확산으로 정치 및 언론 기능 상실

⑥ 청소년기 학생들의 조직폭력 동경 문화 조성

3. 활동범위

1) 일반적 활동범위

① 불법 서비스의 제공
- 법률 등으로 금지된 활동, 즉 도박장 운영, 보호세 징수 또는 고리대금업 · 성매매 등을 제공
② 불법상품의 제공
- 합법적 사회에서 통용 금지된 물품, 즉 마약이나 불법 총기 등 제공
③ 범죄행위자 공모 · 음모
- 각종 불법 활동 시 불법적 합의, 즉 공모가 필수적 수반
④ 합법적 사업을 가장
- 합법적 사업 가장 통해 형사사법기관 및 시민 의심 차단, 불법 자금 원천 숨김
⑤ 강탈과 매수
- 사업 확장 수단으로 강탈 및 강제력 사용, 각종 기관이나 인물 매수

2) 우리나라 조직범죄 활동범위

① 조직폭력
- 유흥업소 주도권 확보를 위한 폭력조직 간 이권 다툼 및 폭력
② 불법 거래
- 법률상 금지된 무기, 마약, 장기 등 불법 거래
③ 불법제조 · 유통
- 법률상 금지된 마약, 주류, 위조지폐 제조 및 유통
④ 불법도박
- 게임기 위변조 · 환전 · 미허가 프로그램 등 불법오락실 및 투기장 운영
⑤ 성매매
- 대규모 성매매 조직의 운영 및 관리
⑥ 뇌물제공
- 범죄 묵인 및 정보제공 등 대가로 공직자 금품 거래 등 증뢰
⑦ 테러
- 범죄단체 등이 특정 목적을 위해 사회적 혼란 의도한 사고 유발 등 테러

4. 유 형

1) 형법상 유형

① 범죄단체의 조직
- 범죄를 목적으로 단체 조직 및 가입
- 병역 또는 납세의무를 거부할 목적으로 단체 조직 및 가입

② 단체 등의 구성·활동
- 범죄를 목적으로 단체 또는 집단을 구성, 가입, 활동
- 단체 등 가입자가 집단 위력 과시 또는 존속·유지를 위한 범죄

2) 범죄학상 유형

① 알비니(Albini)
- 정치적 범죄 활동 : 테러 또는 과격한 사회운동
- 경제적 범죄 활동 : 금전추구 위주 약탈적 행동, 갱(gang) 등의 집단범죄
- 집단내부지향적 범죄 활동 : 심리적 만족을 주목적, 폭주족 갱 등
- 조직(Syndicate)적 범죄 활동 : 무력 및 위협을 통한 불법 활동, 공공수요가 큰 불법 용역 제공하고 정치적 부패 통해 면책 확보

② 알바니스(Albanese)
- 고리대금업 및 매춘 등 불법 용역의 제공
- 마약 및 장물 등 불법 재화의 공급
- 노조의 이익 갈취, 오물 수거, 자판기 사업 불법 인수 및 강탈 등 합법 사업으로 침투

③ 모라쉬(Morash)
- 전초기지의 제공 등 불법 경제활동을 지원
- 보호 비용의 요구 등 약탈적 착취
- 경쟁 제한 위한 전매 또는 카르텔 형성
- 공무원 매수 또는 노조 이용해 불공정 이점 확보
- 주식 등 합법적 장치의 불법 이용

| 제2절 | 증오범죄 |

1. 개 념

- 인종 · 종교 · 민족 · 성적 취향 등 편견에 기인해 특정 사람이나 집단 구성
  원을 공격하는 폭력행위
- '혐오범죄, 편견범죄', 편견의 증거가 분명한 범죄
- 1990년 미국은 '증오범죄통제법' 제정
- ⑩ 로마 기독교인 박해, 유대인 나치 학살, 보스니아 인종청소, 르완다 대량
  학살, 미국 백인들의 흑인 공격, 독일 우익 · 외국인 증오, LA 흑인들의 한
  국인 공격(폭동)

2. 특 징

- 비대면성 : 모르거나 낯선 사람에 의해 주로 발생
- 비합리성 : 정상적인 범죄 이유 및 목적 파악 어려움
- 잔인성 : 원한에 기인, 과도한 폭력 사용으로 잔인하며 심각한 부상 초래
- 피해 대량성 : 불특정 다수 및 피해대상 전체를 대상, 피해 대량 발생
- 불특정성 : 피해 대상의 특정이 불가능
- 지속성 : 세대를 대물림 범죄 발생
- 모방성 : 유사 범죄가 일시 확산 경향
- 보복 유발성 : 피해자가 가해자로 전환되는 특성

3. 원 인

① 인종에 대한 편견
- 가장 많은 비중은 백인의 흑인에 대한 범행
- 백인 우월주의에 근거한 이유 없는 불신, 범행
② 희생양의 필요
- 범죄자의 불행 · 불만을 소수 집단의 탓으로 돌림
③ 종교적 믿음

  - 이교도에 대한 공격은 정당한 것으로 인식

  - 종교적 순수성에 위협된다는 믿음

 ④ 집단따돌림

  - 동성애자나 부랑자 등에 대한 무차별 폭력

  - 내성적 성격 소유자나 장애인 등에 대한 비난

 ⑤ 촉발 사건의 존재

  - 특정 사건으로 인한 평소 내재한 감정의 폭발

  - ㉑ LA 백인 경찰관의 흑인 무차별 폭력 TV 방영, 흑인 증오범죄 유발

 ⑥ 정치적 · 경제적 원인

  - 지역 간 갈등 조장, 특정 지역 이권 집중 및 혐오 시설 유치

  - 경제적 불균형에 의한 폭력 자행

  - ㉑ 미국인들의 아시아계 미국인들에 대한 집단 폭력 사례

 ⑦ 잘못된 고정관념

  - 인종적 편견을 내포하는 관념 및 언어 사용

  - 특정 인종에 대한 경험의 부정적 인식

4. 유형(레빈과 맥드빗, Levin & McDevitt)

 ① 스릴추구형

 - 소수 집단에 대한 편견, 괴롭히거나 재산을 파괴

 - 소수자에 고통 주며 가학적 스릴 만끽

 ② 방어형

 - 외부인들을 공동체 위협이 되는 자들이라 인식

 - 외부인에 의한 공동체 보호, 방어적 차원에서 공격으로 합리화

 ③ 사명형

 - 세상의 악을 제거하기 위한 사명감이라 인식

 - 종교적 믿음 구현을 위해 위협자 제거

 ④ 보복형

 - 이익 또는 가치 훼손 집단에 대한 보복 및 원한

| 제3절 | 스토킹범죄 |

1. 개 념

- 일정 기간 의도적 · 반복적으로 특정인 또는 그 가족을 대상, 공포 및 불안을 유발해 정신적 · 육체적 피해를 주는 일방적 행동
- 남녀가 교제 중 상대의 합의 없이 고의를 가지고 행해지는 신체적 · 정신적 · 성적 폭력인 '데이트폭력'과 유사
- 1990년 미국은 '미행금지법'을 제정, 2000년 일본은 '스토커 행위 등의 규제 등에 관한 법률'을 제정
- 반면, 한국은 '경범죄처벌법'상 장난전화 · 지속적 괴롭힘 및 '정보통신망 이용촉진 및 정보보호 등에 관한 법률'상 공포심 · 불안감 유발로 처벌

2. 특 징

- 대면성 : 안면이 있거나 과거 친밀한 관계 주로 발생
- 확산성 : 사소한 범행에서 심각한 범행으로 진행, 단순 욕설에서 강간 · 살인으로 확산
- 집착성 : 가해자의 병적인 집착 및 인격장애 경향
- 지속성 : 일시적이 아닌 장기간 지속적 스토킹

3. 원 인

- 대부분 남성이 가해자, 여성에 대한 부정성 누적
- 대인관계의 미숙이나 결혼의 실패 경험
- 무직 또는 직업의 불안정 경력
- 편집증 등 정신질환 및 심각한 소유욕 · 집착 등 불안정 성격 보유

4. 유 형

1) 조나(Zona)의 유형

① 연애 망상

- 피해자와 아무런 관계가 없음에도, 서로 사랑하는 사이라고 생각
- 유명 연예인 등을 대상, 극히 일부 여성 스토커(극성 광팬)
② 강박적 사랑
- 정신질환에서 비롯된 망상, 피해자와 사랑하는 사이라고 생각(착각)
- 남성 스토커가 대부분
③ 단순 강박
- 가해자와 피해자가 직장 동료 또는 단순 사적 관계로 인식
- 가해자 남녀 성비 비슷, 대부분 스토커

2) 멀렌(Mullen)의 유형
① 거부당한 스토커
- 친밀한 관계 사람 대상, 복수 또는 관계 회복 목적
② 친밀감 추구 스토커
- 피해자와 운명적 관계라고 인식
③ 무능한 스토커
- 연인 관계가 아닌 단순한 관계 형성 목적
④ 분노형 스토커
- 복수 목적, 피해자에게 두려움 주기 위함
⑤ 약탈형 스토커
- 성폭행을 목적으로 한 전 단계 괴롭힘

제4절 　화이트칼라범죄

1. 개 념

- 서덜랜드(Sutherland) : 사회석 존경과 고위직에 있는 사람이 직업적 과정에서 범하는 범죄
- 높은 사회적 위치에 따른 존경심을 이용, 개인이나 단체의 이익을 도모하는 부유층 또는 고위층 범죄
- 육체노동을 주로 하는 노동자의 범죄를 뜻하는 '블루칼라 범죄'와 대비

2. 특 징

① 직업적 전문성과 피해자의 무지
- 가해자의 전문적인 직업적 성격을 바탕
- 가해자에 대한 피해자의 맹신과 부주의
- 관련 지식의 미공개와 복잡한 절차로 인한 피해자 접근 어려움
② 높은 이익과 시민들의 피해 둔감
- 일반 범죄 비해 매우 높은 경제 이익
- 강·절도 등 전통적 범죄 대비 불안감 및 공포심 낮음
- 단기간의 실행 및 직접적인 시민 피해 없어 피해의식 둔감
③ 죄의식의 부족과 형사처분의 한계
- 자신의 행동 합리화에 따른 낮은 죄의식
- 사회적 손실 및 이익에 대한 상대적 높은 인식차
- 피해자와의 합의·조정 및 사회적 기여도 등에 따른 처벌의 한계
④ 사회적 도덕감 하락 및 불신의 조장
- 가해자의 높은 사회적 인지도로 인한 시민 허탈감 증가
- 교묘히 법과 제도의 허점 이용, 시민의 신뢰 저하
- 매우 많은 피해액 발생으로 사회·경제적 공정성 파괴

3. 원 인

① 위법행위에 대한 합리화 및 중화 관행
  ㉮ 업계의 관행을 빙자, 범행의 합리성 강조
  - ㉖ 대부분 회사나 조직이 그렇다, 모든 것은 회사를 위한 행동이다, 조직의 지시에 따랐다, 국가나 사회에 피해가 없다 등
  ㉯ 정부의 과도한 규제가 오히려 시장경제원리 위반 주장, 위법 중화
  - ㉖ 규제가 사회 현실을 반영하지 못했다, 기업운영을 위해서는 규제를 어길 수밖에 없다, 계약성사를 위해 뇌물제공은 불가결하다 등
② 이윤을 우선하는 기업의 조직 문화
- 기업 이윤을 높이기 위한 규정의 무시

  - 구성원들의 고용주 일탈의 당연한 수용과 일탈의 학습
  - 정확한 기업의 행태 분석 부족, 단속 기관 강력 대응 어려움
  - 시민들의 낮은 비난으로 인한 범죄 실행 용이
  ③ 가해자의 낮은 자아통제력
  - 경제적 이익에 가해자의 눈먼 통제력 부족
  - 무지한 피해자 상대 전문적 지식 활용, 높은 이익 창출 가능

4. 유형(무어, Moore)

1) 조직에 의한 사기
  ① 자신 소유 기업 및 조직에서의 위치를 이용, 타인을 속이는 범죄
  ② ㉠ 결함 있는 상품의 판매, 가짜 증권의 유통, 종교단체의 자선단체 이용 헌금 강요 및 물건 강매 등

2) 조직 소속 및 고객 대상 사기
  ① 자신 소속의 조직 및 고객 대상, 타인을 속이는 범죄
  ② ㉠ 고객의 수리견적서를 높여 대금 수령, 택시미터기 조작해 초과금 수령, 은행원의 불법 대출과 커미션(수수료), 증권회사 직원의 고객 대금 부동의 불법 투자 및 내부자 거래행위 등

3) 조직 내 지위 사적 남용
  ① 조직 내 지위를 사적으로 남용, 피해자에게 권리가 있음에도 불구 이를 속여 추가 대금 및 뇌물수수 행위
  ② ㉠ 소방점검 및 위생상태 점검 시 금액 요구, 아파트 관리사무소장과 동대표 등 리베이트(중개료) 대가 특정 업체 계약 체결 등

4) 직권 남용 및 뇌물수수
  ① 공무원들이 범죄 무마 내가 등 직권을 남용, 대상 업체 등으로부터 뇌물수수
  ② 주로 형사사법기관 근무하는 공무원들에게 발생
  ② ㉠ 경찰의 성매매 유흥업소 등 불법업소 동업, 검찰의 도박 및 마약 업자에게 뇌물수수, 경찰의 게임장 단속정보 제공 뇌물수수, 판사의 판결 지연 및 영장 내용 유출 등

5) 대금 횡령 및 물품 절도

① 고용인이나 종업원 등 기금 횡령 및 물품을 절도

② 주로 직장 불만 및 고용주의 노동 착취 등 원인

③ ㊀ 회사 직원의 물품 절도, 연구소 등 직원의 고급 내부 정보 유출, 회사 경리 담당의 회사기금 횡령 등

제5절 사이버범죄

1. 개 념

- 인터넷이나 정보통신망으로 연결된 컴퓨터시스템 또는 이를 매개로 형성된 사이버 공간을 중심으로 발생하는 범죄행위의 총칭
- 즉, 사이버 공간을 범행 수단, 표적, 장소로 삼는 범죄행위
- 사이버범죄(Cybercrime) 용어는 1955년 서스만(Sussman) & 휴스턴(Heuston)이 최초 사용
- 1997년 미국 정부에서 사이버범죄를 공식 인용, 전 세계적으로 사용

2. 특 징

① 디지털 자료의 민감성

- 디지털 정보는 매우 빠르게 처리될 수 있으며, 특성상 쉽게 작성·변경·삭제 가능
- 또한 충격, 자기 접근, 전기 공급 등 물리적 변화에 매우 민감

② 진행의 자동성

- 정해진 프로그램 또는 프로세스에 따라 자동으로 진행
- 실행시간, 행위 반복, 통제시간 등을 자율적 설정 가능

③ 접근의 용이성(개방성)

- 불특정 다수에 개방된 인터넷을 통해 원격지에서 손쉬운 접근 가능
- 또한 네트워크를 이용, 다수가 동시적 접속 가능

④ 피해의 광범위성(광역성)

- 간단한 조작만으로도 다수에게 광범위한 피해 발생 가능
- 범죄피해가 매우 빠르게 확산, 불특정 다수 범죄피해 유발

⑤ 범죄자의 익명성 및 비대면성
- 자신의 신분 비노출 상태에서 범행 가능
- 컴퓨터시스템을 기반, 상대방과 직접 대면 불필요

⑥ 발각과 입증의 곤란성
- 피해자가 피해를 알지 못하거나 뒤늦게 아는 암수비율이 높음
- 전문가의 개입 경우, 증거 인멸이 수월해 증거수집이 어려움

3. 유 형

1) 유 형

① 컴퓨터 파괴
- 컴퓨터 본체와 프로그램 및 자료 등을 파괴

② 컴퓨터 부정사용
- 타인의 컴퓨터나 프로그램 등을 일정 시간 부당하게 사용

③ 컴퓨터 스파이
- 시스템 자료를 권한 없이 획득, 이용, 누설하여 재산상 손해 유발

④ 컴퓨터 부정조작
- 업무처리 과정에 부당하게 개입하여 산출 결과를 조작

⑤ CD(Cash Dispenser)
- 현금지급기를 중심으로 발생하는 범죄(타인 CD 카드 습득 사용, 카드 위변조 사용, 가상 계좌 개설 후 현금 입금 사용 등)

2) 수 법

① 컴퓨터 바이러스
- 악성 프로그램을 다른 프로그램에 전염, 오작동 유발

② 자료 편취
- 자료 입력 · 변환 시점에 자료 삭제 · 변경

③ 슈퍼잽핑
- 타인의 컴퓨터를 마음대로 드나들어 문제 일으킴(maser key)

④ 쓰레기 줍기
- 작업 수행 후 컴퓨터 또는 주변에서 정보 습득 사용
⑤ 전신도청
- 통신회선 부정 접속하여 자료 절취 및 컴퓨터 부정 사용
⑥ 트랩도어
- 허가 없이 시스템 접근 및 기록 삽입 등을 할 수 있도록 미리 코드 삽입
⑦ 트로이 목마
- 본래 프로그램 속에 특별한 프로그램을 은밀히 삽입, 부정한 결과 산출
⑧ 살라미기법
- 정상적으로 업무처리 하면서 주변의 조그만 것들을 긁어모으는 수법
⑨ 비동기성 공격
- 컴퓨터 운영체계의 비동시성을 교묘히 사용
⑩ 논리폭탄
- 주기적 또는 특별한 시기 실행되도록 하는 컴퓨터 프로그램
⑪ 편승과 위장
- 편승 : 통신회선을 자격 없는 단말기에 연결해 부정 사용
- 위장 : 사용 미허가 자가 허가자로 위장해 부정 사용

4. 분 류

1) 인터폴(Interpol)의 분류
  ① 인가받지 않은 접속과 가로채기
  - 해킹, 가로채기, 시간 절도
  ② 컴퓨터 데이터의 변경
  - 논리 폭탄, 트로이전 호스(트로이 목마), 바이러스, 웜
  ③ 컴퓨터 관련 사기
  - 현금지급기 이용, 컴퓨터 위조, 도박기, 투입 · 산출 · 프로그램 조작, 지불
    수단, 전화 공짜사용
  ④ 인가받지 않은 복제
  - 컴퓨터 게임, 기타 소프트웨어, 반도체 배치 설계도

⑤ 컴퓨터 파괴

— 하드웨어, 소프트웨어

⑥ 기타 컴퓨터 범죄

— 전자게시판, 무역 비밀 절도, 금제품 취급

2) 경찰청(KNP)의 분류

① 테러형 사이버범죄

— 의의 : 정보의 기밀성, 무결성, 가용성 침해 범죄

— 분류 : 통신도청 · 비밀침해 등 가로채기, 파일손괴 · 운영방해 등 방해, 정보 위변조

— 방법 : 해킹, 컴퓨터 바이러스, 서비스거부 공격(디도스), 인터넷 웜 등

② 일반 사이버범죄

— 의의 : 사이버 공간에서 이뤄지는 일반 형법 범죄

— 분류 : 통신 사기, 음란물 등 불법 유통, 도박 · 음란 등 불법 사이트 운영, 사이버 명예훼손, 사이버 스토킹, 개인정보 침해 등

제6절 정신질환범죄(묻지마범죄)

1. 개 념

— 가해자와 아무런 관계가 없는 불특정 피해자에 대하여 가해자의 일방적 의사로 흉기 등 위험한 물건을 사용하여 폭행, 손괴 등 유형력을 행사하는 방법으로 피해자의 생명 · 신체 · 재산을 침해하는 범죄

— 언론이나 사회 일각에서 '묻지마범죄'라는 용어를 사용하며, 무차별 범죄 (random crime), 이상 동기 범죄, 무동기 범죄(motiveless crime) 등 여러 용어 혼재

> 😎 **묻지마범죄의 개념 요소**
> ㉠ 불특정 대상 : 가해자와 피해자 사이의 무연관성, 불특정인 대상 범죄
> ㉡ 위험성 : 흉기 기타 위험한 물건을 도구로 사용, 생명·신체 등 상해
> ㉢ 재범의 개연성 : 정신질환, 마약·유해화학물 남용 환각, 알코올 남용 만취

- FBI 범죄분류교범(CCM)에서 규정한 동기가 불명확한 살인(nonspecific motive murder)이 '묻지마범죄'와 유사

2. 특 징

- 무고한 시민 누구나 범죄피해자가 될 가능성 있음
- 범행 특성상 사안의 중대성 및 재범의 위험성이 매우 높음
- 범죄 이유에 대해 가해자만이 알고 있으며, 외부에서는 이를 알 수 없음
- 가해자의 갑작스러운 공격으로 피해자의 방어 부재, 치명적인 범죄피해

3. 원 인

① 사회·경제가 발달함으로써 나타나는 빈부격차, 현실 불만, 정신질환 등에 의해 촉발
② 가해자의 유형은 경제적 곤궁과 소외 등으로 인한 절망적 상태에서 주로 불특정 여성을 대상으로 범죄 실행
- 경제적 궁핍에 시달리는 극단적 빈곤층, 사회적 소외층
- 피해망상, 환청, 정신분열 등 정신질환자
- 다수 폭력 범죄 전력자 등

4. 유 형

① 단발적 범죄
- 사람이 많은 곳에 가서 폭행 및 상해 등을 저지름
- 약물 등의 영향, 환각·망상 등의 정신이상
- 취약한 자아나 반사회적 성격 등의 인격적 문제가 특징

② 연속 살인범죄

- 짧은 시간 내에 불특정 다수의 사람을 살인
- 스트레스에 대한 낮은 내성, 지나친 자기애, 미숙한 인격
- 사회에 대한 분노 또는 원한, 사법 체계를 이용한 자살 등이 특징

③ 산발적 살인범죄

- 여기저기를 다니며 산발적으로 불특정인을 상대로 살인
- 미숙한 인격 및 반사회적 성격 등 성격 문제
- 삶에 대한 현실감 상실로 인해 힘을 확인해보고 싶다는 욕망이 특징
- 주로 여성을 대상으로 하는 경우, 성적인 동기가 다수 개입

5. 사 례

① 강남역 화장실 묻지마 살인사건

- 2016년 5월 17일 새벽 서울 서초구 서초동 노래방 화장실에서 불특정 여성
  을 칼로 찔러 살해한 사건
- 가해자는 2008년 정신분열증(조현병) 진단, 총 6차례 입원 치료 반복
- 평소 여성들로부터 무시를 당해서 범행을 저질렀으며, 피해자와는 모르는
  사이라고 진술

② 울산 삼산동 묻지마 살인사건

- 2014년 7월 27일 새벽 미리 칼을 들고나와 2시간 이상 배회하다가 버스정
  류장에 있던 불특정 여성을 수차례 칼로 찔러 살해한 사건
- 가해자는 무직이었으며, 부모가 별거 중으로 스트레스가 상당히 누적

③ 잠원동 묻지마 살일사건

- 2010년 12월 5일 새벽 서울 서초구 소재 자신의 집에서 컴퓨터 게임인 '블
  레인 블루'를 하던 중 패하자 살인 충동을 느껴 당시 길을 가던 불특정 남
  성을 칼로 찔러 살해한 사건
- 가해자는 미국 뉴욕주립대 중퇴 중으로 컴퓨터 게임에 중독, 피해자 살해
  후 흉기에 묻은 피를 집으로 돌아와 씻고 태연히 잠을 잤음
- 친구를 전혀 사귀지 못하고 유학생활에 부적응으로 귀국
- 담배를 사러 갈 때를 제외하고는 집 밖으로 나가지 않고 휴대전화도 사용하

지 않음

④ 신정동 묻지마 살인사건

- 2010년 8월 7일 저녁 서울 양천구 신정동에서 가해자가 다가구 주택 옥탑방에 침입하여 피해자 남성을 칼로 수차례 찔러 살해한 사건
- 가해자는 일용직 노동자로 망치 등을 가지고 배회하다, 저녁 6시경 옥탑방에서 가족의 웃음소리가 들리자 순간적으로 격분하여 피해자를 살해
- 범행 후 피해자가 숨진 사실도 모르고 범행 당시 입던 옷을 입고 거리를 배회 중 경찰에 검거
- "나는 어렵게 살고 있는데, 다른 사람들은 행복하게 산다는 생각이 들어 격분했다."

⑤ 정읍 묻지마 살인미수

- 2009년 11월 30일 오전 길을 지나던 피해자 등 4명을 미리 준비한 칼로 찔러 중상을 입힌 사건
- 가해자는 피해자들과 전혀 안면이 없고, 서울 사립대 졸업 후 일정한 직업 없이 취업, 퇴직, 폐업을 반복하다 고향으로 귀향 후 은둔생활
- 평소 인간 자체에 대해 증오심을 가지고 있었고, 가능한 많은 사람을 죽여서 사회를 정화시켜야겠다고 생각
- 범행 후에도 죄책감 등 반성하는 기색 없이, 유사한 범죄를 반복할 것이라 의사 나타냄

1. 조직범죄와 관련한 설명 중 옳지 않은 것은?

① 미국연방조직범죄규제법(1970)에서는 조직범죄의 기본요건을 영속성, 조직성, 규범 존재, 뇌물수수 등으로 보고 있다.

② 서덜랜드(Sutherland)는 기업이 소비자 · 경쟁자 · 주주 · 투자자 · 발명가 · 고용인이나 국가에 대해 행하는 모든 범죄를 조직범죄라고 하였다.

③ 우리나라는 형법 제114조에서 범죄를 실행할 목적 또는 의무(병역 · 납세)를 거부할 목적으로 단체를 조직하는 경우 처벌하고 있다.

④ 아직까지 조직범죄의 정의에 관한 대법원 판례는 존재하지 않는다.

> **해설**
>
> ④ 대법원 판례에서는 '조직범죄'를 특정 다수인이 특정한 범죄를 범할 공동의 목적 하에서 이루어진 계속적 결합체로 그 단체를 주도하는 최소한의 통솔체계를 갖춘 것으로 정의하고 있다.
>
> 답 ④

2. 조직범죄의 특징에 관한 설명 중 옳은 것은 몇 개인가?

> ㉮ 조직 내 맹목적인 충성 유도를 위한 혈연 공동체적 성격을 띠며, 조직 운영을 위한 특별한 보상과 승진체계를 갖추고 있다.
>
> ㉯ 정치 · 경제적 이익을 최고 목적으로 하고, 목적 달성을 위해서는 합법 및 비합법적인 활동을 모두 동원한다.
>
> ㉰ 과거에는 도박장 · 마약 · 갈취 · 성매매 등 불법적인 활동이 중심이었으나, 최근에는 유흥업 · 주류업 · 선거운동 · 노사분규 등 다양한 업종으로 변화하고 있다.
>
> ㉱ 빠른 목표 달성을 위해서 공무원 등에게 뇌물을 적극적으로 활용하여 매수를 시도한다.
>
> ㉲ 지하 및 서민 경제에 자금 유입이 원활해져서 시장경제의 자율을 유도한다는 측면에서 긍정적인 면도 있다.

① 1개   ② 2개

③ 3개   ④ 4개

㉯ 범죄 조직은 경제적인 이익 추구를 최고 목적으로 한다.

㉰ 조직범죄는 불법적인 경제활동의 증가로 자유경쟁 시장질서를 붕괴시킨다.

답 ③

3. 증오범죄에 관한 설명 중 옳지 않은 것은?

① '혐오범죄, 편견범죄'라고도 하며 편견의 증거가 분명한 범죄를 말한다.

② 1990년 미국은 '증오범죄통제법'을 제정하였으며, 예로 유대인 나치 학살·보스니아 인종 청소 및 미국 백인들의 흑인 공격 등을 들 수 있다.

③ 증오범죄는 대면성, 비합리성, 잔인성, 특정성, 지속성, 보복 유발성 등의 특징을 가진다.

④ 레빈과 맥드빗(Levin&McDevitt)은 증오범죄를 스릴추구형, 방어형, 사명형, 보복형으로 구분하였다.

③ 증오범죄는 비대면성, 비합리성, 잔인성, 피해 대량성, 불특정성, 지속성, 모방성, 보복 유발성 등이 특징이다. '비대면성'은 모르거나 낯선 사람에 의해 주로 발생한다는 것이며, '불특정성'은 피해 대상의 특정이 불가능하다는 것을 의미한다.

답 ③

4. 증오범죄의 원인에 관한 설명 중 옳지 않은 것은?

① 가장 많은 비중을 차지하는 것은 백인 우월주의에 근거한 백인들의 흑인에 대한 범행이다.

② LA 백인 경찰관이 흑인을 무차별적으로 폭행한 TV 방영은 흑인들의 증오범죄를 유발하기도 하는데, 이러한 현상은 '집단 따돌림'이다.

③ 지역 간의 갈등 조장이나 경제적인 불균형에 의해서도 증오범죄가 발생하기도 한다.

④ 종교적인 교리와 순수성에 위협이 된다는 믿음으로 타 종교에 대한 공격을 자행하며 이를 정당한 것으로 인식한다.

② '촉발 사건의 존재'에 관한 설명이다. '집단 따돌림'은 동성애자나 부랑자 등에 대한 무차별 폭력 또는 내성적인 성격의 소유자나 장애인 등에 대한 비난을 말한다.

답 ②

5. 스토킹범죄의 개념에 관련한 설명 중 옳지 않은 것은?

① 한국은 스토킹범죄를 '경범죄처벌법'상 장난전화 · 지속적 괴롭힘 및 '정보통신 망 이용촉진 및 정보보호 등에 관한 법률'상 공포심 · 불안감 유발로 처벌하고 있다.

② 일본은 2000년 '미행금지법'을 제정하였고, 미국은 이보다 앞선 1990년 '스토 커 행위 등의 규제 등에 관한 법률'을 제정하여 스토킹범죄를 처벌하고 있다.

③ 스토킹범죄는 일정 기간 의도적 · 반복적으로 특정인 또는 그 가족을 대상으로 공포 및 불안을 유발해서 정신적 · 육체적 피해를 주는 일방적인 행동을 말한다.

④ 데이트폭력과 스토킹범죄는 남녀 사이에서 상대의 합의 없이 고의적으로 폭력 등이 행해진다는 점에서 유사한 특징을 가진다.

> 해설

② 미국이 1990년 '미행금지법'을 제정하였고, 일본은 2000년 '스토커 행위 등의 규제 등에 관한 법률'을 제정하였다.

답 ②

6. 스토킹범죄의 유형과 관련한 설명 중 옳지 않은 것은?

① 조나(Zona)는 스토킹범죄를 연애 망상, 강박적 사랑, 단순 강박 등 3가지로 구분하였다.

② 유명 연예인 등을 대상으로 극히 일부 여성 팬이 광적으로 스토커범죄를 하는 것은 '연애 망상' 유형이다.

③ 멀렌(Mullen)이 구분한 스토킹범죄 유형 중 '거부당한 스토커'는 복수를 목적 으로 피해자에게 두려움을 주기 위함이다.

④ '친밀감 추구 스토커'는 피해자와 자신이 운명적인 관계라고 인식하는 유형을 말한다.

> 해설

③ '분노형 스토커'에 관한 설명이다. '거부당한 스토커'는 친밀한 관계의 사람을 대상으로 복수 또는 관계 회복을 목적으로 스토커범죄를 실행하는 유형이다.

답 ③

7. 화이트칼라범죄에 관한 설명 중 옳지 않은 것은?

① 직접적인 시민들의 피해가 없어 통상 범죄가 장기간에 걸쳐 진행되며, 매우 많은 피해액이 발생한다.

② 서덜랜드(Sutherland)는 화이트칼라범죄를 사회적 존경과 고위직에 있는 사람이 직업적인 과정에서 범하는 범죄라고 정의하였다.

③ 관련 지식의 미공개와 복잡한 절차로 인한 피해자의 접근이 어렵다.

④ 높은 사회적 인지도를 가진 사람이 범죄를 저지름에 따라 사회적인 도덕감 하락과 불신을 조장한다.

> **해설**
>
> ① 화이트칼라범죄는 통상 '단기간'에 걸쳐 행해지며, 직접적인 시민들의 피해가 없어 피해의식이 둔감하다. 예로 주가조작(시세조종), 기획부동산, 회사자금 횡령 사례 등을 들 수 있다.
>
> 답 ①

8. 무어(Moore)의 화이트칼라범죄 유형 중 다음의 사례에 해당하는 설명은?

> ○○아파트 관리사무소장과 동 대표 등은 서로 짜고 아파트 엘리베이터 일제 점검 및 수리를 위해 특정 업체와 계약을 체결하면서 100만원의 리베이트(중개료)를 받았다.

① 자신의 소유 기업 및 조직에서의 위치를 이용하여 타인을 속이는 범죄 유형이다.

② 자신의 소속 조직 및 고객을 대상으로 하여 타인을 속이는 범죄 유형이다.

③ 조직 내의 지위를 사적으로 이용하여 남용하고 피해자에게 권리가 있음에도 불구하고 이를 속이는 범죄 유형이다.

④ 주로 직장 불만이나 고용주의 노동 착취가 원인으로 조직이나 회사의 기금을 횡령하거나 절도하는 범죄 유형이다.

> **해설**
>
> ③ 위 사례는 '조직 내 지위 사적 남용'과 관련한 설명이다.
>
> 답 ③

9. 사이버범죄에 관한 설명으로 옳지 않은 것은?

① 사이버범죄는 인터넷이나 정보통신망으로 연결된 컴퓨터시스템 또는 이를 매개로 형성된 사이버 공간을 중심으로 발생하는 범죄행위의 총칭을 의미한다.

② 사이버범죄(Cybercrime)라는 용어는 1955년 서스만과 휴스턴(Sussman & Heuston)이 최초로 사용하였다.

③ 디지털 정보는 매우 빠르게 처리될 수 있으며, 특성상 쉽게 작성·변경·삭제가 가능하다.

④ 경찰청(KNP)에서는 사이버범죄를 테러형 사이버범죄와 일반 사이버범죄로 구분하였으며, 해킹·서비스거부 공격(디도스)·개인정보 침해 등은 테러형 사이버범죄에 속한다.

> **해설** ▶
> ④ 해킹·서비스거부 공격(디도스)는 테러형 사이버범죄의 종류이며, '개인정보 침해'는 일반 사이버범죄에 속한다.
>
> 답 ④

10. 사이버범죄의 유형과 수법에 관한 설명 중 옳은 것은 몇 개인가?

> ㉮ '컴퓨터 부정사용'은 업무처리 과정에 부당하게 개입하여 산출 결과를 변경하는 것이다.
> ㉯ '컴퓨터 부정조작'은 타인의 컴퓨터나 프로그램 등을 일정 시간 부당하게 이용하는 것을 의미한다.
> ㉰ 마스터 키로 타인의 컴퓨터를 마음대로 드나들어 문제를 일으키는 것은 '슈퍼재핑'이다.
> ㉱ 사용이 허가되지 않은 사람이 허가자로 신분을 바꿔서 컴퓨터를 부정으로 사용하는 것을 '위장'이라고 한다.

① 1개   ② 2개
③ 3개   ④ 4개

> **해설** ▶
> ㉮ '컴퓨터 부정조작'에 관한 설명이다.
> ㉯ '컴퓨터 부정사용'에 관한 설명이다.
>
> 답 ②

11. 정신질환범죄(묻지마범죄)에 관한 설명 중 옳지 않은 것은?

① 언론이나 사회 일각에서 '묻지마범죄'라는 용어를 사용하며, 무차별 범죄(random crime), 이상 동기 범죄, 무동기 범죄(motiveless crime) 등 여러 가지 용어가 혼재한다.

② 묻지마범죄의 개념은 불특정 대상, 위험성, 재범의 개연성 등을 기본 요소로 한다.

③ FBI 범죄분류교범(CCM)에서 규정한 '동기가 불명확한 살인(nonspecific motive murder)'이 '묻지마범죄'의 개념과 유사하다.

④ 가해자 유형은 능력 부족과 멸시 등으로 누적되었던 스트레스가 폭발하면서 평소 자신을 무시하던 직장 동료 남성을 대상으로 범죄를 실행하는 비율이 높다.

> **해설**
>
> ④ 가해자의 유형은 경제적 곤궁과 소외 등으로 인한 절망적 상태에서 주로 '불특정 여성'을 대상으로 범죄를 실행하는 경우가 많다.
>
> 답 ④

12. 묻지마범죄의 개념 요소 중 다음 사례의 밑줄 친 부분에 해당하는 것은?

> 박○○은 평소 소주를 2병 이상씩 마시는 알코올 중독자로, <u>범죄 당일에도 소주 3병을 먹고 만취한 상태에서</u> 버스정류장에 앉아 있는 20대 여성의 목 부위를 칼로 수십차례 찔러 무참히 살해하였다.

① 불특정 대상

② 위험성

③ 재범의 개연성

④ 이상 동기

> **해설**
>
> ③ 묻지마범죄의 개념 요소 중 '재범의 개연성'은 정신질환, 마약 · 유해화학물 남용 환각, 알코올 남용 만취 등을 의미한다.
>
> 답 ③

제4장 피해자가 없는 범죄유형

1. 개 념

- 절도 및 강도 등 일반적 범죄와 달리 가해자와 피해자가 분명하지 않은 범죄
- 즉, 가해자와 피해자의 구별이 전통적 범죄에서와같이 객관적으로 명확하지 않은 등 일반적인 피해자와 성격이 다른 범죄를 의미

2. 특 징

- 개인적 법익의 범죄보다는 사회적 법익에 해당하는 범죄가 다수 발생
- 상호 동의로 범죄가 저질러지는 경우가 많아 수사기관에 신고되지 않거나 암수범죄 형태로 존재

3. 유 형

- 약물(마약)범죄 등과 같이 자신이 범죄의 가해자이면서 곧 피해자가 되는 범죄
- 도박·성매매 등과 같이 피해자가 범죄에 동의하거나 기여한 범죄
- 환경범죄 등과 같이 불특정 다수의 피해자가 발생하여 피해자를 특정할 수 없거나 특정하기 매우 어려운 범죄

4. 대 책

- 현실적 입장에서 형사사법기관의 단속 및 처벌이 매우 어려움
- 입법적 입장에서도 피해자가 없거나, 없는 것으로 간주하므로 행위의 비형벌화 추진
- 즉, 개인적 법익의 피해는 존재하지 않으나 사회적 유해성이 존재하므로 비범죄화보다는 비형벌화 관점의 대책(보안처분 등)이 마련될 필요

| 제2절 | 약물(마약)범죄 |

1. 개 념

- '약물'또는 '마약류'는 일반적으로 의존성이 있으면서 오용 또는 남용되는 물질을 총칭 용어
- 아편, 대마, 향정신성의약품, 진정제 등을 총괄하는 의미
- 세계보건기구(WHO) : 약물사용 욕구 강제, 약물사용 양 증가, 금단증상 및 내성, 개인이나 사회 해악
- 2000년 7월부터 모든 「마약류관리에 관한 법률」로 통합 규제

2. 관련용어

① 약물 남용
- '약물의존'과 같은 의미로 사용
- 불법적인 마약류나 합법 규정된 향정신성의약품을 자의적으로 사용 행위
- 즉, 마약류 해당 약물을 일정 기간 의사 처방 없이 쾌락추구를 위해 사용
② 약물 중독
- 과다 약물사용으로 금단증상, 의존성, 내성, 재발 현상 등의 지배를 받음
- 즉, 마약류에 대한 자기통제력이 현저히 낮아진 상태
③ 약물 오용
- 위험성을 증가시킬 수 있는 용량이나 상황에 약물이 투여된 경우
- 즉, 정확한 약물 지식 없이 약물을 사용

3. 특 징

① 금단증상(withdrawal symptom)
- 규칙적 마약류 사용자가 사용을 중단하면 나타나는 비자발적 특징
- 마약류 종류에 따라 다르며, 횟수나 용량이 클수록 심함
- 가벼운 증상(눈물 흘림 · 재채기 등)에서부터 뚜렷한 증상(불면증 · 혈압상 승 · 호흡 가쁨 등) 및 심한 증상(구토 · 설사 · 간질 · 환각 등) 등 다양함

- 대마초는 신체적 금단현상 없으나, 알코올 중독은 매우 심함

② 내성(tolerance)

- 마약류 효과가 현저히 줄어들거나, 최초 복용 효과 얻기 위해 복용량 증가
- 일반적으로 마약류는 처음과 비교해 현저히 증가하는 현상 보임
- 아편 · 헤로인 등은 내성 심하나, 알코올 등은 내성 약함
- 즉, 아편 중독자는 점차 많은 사용량이 필요하나 알코올은 별 차이 없음

③ 의존성(dependence)

- 마약류 사용자가 마약을 얻기 위해 신체적 · 정신적 욕구로 괴로움을 겪는 것
- 신체적 의존성 및 정신적 의존성이 별개로 나타나거나 동시 발생 가능

④ 재발 현상(flashback)

- 마약류 복용을 중단한 후에도 과거 마약 환각 상태가 나타남
- 환각제 남용자에게 주로 발생, 마약류가 끊기 힘든 이유
- 재발 현상은 부정기적으로 발생, 수분 또는 수 시간 지속하기도 함

4. 원 인

① 빈곤 하위문화

- 약물 남용자의 대부분이 하류 계층에 집중되었다고 보는 입장
- 약물 시작 이유가 인종적 편견, 낮은 자아존중감, 낮은 경제적 지위, 부정적 사고 등으로 봄
- 그러나 하위문화권의 사람들이 모두 약물 남용자는 아님

② 심리적 요인

- 약물 남용 경향 문제는 하류층만이 아닌 중산층의 문제라고 봄
- 약물 남용은 인지기능 문제, 인격장애, 정서적 문제와 연관
- 약물 시작 이유를 불안 해소, 고통 해결, 우울증 해소 등으로 봄

③ 유전적 요인

- 부모가 알코올 중독자 또는 약물 중독자일 것이라 보는 입장
- 약물 중독에는 다양한 원인이 존재하나, 유전 요인은 약물 중독 가능성을 높임

④ 사회학습 요인
- 부모 약물사용을 학습함으로써 자녀의 약물사용이 증가한다고 보는 입장
- 부모가 우울증 및 충동조절 장애 등을 앓는 경우, 약물 영향을 받을 가능성이 큼
- 사용자가 약물에 대한 불안감 · 두려움 · 긴장 수준이 낮을수록 상습가능성이 큼

⑤ 문제행동 증후군
- 약물 중독도 범죄와 같은 문제행동 중 하나라고 보는 입장
- 약물 남용자의 수만큼이나 약물 남용의 원인도 매우 다양함

5. 분 류

- 천연약물 : 자연 재배로 얻어지거나 이를 원료를 하여 제조되는 약물
- 합성약물 : 자연 연료 미사용, 화학적 합성과정 통해 제조되는 약물
- 대용약물 : 남용 목적은 아니나, 다양한 목적으로 남용되는 약물

1) 천연약물

- 아편 계통, 코카 계통, 대마 계통으로 구분

아편 계통	아편	중추신경 마비, 진정제 및 진통제 사용, 강한 의존성 모르핀은 19세기 초 처음 분리, 강한 진통제 사용 보통 정맥주사 방법, 모르핀 남용 시 아편보다 더 강한 중독성과 금단현상
	헤로인	무향 · 무색 분말, 주로 코로 흡입하거나 주사 또는 흡연 마취제, 진통제, 진해제 사용 중독시 강한 의존성과 금단증상, 산모 남용 시 태아도 중독
	기타	코데인, 테바인, 옥시코돈 등 약효가 낮아 인기 없음
코카 계통	코카인	코카나무 잎에서 채취 코로 흡입하거나 흡연 및 정맥주사, 먹기도 함 국부 마취제 사용, 특유 환각작용 보임
	크랙	코카인을 농축, 1985년 이후 출현 대롱을 통해 연기 흡입, 약효가 신속하고 강렬 복용 시 큰 황홀감, 폭력 위험이 큼

대마 계통	대마초	삼베의 원료, 농가 허가 재배
		마리화나 또는 카나비스로 외국 통용
		진통제, 경련 진정제로 사용, 흡연으로 남용
	해시시	대마수지를 건조, 압착
		중동 지역과 동남아 · 아프리카 · 북미 등에서 생산
	해시시 오일	해시시를 증류 공정 중 농축
		한두 방울이 대마초 담배 한 개비 효과

2) 합성약물

메스암페타민 (속칭 '히로뽕')	1991년 처음 합성, 정맥주사 또는 술이나 음료수타서 복용
	분말 코로 흡입하거나 가스 흡입, 상처를 내서 바르기도 함
	대부분은 정맥주사로 이용, 큰 황홀감과 식욕 억제 효과
	신체적 의존성 없으나, 정신적 의존성 있음
	반복 사용 시 만성중독 초래
엑스터시 (속칭 '도리도리')	'야바'와 함께 테크노 음악과 함께 급속 퍼짐
	복용 후 머리 좌우 흔들면 큰 황홀감, 테크노 댄스 시 이용
	가격이 싸서 청소년 많이 남용
LSD	매우 소량으로 환각 경험, 흰색 가루나 정제 또는 맑은 액체
	무색 · 무미 · 무취 특성
	히로뽕 보다 강하며, 환각이나 착각 증상 나타남
바르비튜레이트	불안감 · 긴장 · 불면증 치료 억제제
	남용 시 잠이 오며 흥분감 느낌
	최면 · 마취, 심지어 안락사 등에도 이용
GHB (속칭 '물뽕')	외국 대학생 데이트 강간용 사용
	음료수 또는 술에 타서 복용, 15분 내 발효되어 3~4시간 지속
	기분이 좋아지고 취한 듯 몸이 처지며 테이프 끊긴 느낌
	24시간 내 인체를 빠져나가 추적 어려움, 약물 선호 원인

3) 대용약물

유기용제류 (흡입제)	본드 또는 가스, 휘발성 증발 가스 흡입, 정신기능 왜곡
	가솔린, 시나, 아교, 스프레이, 매니큐어 제거제, 라이터액 등
	주로 코로 흡입, 남용 시 시각 및 청각장애, 현기증 등
	내성 있어 추후 많은 양 흡입 가능, 심하면 영구 뇌 손상 가능

알약형태	각성제, 진정제, 진통제 카리소프로돌(S정), 진해제(덱스트로메트로판) 항히스타민제 등 다양

5. 국제경로

① 황금의 삼각 지역(Golden Triangle)
- 태국, 미얀마, 라오스의 접경지대 위치
- 과거 전 세계 아편과 헤로인의 60~70% 생산

② 황금의 초승달 지역(Golden Crescent)
- 이란, 파키스탄, 아프카니스탄의 접경지역 위치
- 1980년대 후반부터 아편 생산지대 등장
- 과거 유럽의 75%, 미국의 25%가량 점유

③ 코카인 삼각 지역(Cocain Triangle)
- 콜롬비아, 페루, 볼리비아의 접경지역 위치
- 전 세계 코카인의 거의 전부인 98% 가량 생산
- 코카인 생산 대부분은 미국 및 유럽 수출
- 소량이 아시아 또는 오세아니아로 수출

※ 주요 마약류 체계

마약류	향정신성 의약품	각성제 : 메스암페타민(필로폰), MDMA(엑스터시)
		환각제 : LSD
		억제제 : 바르비탈염제류
	마약	천연마약 : 양귀비(앵속 → 아편 → 모르핀)
		코카엽 : 코카인, 크랙
		한외마약 : 코데솔, 코데날, 코데잘, 유코데
		합성마약 — 페치딘계 / 메사돈계 / 모르피난계
		반합성마약 : 헤로인, 히드로폰, 옥시포돈
	대마	대마초(마리화나)
		대마수지(해시시, 해시시오일)

제3절	성매매범죄

1. 개 념

- 과거 사용되던 '매춘' 또는 '매매춘'을 순화한 용어
- 성판매 여성 만을 비하한다는 이유로 2000년 초반 '성매매'용어가 등장
- 성매매 : 불특정인을 상대로 금품 또는 그 밖의 재산상 이익을 제공·약속하고 다음의 어느 하나에 해당하는 행위를 하거나 그 상대방이 되는 것
  - ㄱ. 성교행위
  - ㄴ. 구강·항문 등 신체의 일부 또는 도구를 이용한 유사성교행위

2. 관련용어

① 성매매 알선 행위
- 성매매를 알선·권유·유인 또는 강요하는 행위
- 성매매 장소를 제공하는 행위
- 성매매에 제공되는 사실을 알면서 자금·토지 또는 건물을 제공하는 행위

② 성매매 목적 인신매매
- 성을 파는 행위 또는 음란행위를 하게 하거나, 성교행위 등 음란한 내용을 표현하는 사진·영상물 등의 촬영대상으로 삼을 목적으로, 위계·위력 그밖에 이에 준하는 방법으로 대상자를 지배·관리하면서 제3자에게 인계하는 행위
- 위와 같은 목적으로 청소년, 심신상실자 및 심신미약자, 중대한 장애자 및 보호자 등에게 금품 그 밖의 재산상의 이익을 제공·약속하고 대상자를 제3자에게 인계하는 행위
- 위와 같은 목적이나 전매를 위해 대상자를 인계받는 행위
- 위의 행위를 위해 대상자를 모집·이동·은닉하는 행위

3. 유 형

① 전통적 성매매

- 개념 : 특정 지역을 거점, 매매춘만을 목적으로 하는 업소에서 이루어짐
- 종류 : 대규모 성매매 집결지, 미군 기지촌 등

② 산업형 성매매
- 개념 : 본래 목적과 달리 성매매를 하거나 성매매를 알선
- 종류 : 서비스를 매개로 성매매(식품접객업소 · 위생접객업소 · 안마시술소), 연결(알선)을 통해 성매매(직업상담소 · 결혼상담소 · 이벤트사)

③ 매개체/장소 성매매
- 개념 : 일정 매개 장소 또는 매개체를 통해 성매매
- 종류 : 취업 외국인 성매매, 전화방 및 폰팅, 연예인 성매매 등

④ 직접 연결 성매매
- 개념 : 성매매 여성이 직접 상대 남성을 찾아 성매매
- 종류 : 박카스 아줌마, 고속 · 거리 성매매, PC 성매매 등

⑤ 사이버 성매매
- 개념 : 성매매 사이트 개설, 미모의 여성 확보해 성매매
- 종류 : 카페 및 동호인형 성매매, 전화 서비스 성매매, 직거래형 성매매, 채팅 등 번개 성매매 등

4. 통 제

① 법률적 통제
- 우리나라는 성매매를 원칙적 금지, 성판매자와 성구매자를 동시 처벌(금지주의)
- 경찰에 의한 성매매의 수사와 단속이 대부분
- 특히 청소년에 대한 성 알선 · 구매를 엄벌, 대상 청소년은 보호 및 선도
- 관련 법률 : 청소년보호법, 성매매 알선 등의 행위의 처벌에 관한 법률, 청소년의 성보호에 관한 법률 등

② 정책적 통제
- 성매매 예방 및 피해자 지원 사업은 여성가족부가 중심
- 성매매 예방 관련 법률 · 제도 정비 및 홍보 강화, 중앙 및 지방 협조 각종 조치 사항 집중 점검

- 피해자 보호를 위해 보호시설 확충, 의료 및 재활을 위한 법률 지원, 통합적 지원 프로그램 개발 모색
- 법 집행력 강화를 위한 알선업자·성매매 업소 건물주 처벌 강화, 신종·변종 업소와 인터넷에 의한 성매매 단속, 해외 사이트 근거 전자성매매업소 단속 주력

③ 비규제와 합법화

- 성 평등 관점 : 성매매 여성이 남성의 억압에 의한 피해자라고 보는 입장
- 자유 선택 관점 : 성매매 여성의 의지에 의한 것이면 그것은 여성 평등을 표현한 것이라는 입장
- 성매매에 대한 비범죄화 논의는 어쩔 수 없이 선택한 여성에게 형벌을 과하는 것이 부당하다는 것
- 또한 성구매 남성의 비형벌화는 상황을 봐가면서 처벌의 수위를 낮추거나 처벌을 하지 않도록 하자는 것

④ 현실과의 괴리

- 성매매 특변법 제정은 여성단체 및 NGO 단체 등 주도하에 입법
- 그러나 오히려 성매매 여성들이 법률 시행에 반대해 시위하는 아니러니한 상황 발생
- 이들은 고학력 엘리트 여성들이 자신의 이익을 위해 성매매 여성을 희생양으로 삼고 있다고 주장
- 경찰의 여론에 따른 단속 집중도 큰 문제, 지역 내수 경기 불황
- 결과적으로 성매매 방지 특별법은 형식적 존재, 실질적 음성적 성매매 진행
- 성매매의 완전 퇴출 가능 여부와 성매매 불가피성 인정 여부가 문제

5. 대 책

① 성구매사 재범 방지 교육(John School)

- 미국·영국·캐나다 등에서 시행, 재범률 감소 효과 거둠
- 초범자를 교육 대상, 25~40명을 8시간 교육
- 참가자는 교육비용 지불, 그 비용은 성판매 여성을 위한 프로그램 재투입
- 우리나라도 2005년 8월 도입, 서울 등 전국 보호관찰소에서 확대 시행

- 초기 성구매자들에게 교육 이수 조건부 기소유예, 조기 사회 복귀 도움
② 신상 공개 및 고객 창피 주기
- 미국 미네소타 등 지역 시행, 경찰 홈페이지 · 라디오 및 신문 · 케이블 방송(John TV) 등 성구매자 신상 공개
- 캐나다 밴쿠버 지역 시행, 성매매 지역 차량 소유주에 차량의 사진과 경고성 편지 발송 고객 창피 주기
③ 성구매자 단속 강화 및 상담 서비스
- 미국 · 캐나다 · 영국 등 성매매 흥정 · 미수를 처벌 대상 포함
- 스웨덴에서는 성구매자 남성에 대한 상담 서비스 시행, 가족 문제 지원

제4절 환경범죄

1. 개 념

- 환경오염 및 환경 훼손 관련 일체의 행위로 법률에 의해 규제 · 처벌되는 범죄
- 환경오염 : 대기오염, 수질오염, 토양오염, 해양오염, 방사능오염, 소음 · 진동, 악취, 일조방해 등 사람의 건강 및 환경에 피해를 주는 상태
- 환경훼손 : 야생 동 · 식물 남획 및 서식지 파괴, 생태계질서 교란, 자연경관 훼손, 토양 유실 등 자연환경의 본래 기능에 중대한 손상을 주는 상태

2. 특 징

① 양벌적 규정
- 행위자와 법인의 동시 처벌 규정
- 개인 기업의 사용자도 환경위반 경우 양벌규정 적용(수질환경보전법 제81조 등)
② 인과관계의 입증 어려움
- 원인행위와 발생 결과 사이 입증의 곤란
- 오염물질 배출 등 특정 환경 사범 경우, 인과관계 추정(환경범죄 등의 단속

및 가중처벌에 관한 법률 제11조)

③ 범죄피해의 확산 및 국제화
- 선진국의 대기업 등 후진국에 오염물질 배출, 피해 확산
- 자국의 강력한 규제 피해 환경규제 약한 후진국 등으로 공장 이전
- 개발도상국 등에 폐기물 유입 로비 시도, 뇌물 공여

④ 기업의 이익 추구와 환경파괴
- 공업단지 조성을 위한 산림 파괴 및 갯벌 매립 등 생태계 훼손
- 환경 친화 위장, 기업의 이익 추구 목적 사업 실행

⑤ 기타
- 미필적 고의 : 행위자의 행위 · 결과 · 인과관계 간 미필적 고의 존재
- 간접적 침해 : 매개체를 통한 인간의 생명 · 신체에 침해
- 전파 · 확산적 침해 : 환경오염이 시간 · 공간적으로 전파 · 확산
- 완만한 침해 : 원인에서 결과에 이르는 침해의 완만성, 피해 발생 및 인식 시기 추정 모호
- 일상적 침해 : 일상적 생활 속 환경피해 발생
- 복합적 침해 : 원인과 결과 사이 복합적 간접 요인이 작용
- 피해 광범위 : 환경피해의 광범위, 다수의 시민에 큰 피해 유발
- 피해자 없는 범죄 : 가해 · 피해자가 다수이며 불명확
- 힘의 불균형 : 피해자 대비 가해자의 사회 · 경제적 지위 월등, 정보 독점

3. 유 형

1) 유형 분류의 곤란함
① 실무상 수질환경사범, 대기오염사범, 폐기물사범, 기타 등 구분 일반적
② 단, 환경범죄 유형의 복잡성으로 일률적 유형화 곤란
③ 현재 각종 법률에서 각 환경범죄를 별도 규정

2) 관련법률
① 자연환경보전 관련법률
- 환경정책기본법, 자연환경보전법, 독도 등 도서 지역 생태계 보전에 관한 특별법, 자연공원법, 습지보전법, 야생 동 · 식물 보호법 등

② 대기보전 관련법률

– 대기보전 : 대기환경보전법, 다중이용시설 등의 실내공기질관리법 등

– 대기오염 : 도로교통법, 원자력법, 원자력손해방지법, 에너지이용합리화법, 집단에너지사용법, 대체에너지개발촉진법, 석유사업법, 중기관리법, 오존층 보호를 위한 특정물질 제조 · 규제 등에 관한 법률 등

③ 수질보전 관련법률

– 수질보전 : 수질 및 수생태계보전에 관한 법률, 오수 · 분뇨 및 축산폐수의 처리에 관한 법률, 하수도법, 한강수계상수원수질개선 및 주민지원 등에 관한 법률, 수도법, 먹는 물 관리법 등

– 수질오염 : 지하수법, 하천법, 공유수면매립법, 공유수면관리법, 특정다목적 댐법, 골재채취법, 소하천정비법, 지방양여금법, 해양오염방지법 등

④ 폐기물 관련법률

– 폐기물관리법, 자원의 절약과 재활용촉진에 관한 법률, 폐기물처리시설 촉진 및 주변지역 지원 등에 관한 법률, 한국환경자원공사법, 수도권매립지관리공사의 설립 및 운영에 관한 법률 등

4. 통 제

1) 억제전략

① 환경보호와 관련된 법규에 금지행위를 규정, 위반 행위를 집중 단속

② 1980년대 중반부터 환경오염에 대해 강력 형사제재 부과 추세

③ 이는 미국 · 영국 등 선진국은 물론 아프리카 등 여러 나라도 마찬가지

④ 우리나라 경우도 수많은 환경 관련 법률에 금지행위 규정 중점 단속 중

⑤ 예 나이지리아(화학폐기물 투기 시 사형), 케냐(코끼리 밀렵 시 현장 사살), 코트디부아르(20년 실형 및 1백만 달러 이상 벌금 부과)

2) 준수전략

① 대결보다는 협조, 강제보다는 회유와 조정을 찾는 전략

② 국가는 환경보호의 중요성 인식하고 기업이나 사회구성원에게 환경보호 유도, 기업이나 사회단체는 환경보호의 방향이나 지시를 수용토록 설득

③ 물리력 및 강제력보다는 자율적 참여토록 하는 것이 바람직

④ 위 전략은 상당한 성과에도 불구, 환경범죄자 처벌의 어려움이 있다는 이유로 다수 국가가 억제전략 강화 추세

3) 양 전략의 혼용

① 환경범죄 실태 및 양상에 따라 양 전략이 적절히 혼용되는 추세

② 과거 억제전략이 주된 방법이었으나, 2000년대부터 세계 각국이 공동 대응방안 마련(각국 간 협약)

③ 또한 환경단체 및 보호론자 뿐 아니라 기업들이 환경오염 방지를 홍보, 개인이나 단체의 동참 호소

④ '푸른 지구'를 살리기 위한 범지구적 환경 운동이 실행 중

⑤ 예 생물다양성 협약, 야생동물 중 이동(異同)종의 보전에 관한 협약, 세계유산 협약, 유네스코 인간과 생물권 계획, 사막화방지 협약, 기후변화 협약 등

⑥ 우리나라도 환경보호운동연합 및 환경보호국민운동본부 등 환경단체 중심의 환경보호 운동 및 감시활동 전개

제5절 ▌ 동성애범죄

1. 개 념

- 그리스어 'Homos(같다)'에서 유래
- 동성의 사람에게 성적 관심을 갖는 것
- 동성애적 행동을 한다고 하여 모두가 동성애자인 것은 아님
- 이성의 부재 및 군대 · 교도소 · 기숙사 등에서 강요로 인한 동성애적 행동이 나타나기도 함
- 엄격한 의미 : 동성에게 성적 매력을 갖고 있으면서 동성과 성관계를 맺어 연인 관계를 유시하는 사람

2. 관련용어

① 남성끼리 사랑 : 호모(homo) 또는 게이(gay)

② 여성끼리 사랑 : 레즈비언(lesbian) 또는 써피즘(saphism)

③ 우연적 동성애 · 가(假)동성애 · 외현적 동성애 : 군 · 교도소 · 기숙사 등 성
   교 대상 찾기 어려운 환경에서의 동성 성교
④ 위 동성애는 엄격한 의미의 동성애는 아님

3. 유 형

① 개념
- 동성애와 관련된 '성적 일탈'로 보는 관점
② 분류
- 정형적 성도착증 : 노출증, 여성물건애, 마찰도착증, 소아기호증, 피학증, 가
   학증, 관음증 등
- 비정형적 성도착증 : 분변애호증, 관장애호증, 소변애호증, 동물애호증, 시
   체애호증, 전화외설증 등
- 최근에는 동성애를 성도착증으로 보지 않고 삶의 방식으로 간주하는 경향
   존재, 즉 개인의 성적 지향이므로 성도착증과 무관

4. 동성애 공포증

- 성경은 명백히 동성애를 금지, 20세기까지 유럽 및 미국에서 탄압 및 처벌
   대상이 됨
- 그러나 동성애 연구로 1940년대 동성애를 정신병의 한 분류로 봄
- 또한 동성애자에 대한 불안과 공포로 무조건적 비난과 공격
- 호모포비아(homophobia) : 동성애에 대한 불안 신경증적 공포 현상(동성
   애 혐오)
- 에이즈 감염에 대한 동성애의 우려와 편견
- 1980년대 후반 WHO 발표, 이성애적 접촉이 에이즈 감염의 75% 이상

5. 통제와 변화

① 각국의 법률적 통제
- 외국의 많은 국가가 동성애자들의 법적 지위 인정 추세
- 2009년 8월, 캐나다 · 노르웨이 · 스페인 · 남아프리카공화국 · 아르헨티

　나·미국 아이오와주는 '동성결혼' 인정

- 그 외 유럽 및 남미 국가, 일부 미국 주는 '등록 동거제도' 시행
- 반대로 이슬람권 국가 및 아프리카, 아시아의 화교권 국가는 동성애 자체를 반대·처벌
- 그리고 그 외 미국 대부분 주 및 중남미 지역, 한국·일본·중국 등 아시아 국가들은 동성애자에 대한 처벌 및 승인을 하지 않음
- 결론적으로 화교권 및 이슬람권 국가는 강하게 처벌, 유럽 등 서구지역은 관대한 입장
- 우리나라는 동성애는 범죄가 아니나, 군형법에서 이를 처벌하며 동성 간 결혼은 불인정

② 변화 추세

- 동성애의 부정적 기류는 존재하나, 점차 관대한 측면 추세
- 동성애자의 결혼 인정 국가들이 더욱 증가
- 미국인들 조사 결과, 동성애자에 대한 사회보장 혜택에서 평등을 지지
- 우리나라 경우 홍석천의 커밍아웃 이후, 동성애자들의 성 정체성 공개 표출 추세
- 동성애자 자신들의 인권 및 법적 권익 보장을 위한 활발한 운동 전개
- 국가인권위원회의 진정 권고에 따라 각종 법령 등의 개정(삭제) 추진됨
- 향후 동성애자들의 사회생활 차별과 불편함이 더욱 제거될 가능성

1. 피해자가 없는 범죄유형과 관련한 설명 중 옳지 않은 것은?

① 절도 및 강도 등 일반적 범죄와 달리 가해자와 피해자가 분명하지 않은 범죄를 말한다.

② 가해자와 피해자가 상호 동의하여 범죄가 저질러지는 경우가 많아서 수사기관에 신고되지 않거나 암수범죄 형태로 존재한다.

③ 피해자가 없는 범죄유형의 예로 마약범죄, 도박 · 성매매, 환경범죄 등을 들 수 있다.

④ 피해자가 없는 범죄는 개인적 법익의 피해가 존재하지 아니하므로 입법적 입장에서 비범죄화가 추진되고 있다.

> **해설**
>
> ④ 피해자가 없는 범죄는 개인적 법익의 피해는 존재하지 않으나 사회적 유해성이 존재하므로 비범죄화보다는 비형벌화 관점의 대책(보안처분 등)이 마련될 필요가 있다.
>
> 답 ④

2. 다음 설명에 해당하는 마약범죄의 특징을 순서대로 올바르게 기술한 것은?

> ㉠ 마약류 효과가 현저히 줄어들거나, 최초의 복용 효과 얻기 위해 복용량이 증가하는 것
> ㉡ 규칙적인 마약류 사용자가 사용을 중단하면 나타나는 비자발적 특징
> ㉢ 마약류 사용자가 마약을 얻기 위해 신체적 · 정신적 욕구로 괴로움을 겪는 것
> ㉣ 마약류 복용을 중단한 후에도 과거 마약의 환각 상태가 나타나는 것

① 내성, 금단증상, 의존성, 재발 현상

② 금단증상, 내성, 재발 현상, 의존성

③ 내성, 의존성, 금단증상, 재발 현상

④ 의존성, 금단증상, 내성, 재발 현상

> **해설**

① 순서대로 올바른 설명이다.

답 ①

3. 다음 사례에 해당하는 마약범죄의 특징은?

> 마약을 클럽 등지에서 친구들과 수십 회에 걸쳐 복용해 오던 홍길동은 새로운
> 삶을 살아보고자 큰 마음을 먹고 2개월 동안 마약 복용을 중단했으나, 시시때
> 때로 마약을 복용한 것처럼 환각 상태가 나타나 최근 다시 마약을 복용하다
> ○○경찰서 마약반 형사에게 검거되었다.

① 의존성(dependence)
② 재발 현상(flashback)
③ 내성(tolerance)
④ 금단증상(withdrawal symptom)

해설

② 위 사례는 '재발 현상'에 관한 설명이며, 환각제 남용자에게 주로 발생하는 현상으로,
　 마약류를 끊기 힘든 이유가 바로 이와 같은 증상이 부정기적으로 나타나기 때문이다.

답 ②

4. 마약의 종류에 관한 설명 중 옳지 않은 것은?

① 천연약물은 자연 재배로 얻어지거나 이를 원료를 하여 제조되는 약물로 아편
　 계통, 코카 계통, 대마 계통으로 구분할 수 있다.
② 합성약물 중 엑스터시는 일명 '도리도리'로 불리며, 가격이 싸서 청소년들이
　 많이 남용한다.
③ GHB는 음료수 또는 술에 타서 복용하며 15분 내 발효되어 3~4시간 정도
　 지속된다.
④ 아편계통의 헤로인은 무향·무색 분말로 코로 흡입하거나 주사 등의 방법으로
　 복용하며, 중독시 상대적으로 의존성이 낮다.

해설

④ 헤로인은 중독시 강한 의존성과 금단증상을 보이며, 산모가 남용시에는 태아도 중독이
　 된다.

답 ④

5. 다음 마약의 국제경로에 관한 설명 중 지역과 내용을 올바르게 연결한 것은?

> ㉮ 황금의 삼각 지역(Golden Triangle)
>
> ㉯ 황금의 초승달 지역(Golden Crescent)
>
> ㉰ 코카인 삼각 지역(Cocain Triangle)

> ⓐ 이란, 파키스탄, 아프카니스탄의 접경지역에 위치하며, 1980년대 후반부터 아편의 생산지대로 등장하였다.
>
> ⓑ 태국, 미얀마, 라오스의 접경지대에 위치하고 있으며, 과거 전 세계 아편과 헤로인의 60~70%를 생산하였다.
>
> ⓒ 전 세계 코카인의 거의 전부인 98% 가량을 생산하며, 코카인 생산 대부분은 미국 및 유럽에 수출하고 소량이 아시아 또는 오세아니아로 수출된다.

① ㉮ - ⓑ, ㉯ - ⓐ

② ㉯ - ⓐ, ㉰ - ⓑ

③ ㉮ - ⓑ, ㉯ - ⓒ

④ ㉯ - ⓑ, ㉰ - ⓒ

> **해설**
>
> ⓐ 황금의 초승달 지역(Golden Crescent)에 관한 설명이다.
> ⓑ 황금의 삼각 지역(Golden Triangle)에 관한 설명이다.
> ⓒ 코카인 삼각 지역(Cocain Triangle)에 관한 설명이다.
>
> 답 ①

6. 성매매에 관한 설명 중 옳지 않은 것은?

① 과거 사용되던 '매춘' 또는 '매매춘'을 순화한 용어로, 성판매 여성 만을 비하한다는 이유로 2000년대 초반에 '성매매'라는 용어가 등장하였다.

② 성매매 알선 행위에는 성매매를 알선·권유·유인 또는 강요하는 행위를 의미하며 성매매 장소를 제공하는 행위도 포함되지 않는다.

③ 성매매의 유형 중 산업형 성매매는 본래 목적과 달리 성매매를 하거나 성매매를 알선하는 것으로, 직업상담소나 이벤트사의 연결을 통해 성매매를 예로 들수 있다.

④ 성구매자 재범 방지를 위해 미국·영국·캐나다 등에서 시행 중인 제도인 'John School'은 우리나라도 2005년 8월에 도입하여 전국의 보호관찰소에서

시행 중이다.

② 성매매 알선 행위에는 성매매를 알선 · 권유 · 유인 또는 강요하는 행위 뿐만 아니라
'성매매 장소를 제공하는 행위' 및 성매매에 제공되는 사실을 알면서 자금 · 토지 또는
건물을 제공하는 행위가 포함된다.

답 ②

7. 다음 성매매의 법률적 통제에 관한 설명 중 옳은 것은 몇 개인가?

> ㉮ 우리나라는 원칙적으로 성매매를 금지하고 있으며, 성판매자와 성구매자를
> 동시에 처벌하는 엄격한 금지주의를 견지하고 있다.
> ㉯ 성매매 예방과 관련한 법률 · 제도의 정비 및 홍보를 강화하고, 중앙 및 지
> 방과 협조하여 각종 조치 사항을 집중 점검하고 있다.
> ㉰ 성매매 예방 및 피해자 지원 사업은 여성가족부가 중심이 되어 수행하고
> 있다.
> ㉱ 경찰에 의한 성매매의 수사와 단속은 청소년보호법, 성매매 알선 등의 행
> 위의 처벌에 관한 법률, 청소년의 성보호에 관한 법률 등에 근거한다.이 대
> 부분이며, 특히 청소년에 대한 성 알선 · 구매를 엄벌하고 있다.
> ㉲ 피해자 보호를 위해 보호시설을 확충하고, 의료 및 재활을 위한 법률 지원
> 과 통합적인 지원 프로그램 개발을 모색하고 있다.

① 1개　　　　　　　　② 2개
③ 3개　　　　　　　　④ 4개

㉯㉰㉲ 성매매의 '정책적 통제'에 관한 설명이다.

답 ②

8. 한경범죄의 특징에 관한 선명 중 옳지 않은 것은?

① '수질환경보전법' 제81조 등에서는 행위자와 법인을 동시에 처벌하는 양벌적
규정을 두고 있다.
② 원인행위와 발생 결과 사이의 입증이 곤란하나, 오염물질을 배출하는 등 특정
한 환경 사범의 경우에 '환경범죄 등의 단속 및 가중처벌에 관한 법률' 제11조

에 따라 인과관계를 추정한다.

③ 환경범죄로 인한 피해가 확산되자 선진국의 대기업을 중심으로 개발도상국 등에 환경 폐기물 유입을 로비하는 시도가 진행되고 있다.

④ 산림 파괴 및 갯벌 매립 등 무분별한 생태계 훼손으로 인해 원인에서 결과에 이르는 침해의 과정이 급속하게 진행되고, 이로 인한 피해 발생 및 인식 시기의 추정이 모호하다.

> **해설**
>
> ④ 환경 파괴의 원인에서 결과에 이르는 '침해의 과정이 매우 완만'하게 진행되고, 피해 발생 및 인식 시기의 추정이 모호하다는 것이 환경범죄의 특징이다.
>
> 답 ④

9. 다음 환경범죄의 억제전략에 관한 설명 중 옳지 않은 것은 몇 개인가?

> ㉮ 2000년대에 들어서 환경범죄에 대한 중요성 인식으로 환경오염에 대해서 강력하게 형사제재를 부과하고 있다.
>
> ㉯ 우리나라도 수많은 환경 관련 법률에 금지행위를 규정하는 위반 행위를 중점 단속하고 있다.
>
> ㉰ 환경범죄자의 처벌의 실질적으로 어려움이 있다는 것을 이유로 다수의 국가들이 억제전략을 강화하고 있다.
>
> ㉱ 환경보호와 관련된 법규에 규범준수 행위를 규정하여 기업 등의 자율적인 참여를 유도하고 있다.
>
> ㉲ 억제전략의 예로는 나이지리아 또는 케냐의 환경범죄 시 사형 및 현장 사살 등 강력한 처벌 규정을 들 수 있다.

① 1개　　　　　　　② 2개
③ 3개　　　　　　　④ 4개

> **해설**
>
> ㉮ '1980년대 중반'부터 환경오염에 대해 강력한 형사제재를 부과하고 있는 추세이다.
> ㉱ 환경보호와 관련된 법규에 '금지행위'를 규정하여, 해당 위반 행위를 집중하여 단속하고 있다.
>
> 답 ②

10. 동성애에 관한 설명 중 옳지 않은 것은?

① 호모포비아(homophobia)는 에이즈 감염에 대한 동성애의 우려와 편견에 기인한 것으로, WHO는 동성애적 접촉과 에이즈 감염이 높은 상관성을 가짐을 발표하였다.

② 그러나 동성애적 행동을 한다고 하여 모두가 동성애자인 것은 아니다.

③ 관련 용어로 남성끼리의 사랑을 '호모(homo) 또는 게이(gay)'라고 하고, 여성끼리의 사랑을 '레즈비언(lesbian) 또는 써피즘(saphism)'이라고 한다.

④ 그리스어인 'Homos(같다)'에서 유래하였으며 동성의 사람에게 성적 관심을 갖는 것을 의미하는 것이다.

> **해설**
>
> ① 호모포비아(homophobia)는 동성애에 대한 불안 신경증적 공포 현상인 '동성애 혐오'를 의미한다. 호모포비아는 에이즈 감염에 대한 동성애의 우려와 편견에 기인한 것으로, 1980년대 후반에 세계보건기구(WHO)는 '이성애적 접촉'이 에이즈 감염의 75% 이상을 보인다고 발표하였다.
>
> 답 ①

11. 다음 동성애의 법률적 통제와 변화에 관한 설명 중 옳은 것만으로 묶여진 것은?

> ㉮ 외국의 많은 국가들이 동성애자들의 법적 지위를 인정하는 추세이다.
> ㉯ 유럽 및 아프리카 국가와 미국의 일부 주는 동성애자들의 '등록 동거제도'를 시행하고 있다.
> ㉰ 우리나라는 동성애에 대해 엄격한 금지주의를 채택하고 있으며, 형법 및 군형법에서는 동성애를 범죄로 인식하여 처벌하고 있다.
> ㉱ 현재 동성애의 부정적인 기류는 존재하나, 점차적으로 관대하게 변화하여 동성애자에 대한 결혼 인정 국가들이 증가하고 있는 추세이다.
> ㉲ 우리나라의 경우에 연예인 등의 커밍아웃 이후에 동성애자들의 성 정체성 공개 표출이 증가하고 있다.

① ㉮ - ㉯ - ㉲

② ㉮ - ㉰ - ㉱

③ ㉯ - ㉰ - ㉱

④ ㉰ - ㉱ - ㉲

해설 ▶

ⓐ 유럽 및 '남미 국가'와 미국의 일부 주는 동성애자들의 '등록 동거제도'를 시행하고 있다.

ⓑ 우리나라는 동성애를 범죄로 규정하지 않고 있으나, '군형법에서는 동성애를 처벌'하며 동성 간 결혼도 인정하지 않고 있다. 즉, 일반 형법에서는 동성애에 관한 처벌 규정이 없다.

답 ②

제3편

범죄의 원인

제1장 고전주의적 측면의 범죄

제1절 억제이론

1. 개 념

- 처벌의 엄격성, 확실성 및 신속성으로 범죄를 억제하고자 함
- 베카리아와 벤담으로 대표되는 고전주의의 핵심 요소
- 각국의 형사사법 정책에서 차지하는 비중이 가장 높음
- 법정형의 상향, 양형의 재량 축소, 체포를 위한 경찰력 증원, 유죄판결과 양형의 확실성 등
- 1970년대 이후 범죄에 대한 강력한 처벌이 범죄억제 효과가 있음을 경험적으로 검증
- 그러나 범죄율 하락은 억제요소보다 다른 요인에 의해 우연히 일어난 현상에 불과
- 오히려 강력한 처벌은 오히려 범죄자에 대한 낙인효과를 가져옴

2. 모 형

1) 일반억제모형(일반예방)
  ① 개념
  - 범죄자에 대한 처벌의 위하력(威嚇力)으로 잠재적인 범죄자의 범죄행위가 억제 가능하다는 관점
  - 경찰이 범죄자들은 확신하게 체포하고 신속 엄격하게 처벌한다면 잠재적 범죄자들은 범죄 계획을 포기
  ② 구분
  - 소극적 억제 : 잠재적 범죄자들이 범죄를 저지르지 못하도록 형벌이 기능하는 것
  - 적극적 억제 : 범죄자의 범죄 의지를 억제하고 다수 시민에게 형사사법기관

에 대한 신뢰도를 향상시키는 것

2) 특별억제모형(특별예방)

① 개념
- 범죄자에 대한 강력하고 확실한 처벌로 범죄자들이 재범하지 못하도록 하는 관점
- 직업적 범죄자 또는 경력 범죄자(전과자)들에 대한 재범 방지를 강조
② 비판
- 특별예방이 범죄자의 재범 방지에 효과적인지 의문
- 교도소 수감을 통해 오히려 범죄 수법을 배워 출소 후 더 큰 범행 계획 또는 전과자의 낙인으로 정상적 사회생활을 포기하고 범죄자 길로 나섬

3. 내 용

1) 사형제도

① 사형제도의 유지는 살인율 감소에 유의미한 감소가 있을 것을 전제
② 사형은 형벌에 대한 두려움 증가로 인해 살인 등 강력범죄 감소로 이어진다고 봄
③ 처벌의 엄격성 등이 살인률 감소에 영향을 미치는지 다수 경험 연구 진행
- 처벌의 엄격성은 범죄 억제 효과가 별로 없고, 처벌의 신속성도 억제 효과와 관계가 없으며 측정하기도 어려움
- 단, 처벌의 확실성은 범죄 억제 효과에 어느 정도 관계가 있으나, 종합적으로 억제이론의 경험적 타당성은 제한적
④ 따라서 사형제도의 존치는 범죄 억제 효과가 없으므로 폐지하는 것이 바람직, 또한 인간 존엄성을 해치는 잘못된 형벌이라고 주장

2) 무능력화

① 범죄자에 대해 범죄를 저지를 수 없도록 하는 형사제재
② 교도소에 수감 또는 형사사법기관의 통제 아래 두어 범죄 발생을 억제한다는 논리
③ 비판

- 미래의 범죄에 대한 억제효과 의문, 어린 나이의 무능력화 경험은 출소 후 더 큰 범죄 발생 가능
- 초범자들을 교도소에서 전과자들에게 노출시키는 역할, 범죄 수법 학습 효과
- 범죄의 일시 억제는 가능하나 장기적으로 오히려 범죄 발생 증가
- 무능력화된 범죄자 대신 다른 사람들에 의한 범죄 발생 가능
- 범죄자의 무능력화 장기화는 결국 국민의 조세 부담으로 이어짐
- 교도소의 만원과 새로운 교정시스템 도입에 대한 예산 증가

3) 선택적 무능력화

① 범죄를 누적하는 일부 상습 범죄자들에 대해 무능력화 전략 구사, 범죄억제
② 그린우드(Green Wood) 연구
- 선택적 무능력화는 범죄억제의 효과적 전략
- 만성적 범죄자에 대한 선택적 무능력화는 범죄율 감소와 교도소 수감률 감소를 가져옴
- 만성적 범죄자의 특성을 토대로 높은 형량 부과할 필요성 있음

4) 삼진아웃제도

① 세 번 폭력범죄를 저지르면 더욱 강력한 처벌을 부과하는 정책
② 우리나라 음주운전자에 대한 처벌에도 도입된 제도
③ 미국에서는 동종 범죄 다수 경력자에게 장기간 구금형 부과
④ 비판
- 세 번 이상 범죄를 저지른 범죄자는 고연령, 범죄 '전성기'의 도과
- 폭력 범죄자에 대한 현재의 형량이 높은 상태
- 늘어나는 수감 비율에 대한 많은 비용부담
- 양형에 인종차별이 존재
- 성폭 범죄자들의 경찰 제포에 저항이 커앉, 경찰 위험 초래
- 이미 교도소에는 고빈도의 범죄자들을 수감

제2절 | 합리적 선택이론

1. 개 념

① 사람은 이윤을 극대화하고 손실을 최소화하기 위해 행동하는 존재이므로, 범죄자도 범죄로 인한 위험보다 이익이 큰 경우에는 범죄를 선택함

② 범죄는 인간적 요인(돈의 필요, 복수, 쾌락 등)과 상황적 요인(범죄대상의 보호 정도, 경찰의 치안 능력 등)에 대한 고려를 통해 발생

③ 즉, 합리적 범죄자는 범죄로 인해 이익이 전혀 없거나 체포의 위험성이 큰 경우는 범행을 포기

2. 기본요소

1) 개인적 요인

① 경제적 기회

- 범죄로 인해 큰 돈을 번 사람을 알고 범죄가 성공할 수 있다고 생각하는 경우 범행 계획

- 미래 범죄이익이 적거나 없을 때 또는 다른 매력적인 기회가 있으면 범행 포기

- 즉, 범죄자는 경제적 이익과 기회를 동시에 고려하는 합리적 존재

② 학습과 경험

- 상습범이나 경력범 등 전과자들은 범죄 실행 및 포기를 경험 때문에 학습

- 잠재적 이익보다 체포 등 위험이 큰 경우 범행 중단

- 반대로 범죄로 인한 위험보다 이득이 크다고 인정되면 범죄 실행

③ 체포회피 기술

- 범죄자들은 경찰에게 발각되지 않는 기술을 미리 학습

- 체포회피 기술의 학습은 범죄로부터의 체포의 위험보다 이익을 높임

- ㉠ 마약 판매상이 길가의 중간에서 거래, 범죄시 보안성 높은 휴대폰 활용, 인터넷 성매매 랜덤채팅 앱(불특정 인물과 무작위 만남을 주선하는 프로그램)을 활용한 조건만남 등

2) 상황적 요인

① 범죄 유형의 선택

– 범죄자 개개인의 상황 요인을 고려한 것

– 범죄자는 체포 위험성, 범죄의 성공 가능성, 잠재적 이익을 고려해 범죄유
형을 결정

– 절도범은 자신의 범행기술을 토대로 범죄 선택, 다른 범죄자는 상황에 따라
범죄를 취사 선택

② 범죄 시간과 장소 선택

– 범죄의 체포 위험성 감소와 성공 가능성을 높이기 위함

– 경찰의 순찰시간과 장소를 피하고, 범행 장소의 사전 방문을 통해 침입이
용이한 장소 선택

③ 범행 대상의 분석

– 일반적으로 노인, 여성 등 범죄에 취약한 대상을 선택하여 범죄 실행

– 때로는 약점이 있는 불법 체류자, 반사회적 행동자, 위법사업가 등을 범행
대상으로 선정

– 이들은 범죄피해를 당해도 경찰에 범죄신고를 주저하기 때문임

제3절 │ 상황적 범죄예방이론

1. 개 념

① 범죄자들은 체포되지 않고 범죄 목적을 달성할 수 있는 기회가 있으면 자발
적으로 범죄행위를 선택한다는 것

② 즉, 환경 속에서 범죄기회를 차단하는 것이 범죄예방에 있어 매우 중요

③ 범죄기회를 줄이기 위해서 범죄표적의 보호, 범죄수단의 통제, 잠재적 범죄
자의 추적 등을 제시

2. 일상활동이론

① 개념

- 범죄는 시간과 공간, 범죄대상, 사람의 기본요소에 의해 발생
- 코헨(Cohen)과 펠슨(Felson)이 주장
② 범죄 발생 3요소
- 동기화된 범죄자, 범행대상의 존재, 보호자의 부존재
- 일상생활 중의 잠재적 범죄자 앞에 매력적인 범행대상이 있고 이를 막을 방어 존재가 없다면 범죄는 언제든지 발생
③ 대책
- 일상생활 과정에서의 범죄기회의 제거가 매우 중요
- 경찰과 같은 공식통제 외에 비공식적 통제체계의 형성이 범죄예방에 효과적
- 또한 범죄자 접근을 막는 CCTV 및 잠금장치 설치도 중요
- 일부 학자는 사회적 유대의 강화(착한 친구들과 교류, 도덕적 신념 견지 등)로 범죄 유혹 저지 가능

3. 생활양식이론

① 개념
- 범죄에 노출되기 쉬운 생활양식 때문에 범죄의 피해자가 된다는 것
- 피해자의 생활습관, 생활양식, 행동방식을 범죄요인으로 봄
② 생활양식
- 일상생활 속에서 습관화된 개인의 활동
- ⑩ 젊은 사람들과 잦은 교제, 오랜 독신생활, 늦은 밤 외출, 주야가 바뀐 생활, 잦은 음주, 장시간 게임 몰두 등
③ 일상활동이론과 비교
- 일상활동이론 : 범행의 3요소가 범죄를 유발
- 생활양식이론 : 범죄 노출이 쉬운 생활방식에 따라 범죄피해자 될 가능성 큼
- 즉, 생활양식이론에 따르면 비행 청소년이 범죄자가 되기도 쉽지만, 범죄피해자가 될 가능성도 높아짐(범죄피해자화 가설)
④ 범죄피해자화 가설
- 근접성 가설 : 범죄자들은 범죄 노출 또는 접촉 가능성이 크므로 범죄피해자가 될 가능성이 큼

- 동일집단 가설 : 범죄조직원으로 활동하는 사람은 범죄피해자가 될 위험성
  을 가짐
- 일탈지역 가설 : 사회 해체된 일탈 지역에 거주하는 사람은 행동양식에 관
  계없이 범죄피해자가 될 가능성이 큼

3. 깨어진 창 이론

① 개념
- 짐바르도(Zimbardo)의 실험(자동차 번호판 뗀 채 길거리 방치)에서 나온
  이론
- 환경의 무질서는 범죄의 증가를 초래하므로 범죄예방을 위해 환경 정화해
  야 한다는 것
② 대책
- 윌슨(Wilson)과 켈링(Kelling)이 주장
- 범죄예방은 강력범죄의 해결이 아니라 범죄유발 요인의 제거가 중요
- 쓰레기 투기, 낙서, 난폭한 행동, 추태, 새치기 등 경미 무질서 행위를 바로
  잡아야 함
- 무질서가 방치되면 비공식적인 통제능력이 약화되어 지역사회 범죄가 증가
  하므로 적극적 대응 필요함

4. 범죄의 전이현상

① 개념
- 범죄행위는 전이현상을 통하여 공간적·시간적으로 이동하게 되어 전체 범
  죄 수는 줄어들지 않음
- 레페토(Reppetto)는 상황적 범죄예방이론의 한계로써 '범죄 전이현상' 주장
② 범죄 전이현상의 유형(5가지)
  ㉠ 공간적 전이 : 범죄자들이 범죄 장소를 한 장소에서 다른 장소로 바꾸는
    것(지역의 변경)
  ㉡ 시간적 전이 : 범죄자들이 낮에 저지르던 범죄를 저녁으로 바꾸는 것(시
    간의 변경)

     ⓒ 전술적 전이 : 범죄자가 칼을 사용하다가 총으로 바꾸는 것(수단의 변경)

     ⓔ 목표물의 전이 : 범죄자가 범행의 대상을 바꾸는 것(대상의 변경)

     ⓜ 기능적 전이 : 범죄자가 절도에서 강도로 범죄형태를 바꾸는 것(유형의
     변경)

제4절   환경설계이론

1. 개 념

  – 범죄가 발생하는 장소에 초점을 둔 이론

  – 환경과 건물 및 건축 형태 등 지역을 분석하여 발생할 수 있는 범죄에 대해
    요인을 찾아 범죄를 예방하고자 하는 것

2. 방어공간이론

  ① 개념

  – 주택 건설 시 방어공간의 설계로 범죄자의 범죄기회를 제거하거나 차단할
    수 있다는 것

  – 제이콥스(Jacobs)와 뉴먼(Newman)이 주장

  ② 주요 학자

    ㉮ 제이콥스(Jacobs)

  – '미국 대도시의 죽음과 삶'에서 주변 환경이 시민 안전에 미치는 영향이
    큼을 지적

  – 당시의 주택 고층화가 범죄유발 요인임을 주장하며 범죄예방 원리 제시

  – 범죄예방 원리 : 공적 및 사적 공간 명확히 구별(사적 공간은 외부인 출
    입 엄격 통제), 도로상의 눈을 볼 수 있도록 건축 설계, 포장도로의 이용
    률을 높이려면 도로 이용자나 사람들의 시선이 머물기 쉽도록 설계

    ㉯ 뉴먼(Newman)

  – 제이콥스 영향, 방어공간에 대한 개념 주장

  – 범죄예방을 위한 4가지 원칙(영역성, 자연스러운 감시, 거주지의 이미지,

주변 환경) 제시

- 영역성 : 건물의 배치, 도로의 설계 등에서 거주자가 자신의 소유나 영역
  이라는 인식하도록 강조, 외부인 침입 방지
- 자연스러운 감시 : 건물의 창문은 공적 공간 등을 자연스럽게 볼 수 있는
  공간에 설치해 거주자 두려움 해소
- 거주지의 이미지 : 건물 설계 시 눈에 띄거나 색다른 구조 지양하는 등
  부정적 이미지 탈피, 각별한 주목은 범죄에 취약
- 주변 환경 : 주거지역은 안전한 곳과 나란한 곳에 배치, 상업지역은 범죄
  에 더 많이 노출

㉓ 콜먼

- 주거지역에 설계에 따라 범죄 발생률이 달라짐을 주장
- 범죄에 대한 생태학적 접근을 시도(영국에서 유일)
- 범죄 발생 요인 : 익명성, 감시의 부재, 범죄 후 도주 용이성
- 따라서 공공주택은 지역 특성에 적합하고 감시를 용이하게 설계

3. CPTED이론

① 개념
- 환경설계를 통한 범죄예방(Crime Prevention through Environmental
  Design)에서 방어공간을 확장
- 물리적 환경설계, 주민참여, 경찰 활동 등 세 가지 요소를 종합 계획적으로
  접합시켜 범죄로부터 보호 및 두려움을 해소하게 하려는 범죄예방 전략
- 제퍼리(Jeffery)가 주장
② 기본적 원리
  ㉮ 기본원리 : 자연적 감시, 자연적 접근통제, 영역성 강화
  - 자연적 감시 : 주택이나 건물에서 침입자를 쉽게 본 수 있도록 하는 것,
    '가시성' 확보 위해 수목 제거 · CCTV 설치와 가로등 조명도 향상
  - 자연적 접근통제 : 수상한 사람이나 범죄자들이 주택 등에 침입하지 못하
    도록 설계, 출입구 통제 · 잠금장치 설치 · 경비원 근무 · 경보장치 설치
    등

- 영역성 강화 : 주거 공간을 사적 영역으로 설계하여 외부인 침입 방지, 담장 설치 · 도로 색깔 차이 · 울타리 설치 · 전용공간 표지 · 출입금지 표시 등
㉯ 부가원리 : 활용성 증대, 유지관리
- 활용성 증대 : '거리의 눈'에 의한 감시 효과 향상, 놀이터 카페 조성 · 공원 행사 유도 · 운동 시설 설치 등
- 유지관리 : 처음 설계한 대로 진행되도록 지속해서 유지관리, 황폐공간 축소 · 주변 환경 청소 · 훼손 물건 신속 보수 등

1. 억제 이론에 관한 설명 중 옳지 않은 것은?

① 범죄에 관한 처벌의 엄격성, 확실성 및 신속성으로 범죄를 억제하고자 하는 이론이다.

② 베카리아와 벤담으로 대표되는 고전주의의 핵심 요소로 각국의 형사사법 정책에서 차지하는 비중이 가장 높다.

③ 억제 정책의 예는 법정형의 상향, 양형의 재량 확대, 체포를 위한 경찰력 증원, 유죄판결과 양형의 확실성 등 이다.

④ 1970년대 이후 범죄에 대한 강력한 처벌이 범죄억제 효과가 있음을 경험적으로 검증하였으나, 오히려 강력한 처벌은 오히려 범죄자에 대한 낙인효과를 가져온다는 비판이 있었다.

> **해설**
>
> ③ 억제이론은 범죄에 대해 처벌을 엄격·확실·신속하게 처벌하여 범죄를 억제하고자 하는 이론이다. 억제 정책의 예는 법정형의 상향, '양형의 재량 축소', 체포를 위한 경찰력 증원, 유죄판결과 양형의 확실성을 등 이다.
>
> 답 ③

2. 억제 이론의 모형에 관한 설명 중 옳은 것은?

① 일반억제모형은 범죄자에 대한 강력하고 확실한 처벌로 범죄자들이 재범하지 못하도록 하는 관점이다.

② 특별억제모형은 소극적 억제와 적극적 억제로 구분되며, 적극적 억제는 잠재적 범죄자들이 범죄를 저지르지 못하도록 형벌이 기능하는 것을 말한다.

③ 특벽억제모형은 범죄자에 대한 처벌의 위하력(威嚇力)으로 잠재적인 범죄자의 범죄행위가 억제 가능하다는 관점이다.

④ 일반억제모형은 경찰이 범죄자들을 확실하게 체포하고 신속 엄격하게 처벌한다면 잠재적 범죄자들은 범죄 계획을 포기한다고 본다.

> **해설**
>
> ① 특별억제모형에 관한 설명이다.

② 일반억제모형에 관한 설명이다. 일반억제모형은 소극적 억제와 적극적 억제로 구분되며, 잠재적 범죄자들이 범죄를 저지르지 못하도록 형벌이 기능하는 것은 '소극적 억제'를 의미한다. 적극적 억제는 범죄자의 범죄 의지를 억제하고 다수 시민에게 형사사법기관에 대한 신뢰도를 향상시키는 것을 말한다.

③ 일반억제모형에 관한 설명이다.

답 ④

3. 억제 이론의 내용과 제도를 올바르게 연결한 것은?

> ㉮ 위 제도의 존치는 범죄 억제효과가 없으므로 폐지하는 것이 바람직하며, 또한 인간 존엄성을 해치는 잘못된 형벌이라고 주장한다.
>
> ㉯ 그린우드(Green Wood)의 연구에 의하면, 위 제도는 만성적 범죄자에 대한 범죄율의 감소와 교도소 수감률의 감소를 가져온다.
>
> ㉰ 우리나라의 경우 위 제도는 음주운전자에 대한 처벌에 도입되어 현재 운영 중이다.
>
> ㉱ 위 제도는 교도소에 수감하거나 형사사법기관의 통제 아래에 두어 범죄 발생을 억제한다는 논리에서 출발하였다.

> ⓐ 사형제도
>
> ⓑ 무능력화
>
> ⓒ 선택적 무능력화
>
> ⓓ 삼진아웃제도

① ㉮ - ⓐ, ㉯ - ⓑ, ㉰ - ⓒ, ㉱ - ⓓ

② ㉮ - ⓐ, ㉯ - ⓒ, ㉰ - ⓓ, ㉱ - ⓑ

③ ㉯ - ⓑ, ㉮ - ⓐ, ㉰ - ⓓ, ㉱ - ⓒ

④ ㉮ - ⓑ, ㉯ - ⓒ, ㉰ - ⓐ, ㉱ - ⓓ

해설

㉮ 사형제도에 관한 설명이다.

㉯ 선택적 무능력화에 관한 설명이다.

㉰ 삼진아웃제도에 관한 설명이다.

㉱ 무능력화에 관한 설명이다.

답 ②

4. 합리적선택이론에 관한 설명 중 옳지 않은 것은?

① 사람은 이윤을 극대화하고 손실을 최소화하기 위해 행동하는 존재이므로, 범죄자도 범죄로 인한 위험보다 이익이 큰 경우에는 범죄를 선택한다.

② 마약 판매상이 길가의 끝이 아닌 중간에서 거래를 하는 것은 체포회피 기술의 예이다.

③ 합리적 선택이론의 기본요소는 개인적 요인과 상황적 요인으로 구분할 수 있으며, 학습과 경험은은 개인적 요인의 내용이다.

④ 범행대상을 분석하는 것은 범죄의 체포 위험성 감소와 성공 가능성을 높이기 위함이다.

해설 ▶

④ '범죄 시간과 장소 선택'은 범죄의 체포 위험성 감소와 성공 가능성을 높이기 위함이다. 범행대상의 분석은 일반적으로 노인, 여성 등 범죄에 취약한 대상을 선택하여 범죄 실행하는 것으로, 이들은 범죄피해를 당해도 경찰에 범죄신고를 주저하기 때문이다.

답 ④

5. 다음 사례는 합리적선택이론의 요소 중 무엇에 해당하는가?

> 홍길동은 유흥비를 구하기 위해 고민하다가, 자신이 어렸을 때부터 배워서 잘 알고 있고 경험이 많은 빈집에 침입하여 물건을 훔치는 '빈집털이'를 하기로 결정하였다.

① 학습과 경험
② 범죄 시간과 장소 선택
③ 범죄 유형의 선택
④ 범행 대상의 분석

해설 ▶

③ '범죄 유형의 선택'은 범죄자 개개인의 상황 요인을 고려안 것으로, 범죄자는 체포 위험성·범죄의 성공 가능성·잠재적 이익을 고려해 범죄유형을 결정한다. 절도범은 자신의 범행기술을 토대로 범죄를 선택하고, 다른 범죄자는 상황에 따라 범죄를 취사적으로 선택한다.

답 ③

6. 상황적 범죄예방 이론에 관한 설명 중 옳지 않은 것은?

① 범죄자들은 체포되지 않고 범죄 목적을 달성할 수 있는 기회가 있으면 자발적으로 범죄행위를 선택한다는 것이다.

② 상황적 범죄예방 이론에는 일상활동이론, 생활양식이론, 깨어진 창 이론 등이 있다.

③ 일상활동이론은 코헨(Cohen)과 펠슨(Felson)이 주장한 것으로, 범죄가 발생하려면 동기화된 범죄자, 범행대상의 존재, 보호자의 부존재가 필요하다.

④ 생활양식이론에 따르면 비행 청소년은 범죄자가 되기는 쉽지만, 범죄피해자가 될 가능성은 적어진다.

> **해설**
>
> ④ 생활양식이론은 범죄 노출이 쉬운 생활방식에 따라 범죄피해자 될 가능성 크다는 것이다. 위 이론에 따르면 비행 청소년은 범죄자가 되기도 쉽지만, 범죄피해자가 될 가능성도 커진다. 이를 '범죄피해자화 가설'이라고 한다.
>
> 답 ④

7. 다음 상황적 범죄예방 이론에 관한 설명 중 옳은 것은 몇 개인가?

> ㉮ 일상활동이론의 범죄 발생 3요소는 동기화된 범죄, 범행대상의 존재, 보호자의 부존재를 말한다.
>
> ㉯ 생활양식이론에서는 젊은 사람들과 잦은 교제를 하거나 오랜 독신 생활을 하는 경우 범죄의 피해자가 될 가능성이 높다고 보았다.
>
> ㉰ 범죄피해자화 가설 중 동일집단 가설은 범죄자들은 범죄 노출 또는 접촉 가능성이 크므로 범죄피해자가 될 가능성이 크다는 것이다.
>
> ㉱ 깨어진 창 이론은 윌슨(Wilson)과 켈링(Kelling)이 주장한 것으로, 범죄예방은 강력범죄의 해결이 아니라 범죄유발 요인의 제거가 중요하다고 보았다.

① 1개 ② 2개
③ 3개 ④ 4개

> **해설**
>
> ㉮ 일상활동이론의 범죄 발생 3요소는 '동기화된 범죄자', 범행대상의 존재, 보호자의 부존재를 말한다.
>
> ㉰ 범죄피해자화 가설은 근접성 가설, 동일집단 가설, 일탈지역 가설로 나눌 수 있다. 이

중 근접성 가설은 범죄자들은 범죄 노출 또는 접촉 가능성이 크므로 범죄피해자가 될 가능성이 크다는 것이며, '동일집단 가설'은 범죄조직원으로 활동하는 사람은 범죄피해자가 될 위험성을 가진다는 것을 의미한다. 또한 일탈지역 가설은 사회 해체된 일탈지역에 거주하는 사람은 행동양식에 관계없이 범죄피해자가 될 가능성이 크다고 보았다.

답 ②

8. 환경설계이론에 관한 설명 중 옳지 않은 것은?

① 환경과 건물 및 건축 형태 등 지역을 분석하여 발생할 수 있는 범죄에 대해 요인을 찾아 범죄를 예방하고자 하는 것이다.

② 방어공간이론은 제이콥스(Jacobs)와 뉴먼(Newman)이 주장한 것으로, 주택 건설 시 방어공간의 설계로 범죄자의 범죄기회를 제거하거나 차단할 수 있다는 것이다.

③ CPTED 이론은 제퍼리(Jeffery)가 주장하였으며, '거리의 눈'은 자연적 감시와 관련 있는 내용이다.

④ 뉴먼(Newman)은 건물 설계시 눈에 띄거나 색다른 구조를 지양토록 하는 등 거주지의 이미지에도 관심을 두었다.

> **해설**
>
> ③ CPTED 이론의 기본적 원리는 자연적 감시, 자연적 접근통제, 영역성 강화, 활용성 증대, 유지관리 등 이다. 이 중 '거리의 눈'에 해당하는 것은 활용성 증대이며, 자연적 감시는 '가시성'과 관련이 있다.

답 ③

9. 다음 설명에 해당하는 이론은?

> 환경 속에서 범죄의 기회를 차단하는 것이 범죄예방에 있어 매우 중요하며, 범죄기회를 줄이기 위해서는 범죄의 표적을 보호하고 버죄의 수단을 통제함과 더불어 잠재적인 범죄자의 추적 등을 강화해야 한다.

① 상황적 범죄예방 이론

② 억제 이론

③ 합리적선택이론

④ 환경설계이론

> **해설**

① 상황적 범죄예방이론에 관한 설명이다.

답 ①

10. 고전주의적 측면의 범죄 이론에 관한 설명 중 옳지 않은 것은?

① 제이콥스(Jacobs)는 범죄예방 원리로 공적 및 사적 공간의 명확히 구별, 도로 상의 눈을 볼 수 있도록 건축 설계, 포장도로의 이용률을 높이려면 도로 이용 자나 사람들의 시선이 머물기 쉽도록 설계할 것을 제시하였다.

② 깨어진 창 이론은 짐바르도(Zimbardo)의 실험에서 나온 이론으로, 환경의 무질서는 범죄의 증가를 초래하므로 범죄예방을 위해 환경 정화해야 한다는 것이다.

③ 합리적선택이론의 기본요소 중 체포회피 기술의 학습은 범죄로부터 체포의 위험보다 이익을 높인다.

④ 사형제도의 처벌 엄격성 등이 살인률 감소에 영향을 미치는지 연구를 진행한 바, 처벌의 엄격성 뿐만 아니라 신속성과 확실성에서 모두 범죄 억제 효과가 있는 것으로 나타났다.

해설

④ 사형제도의 처벌 엄격성 등이 살인률 감소에 영향을 미치는지 연구를 진행한 바, 종합적으로 억제 이론의 경험적 타당성은 제한적인 것으로 결과가 나타났다. 구체적으로 처벌의 신속성이 범죄 억제에 어느 정도 관계가 있는 것으로 나타난 것 외에 처벌의 엄격성 및 신속성은 억제 효과가 별로 없거나 관계도 없으며 억제 효과 측정도 어려운 것으로 나타났다.

답 ④

제2장 생물학적 측면의 범죄

제1절 │ 초기 범죄생물학이론

1. 이탈리아 학파

1) 롬브로조(Lombroso)

① 범죄학의 아버지
- 이탈리아 군의관 출신, 교도소에서 근무
- 교도소 수감자들과 군인들의 신체를 검사
- 이들의 정신적 또는 신체적 결함이 폭력과 살인에 영향을 줄 수 있다고 생각

② 학문적 배경
- 모렐(Morel)의 변질이론, 골상학자 및 인상학자인 뽀르떼(Porte), 골상학자 인 레바터(Lavator)와 갈(Gall) 등 신체특성과 범죄성을 연결하려는 학자들 의 영향을 받음

③ 저서
- 1876년 출간 '범죄인에 대하여'
- 범죄자 중에는 기회범이나 격정범과는 달리 생래적으로 범죄의 운명에 빠 질 수밖에 없는 진화가 덜 된 격세유전인(atavistic)이 있다고 주장
- 이들은 특정한 신체 타입(type)을 하고 있어 비범죄인들과는 뚜렷이 구별된 다고 주장

④ 생래적 범죄인(born criminal)의 특징
- 머리 부위 특징 : 구부러진 코, 쑥 들어간 턱, 늘어진 귀, 튀어나온 이마, 높 은 광대뼈, 큰 눈썹, 듬성듬성한 턱수염, 부정한 치열, 빨간 머리카락 등
- 신체적 특징 : 왼손잡이, 매우 긴 팔, 기형 손가락, 빈약한 체모, 손바닥의 외선, 나이에 비해 많은 주름살 등
- 정신적 특징 : 도덕 감정의 결여, 무모함, 지나친 게으름, 충동성, 복수심, 잔혹성, 허영심, 도덕성의 결여, 성적 충동의 조숙 등

- 행태적 특징 : 몸에 문신, 과도한 몸동작, 유창한 화술, 과도한 도박 및 음주, 무생물의 인격화 등
⑤ 주장
- 그는 5차례나 '범죄인에 대하여'의 개정판을 내면서 생래적 범죄인의 비율을 65~70%에서 35~40%까지 낮춤
- 범죄의 영향에 기후 · 비 · 성별 · 결혼관습 · 법 · 정부 구조 · 교회조직 등 환경적인 설명을 점점 덧붙여나감
- 그러나 결코 생래적 범죄인(born criminal)에 대한 믿음을 굽히지 않음
⑥ 범죄인의 분류와 대책
- 생래적 범죄인 : 격세유전인으로 예방이나 교화가 불가능, 초범이라도 무기형이나 도태처분, 잔혹한 악질이나 상습범의 경우 사형
- 정신병적 범죄인 : 정신박약자 · 편집광 · 알코올 중독자 등 정신적 결함에 의해 범행
- 기회적 범죄인 : 타고난 범죄성향 소유자로 사이비범죄인 및 준범죄인 구분, 벌금형 처분
- 격정 범죄인 : 분노 등 순간적 흥분으로 범행, 단기자유형보다 벌금형
- 관습 범죄인 : 주변 환경의 영향으로 범행
- 잠재적 범죄인 : 알코올 및 분노 때문에 범행
⑦ 기여
- 범죄학을 추상적인 형이상학 및 법학적인 설명에서 벗어나 범죄자와 범죄 환경에 대한 과학적인 연구방법을 도입했기 때문
- 범죄학에 생물학적인 변수뿐 아니라 사회 · 문화 · 경제적 변수 등 복합적 요인을 도입한 현대적인 과학으로 범죄학을 성립시킴

2) 페리(Ferri)
① 자유의사설 부인
- 마르크스의 유물론 및 다윈의 진화론에 영향
- 저서 '책임지움과 자유의지의 거부'에서 고전주의의 자유의사설을 공격
② 범죄포화의 법칙(Law of Criminal Saturation)
- 범죄는 물리적 · 지리적 · 인류학적 · 사회적 요인의 종합적 산물

- 일정한 사회환경에 일정한 인적 · 물적 상태가 수반하게 되면 범죄의 수는 일정함
- 즉, 범죄 원인이 되는 요소들이 일정한 양으로 존재하는 사회는 이에 상응하는 일정한 범죄가 반드시 발생
③ 주장
- 인간의 자유의지는 하나의 순수한 환상에 불과, 고전주의 범죄학 비판
- 롬브로조(Lombroso)와는 달리 생물학적 요소보다는 생물학적 요소와 사회적 경제적 정치적 요인들과 상호관계가 범죄에 더 큰 영향을 미친다고 주장
- 범죄행위에 대한 도덕적 책임을 부정하고 사회적 책임론 주장
- 범죄대책으로 형벌보다는 형사정책이 필요하다고 주장
④ 범죄인 분류와 대책
- 생래적 범죄인(선천성 범죄인) : 격세유전인 등 선천성 범죄인, 교화 불가로 무기한 격리
- 정신병적 범죄인 : 만성 정신적 문제로 인한 범죄, 정신병원 수용
- 격정 범죄인 : 감정 상태 변화의 범죄, 손해배상명령 및 이주명령
- 기회 범죄인 : 가족과 사회 조건에 의한 범죄, 농장형무소 훈련 및 손해배상명령 · 이주명령
- 습관적 범죄인 : 사회 환경으로 생긴 습관 범죄, 개선 여부에 따라 농장형무소 훈련 및 무기 자유형
⑤ 형사정책
- 실증주의적 관점에서 쓴 「신이태리형법초안 1889(the new Italian Penal Code of 1889)」와 「1921 페리 초안」을 제안했으나 거부당함
- 후에 극단적인 개인주의보다 국가의 권위를 앞세우는 파시즘에 동참하여 범죄에 대한 '사회방위론'을 주장
- 사회방위론 : 형사처분은 보안처분으로 일원화, 도덕적 색채를 배제한 사회방위처분 주장

3) 가로팔로(Garofalo)
① 독자적인 범죄학
- 변호사와 판 · 검사 출신, 사회적 다원주의(Social Darwinism)의 영향

- 1885년 '범죄학(Criminology)'을 출판
- 국가마다 다른 형법 질서의 의존성으로부터 범죄학을 분리
- 시대와 국가를 초월한 독자적인 범죄개념을 주장

② 자연범과 법정범·과실범 구별

- 사회는 자연적인 몸체이며, 범죄행위는 자연에 대항하는 것이라고 주장
- 자연범 : 어떤 사회라도 범죄로 인정할 수밖에 없는 행위
- 법정범 : 국가에 따라 법률로써 정한 위법행위
- 과실범 : 과실로써 범죄를 저지른 행위
- 자연범은 가혹하게 처벌하고 법정범은 일정한 구금이 필요하나, 과실범은 형사처분하지 말 것을 주장

③ 주장

- 롬브로조(Lombroso)의 해부학적 신체 특징은 그대로 수용하는 것을 거부
- 진짜 범죄인은 이타주의적 감성이 부족함으로써 발생
- 즉, 정신적 도덕적 비정상은 유전형질로부터 전해질 수 있다고 주장
- 범죄자들은 다른 사람이 범죄로 인해 겪는 고통에 대한 동정심(pity)과 타인 재산에 대한 존중(probity)이 없는 사람

④ 범죄인 분류와 대책

- 살인 범죄인 : 연민과 성실이 모두 결여된 자, 사회 적응성이 없는 경우 사형
- 폭력 범죄인 : 연민의 정이 결여, 원칙적 무기 유형이나 청소년 경우 농장집단 수용
- 절도 범죄인 : 성실의 정이 결여, 폭력범과 동일
- 성(性) 범죄인 : 도덕적 감수성의 결여, 부정기 유배형
- 기타 범죄인 : 연민과 성실의 결여 정도가 낮은 경우, 손해배상명령

4) 이탈리아 학파 평가

① 업적

- 이탈리아 학파의 연구는 범죄학을 현대적 과학으로 탄생시킨 최초의 학파
- 형이상학적이고 경험에 의하지 않은 법학자들의 논증에서 벗어나 관찰 방법 및 통계학적 기법을 도입
- 범죄의 원인을 개인의 문제로만 파악하지 않고, 생물학적·사회학적·경제

적 원인 등의 다양한 요소에서 찾는 등 과학적인 탐구방법을 채용

② 비판

– 다만, 조사방법론적으로 많은 오류를 보였다.

– 특히, 롬브로조(Lombroso)의 범죄인 통계는 심한 질타의 대상이 됨

2. 오스트리아 학파

1) 그로쓰(Groβ)

① 학문

– 사법 실무가 및 형법 학자

– 1893년 '예비판사를 위한 휴대서'와 1898년 '범죄심리학' 저술

– 범죄를 생물학적 관점에서 연구, '범죄인류학과 범죄수사학' 잡지 창간

② 주장

– 리스트(Liszt)의 영향, 범죄학의 독자적 영역을 주장

– 범죄 수사에 필요한 모든 지식을 연구하는 '범죄수사학'을 발전

– '범죄수사학은 형법을 보조하는 현실학이다'고 주장

2) 렌츠(Lenz)

① 주장

– 그로쓰(Groß)의 후계자

– 범죄의 원인은 환경에 영향을 받고 형성된 인격에 있다고 봄

– 범죄인류학과 범죄심리학을 통합하는 '범죄생물학원론'을 저술

– 범죄생물학에는 이해심리학, 형태심리학, 정신분석학 등의 연구결과를 포함

② 발전

– 메츠거(Mezger)를 통하여 동태적 및 목적론적 이론으로 발전

– 1927년에는 「범죄생물학회」를 창립

3) 젤리히(Seelig)

– 범죄학과 형법, 정신의학 등을 관계되는 학문을 포괄

– 이를 통해 범죄의 원인과 대책을 광범위하게 연구한 '범죄학' 교과서를 저술

4) 엑스너(Exner)

- 범죄생물학을 발전, 1939년 '범죄생물학개론' 저술
- 이 책에서 생물학적 요인과 사회적 요인을 함께 고려하고, 통계학적 방법을 이용하여 범죄 현상을 분석

제2절　체형과 범죄

1. 의 의

① 신체적 원인 연구는 롬브로조(Lombroso)의 연구의 직·간접적인 영향을 받아 행하여진 연구들로 신체적인 특성과 범죄성과의 관계를 연구하는 것
② 롬브로조(Lombroso) 이전 18세기 골상학 이후 연구된 연구 방향으로 주로 체형에 관한 연구가 다수

2. 주요 학자

1) 고링(Goring)

① 영국의 '수형자 연구'
- 롬브로조(Lombroso)의 생래적 범죄인 연구에 오류가 있음을 밝혀낸 학자
- 1913년 3,000명의 영국의 기결수와 정상적인 남자를 통계학의 전문가를 고용하여 연구하여 「영국의 수형자」(The English Convict)를 발표
② 주장
- 8년간 96개 항목의 신체특성을 조사
- 범죄자와 비범죄 자사 이에는 몸무게와 키를 제외하고는 통계학적으로 유의미한 차이 발견 못함
- 다만, 고링(Goring)도 범죄자들이 일반인보다 키와 몸무게가 더 작으므로 신체적으로 열등한 것이라고 주장

2) 크레치머(Kretschmer)

① 독일의 '정신병자 연구'
- 1925년 독일의 스와비아에서 260명의 정신병자를 조사
- 정신병자들에게 특정적인 신체 타입이 있다는 것을 발견

② 신체 유형 분류
- 신체를 세장형(asthenic, 허약형), 투사형(athletic, 운동형), 비만형(pyknic), 혼합형(mixed)으로 구분
- 허약형과 운동형은 정신분열증과 연관, 비만형은 조울증과 연관 있다고 주장
- 폭력범에는 투사형의 체형이 다수, 절도범이나 사기범 중에는 세장형이 많음
- 비만형은 범죄를 적게 하는 경향이 있으며, 범죄를 범하는 경우 대체로 사기범이 다수이고 그 다음으로 폭력범죄 순임

3) 모어(Mohr)와 건드래크(Gundlach)
① 미국의 '재소자 연구'
- 1929년 미국 일리노이 조리엘에 있는 주 형무소에 재소해 있는 254명의 백인 남자를 연구
② 주장
- 비만형(pyknic)은 사기 · 폭력 · 성범죄와 연관
- 세장형과 운동형(투사형)은 주거침입절도 및 강도 · 절도와 연관되어 있다는 것을 발신
- 그러나 전체적으로는 신체 형태와 범죄, 그리고 심리와의 연관성을 밝혀내지 못함

4) 후튼(Hooton)
① 범죄와 인간
- 하버드대학의 인류학자, 고링(Goring)의 조사방법을 비판
- 미국 18개 주에서 17,000명의 범죄자와 비범죄자를 뽑아서 신체 타입과 범죄와의 관계를 조사
- 1939년 '범죄와 인간(Crime and the Man)'을 발표
② 주장
- 범죄자들은 일반인보다 거의 모든 신체조건이 열등하다는 것을 발견했다고 주장
- 또한 백인들에 비해 어려운 흑인들의 물리적 환경 및 주변 사회환경이 흑인들의 범죄성을 결정한다고 주장
- 즉, 범죄의 근본적 원인이 생래적인 열등성에 기인한다는 것

③ 비판

- 후튼(Hooton)의 인종주의적 연구는 실험집단이 죄를 짓고도 유죄판결을 받지 않은 사람들은 포함하지 못함
- 통제그룹(control group, 실험할 때 비교한 그룹)이 신체조건이 우수한 소방관과 예비군이었다는 점 등 여러 가지로 조사방법상 문제가 있다고 비판

5) 쉘던(Sheldon)

① 비행지수(Index to Delinquency)

- 1949년 200명의 15세부터 21세까지의 청소년들을 대상으로 체격과 지성 그리고 비행과의 관계를 조사
- 조사자 대상 비행지수(Index to Delinquency)를 작성하여 1 – 10까지의 단계 중 7단계를 초과하는 소년들에 대해서는 보호시설 수감이 필요하다고 주장
- 비행 청소년은 범죄성을 띤 부모로부터 태어나는 것이므로, 비행(delinquency)을 만드는 요소는 유전(inherited)이라고 결론

② 체격의 분류

- 청소년들의 체격을 분류하기 위해 몸의 각 부분을 1부터 7까지 점수를 매겨 분류
- 내배엽형(endormorphs, 비만형), 중배엽형(mesomorphs, 투사형), 그리고 외배엽형(ectomorphs, 세장형) 등 3가지로 분류

  ㉮ 내배엽형(비만형)
  - 상대적으로 소화기관이 크게 발달, 살이 찐 편
  - 전신 부위가 부드럽고 둥근 편
  - 팔과 다리가 가늘고 짧다
  - 골격이 작고 피부가 부드러움
  - 편안하고 온순하지만 기본적으로 외향적 성격

  ㉯ 중배엽형(투사형)
  - 근육, 골격, 운동 조작이 탁월
  - 몸통이나 가슴이 큼
  - 손목이나 손이 큼

- 야윈 경우는 각이 진 체형, 야위지 않은 경우는 우람한 체형
- 활동적이고 외향적인 기질
ⓐ 외배엽형(세장형)
- 피부, 신경계 기관이 탁월
- 야위고 가냘픈 체형
- 얼굴이 작고 코가 높음
- 몸무게는 작지만 피부 면적은 넓음
- 예민하고 내향적인 기질, 비사교적
- 소음이나 외부 자극에 민감

6) 글룩부부(Glueck&Glueck)
① 비행소년 체격 연구
- 500명의 비행 청소년과 무비행 청소년을 비교 조사
- 비행 청소년들이 무비행 청소년보다 좁은 얼굴, 넓은 가슴, 크고 넓은 허리, 큰 팔뚝 등을 있음을 발견
- 무비행 청소년의 31%가 운동형(투사형)이었음에 비해, 비행 청소년의 61%가 운동형으로 분석
② 체격과 범죄성 관계
- 범죄성이 가장 높은 체격은 운동형, 다음으로 혼합형, 내배엽형, 외배엽형 순임
- 글룩부부의 조사는 범죄의 사회적 요소를 무시했다는 비판을 받고 있음

7) 기타 연구
- 헨티히(Hentig)는 롬브로조(Lombroso)의 생래적 범죄인의 특성 중 하나인 '빨간 머리'가 미국인 범죄자 사이에 많다는 것을 발견

제3절 ┃ 유전과 범죄

1. 유전적결함 연구

1) 의 의

① 유전(負因)은 혈연의 유전자에 존재하는 유전적 결함(genetic defect)을 일본식으로 번역

② 혈연 가운데 유전에 의한 내인성 정신병 · 정신병질 · 정신박약 · 음주기벽성 · 폭력성이 부모로부터 자손이 이를 물려받아 범죄 원인이 되는 경우를 말함

2) 분 류

① 직접유전 : 유전적 결함이 부모에게 있는 경우

② 간접유전 : 유전적 결함이 조부모에게 있는 경우

③ 방계유전 : 유전적 결함이 부모의 형제에게 있는 경우

3) 스텀플(Stumpfl)

① 누범자의 경우에 195명 중 6%가 유전적 결함을 가지고 있고, 초범자는 166명 중 3%만이 유전적 결함이 있다고 주장

② 누범, 조발(早發)범, 중한 풍속범 등의 경우에 유전 요인이 범죄자의 부모에게서 나타나는 확률이 높다고 주장

4) 글룩 부부(Glueck & Glueck)의 연구

① 비행소년 비교 연구에서 부모 중에 유전적 결함이 나타난 빈도를 조사

② 비행소년이 정신박약이나 정서장애를 가진 경우에는 부모 중에 유전적 결함이 있는 경우가 많다는 것을 발견

③ 특히, 아버지보다 어머니의 유전적 영향이 더 크다고 주장

5) 리이들(Riedl)

① 범죄자 집단을 '범죄성 출현 시기'에 따라 분류하여 연구

② 범죄혈통 군(혈연 중에 범죄자가 5명 이상인 집단), 조발범(早發犯) 군(18세 이전에 범죄를 범한 집단), 지발범(遲發犯) 군(30세 이후에 범죄를 범한

집단)으로 분류

③ 유전적 결함은 범죄혈통 군, 조발범 군, 지발범 군 순으로 나타남

④ 특히, 어머니보다 아버지의 유전적 영향이 더 크다고 주장

6) 평 가

① 유전연구는 부모에게 유전적 결함이 있는 경우에 생길 수 있는 사회적 및 경제적 환경을 고려하지 못함

② 또한 범죄와 유전 간 상호관계가 발견되었다 하더라도 인과관계를 성립시킬 수 있는 증거는 없다는 비판

③ 내인성 정신병자들의 경우 오히려 저지를 수 있는 범죄의 유형이 제한된다는 반론

2. 범죄인가계 연구

1) 의 의

– 범죄인, 정신병자, 부랑자, 매춘부 등을 많이 배출한 가계를 대상으로 연구하여 비정상적인 유전인자가 얼마나 유전되는지 조사

2) 고다드(Goddard)의 칼리카그가(家) 연구

① 칼리카그라는 병사가 '정신박약 소녀'와 관계에서 낳은 자손들과 이 병사가 후에 독실한 '청교도 여자'와 결혼하여 출생한 자손들을 비교

② 전자는 정신이상자 · 매춘부 등이 대부분인 반면, 후자는 대부분 의사 · 변호사 · 교육자 등 사회적으로 명망 있는 자들로 확인

③ 고다드는 이것이 정신병질 등이 유전한다는 증거라고 주장

④ 그러나 저능아나 정신박약자들은 일반인보다 범죄자가 될 확률이 더 적고, 대부분 범죄자는 정신적인 결함이 없다는 후세 연구에 의해 비판

3) 덕데일(Dugdale)의 쥬크가(家) 연구

① 한 교도소에 일가족 6명이 동시에 수용된 쥬크가(家)를 발견, 그 가계의 7대에 걸쳐 709명을 조사

② 조사 결과, 쥬크가(家) 중 알코올 중독자 · 매춘부 · 범죄자 등이 절반 이상이라는 것을 발견

4) 비 판

① 연구를 일반화시킬만한 표본이 부족하며, 유전적인 원인 외의 다른 사회 · 경제 · 문화적 여건을 무시했다는 비판

② 특히, 고다드(Goddard) 연구는 정신박약 소녀의 후손들이 겪었을 사회적 · 경제적 여건을 무시했다는 비판

③ 근본적으로 정신병질과 범죄성은 연관성조차 약한 것으로 드러남

④ 서덜랜드(Sutherland)는 에드워드가(家) 연구에서 선조의 살인 성향이 유전하지 않음을 지적

3. 쌍생아 연구

1) 의 의

① 20세기 초에 시작하여 범죄학 뿐만 아니라 과학 전 분야에서 시도되는 연구

② 쌍둥이들이 환경적 변화에도 불구하고 얼마나 많은 것이 일치하는가를 연구하여 얼마나 많은 부분이 유전의 영향을 받는가를 조사

③ 범죄학에서의 쌍둥이 연구란 일란성 쌍생아와 이란성 쌍생아들의 범죄율을 비교하여 범죄성에 타고난 유전적 영향이 얼마나 작용하는가를 연구하는 방법

④ 범죄성에 있어 유전적 영향과 환경의 영향을 밝히기 위한 시도로서, 현대 범죄생물학의 발전에 크게 기여

⑤ 범죄 일치율에 대한 사고를 기초로 쌍생아 연구의 단서를 마련한 최초의 학자는 갈톤(Galton)

2) 랑게(Lange)

① 쌍생아 연구를 범죄생물학에 도입하여 본격적으로 연구한 학자

② '운명으로서의 범죄'를 저술

③ 일란성 쌍생아와 이란성 쌍생아를 비교연구를 하여, 일란성 쌍생아의 경우 범죄 일치율(64.4%)이 더 높은 것을 발견

④ 범죄성의 형성은 유전소질에 의해 결정적으로 좌우된다고 주장

3) 스텀플(Stumpfl)

① 누범자 연구에서 일란성 쌍생아의 일치율(55%)이 이란성 쌍생아(22%)보다
   높다고 주장
② 쌍생아의 범죄율 일치의 정확성 향상을 위해 '일치'의 개념을 5단계로 나누
   어 연구의 치밀성을 높임
③ 단계 구분
 - 1단계 : 양 쌍생아가 처벌된 경우
 - 2단계 : 범죄의 비중이 일치하는 경우
 - 3단계 : 범죄의 실행방법이 일치하는 경우
 - 4단계 : 사회적 행상이 일치하는 경우
 - 5단계 : 성격 구조가 일치하는 경우

4) 크리스티안센(Christiansen)
 ① 쌍생아 계수(Twin coefficient)를 이용한 사회학적 연구방법을 도입
 ② 쌍둥이 연구에 있어 환경적 요인을 고려한 연구
 ③ 범죄율에는 범죄의 종류, 출생지역, 사회 계층 및 범죄에 대한 집단저항의
    강도에 따라 차이가 난다고 주장

5) 기 타
   로자노프(Rosanoff)는 랑게의 연구를 보완하여 불일치율을 해명

4. 입양자 연구

1) 의 의
 - 범죄인 중 양자로 길러진 사람들을 선택하여 생부모와 양부모의 범죄경력
   을 비교분석을 하여 어느 쪽 부모의 영향이 더 큰지를 조사하는 연구방법

2) 발 전
 - 1972년 슐징거(Schulsinger)가 처음 시노, 이후 크로우(Crowe)에 의해 발전

3) 슐징거(Schulsinger)
 ① 양자연구를 통해 범죄의 유전성을 밝히고자 한 최초의 학자
 ② 정신적 결함이 혈연관계를 통해 전수하는지를 연구

4) 허칭스(Hutichings)와 메드닉(Mednick)

① 덴마크에서 143명의 범죄자 양자와 143명의 정상인 양자를 조사
② 조사 결과, 생부모의 범죄성이 자손의 범죄성을 결정하는 데 더 영향이 크다는 점을 발견
③ 그는 유전적 요인의 중요성과 환경적 요인의 중요성을 모두 강조
④ 생부모·양부모 범죄인(36%) 〉 생부모 범죄인(21%) 〉 양부모 범죄인(12%) 〉 생부모·양부모 비범죄인(11%)
⑤ 즉, 생부모가 전과자일 때 양자가 범죄자가 될 경우가 더 높고, 양부모와 생부모의 범죄성은 상관관계가 있어 양쪽 모두 범죄자일 경우 양자의 범죄확률이 높음

5) 미네소타(Minnesota) 대학 쌍생아 입양 연구
① 쌍둥이 중 각각 가정환경과 범죄경력이 다른 부모들에게 입양된 경우까지를 포괄하는 광범위한 대규모 쌍둥이 연구를 진행
② 양부모의 가정환경보다는 생부모의 범죄성 여부가 더 작용한다는 점을 발견

6) 비 판
① 입양아가 부유하고 안정된 가정에 입양될 경우는 범죄자가 될 가능성이 작음
② 이와 같은 긍정적인 환경이 유전적인 성향을 억제함으로써 범죄로 나아가지 않도록 한다는 환경적 요인을 무시

5. 성염색체 연구

1) 의 의
① 인간의 46개 염색체 중 성별을 결정하는 XY와 XX염색체에 이상이 있는 경우 범죄성과 연관이 있는지를 연구
② 1959년 제이콥스(Jacobs)와 스트롱(Strong)이 연구가 선구

2) 클라인펠터 증후군(Klinefelter syndrome) 연구
① 성염색체 중 여성적 특징을 나타내는 X염색체가 증가하는 경우(XXX, XXY, XXXY형 등) 중, 'XXY형(초여성)'에 대하여 연구
② 신체적 특징 : 무정자증, 여성형 유방, 장신 등
③ 인격적 특징: 지능이 낮고 반사회적 경향 및 자신감 결여 등

④ 범죄적 특징 : 동성애, 성범죄, 절도죄 경향

3) 'XYY형' 연구

① 1961년 샌드버그(Sandberg)는 'XYY형(초남성, super male)' 염색체를 가진 사람들이 'XXY형'보다 더 높은 범죄성향을 지닌다고 주장

② 특징

- 장신(6피트 이상), 성적인 조숙, 정신적 불안과 저지능과 조발성 범죄자가 다수
- 일반인과 비교하면 60배 이상의 범죄율이 높은 것으로 주장
- 초범 연령이 13~14세로 일반인의 18세에 비하여 상당히 빠른 범죄 경향
- 공격성을 띠고, 성범죄나 살인ㆍ방화 등의 강력범죄를 범하기 쉬움

③ 위킨(Witkin)의 연구

- 1976년 연구에서 'XYY형'남성 중 폭력적 범죄자가 더 많지는 않았지만, 일반적인 범죄자는 많았고 지능지수도 더 낮은 것으로 나타남

④ 평가

- 몬터규(Montagu)는 출생 직후 'XYY형'유전자를 선별하여 특수시설 수용을 주장
- 그러나 폭스(Fox)와 괴핑거(Goppinger) 등은 'XYY형'유전자가 범죄성과의 직접 인과관계를 부정

4) 게놈 프로젝트(genome project)

① 인체 세포에 들어 있는 모든 DNA의 염기 배열을 밝혀내 일목요연한 유전자지도를 만드는 것

② 부모로부터의 유전자 분석이 가능해 사람의 외모, 성격, 지능의 분석이 가능

③ 따라서 유전자 분석을 통한 범죄 유전 요인 뿐만 아니라 범죄와 유전 간의 관계(범죄 기질의 유전성 여부)도 더욱 정확한 분석이 가능해질 전망

6. 여성생리 연구

1) 의 의

- 여성의 생리 전 또는 생리 중 범죄가 범죄성과 어느 정도 연관성이 있는지

검사하는 연구

2) 신여성범죄자(New female criminal)

① 최근 여성 해방운동, 여성 상위시대, 육아와 가사에서 해방, 사회진출 기회 확대, 여성 역할 변화 등으로 여성범죄가 급증

② 살인·강도 등 강력범죄도 서슴지 않고 저지르는 경향, 남성범죄와 큰 차이 없다는 지적

③ 이러한 여성범죄의 증가와 폭력화를 띤 범죄자를 '신여성범죄자'라고 총칭

3) 생리전기증후군(PMS, Premenstrual syndrome)

① 생리 전 절도 관련 범죄와 관련, 속칭 '생리도벽'

② PMS는 개인에 따라 정신적 및 신체적으로 상당한 차이가 존재

③ 정신적 특징 : 우울증, 신경과민, 충동·공격적 성향, 주의집중 결여, 기억력 장애, 자살 충동, 피로감, 분노 등

④ 신체적 특징 : 불면증, 과식증, 하복부·유방·관절 통증, 몸이 붓는 증상, 구토·오한·발한 등

⑤ 원인은 분명치 않으나 생리 전 여성호르몬의 변화 때문으로 추정

4) 달튼(Dalton)

① 156명의 초범 여자 수형자를 대상으로 연구

② 위 수형자들이 저지른 범죄 중 49%가 생리 직전이나 생리 중 발생한 것을 확인

5) 비 판

① 많은 여성이 생리 전이나 생리 중 폭력이나 절도범죄를 저지르지 않음

② 생리 전 도벽 등의 사례는 일부 특수한 유형이 지나지 않는다는 비판

7. 기타 연구

1) 의 의

① 의학과 생화학의 발달로 인한 과학적인 지식을 도입

② 유전적인 형질이 영양공급과 호르몬 작용 등 외부환경적 요소와 결합하여 사람의 행동을 제어한다는 것을 주장

③ '환경과 유전의 상호작용'을 연구

2) 제프리(Jefferey)

① 1990년 '범죄학'에서 범죄성을 결정하는 것은 유전인자의 단독적인 작용에 의한 것이 아니라 환경과의 상호작용이라는 것을 주장

② 폭력성 등 인간의 행동을 지배하는 뇌의 구조에 관한 연구

③ 연구결과

- 빈곤 등 사회경제적 환경은 두뇌에 화학적인 자극을 주어 사람의 행동에 영향을 미치게 된다는 점을 지적

- 가난한 환경으로 인한 영양의 결핍이나 뇌에 가해진 충격 등은 뇌의 정상적인 발전에 지장을 주어 사람의 폭력성 등을 조장할 수 있다는 것

- 따라서 범죄학 연구는 생물학·심리학·사회학 등 관계학문을 종합하는 학제 간 학문(Interdisciplinary Study)가 되어야 한다고 주장

- 범죄성을 결정하는 데는 유전적 요인이 중요한 역할은 하나, 교육 및 영양을 통하여 상당 부분 개선할 수 있다는 점을 제시하여 환경적 요인의 중요성을 상소

제4절 생화학적 요소와 범죄

1. 영양부족

1) 비타민·미네랄 결핍

① 비타민 의존증(vitamine dependency) : 유전적으로 특정한 화학물질과 무기질에 대한 요구가 정상치보다 많음

② 비타민 및 미네랄 결핍 시 증상

- 극도의 불안감, 정서불안, 공격성향의 강화 등

- 알코올 중독 또는 후유증을 앓는 사람들이 대부분 비타민 B의 일종인 티아민(thiamine) 부족 증상 보임

- 이것이 부족할 경우 '베르니케코르샤코프병'이라는 심각한 신경계 이상 발생

③ 관련 연구

- 비타민 B와 C가 부족하거나 이에 대한 의존성이 높은 경우 두뇌작용 이상, 이로 인해 범죄나 비행과 같은 반사회적 행위 유발요인
- 캐나다 중범죄 피소된 범죄자 70%가 정상인보다 더 많은 비타민이 필요하다는 연구도 있음
- 특히, 비타민 6이 많이 필요하여 비타민 결핍이 범죄와 상호 관련성이 있음을 확인

2) 포도당 · 저혈당증

① 포도당 : 인간의 두뇌활동과 작용에 상당히 중요한 역할을 하는 에너지원
② 저혈당증(hypoglycemia) : 신체가 필요로 하는 정상적인 혈당량에 부족한 수준으로 혈당수치가 떨어지면서 나오는 각종 장애 증상
③ 저혈당 시 증상
- 우울증, 과도한 폭력성 출현, 심한 두통, 머릿속의 혼란
④ 관련 연구
- 재소자들의 혈당을 정상인들과 비교하는 연구
- 심각한 저혈당 증세를 나타내는 재소자들이 더 폭력적이며 과격하고 비정상적인 사고를 하는 것을 확인
- 저혈당증과 범죄와의 관계는 대체로 충동적인 범죄행위를 저지를 가능성이 크다고 주장

2. 생화학적 이상

1) 호르몬

① 생리학적 호르몬과 범죄
- 자기분비 호르몬, 이상분비 호르몬, 내분비 호르몬
- 호르몬의 양과 질에 따라 범죄와의 연관성이 있다고 봄
② 남성 및 여성호르몬
- 남성호르몬 : 안도로겐(androgen), 테스토스테론(testosterone)
- 여성호르몬 : 에스트로겐(estrogen), 프로게스테론(progesterone)
③ 테스토스테론(testosterone)과 범죄 관계
- 성욕을 관장하는 호르몬, 남성의 폭력범죄와 밀접한 관계

- 온순한 여성에게 위 호르몬 주사, 점차 폭력적이고 남성 기질 보임
- 재소 중인 폭력 범죄자 중 다수가 기타 범죄자보다 테스토스테론 수준이 높다는 연구도 있음
- 상습 성범죄자는 정상인에 비애 월등히 높은 남성호르몬 수치 보임
- 대체적인 연구결과, 남성호르몬이 폭력성에 어느 정도 영향을 준다고 분석
④ 에스트로겐(estrogen)
- 상습 성범죄자에게 성욕을 감소시키는 방법으로 에스트로겐 투여
- 에스트로겐은 남성호르몬에 의한 과도한 성적 충동과 폭력성을 완화하는 효과 있다고 알려짐
- 특히, 군대와 교도소 등 남성 집단 생활 구역 또는 성범죄자들에게 실제 약물 투입 범죄예방
⑤ 갑상선, 성선 및 뇌하수체선
- 대체로 갑상선 호르몬(티록신)과 성선 호르몬 분비가 많을수록 성범죄 증가
- 또한 뇌하수체 호르몬의 분비가 적을수록 성폭행의 개연성은 증가

2) 신경전달물질
① 개념과 종류
- 사람의 기분 결정, 충동 조절, 졸음이나 배고픔을 느끼게 해줌
- 도파민(dopamine), 세로토닌(serotonine), 노르에피네프린(norepinephrine)
② 도파민(dopamine)
- 과잉 분비 시 공격성과 폭력성을 띰(흥분 효과)
- 대체로 도파민 수치가 낮을수록 공격성이 낮아짐
③ 세로토닌(serotonine)
- 다량 분비 시 공격적이거나 폭력적 성향이 줄어듦(억제 효과)
- 범죄성 뿐 아니라 자산이나 우울증, 주의 결핍과 같은 문제 해결 초전
④ 노르에피네프린(norepinephrine)
- 도파민과 같은 흥분제적 신경전달물질(흥분 효과)
- 폭력과 같은 범죄 결정 시 다량 분비되면 공격성을 띰

3) 알레르기(allergies)
① 개념

- 외부적인 자극이나 물질에 대해 신체가 비정상적인 반응을 보이는 현상
② 종류 및 증상
- 신경 알레르기 : 알레르기가 신경계에 영향을 미치는 것
- 뇌 알레르기 : 알레르기로 뇌가 과도한 반응을 하는 것
- 증상 : 접촉 시 면역체계 혼란, 특정 음식물 거부 효소를 만들어 신체가 무의식적으로 거부하도록 유도
③ 관련 연구
- 계란, 우유, 밀, 옥수수, 감귤 등에 관한 연구 진행
- 알레르기는 성마름, 우울증, 과도한 흥분, 공격성, 폭력성을 나타냄
- 일반적으로 알레르기 노출시 신경질적 반응과 과민반응 보임

3. 신경계통 이상

1) 뇌 파
 ① 개념
 - 뇌에서 발산하는 전기적 파동을 분석, 뇌의 작용과 기능이 정상적인지 확인하는 가장 중요한 척도
 - 주로 'EEG'로 불리는 뇌전도 검사(Electro Encephalo Graph)를 통해 측정
 ② 증상
 - 비정상적 EEG 수치를 보이는 사람들은 자신 행위에 대한 통제능력과 억제능력이 상대적으로 현저히 떨어짐
 - 자신에게 방해가 되거나 경쟁적인 사람에게 공격적인 성향 보임
 - 상대방에게 적대적이며 비판적, 화를 잘 내고 충동적으로 행동
 ③ 관련 연구
 - 주로 폭력범들이 정상인들보다 비정상적인 뇌파를 보인다는 사실 강조
 - 그 외 양전자방출 단층촬영술(PET), 뇌활성전류지도 측정(BEAM) 등을 통해 전두엽 · 시상하부 등 뇌의 각 부분 장애와 범죄 연관성 연구
 - 연구결과, 뇌 이상은 반사회성이나 범죄성과 상당한 연관성 있음
 - 특히, 만성적 폭력 범죄자는 일반인보다 매우 높은 뇌기능 장애 가짐

2) 뇌질환

① 뇌질환과 범죄
- 뇌손상 및 각종 뇌질환 등은 성격이상, 환각 · 환청, 정신병 등 여러 심리문제와 연결
- 만성적인 범죄성은 행동에 대한 규제와 억제 역할을 하는 뇌의 전두엽과 측두엽에 병변
- 우울하고 공격적인 정신질환자는 75% 이상이 뇌의 측두엽과 전두엽에 기능 장애

② 관련 연구('휘트먼 연구')
- 뇌에 종양이 있는 사람은 우울, 분노, 감정폭발, 심지어 살인 충동도 느낌
- 아내 · 어머니 및 14명을 총기로 살인한 연쇄살인범 휘트먼(Whitman) 부검 결과, 뇌에 침윤성 악성 종양을 앓고 있었음이 발견
- 이후 뇌종양이나 뇌병변과 범죄와의 관계 연구 주목
- 뇌질환은 반사회적이고 폭력적인 행동으로 나타나는 것으로 연결

3) 과잉행동장애(ADHD, attention deficit and hyperactivity disorder)

① 개념
- 자신과 비슷한 발달 수준에 있는 다른 아동들보다 더 자주 그리고 매우 심하게 부주의한 행동 패턴이 지속하거나 과잉행동과 충동적 행동을 보임(미국정신의학협회)
- 특징 : 주의력 결핍, 충동성, 과잉행동

② 증상
- 매우 부산한 행동, 높은 곳에서 떨어짐, 교사의 말을 듣지 않고 마음대로 돌아다님
- 집단생활에 부적응, 집중하지 못하고 학습능력 떨어짐

③ 영향
- 학업성적의 불량, 친구 괴롭히기, 부모나 선생의 훈육에 대한 무반응, 학교 부적응 등
- 청소년기 약물 중독, 술이나 담배의 탐닉, 싸움 등 품행장애, 형사사법기관에 연루, 기타 반사회적 행동 등

④ 관련 연구

- 유전, 뇌의 손상, 화학물질 이상 등 생물학적 원인을 중심으로 연구
- 또한 심리학적 원인과 양육방식을 토대로 원인 규명 연구
- 부모와 가족관계, 임신 중 문제, 유년기 특성, 아동 기질과 부모 성격, 환경적 요인 등 다양한 연구 진행했으나, 범죄 연관성 결론 내리지 못함

⑤ 대책
- 주의력 결핍 및 과잉행동장애 아이의 조기 치료 중요
- 약물치료 및 심리치료, 부모교육, 의사소통교육, 행동수정기법 등 다양한 치료 병행
- 치료하는데 많은 시간과 노력이 필요, 꾸준히 치료 시 70% 정상 회복
- 그러나 적정 시기를 놓치는 경우 치료 효과 기대 어렵고, 사회생활 문제 생김

4) 간 질

① 개념
- '뇌전증(epilepsy)'에 대한 예전 용어
- 원인 인자가 뚜렷이 없음에도 불구하고 여러 원인에 의해 뇌가 손상되어 외부로 표출되는 이상한 감각이나 경련을 뜻함

② 관련 연구
- 간질로 인한 뇌기능 장애 경우, 폭력적이고 통제 불능의 상태에 빠질 위험이 큼
- 실제로 교도소 수용자의 간질 보유 비율이 일반인보다 높게 나타남

제5절 범죄생물학이론의 평가

1. 경험적 연구의 시도
- 초창기 생물학적 이론(Lombroso)은 경험적 연구를 통해 범죄성의 가장 주요한 원인이 타고난 형질이라고 주장
- 이로 인해 고전학파와 그 이전 범죄연구의 이론 위주 철학성을 탈피

2. 연구방법의 한계

- 초기의 이론은 조사방법론상의 부정확성으로 인해 신뢰도가 낮음
- 특히, 통계학적 기법의 문제, 실험연구의 절대 수 부족과 작은 표본 수, 인종에 대한 편견 등이 문제로 지적

3. 범죄인의 가혹한 처벌

- 범죄생물학파의 초기 이론은 형사정책적으로는 타고난 범죄성을 가진 사람들에 대한 사형, 격리, 또는 범죄성이 사라질 때까지 장기 구금 및 보안처분 등 가혹한 처벌을 주장

4. 정밀한 범죄요인 제공

- 현대 범죄생물학파의 이론은 DNA의 발견과 뇌의 구조 이해로 대표되는 현대 생물학과 의학의 발전으로 인해 더욱 정밀한 인간의 범죄 행동 양식 설명을 제공

5. 환경과 유전의 상호작용

- 현대 범죄생물학파는 유전자의 영향은 물론 환경의 영향을 강조
- 범죄성 등 뇌의 문제가 있는 사람도 형사적 처벌이 아닌 특수교육, 충분한 영양공급, 호르몬치료 등을 통하여 개선의 여지가 있다고 주장

1. 초기 범죄생물학이론 중 이탈리아 학파에 관한 설명으로 옳지 않은 것은?

① 롬브로조 (Lombroso)는 범죄학의 아버지로 불리며, 1876년 출간한 '범죄인에 대하여'에서 범죄자 중에는 기회범이나 격정범과는 달리 생래적으로 범죄의 운명에 빠질 수밖에 없는 진화가 덜 된 '격세유전인'이 있다고 주장하였다.

② 페리(Ferri)는 자유의사설을 부인하였으며, 범죄 원인이 되는 요소들이 일정한 양으로 존재하는 사회는 이에 상응하는 일정한 범죄가 반드시 발생한다는 '범죄포화의 법칙'을 주장하였다.

③ 가로팔로(Garofalo)는 자연인과 법정범·과실범을 구별하였으며, 법정범은 가혹하게 처벌하고 자연범은 일정한 구금이 필요하나 과실범은 처분하지 말 것을 주장하였다.

④ 이탈리아 학파는 범죄학을 현대적 과학으로 탄생시킨 최초의 학파로, 그간 형이상학적이고 경험에 의하지 않은 법학자들의 논증에서 벗어나 관찰 방법 및 통계학적 기법을 도입하였다.

> 해설
>
> ③ 가로팔로(Garofalo)는 국가마다 다른 형법 질서의 의존성으로부터 범죄학을 분리하고자 자연법과 법정법·과실범을 구별하였다. '자연범'은 어떤 사회라도 범죄로 인정할 수밖에 없는 행위이므로 가혹하게 처벌하고, '법정범'은 국가에 따라 법률로써 정한 위법행위로 일정한 구금이 필요하며, '과실범'은 과실로써 범죄를 저지른 것이므로 형사처분하지 말 것을 주장하였다.
>
> 답 ③

2. 롬브로조(Lombroso)가 주장한 생래인 범죄인의 특징에 관한 설명 중 옳은 것은 몇 개인가?

> ㉮ 머리 부위 특징 : 구불어진 코, 쑥 들어간 턱, 늘어진 귀, 튀어나온 이마, 높은 광대뼈, 작은 눈썹, 덥수룩한 턱수염, 부정한 치열 등
>
> ㉯ 신체적 특징 : 왼손잡이, 매우 짧은 팔, 기형 손가락, 빈약한 체모, 손바닥의 외선, 나이에 비해 많은 주름살 등
>
> ㉰ 정신적 특징 : 도덕 감정의 결여, 무모함, 지나친 게으름, 충동성, 복수심,

잔혹성, 허영심, 도덕성의 결여, 성적 충동의 조숙 등
ⓡ 행태적 특징 : 몸에 문신, 과도한 몸동작, 더듬거리는 화술, 과도한 도박 및 음주, 생물의 비인격화 등

① 1개
② 2개
③ 3개
④ 4개

해설

ⓖ 머리 부위 특징 : 구불어진 코, 쑥 들어간 턱, 늘어진 귀, 튀어나온 이마, 높은 광대뼈, '큰 눈썹', '듬성듬성한 턱수염', 부정한 치열 등
ⓝ 신체적 특징 : 왼손잡이, '매우 긴 팔', 기형 손가락, 빈약한 체모, 손바닥의 외선, 나이에 비해 많은 주름살 등
ⓒ 정신적 특징 : 도덕 감정의 결여, 무모함, 지나친 게으름, 충동성, 복수심, 잔혹성, 허영심, 도덕성의 결여, 성적 충동의 조숙 등
ⓡ 행태적 특징 : 몸에 문신, 과도한 몸동작, '유창한 화술', 과도한 도박 및 음주, '비생물의 인격화' 등

답 ③

3. 페리(Ferri)가 주장한 범죄인의 분류와 대책에 관한 설명 중 괄호 안에 들어갈 말이 바르게 짝지어진 것은?

ⓖ 생래적 범죄인 : 이들은 교화가 불가하므로 무기한 격리해야 한다.
ⓝ (   ) : 이들은 정신병원에 수용해야 한다.
ⓒ (   ) : 이들은 개선 여부에 따라서 농장형무소 훈련 및 무기 자유형을 부과해야 한다.
ⓡ (   ) : 이들은 농장형무소 훈련 및 손해배상명령 · 이주명령을 해야 한다.
ⓜ (   ) : 이들은 손해배상명령 및 이주명령을 해야 한다.

① 정신병적 범죄인 - 격정 범죄인 - 기회 범죄인 - 습관적 범죄인
② 기회 범죄인 — 정신병적 범죄인 - 습관적 범죄인 - 기회 범죄인
③ 습관적 범죄인 — 정신병적 범죄인 - 기회 범죄인 - 격성 범죄인
④ 정신병적 범죄인 - 습관적 범죄인 - 기회 범죄인 - 격정 범죄인

해설

ⓝ '정신병적 범죄인': 만성 정신적인 문제로 인한 범죄인들로 이들은 정신병원에 수용해야 한다.
ⓒ '습관적 범죄인': 사회 환경으로 생긴 습관적인 문제로 인한 범죄인들로 이들은 손해배

상명령 및 이주명령을 해야 한다.

㉪ '기회 범죄인': 가족과 사회 조건의 문제로 인한 범죄인들로 이들은 농장형무소 훈련 및 손해배상명령·이주명령을 해야 한다.

㉫ '격정 범죄인': 감정 상태의 변화의 문제로 인한 범죄인들로 이들은 개선 여부에 따라서 농장형무소 훈련 및 무기 자유형을 부과해야 한다.

답 ④

4. 오스트리아 학파에 관한 설명 중 옳지 않은 것은?

① 그로쓰(Groß)는 리스트(Liszt)의 영향으로 범죄학의 독자적 영역을 주장하였으며, '형법은 범죄수사학을 보조하는 현실적 학문이다.'라고 하였다.

② 렌츠(Lenz)는 그로쓰(Groß)의 후계자로 범죄인류학과 범죄심리학을 통합하는 '범죄생물학원론'을 저술하였으며, 1927년에는 「범죄생물학회」를 창립하였다.

③ 젤리히(Seelig)는 범죄학과 형법, 정신의학 등을 관계되는 학문을 포괄한 '범죄학' 교과서를 저술하였다.

④ 엑스너(Exner)는 '범죄생물학개론'을 저술하였으며, 이 책에서 생물학적 요인과 사회적 요인을 함께 고려하고 통계학적 방법을 이용하여 범죄 현상을 분석하였다.

해설

① 그로쓰(GroB)는 범죄를 생물학적 관점에서 연구하였으며, '범죄인류학과 범죄수사학' 잡지를 창간하였다. 특히, 범죄 수사에 필요한 모든 지식을 연구하는 범죄수사학을 발전시켰으며, '범죄수사학은 형법을 보조하는 현실학이다'고 주장하였다.

답 ①

5. 체형과 범죄에 관한 설명 중 옳지 않은 것은?

① 고링(Goring)은 영국의 '수형자 연구'를 통해 롬브로조(Lombroso)의 생래적 범죄인 연구에 오류가 있음을 밝혀냈다.

② 독일의 '정신병자 연구'를 통해서 정신병자들에게 특정한 신체 타입이 있다는 것을 발견하고 신체 유형을 세장형·투사형·비만형·혼합형으로 분류한 사람은 '후튼(Hooton)'이다.

③ 모어(Mohr)와 건드래크(Gundlach)는 '재소자 연구'에서 세장형과 운동형은 주거침입절도 및 강도·절도와 연관되어 있다는 것을 발견하였다.

④ 쉘딘(Sheldon)은 청소년 연구를 통해 비행지수를 주장했으며, 체격을 내배

엽 · 중배엽 · 외배엽 등 3가지로 분류하였다.

> **해설**
>
> ② 정신병자 연구를 통해 신체 유형을 세장형 · 투사형 · 비만형 · 혼합형으로 분류한 사람은 '크레치머(Kretschmer)'이다.
>
> 답 ②

6. 쉘던(Sheldon)의 체격 분류에 따른 특징에 관한 설명 중 옳은 것은 몇 개인가?

> ㉮ 내배엽형은 상대적으로 생식기관이 크게 발달되어 있으며, 팔과 다리가 가늘고 길다.
>
> ㉯ 외배엽형은 피부 및 신경계 기관이 탁월하고, 얼굴이 작고 코가 높은 편이며 야위고 가냘픈 체형을 가지고 있다.
>
> ㉰ 중배엽형은 활동적이고 외향적인 기질을 가지고 있으며, 야윈 경우에도 우람한 근육을 가지고 있다.
>
> ㉱ 외배엽형은 소음이나 외부 자극에 민감하고, 온순하며 편안한 성격의 소유자이다.
>
> ㉲ 중배엽형은 근육, 골격, 운동 조작 능력이 탁월하고 몸통이나 가슴이 트다.

① 1개   ② 2개

③ 3개   ④ 4개

> **해설**
>
> ㉮ 내배엽형은 상대적으로 '소화기관'이 크게 발달되어 있으며, 팔과 다리가 가늘고 '짧다.'
> ㉰ 중배엽형은 활동적이고 외향적인 기질을 가지고 있으며, 야윈 경우에도 '각이 진 체형' 이다.
> ㉱ 외배엽형은 소음이나 외부 자극에 민감하고, '예민하고 내향적인 기질'의 소유자이다. 편안하고 온순한 성격을 가진 체형은 '내배엽형'이다.
>
> 답 ②

7. 유전과 범죄에 관한 설명 중 옳은 것은?

① 글룩 부부(Glueck & Glueck)의 연구 결과, 비행소년은 어머니보다 아버지의 유전적인 영향을 더 많이 받는 것으로 나타났다.

② 고다드(Goddard)는 '칼리카그가(家) 연구'를 통해서 정신병질 등은 유전한다고 주장했으며, 이는 범죄자는 정신적 결함을 가진다는 후세 연구에 의해

경험적으로 입증되었다.

③ 랑게(Lange)는 쌍생아 연구를 범죄생물학에 도입하여 본격적으로 연구한 학자로, 일란성 쌍생아의 경우 이란성 쌍생아보다 범죄 일치율이 더 높은 것을 발견하였다.

④ 미네소타(Minnesota) 대학의 '쌍생아 입양 연구'에서는 가정환경과 범죄경력이 다른 부모들에게 입양된 경우에 양부모의 범죄성 영향이 더 크다는 점을 발견하였다.

해설

① 글룩 부부(Glueck & Glueck)는 '비행 소년 연구'를 통해 아버지보다 어머니의 유전적인 영향이 더 크다고 주장하였다.

② 고다드(Goddard)는 '칼리카그가(家) 연구'를 통해 '정신병질 등이 유전한다는 증거'라고 주장 하였으나, 오히려 저능아나 정신박약자들은 일반인보다 범죄자가 될 확률이 적고 대부분의 범죄자는 정신적인 결함이 없다는 후세 연구에 의해 비판받았다.

④ 미네소타(Minnesota) 대학의 '쌍생아 입양 연구'에서는 가정환경과 범죄경력이 다른 부모들에게 입양된 경우, 양부모의 가정환경보다는 '생부모'의 범죄성 여부가 더 크게 작용한다는 점을 발견하였다.

답 ③

8. 성 염색체 연구에 관한 설명으로 옳지 않은 것은?

① 인간의 46개 염색체 중 성별을 결정하는 XY와 XX염색체에 이상이 있는 경우에 범죄성과 연관이 있는지를 연구하는 것이다.

② 성 염색체 연구의 선구적인 학자는 제이콥스(Jacobs)와 스트롱(Strong) 이다.

③ 성염색체 중 여성적 특징을 나타내는 X염색체가 증가하는 'XXY형'에 대한 연구를 '클라인펠터 증후군 연구'라고 한다.

④ 샌드버그(Sandberg)는 'XXY형' 염색체를 가진 사람은 'XYY형'보다 더 높은 범죄 성향을 가진다고 주장했다.

해설

④ 샌드버그(Sandberg)는 'XYY형(초남성, super male)' 염색체를 가진 사람은 'XXY형'보다 더 높은 범죄 성향을 가진다고 주장했다. 이들은 일반인과 비교할 때, 약 60배 이상의 범죄율이 높은 편이며, 초범 연령이 13~14세로 일반인의 18세에 비해 범죄에 상당히 빨리 노출되는 경향을 가진다.

답 ④

9. 다음 사례에 해당하는 개념은 무엇인가?

> 2019년 5월 25일 제주의 한 펜션에서 여성 A씨는 전 남편 B씨에게 먼저 수면
> 제 일종인 졸피뎀을 탄 음료를 건넨 후 칼로 찔러 살해하고 펜션 내에서 시신
> 을 훼손하여 미리 구입한 30여장의 종량제 봉투에 나눠 남아 제주도 내 및 완
> 도 해상 등에 유기하였다.

① 초여성증후군(Klinefelter syndrome)

② 신여성범죄자(New female criminal)

③ 게놈 증후군(genome syndrome)

④ 생리전기증후군(Premenstrual syndrome)

해설

② '신여성범죄자(New female criminal)'는 최근 여성 해방운동, 여성 상위시대, 사회
진출 기회 확대, 여성 역할 변화 등으로 여성범죄가 급증하며 '여성들이 남성범죄와
큰 차이가 없이 살인·강도 등 강력범죄를 서슴지 않고 저지르는 경향'을 의미한다.

답 ②

10. 생화학적 요소와 범죄에 관한 설명 중 옳지 않은 것은?

① 비타민 및 미네랄이 결핍되면 극도의 불안감이나 공격성향의 강화 증상이 나
타날 수 있으며, 알코올 중독 또는 후유증을 앓는 사람들은 대부분 비타민 B
의 일종인 티아민(thiamine) 부족 증상을 보인다.

② 포도당 및 저혈당증과 관련한 연구 결과, 저혈당증과 범죄와의 관계는 대체로
계획적인 범죄행위를 저지를 가능성이 크다고 나타났다.

③ 남성호르몬인 테스토스테론(testosterone)은 폭력범죄와 밀접한 관계가 있으
며, 온순한 여성에게도 위 호르몬을 주사하면 점차 폭력적인 기질을 보인다.

④ 신경전달물질인 도파민(dopamine)은 과잉 분비 시 흥분 효과를 가져오고,
세로토닌(serotonine)은 다량 분비 시 억제 효과를 보인다.

해설

② 저혈당증(hypoglycemia)은 신체가 필요로 하는 정상적인 혈당량에 부족한 수준으
로 혈당수치가 떨어지면서 나오는 각종 장애 증상을 의미하며, 저혈당 증세를 보이는
사람들이 더 폭력적이며 과격적인 행동을 하며 대체적으로 '충동적인 범죄행위'를 저
지를 가능성이 더 크다.

답 ②

11. 신경계통 이상과 범죄에 관한 설명 중 옳은 것은 몇 개인가?

> ㉮ 비정상적 EEG 수치를 보이는 사람들은 자신 행위에 대한 통제능력과 억제 능력이 상대적으로 현저히 떨어진다.
>
> ㉯ 만성적인 범죄성을 보이는 사람들은 행동의 규제와 억제 역할을 하는 후두 엽과 측두엽에 병변을 보인다.
>
> ㉰ 과잉행동장애에 대한 다양한 연구가 진행되어 부모와 가족관계, 임신 중 문제, 아동 기질과 부모 성격 등이 범죄와 크게 연관성이 있음을 발견하였다.
>
> ㉱ 간질은 '뇌전증(epilepsy)'의 예전 용어로, 원인 인자가 뚜렷이 없음에도 불구하고 여러 원인에 의해 뇌가 손상되어 외부로 표출되는 이상한 감각이나 경련을 뜻한다.
>
> ㉲ 연쇄살인범인 휘트먼(Whitman)의 부검 결과, 뇌에 침윤성 악성 종양을 앓고 있었음이 발견되었고, 이후 뇌종양이나 뇌병변과 범죄와의 관계 연구가 주목받았다.

① 1개   ② 2개

③ 3개   ④ 4개

> **해설**
>
> ㉯ 뇌질환과 범죄에 관한 연구 결과, 만성적인 범죄성을 보이는 사람들은 행동의 규제와 억제 역할을 하는 '전두엽'과 측두엽에 병변을 보였으며, 우울하고 공격적인 정신질환자는 75% 이상이 뇌의 측두엽과 전두엽에 기능 장애가 있는 것으로 나타났다.
>
> ㉰ 과잉행동장애에 대해서 부모와 가족관계, 임신 중 문제, 유년기 특성, 아동 기질과 부모 성격, 환경적 요인 등 다양한 연구가 진행되었으나, 과잉행동장애와 '범죄와의 연관성을 결론 내리지 못했다.'
>
> 답 ③

12. 범죄생물학이론의 평가에 관한 설명 중 옳지 않은 것은?

① 초기 생물학적 이론은 경험적 연구를 통해 고전학파와 그 이전 범죄연구의 이론 위주 철학성을 탈피하였다.

② 초기 이론은 통계학적 기법의 문제, 실험연구의 절대 수 부족과 작은 표본 수, 인종에 대한 편견 등이 문제로 지적되었다.

③ 형사정책적으로 생래적 범죄인에 대해 사형, 격리, 장기 구금 및 보안처분 등 가혹한 처벌을 주장했다.

④ 현대 범죄생물학파는 유전자의 영향 뿐만 아니라 환경의 영향도 강조하면서도, 범죄성이 높은 사람은 개선의 여지를 위해 형사적 처벌을 해야 한다고 주장한다.

해설

④ 현대 범죄생물학파는 범죄에 영향을 미치는 요소로 유전자 뿐만 아니라 환경 등도 강조한다. 그러므로 범죄성 등 뇌의 문제가 있는 사람도 '형사적 처벌이 아닌' 특수교육, 충분한 영양공급, 호르몬치료 등을 통하여 개선의 여지가 있다고 주장한다.

답 ④

제3장 심리학적 측면의 범죄

범죄심리학이론의 개설

1. 의 의

- 범죄를 인격의 소산(outcome of personality)이라고 보는 학파
- 프로이드(Freud)의 정신분석학(Psychoanalytical theory)을 기초로 발전

2. 주요 내용

① 주로 전통적인 사회화과정을 학습하는 (주로 어린) 시기에, 생물학적 결함
  이나 정신병에 의해서 정상적인 사회화를 학습하는데 장애를 일으킨 사람
  들이 범죄행위를 저지르는 경향이 커진다고 주장

② 이 학파에서는 사람을 기본적으로는 동물과 같은 생물로 보고, 단지 (어린
  시절의) 사회화과정을 통한 심리적인 발전을 통하여 전통적인 행위 양식을
  따른다고 보는 것

3. 주요 이론

① 차별적접촉이론, 상징적 상호작용론, 낙인이론 등 심리학적 요소가 가미된
  사회학 이론의 형성에 영향

② 정신분석이론, 인성이론, 인지발달이론, 심리생물학적이론 등이 있으나, '정
  신분석이론'과 '인성이론'이 가장 주된 이론

제2절 정신분석이론

1. 프로이드(Freud)의 정신분석학

1) 의 의

① 인간은 청소년기 이전에 사회화를 통하여 본능의 통제를 배우게 됨

② 모든 인간은 공격적, 파괴적, 반사회적 충동이나 본능을 가지고 있다고 가정

③ 어린 시절의 잘못된 교육과 무관심 등으로 사회화가 제대로 되지 못할 때 범죄로 이어진다고 하는 것

④ 즉, 범죄 행동은 무의식 속에 잠재하는 갈등의 결과가 표출된 것임

2) 구성요소와 원리

① 프로이드(Freud)는 심리적 세계를 세 가지의 동질적인 체제로 구성된다고 봄

- 삼원구조 이론 : 원초적 자아(id, 본능), 자아(ego), 초자아(super ego)

② 원초적 자아(id, 본능)

- 선천적으로 가지고 태어나는 것으로 인간의 심리적 · 원초적 주체

- 쾌락원칙의 지배를 받으며 충동적 · 비합리적 · 반사적 · 이기적 특성을 가짐

- 이드는 내적 자극이나 외적 자극 때문에 발생한 흥분(에너지나 긴장)을 즉각적으로 방출

- 자아에 의해 통제되고 조절될 수는 있지만 이성이나 논리의 원칙에 의해 지배되지 않음

- 사회생활 적응을 위해서는 통제되고 다듬어져야 함

③ 자아(ego)

- 이드의 욕구 충족을 위해 외부의 현실을 고려하고 목적 달성을 위해 개인과 환경의 상호 교류

- 의식적이고 현실적인 부분으로 이드의 욕구를 만족시켜 줄 수 있는 실제 대상이 나타날 때까지 에너지의 방출을 지연

- 이드와 바깥 세계를 연결하는 중간자적인 역할을 하는 심리적 과정

- 본능과 초자아의 균형을 잡아주는 역할

④ 초자아(super ego)

- 범죄와 관련하여 가장 중요한 부분, 미숙할 때는 범죄를 초래

- 개인의 도덕 규범으로 도덕적이며 양심적인 부분

- 초자아는 '자아-이상(ego-ideal)'과 '양심(conscience)'이라는 두 가지 하위체계로 구성

- 자아-이상 : 자신의 부모가 무엇을 도덕적으로 선하다고 믿는지에 대한 아

이의 생각

－ 양심 : 부모들이 나쁘다고 믿는 것에 대한 아이의 생각에 해당하는 것으로,
처벌 때문에 형성

－ 남근기(3~6세)에 발달

3) 리비도(Libido)의 발달 단계

① 프로이드(Freud)는 리비도(Libido, 성욕·성격)의 발달을 5단계로 구분

② 리비도 5단계

－ 1단계 : 구강기(0~1세, 입을 통해 쾌락을 얻음)

－ 2단계 : 항문기(1~3세, 배설을 통해 쾌락을 추구)

－ 3단계 : 남근기(3~6세, 오이디푸스 콤플렉스 & 엘렉트라 콤플렉스)

－ 4단계 : 잠복기(6~12세, 성에 관한 관심이 억제, 또래들과 사회성을 기름)

－ 5단계 : 생식기(12세 이후, 사춘기와 질풍노도의 시기)

③ 리비도는 6세 이전 '남근기'에 형성되며, 이 시기에 정상적으로 형성되지 못
하면 범죄를 저지를 확률이 높아짐

> 🌐 **오이디푸스 콤플렉스(Oedipus complex)**
> ① 남자아이가 이성의 부모인 어머니를 소유하고자 하는 욕구로 인해 거세
> 불안을 경험하게 되는데, 이는 강한 아버지가 도사리고 있어서 아버지
> 가 어머니를 좋아하지 못하도록 아이의 성기를 없애려고 한다는 상상에
> 서 비롯
> ② 이는 남성이 지닌 어머니에 대한 성적 감성(근친상간 소망)과 아버지에
> 대한 적대 감정(살인 소망)을 가리킨다.

> 🌐 **엘렉트라 콤플렉스(Electra complex)**
> ① 여자아이가 남자의 성기가 없는 자신을 남성보다 열등한 존재로 여겨
> 그러한 상태로 자신을 낳아준 어머니에 대한 실망과 아버지의 자식을
> 임신한다고 하는 환상에서 비롯
> ② 여자아이가 아버지를 좋아하고 어머니를 적대시하면서 겪는 콤플렉스

4) 평 가

① 계승

- 알렉산더(Alexander), 힐리(Healy)는 프로이드의 의견을 받아들여 남성의 범죄는 무의식의 요구에 의한 것이라고 주장

- 레들(Redl)과 와인만(Wineman) 등은 몇몇 어린이들은 어른과 권위에 대한 공격적인 태도로 인해 비행 자아(deliquent ego)를 형성한다고 주장

- 에이크혼(Aichhorn)은 많은 어린이들이 자아와 초자아를 형성하는 것을 실패하여 쾌락의 원칙에 따라 행동한다고 주장

② 비판

- 프로이드(Freud)의 이론은 초기 아동기 경험과 성적 욕구를 지나치게 강조했을 뿐 아니라, 검증할 수 없는 이론이라고 비판

- 샌더스(Sanders) · 볼드(Vold) · 버나드(Berard) 등은 인성과 어떤 형태와의 범죄와의 직접적인 관련성도 입증된 바 없다고 비판

2. 성격과 범죄

1) 의 의

- 범죄행위는 충동성, 폭력성, 자극 추구성, 반발성 적대감 등과 같은 개인의 성향이 표현된 것

2) 정신병리적 성격

① 개념

- 성격이상 정도가 정상적인 기준을 크게 벗어나서 병적으로 볼 수 있는 경우

② 특징

- 작은 자극에도 격렬한 폭발적인 반응(자극과 반응의 부조화)

- 생붉학석 욕방 능 삼성 소선 능력의 과다 겸법

- 행위 요소 간 기능적 협동 관계의 부재로 반사회적 행위 및 범죄에 쉽게 빠져듦

3) 글룩 부부(Glueck & Glueck)의 '로샤(Rorschach) 검사' 연구

① 비행소년 및 일반소년 각 500명을 대상으로 성격의 심층 심리특징을 보여

주는 '로샤(Rorschach) 검사' 실시 비교

② 검사 결과, 비행 소년들은 외향적이고 활발하며 충동적이고 자제력이 약함

③ 또한 화를 잘 내고 도전적이며 의심이 많고 폭력성을 띠며, 일반 소년에 비해 실패나 패배를 두려워하지 않는 특징 보임

4) 왈도(Waldo)와 디니츠(Dinitz)의 MMPI 연구

① 1950년~1965년 사이 다면적 인성검사(MMPI)를 이용, 범죄자의 성격 프로파일 연구 94편을 분석

② 연구결과, 범죄자와 일반인 사이에 통계적으로 유의미한 약 80%의 성격 프로파일 차이점을 발견

③ 10가지 성격 중 가장 큰 차이는 '정신병리적 일탈(제4척도)' 부분, 범죄자들은 정신병리적 일탈 경향이 강한 것이 특징이라 주장(가석방 판결 기준 사용)

3. 사이코패스(Psychopath)

1) 개 념

① 1920년대 독일 슈나이더(Schneider)가 처음 소개

② 일반적으로 반사회적 인격장애 질환을 앓고 있는 사람을 의미

2) 특 징

① 자신의 현실을 파악하는 능력과 의지가 결여

② 폭발적이며 특정 사안 광적 집착, 일상적 무기력

③ 타인의 고통을 느끼지 못하는 공감 능력 결여

④ 죄책감의 결여와 끝없는 자신 합리화 시도

⑤ 교활하며 일상적이고 상습적인 거짓말

3) 원 인

① 유전적(선천적) 요인

- 뇌파의 이상 : 아동기(delta-theta)와 성인기(alpha-beta)의 전형적 리듬의 비정상적 뇌파 이상(전체 약 65%)

- 뇌반구 기능 이상 : 감정 표현의 좌뇌와 감정 경험의 우뇌의 이상적 불균형

- 호르몬 분비 이상 : 감정 조절 전두엽 기능 감소, 공격성 증가

- 자율신경계 이상 : 민감한 부교감신경계의 감각 이상, 말초신경계의 비정상
  적 둔감으로 무감적이고 담담
② 후천적 요인
- 유전자와 성장 환경의 상호작용
- 유전적 요인이 높더라도 환경이 건전한 경우 사이코패스의 발현 가능성 작
  아짐
- 반대로 유전적 요인이 낮더라도 환경이 나쁠 경우 내부적으로 사이코패스
  성향을 학습, 발현 가능성이 커짐
- 이 외에도 부모의 비일관적인 교육, 유년기의 학대 경험, 임신 중 남성호르
  몬의 부작용, 사고로 인한 전두엽 손상 등

4) 관련 연구
① 미국 하멜국립연구소에서 사이코패스 살인범과 일반인의 뇌를 비교
② 사이코패스는 감정을 지배하는 전두엽 기능이 일반인보다 15%에 불과, 고
  통 무감각 및 양심 가책 못 느낌
③ 또한 공격 성향 억제 분비물인 세로토닌 분비 부족, 강한 공격적 성향

5) 사이코패스의 진단
① 캐나다 심리학자 로버트 헤어(Robert Hare), PCL—R 진단방법 개발
② 40점을 최고점으로 이에 근접할수록 사이코패스 성향이 높다고 진단
③ 한국의 연쇄살인범 유영철 측정 결과 34점 기록, 전형적인 사이코패스로 진
  단(일반인 경우는 평균 15~16점)

4. 신 프로이드(Freud) 학파

1) 융(Jung)의 분석심리학
(1) 개인적 무의식과 집단적 무의식
- 융(Jung)은 무의식(unconsciousness)의 세계를 크게 확장
- 무의식이 개인적 무의식과 집단적 무의식으로 구성되었다고 주장
- 개인적 무의식 : 억압될 사고·잊혀진 경험·미개발된 관념, 어떤 감정 자
  극이나 회상 시 또다시 의식으로 떠오름

- 집단적 무의식 : 선조로부터 물려받은 기억 및 행동 양식, 인간의 정신도 오랫동안 굳어지고 내려온 '사고 형태들'(원형들, archetypes)
② 페르조나(persona)
- 집단적 무의식의 많은 원형(archetypes) 중 일부는 성격 형성에 특별한 영향을 미침
- 페르조나 : 라틴어의 가면에서 유래된 원형, 타인과의 관계에서 내보이는 공적인 얼굴(인간 정신의 외적 인격 특성)
- 페르조나는 내면을 둘러싼 자라는 껍질, 진정한 내면의 나와 분리될 경우 자신의 본성을 상실
- 진정한 자기와는 분리된 채로 남들에게 좋은 인상을 주거나 자신을 은폐시키기 위해 타인들이 정의한 자신의 인습적 역할을 그대로 받아들이는 현상
- 과도한 페르조나는 자신이나 타인에게 해를 끼치고, 범죄에 휘말릴 수도 있음
③ 그림자(shadow)
- 프로이드의 원초아(id)에 해당, 인간의 기본적인 동물적 본성을 포함하는 원형
- 모든 원형 중 가장 강하고 잠재적으로 매우 위험한 속성 지님
- 그림자가 자아와 조화를 이루면 위험에 효과적으로 대응
- 그러나 그림자가 억압되거나 배출이 어려운 경우 비참한 결과(연쇄살인·집단살인·대량살상 등) 초래
④ 아니마(anima)와 아니무스(animus)
- 인간 정신의 내적인 인격 특성
- 아니마 : 남성 성격의 여성적인 면(남성의 여성적인 심상)
- 아니무스 : 여성 성격의 남성적인 면(여성의 남성적인 심상)
- 융(Jung)은 남성들의 여성적 행동이나 여성들의 공격적 행동을 아니마와 아니무스의 표현이라 주장
- 아니마와 아니무스가 무시 또는 무의식 속에 미숙하면 문제와 범죄 등이 발생

2) 아들러(Adler)의 개인심리학
① 인간은 열등감을 극복하기 위해 노력하는 존재라고 봄
② 열등감이 부정적인 성격 특징은 아니나, 일부는 열등감에 고착되어 무력해

지고 심지어 열등감 콤플렉스(inferiority complex) 겪음

③ 이들은 우월의 욕구로 열등감을 극복하려는 기제를 형성

④ 따라서 다른 사람들을 억압하고 통제하면서 자신의 열등감을 보상하려 함

⑤ 위 이론에 의하면 폭력은 열등감 콤플렉스의 극복과정이라 할 수 있음

3) 에릭슨(Erikson)의 인간성장단계론

① 일생을 통한 성격의 발달을 강조, '인간성장 8단계론'을 주장

② 에릭슨은 부모와 자식 간 관계의 질이 중요하다 주장

- 아이들은 성장 과정에서 두 가지 상호 대립 또는 모순되는 감정(양가감정)을 경험

- 이는 부모의 훈육방식과 가정의 분위기에 많은 영향 받음

③ 인간성장 8단계론

- 1단계 : 신뢰감과 불신감

- 2단계 : 자율감 대 수치심·의심

- 3단계 : 솔선성 대 죄의식

- 4단계 : 근면성 대 열등감

- 5단계 : 정체감 대 역할 혼미

- 6단계 : 친밀감 대 고립감

- 7단계 : 생산성 대 침체성

- 8단계 : 통합성 대 절망감

④ 성장단계 이론은 자아 정체감 형성에 영향을 미침

- 각 성장단계를 성공적으로 거치면 자아 정체감을 형성, 성공적인 삶의 성격을 형성

- 그러나 반대 경우 정체성의 위기 직면, 정(+)적인 정체감 미형성으로 타인과 친밀감 어려워 성공적 관계 형성 어려움

- 이들은 통제 불능 행동 및 약물이나 다른 형태 일탈 시도

| 제3절 | 정신장애이론 |

1. 정신장애와 범죄

1) 정신병질

① 개념
- 비정상적인 성격으로 말미암아 사회에 해를 입히거나 스스로 번민(煩悶)하는 인격
- 반사회적 성격장애로 다양한 성격장애와 품행장애를 보임

② 특성
- 규칙위반, 타인 속임, 충동성, 공격적 행동, 무분별 행위, 책임의식 결여 등

③ 성격장애

㉮ 특징
- 개인의 고유한 성격특질, 속한 사회적인 기대로부터 심하게 벗어나 있음
- 경직된 특질로 인해 심각한 사회 부적응, 상황을 고려치 않은 무분별한 행복 반복
- 사회적 및 직업적으로 심한 기능장애 유발, 자신에게 주관적인 고통도 유발

㉯ 증상
- 작은 자극에도 폭발적이고 격렬한 반응 보임
- 욕구를 통제할 수 있는 능력이 심각하게 결여
- 범죄나 반사회적 행위 등에 쉽게 노출 경향

④ 품행장애

㉮ 특징
- 반사회적, 공격적, 도전적 행위를 반복적이고 지속적으로 행함
- 이로 인해 사회나 학업 및 작업 등의 기능에 중대한 지장을 초래
- 사회적으로 용납되지 않는 행동을 지속이 주된 증상, 비행 및 공격성 동반
- 가족 뿐 아니라 대인관계 전반에 걸쳐 나타날 가능성 있음
- 여자보다는 남자에게서 훨씬 높은 비율로 발생
- 청소년기 여자는 성적 일탈, 남자는 폭력적 성향이 두드러짐

- 10세 이전에 발현 시 이후 지속 경향, 청소년기 발현 시 나이가 들수록 반사회적 행위 감소 경향
  ㉴ 증상
- 공격적인 행동으로 약자를 괴롭히고, 신체적 공격을 자주함
- 친구들이나 동물들에게 잔인한 행동을 보임
- 어른들에게 욕설을 잘 하고 반항적이며 적대적
- 무단결석, 성 비행, 흡연 및 음주, 약물남용 등 일찍 시작
- 지속적 거짓말, 잦은 가출, 야만적 행동 표출
- 겉으로 강한 척 하지만 내심 열등감 존재
- 타인 욕구에 무관심, 자신의 행동 죄책감 및 후회 없음
- 문제 발생 시 자신 잘못이 아닌 남의 탓으로 돌림

2) 정신분열증(psychosis)
  ① 개념
- 현실에서 이해할 수 없는 소리를 듣거나, 보이지 않는 힘으로 자신이 조종당한다는 생각을 사실(망상)로 믿는 정신병
- 범죄자 중 가장 많이 발견되는 증상
- '조현병'이라고도 함
  ② 망상(妄想)의 종류
- 조종망상 : 다른 사람들에 의해 자기 생각과 행동이 지배받고 있다고 생각
- 피해망상 : 다른 사람이 나를 괴롭히거나 내가 피해를 보고 있다는 생각
- 과대망상 : 자기가 세상의 구원자이거나 주요한 임무를 띠고 있다고 생각
- 사고전파 : 자기 생각을 다른 사람들이 다 알고 있다고 생각
- 사고투입 : 외계인이 자기에게 생각을 집어넣고 있다고 생각
  ③ 증상
- 인지·동기·정서 등 심리과정에 결함이 심각, 비현실적인 증상 보임
- 황당한 사고(思考), 조리에 맞지 않는 언어표현을 구사(사고장애)
- 일정 시간 주의 집중이 매우 어려움(주의장애)
- 주변 사람과 상황을 전혀 다르게 인식(지각장애)

3) 편집증(paranoia)

① 개념

- 상대에게 저의(底意)가 숨어 있다고 판단하여 끊임없이 자기중심적으로 해석하는 증상

- '망상장애'로 불림

② 특징

- 전반적으로 근거 없는 의심을 많이 하고 사람을 믿지 않음

- 극도로 다른 사람을 경계하고 정서가 메말라 있음

- 타인의 진실을 받아들이지 못하고 숨은 동기를 찾는데 몰두

- 대인 관계 시 부적응, 다른 사람에게 분노를 일으키는 경향 보임

③ 증상

- 통제력과 자율성 상실에 대한 두려움

- 인지적 의심과 망상

- 방어적 경계와 감추어진 적대감

- 방어 행동과 의심하는 태도

- 화를 돋우는 대인관계 행동과 분노 폭발

- 화를 잘 내는 기분과 기질 등

4) 신경증(neurosis)

① 개념 및 종류

- 내적인 심리적 갈등이나 외부의 스트레스로 인해 생긴 심리적인 긴장이나 증상

- '노이로제 (Neurose)'라고도 함

- 크게 '불안신경증'과 '강박신경증'으로 분류

② 불안신경증

- 개념 : 여러 가지 공황장애나 일반화된 불안장애가 있는 질환

- 종류 : 공황장애, 광장공포증, 대인공포증, 특정공포증, 일반화된 불안장애 포함

- 공황장애(panic disorder) : 예기치 못한 갑작스러운 두려움으로 견디기 힘든 상황에 이르는 것(일시적 아닌 반복적)

- 일반화된 불안장애 : 실제 위협이 아닌 상황에서 심한 공포와 두려움 느낌,

공포 자극이 비합리적인 것을 알면서도 회피 심리 가짐
- 죄책감 콤플렉스에 의한 범죄 : 불안을 이기지 못해 또는 불안을 벗어나고
자 범죄를 저지르고, 이로 인해 체포되어 처벌받음으로써 해방감을 만끽
③ 강박신경증
- 개념 : 강박적 사고나 강박 행동으로 많은 시간 소모, 현저한 고통 및 지장
을 느끼는 질환
- 종류 : 강박관념, 강박행동
- 강박관념(obsession) : 말도 안 되는 불합리한 상황임을 알지만 통제할 수
없는 생각이나 심상의 반복으로 지속적 떠오름
- 강박행동(conpulsion) : 어떤 의식적 행동(손씻기 · 정돈하기 등)이나 정신
적 행동(기도하기 · 숫자세기 등)을 수십 회 되풀이 또는 반복하려는 억제
할 수 없는 충동적인 행동
- 방화광, 절도광, 음주광 등에 강박신경증 환자 다수
- 특히, 방화광은 성적 장애에 기인해 방화 행동을 반복

2. 고다드(Goddard)의 정신박약이론

1) 개 념
- 지능 저하와 범죄에 미치는 영향과 상관관계를 연구
- 성범죄, 방화죄, 소년범죄 등과 연관

2) 특성 및 원인
- 특성 : 정신박약자는 판단력 · 통찰력 등이 부족, 충동적인 범죄를 저지르기
쉬움
- 원인 : 유전, 태아 손상, 출산 시 뇌손상, 유년기 뇌손상 등

3) 관련 연구
- 교도소 수형자들의 지능(IQ)을 측정, 수형자 대부분(89%) 저지능임을 발견
- 정신박약과 범죄의 상관성 관계있음을 강조
- 정신박약자는 범죄 위험성이 크므로 단종 또는 격리해야 한다고 주장
- 지능과 범죄가 관계있을 수는 있으나, 단순하게 낮은 지능과 범죄를 연결하

는 것은 무리
- 저지능은 선천적 및 후천적(환경적) 요인의 종합적인 영향을 받음
- 지능과 범죄 역시 위 요인들이 상호 작용한 결과임

4) 비 판
- 고다드가 사용한 지능검사(IQ) 토대로 1차 세계대전에 모병한 군인 검사, 전체 1/3이 저능아로 밝혀져 실험방법의 유효성에 대한 근본적 회의
- 힐리(Healy)나 버트(Burt) 등 학자들의 연구에 의해 범죄와 정신박약과의 관계 부정
- 이후 연구에서도 범죄자와 일반인과의 지능 차이는 없는 것으로 드러남
- 비판적 범죄학에서는 사기, 경제범 등의 경우는 오히려 높은 지능이 필요하다고 반박

3. 고프(Gough)의 반사회적 인성이론

1) 의 의
① 반사회적 인성 : 지능의 부족이나 신경증적 정신병을 앓는 것은 아니나, 사회적 적응능력이 부족한 성격을 지칭
② 일반적으로 반사회적 인성은 '정신병리' 또는 '사회병리'와 동의어로 사용
③ 따라서 반사회적 인성은 사회적으로 중요한 가치나 규범을 내면화하는 데 실패한 결점이 있음

2) 특 성
① 미래의 목표보다는 현실의 목표를 과대평가
② 충동적 행동, 자극에 대한 행동적인 반응의 불일치
③ 타인과 지속적 애정 관계 형성 불가, 대인관계 어려움
④ 목표 성취에 대한 사고와 계획성의 결여
⑤ 사회적 부적응에 대한 불안과 고민의 부족, 타인에게 자신 잘못을 전가
⑥ 책임을 인정 않고 계속적 변명, 신뢰 부족과 감정 결핍

3) 원 인
- 부모의 자녀에 대한 애정의 결핍

　　– 아버지가 정신병자 또는 알코올 중독 가능성 큼

　　– 아동기 가정폭력 및 학대 등 불우한 경험

4. 슈나이더(Schneider)의 정신병질이론

1) 의 의

　　① 개념

　　– 외부 자극에 대해 부자연스러운 반응, 신체기능이 감정이 조화를 이루지 못하는 경우를 뜻함

　　② 일종의 '성격장애', 주로 20대 빈출 증세

　　③ 정신병질자는 이상 성격으로 사회 적응성이 부족, 반사회적 행동 빠지기 쉬움

　　④ 범죄자 중에서 가장 많이 발견되는 증상

2) 정신병질 분류(슈나이더 10분법)

　　① 발양성 정신병질

　　– 자기 운명과 능력에 대해 지나치게 낙관적인 성격을 가진 경우

　　– 충동적이고 경솔, 불안정한 성격

　　– 모욕, 사기죄(무전취식) 등과 관계

　　② 우울성 정신병질

　　– 매우 비관적인 인생관, 항상 우울하고 매사 자책

　　– 최악의 상황을 계속 생각, 지나친 미래에 대한 걱정

　　– 강박관념으로 자살 가능성 큼

　　– 범죄에 적극적으로 관여하지 않으나, 드물게 살인 및 성범죄 시도

　　③ 의지박약성 정신병질

　　– 의지와 지능이 약하고 정신 능력이 떨어지는 경우

　　– 대개 지능이 낮고, 주변 상황에 따라 우왕좌왕하는 성격

　　– 소년범죄, 알코올·마약 등 각종 중독자, 소규모 절도범과 상습누범자의 대부분(60%) 차지

　　④ 무정성(정성박약성) 정신병질

　　– 냉혹하고 냉담하며, 동정심 수치심 등의 인간적인 감정이 없는 성격

　　– 죄책감이 없고 복수심도 강함, 완고하고 교활

- 사이코패스, 도덕적 배치(moral imbecile) 등으로 불림
- 흉악범(살인 · 강도 · 강간), 조직범죄와 관련
- 롬브로조 생래인 범죄자, XYY형 범죄자, 가로팔로 자연범과 유사

⑤ 폭발성(병적 흥분) 정신병질
- 자극에 대해 지나치게 반응하고 병적인 흥분이 잦은 경우
- 타인의 공격 뿐 아니라 자신에 대해 자해도 시도
- 뇌파검사 시 간질성 기질, 평소에는 조용하고 친절
- 충동적 상해, 폭행, 손괴 다수

⑥ 기분이변성 정신병질
- 기분의 동요가 심해 감정 예측 불가
- 감정 변화가 매우 심하며 폭력성과 마찬가지로 간질성 기질 보임
- 정신병질자 절반가량, 방화 · 상해 · 도벽 등 다수

⑦ 자기현시욕성(허영성) 정신병질
- 자기를 과대평가하고 허언을 일삼는 성격
- '관심병'과 같이 관심을 받고 싶은 욕구가 지나침
- 공상적인 거짓말 등으로 고급 사기범 행사
- 욕구가 좌절되면 히스테리 반응을 보임

⑧ 자신결핍성(자기불확실성) 정신병질
- 자신의 우월성 인식은 있으나 능력 부족을 늘 의식
- 주변 환경에 민감, 강박현상에 쫓기는 것 같은 복잡한 성격
- 주변을 신경 쓰고 도덕적인 것에 관심, 범죄와 거리가 먼 특성

⑨ 열광성(광신성) 정신병질
- 개인적 · 이념적인 목적 달성에 열중, 타인 불신 경향
- 정의감과 소신에 따라 행동, 강한 성격의 소유자
- 정치 확신범 및 사이비 종교범(종교적 광신자), 재범 확률 높음

⑩ 무력성 정신병질
- 심신의 부조화 호소, 타인에게 동정을 바라는 성격
- 인격성의 상실에 빠져 번민, 신경질적
- 범죄와는 소극적 상관성 보임

3) 정신병질과 범죄의 상관 정도

　① 적극적 관련

　- 발양성, 의지박약성, 폭력성, 기분이변성, 자기현시욕성, 열광성, 무정성

　② 소극적 관련

　- 우울성, 자신결핍성, 무력성

4) 비 판

　① 정신병질과 범죄와의 인과관계에 대하여는 논란 여지가 많음

　② 또한 정상·비정상의 판단 기준과 성격장애 판단 기준에 대한 이론(異論) 존재

제4절　인성이론

1. 인성과 범죄

　① 범죄자는 일반인과 다른 비정상적인 범죄적 성향을 가진다고 전제

　② 범죄 행동은 개인적 성향인 충동성·폭력성·자극추구성·반발성·적대감 등으로 표현

　③ 인성이론은 심리검사 등에 의해 나타난 특성을 중심으로 인간의 행동을 설명

　④ 정신병리적 성격 논의보다 넓은 관점에서 성격 특성을 분류

　⑤ 정신분석학적 접근과 함께 가장 주요한 심리학적 연구방법

2. 아이젠크(Eysenck)의 인성이론

1) 개 념

　① 성격이란 환경에 대한 개인의 독특한 적응에 영향을 미치는 인격, 기질, 지성, 신체 요소들이 안정되고 영속적으로 조직화된 것

　② 반사회적 성향이 강한 경우 정신이상, 외향성, 신경증 등이 매우 높음

　③ 사람을 외향성자(extrovert) 및 내향성자(introvert)로 구분, 범죄자는 외향적 성격이 높음

2) 성격의 3차원(P–E–N) 모델

① 정신병적 성향(정신이상 : P)

- 정신병적인 성향과 반사회적 이상 성격을 포함
- 공격적, 차가움, 자기중심적, 비정함, 비사회적 특징
- 정신병질과 연관성 있으나, 개인차에 따라 정신병과는 무관

② 외향적 성향(외향성 : E)

- 외향성 : 사교적이며 파티를 선호, 많은 친구가 있고 흥미로움 추구, 기분에 따라 행동(기분파)
- 내향성 : 조용하고 내성적, 말수가 적고 충동적 결정 불신, 정돈된 삶을 선호
- 내향인은 고통에 더 민감, 쉽게 피로를 느낌, 공부를 더 잘하고 홀로 일하는 것을 선호하며 성적으로 덜 활동적임
- 내향인은 사회적 금지사항을 더욱 쉽게 학습, 결과 행동이 억제되어 있음
- 학습에서 내향인은 처벌의 영향을 많이 받고, 외향인은 보상에 의한 영향을 더욱 많은 받음

③ 신경증 성향(신경성 : N)

- 정서적 안정성과 불안정성의 측정, 높은 불안정성은 높은 신경증적 성향
- 불안정과 변덕스러움, 낮은 자존감과 우울 · 걱정 · 긴장 특징
- 신체적인 통증의 호소가 빈번하고 많음

3) 비 판

- 아이젠크의 주장은 코크레인(Cochrane) 등에 의해 연구결과가 근거가 없는 것으로 반박

제5절 인지발달이론

1. 인지와 범죄

① 개념

- 인지(cognition)는 정보를 획득하고 분석하여 활용하는 과정

② 인지이론은 유기체의 지각과 정보처리, 경험의 해석 등 정신의 적극적인 면

을 강조

③ 결국 정신적인 작용이 인간의 행동에 영향을 미침

④ 인지의 발달은 범죄의 중지에 깊은 영향

2. 피아제(Piaget)의 도덕발달이론

1) 도덕적 성숙의 개념

- 규칙에 대한 존중과 사회적 정의의식으로 사회에서 규정한 규칙 아래서 모
든 사람이 공평하고 정당하게 대우받고 있는가에 대해 관심

2) 연 구

① 5~13세 아이들과 구슬 놀이를 하면서 발달하는 규칙에 대한 존중을 연구

② 피아제는 놀이 '규칙'에 대해 질문, 아이들의 대답을 분석 도덕 추론을 체계화

3) 도덕의 3단계

① 전 도덕기(2~4세)

- 도덕에 관한 관심이 전무, 규칙을 의식하지 않고 관심조차 없음

- 옳고 그름 판단에 있어 일관되지 않은 기준 적용

② 타율적 도덕성(5~10세)

- 규칙에 대한 존중 발달, 규칙을 절대적 권위로 인식

- 반드시 지켜야 하며 규칙을 위반하면 처벌받는다고 생각

- 타율적 아이들은 사람의 의도보다 나타난 결과에 따라 옳고 그름을 판단

③ 자율적 도덕성(10~11세)

- 규칙은 사회에서 서로가 잘 공존하기 위해 만든 것으로 이해

- 사람들의 합의에 의한 것이므로 변경이 가능한 것으로 생각

- 때로는 생명이나 더 중요한 이유로 규칙을 위반할 수도 있다고 인식

3. 콜버그(Kohlberg)의 도덕발달이론

1) 개 념

- 피아제의 이론을 확장, 도덕적 딜레마 상황에서의 인간 행동 분석

- 도덕성은 개인이 아닌 타인의 입장을 이해, 사회 속에서 적응해가는 행동

경향

2) 주 장

① 행위의 옳고 그름에 대한 이해와 상응하는 행동은 3수준 6단계 과정(사회화과정)을 통해 발달

② 사람들의 인지능력 강조, 도덕 6단계 중 1·2단계는 범죄 가능성 큼

③ 범죄자들의 도덕 판단 단계는 일반인에 비해 유의미한 낮음을 발견

3) 도덕발달의 3수준 6단계

① 1수준 : 전 인습적 수준

– 1단계(복종 지향) : 처벌을 피하고자 복종(처벌과 복종)

– 2단계(보상 지향) : 보상과 호의를 위해 준수(쾌락주의)

② 2수준 : 인습적 수준

– 3단계(착한 소년·소녀 지향) : 타인의 기대에 따라 행동(대인관계 조화)

– 4단계(권위 지향) : 법과 질서에 의해 엄격히 규정된 행동

③ 3수준 : 후 인습적 수준

– 5단계(사회적 계약 지향) : 다수가 동의한 원칙(사회적 계약) 준수

– 6단계(윤리적 원리 지향) : 보편적 윤리 원칙에 입각 판단

4. 정보처리과정이론

1) 개 념

– 컴퓨터 정보처리 과정을 인간의 인지 과정에 비유, 보다 객관적 방법 사용 사고과정 연구

– 인간의 지적 특성을 유기체로 인식, 끊임없는 자극에 대한 반응을 인간의 지적 과정으로 이해

2) 발달 단계

① 1단계(부호화)

– 정보를 해석할 수 있도록 부호화

② 2단계(반응 결정)

– 자극에 대해 적절한 반응을 검색, 가장 적합한 행위를 결정

③ 3단계(행동 실행)
- 행위 결정에 따른 행동 실행

3) 주 장
① 자극에 대해 조건화가 잘 된 사람은 그렇지 않은 사람에 비해 반사회적 행동 가능성 작음
② 범죄성향이 높은 사람은 인지적 결함 가능성 있고, 의사결정 시 부정확한 정보 사용 가능성 큼

제6절 ▶ 행동 및 학습이론

1. 행동학습과 범죄

- 인간을 이해하는 데 있어 무의식 또는 인격 내부 역동 관계 등 내적 과정을 가정할 필요성 불인정
- 관찰 가능한 수준에서의 자극과 반응과의 관계 중시
- 학습이론에서 기억할 수 없는 경험은 제외, 기억 가능한 경험이 행동에 영향
- 학습이론가들은 강화와 모방을 범죄의 주요 요인으로 봄

2. 스키너(Skinner)의 강화이론

1) 개 념
- 개인의 경험에 대한 강화를 통해 학습이 이뤄진다는 이론
- 자신의 행동에 대한 직접적인 강화물에 의해 강화가 이루어져 학습을 하게 된다고 봄

2) 조작적 조긴화
① 개념
- 어떤 반응에 대해 선택적으로 보상, 그 반응이 일어날 확률을 감소시키거나 증가시키는 방법
- 인간이 환경적 자극에 능동적으로 반응하여 나타내는 행동

② 구성

- 조작적 조건 형성은 자극, 반응, 강화물이라는 세 가지 요소로 구성

③ 복잡한 환경에서 환경에 작용하는 데 필요한 반응패턴을 배우고 선택적으로 강화

3) 강화와 처벌, 소건

① 강화

- 보상을 제공하여 행동의 빈도를 증가시키는 것

② 정적 강화 및 부적 강화

- 정적 강화 : 어떤 행동 뒤에 특정보상을 해주어 그 행동을 강화하는 긍정적 결과나 사건

- 부적 강화 : 불쾌하거나 혐오스러운 자극을 제거해 줌으로써 반응의 가능성 을 높이는 것

③ 처벌

- 혐오 자극을 제공함으로써 행동의 빈도를 감소시키는 것

④ 소건

- 문제행동을 줄이기 위해서 어떤 행동 뒤에 그에 따른 반응을 하지 않아서 더 이상 강화되지 않고 반응이 약화되거나 사라지는 경향

4) 강화스케줄

① 개념

- 보강 스케줄 : 조작 액션을 취득함으로써 특정 액션의 빈도를 증가시키는 것을 목적으로 보강 빈도와 간격을 계획적으로 조정하는 것

② 연속적 강화와 간헐적 강화

- 연속적 강화 : 크게 행동이 일어날 때마다 강화물을 제시

- 간헐적 강화 : 예측할 수 없는 간격을 두고 강화

3. 반두라(Bandura)의 학습이론

1) 개 념

- 공격성도 사회적 학습으로 이뤄짐

- 아이들은 타인의 행동과 관찰을 모방하면서 학습 시작
- 반사회적 폭력이나 범죄 행동도 관찰과 모방을 통한 학습 과정

2) 주 장

① 아이들은 공격성을 배우기 쉬운 환경에서 공격성을 학습
- 공격 행동을 관찰할 기회가 많거나 아이의 공격성을 강화하는 때
- 아이들이 공격의 대상이 되는 경우(매 맞을 때)
② 아이들은 부모의 행동 경향 및 주변 사람·대중매체의 영향 쉽게 받음
③ 따라서 부모가 폭력적 성향 경우, 아이들이 공격성 학습 가능성 큼

4. 타르드(Tarde)의 모방이론

1) 개 념
- 범죄는 정상적으로 학습된 행위
- 인간 행위 본질은 사회생활 중 다른 사람들의 행위를 모방하는 것
- 범죄행위 역시 모방(imitation)에 불과

2) 모방의 법칙
① 거리의 법칙
- 사람과 사람 사이의 거리에 반비례
- 거리가 가까울수록 강하게 모방작용이 행해짐
- 거리는 기하학적 의미 뿐 아니라 심리학적 의미의 거리도 포함
② 위에서 아래로의 법칙
- 사회적 우월자를 중심으로, 상위자에서 하위자로 모방이 진행
- 봉건시대의 귀족에서 민중으로, 근대는 대도시에서 지방으로 진행
- 성인에서 소년으로 모방이 진행
③ 삽입의 법칙(무한 진행의 법칙)
- 보장의 발전과 변화과정에 관한 것
- 단순한 모방이 유행으로, 다시 그 유행이 관습으로 발전·삽입되어 감

제7절 ▏ 범죄심리학이론의 평가

1) 범죄와 인성의 연관성 주장

- 심리학적 범죄론에서는 범죄성이 생물학적 요소(저지능, 정신병)가 외부환
  경과 상호작용을 통하여 범죄로 이어진다고 주장
- 생물학적 범죄론과 다른 점은 이러한 과정이 인성(personality)의 작용을 거
  쳐서 이루어진다는 점을 강조

2) 비인간적 형사정책 비판

- 초기의 이론 특히, 고다드의 정신박약자 등에 대한 범죄성 관련성 주장은 정
  신박약자를 거세 · 격리시키는 등 비인간적인 형사정책의 토대가 되어 비판

3) 범죄자에 대한 치료 주장

- 심리학적 범죄론에서는 범죄성이 치료할 수 있는 심리적 상태라고 가정
- 범죄자에 대한 일반적인 재판절차를 배제하고 심리 전문가에 의한 치료행
  위를 요구
- 특히, 고전학파가 가정하는 '합리적인 계산인'으로서의 자유로운 판단능력
  이 없는 사람들에게는 치료감호처분 등 처벌이 아닌 치료행위를 해야 한다
  고 주장
- 미국에서는 상당 부분 형사정책적으로 반영

4) 매력적 이론, 근거 미약

- 심리학적 범죄론은 일부 범죄학자들 사이에서는 물론, 일반인 사이에서도
  폭넓은 인기
- 범죄자를 정신병자로 치부해버리고 싶은 대중과 일부 학자들에게는 매력적
  인 이론
- 그러나 아직까지 범죄인의 인성과 특정 범죄와의 직접적인 관계에 대해서
  는 근거가 약한 것으로 평가

1. 프로이드(Freud)의 정신분석학에 관한 설명 중 옳지 않은 것은?

① 모든 인간은 공격적, 파괴적, 반사회적 충동이나 본능을 가지고 있다고 가정하고 있다.

② 프로이드는 심리적 세계를 'id · ego · super ego' 등 세 가지의 동질적인 체제로 구성된다고 보았다.

③ 또한 리비도(Libido, 성욕 · 성격)의 발달을 5단계로 구분하였고, 리비도는 3세 이전 '잠복기'에 형성되며 이 시기에 리비도가 정상적으로 형성되지 못하면 범죄를 저지를 확률이 높아진다고 주장하였다.

④ 프로이드의 이론은 초기 아동기 경험과 성적 욕구를 지나치게 강조했을 뿐 아니라, 검증할 수 없는 이론이라고 비판을 받았다.

해설

③ 프로이드는 리비도의 발달을 구강기 · 항문기 · 남근기 · 잠복기 · 생식기 등 5단계로 구분하였으며, 리비도는 '6세 이전 남근기'에 형성되며 이 시기에 리비도가 정상적으로 형성되지 못하면 범죄를 저지를 확률이 높아진다고 주장하였다.

답 ③

2. 성격과 범죄 등에 관한 설명 중 옳은 것은?

① 글룩 부부(Glueck & Glueck)의 '로샤(Rorschach) 검사' 연구 결과, 비행 소년들은 외향적이고 자제력이 약하며 화를 잘 내는 반면, 일반 소년에 비해 실패나 패배를 두려워하여 범죄에 노출될 가능성이 높은 것으로 나타났다.

② 왈도(Waldo)와 디니츠(Dinitz)의 '다면적 인성검사(MMPI) 연구' 중 가장 큰 차이를 보인 부분은 '정신병리적 일탈(제4척도)' 부분으로, 당시 가석방 판결의 기준으로 사용하였다.

③ 사이코패스(Psychopath)는 1920년데 독일의 슈나이더(Schneider)가 처음 소개하였으며, 자신의 능력과 의지를 과대 포장하고 일상적인 사안에도 광적으로 집착한다.

④ 사이코패스의 진단은 캐나다 출신 로버트 헤어(Robert Hare)의 'PCL-R 진단방법'을 사용하며, 40점을 최고점으로 이에 멀어질수록 사이코패스 성향이 높다고 진단한다.

> **해설**

① 글룩 부부의 '로샤(Rorschach) 검사' 연구 결과, 비행 소년들은 외향적이고 자제력이 약하며 화를 잘 내는 반면, 일반 소년에 비해 '실패나 패배를 두려워하지 않는 특징'을 보였다.

③ 사이코패스(Psychopath)는 1920년대 독일의 슈나이더(Schneider)가 처음 소개하였으며, 자신의 현실을 파악하는 '능력과 의지가 결여'되었고' 특정 사안'에 광적으로 집착하는 것이 특징이다.

④ 사이코패스의 진단은 캐나다 출신 로버트 헤어(Robert Hare)의 'PCL-R 진단방법'을 사용하며, 최고점인 40점에 '근접할수록' 사이코패스 성향이 높다고 진단한다.

답 ②

3. 신 프로이드 학파에 관한 설명 중 옳지 않은 것은?

① 융(Jung)은 분석심리학에서 무의식을 개인적 무의식과 집단적 무의식을 구별하여 무의식의 세계를 크게 확장하였다.

② 융(Jung)은 원형들 중 가장 강하고 잠재적으로 매우 위험한 속성을 가진 것을 '페르조나(persona)'라고 하며, 페르조나가 억압되거나 배출이 어려운 경우 비참한 결과를 초래한다.

③ 아들러(Adler)는 인간은 열등감을 극복하기 위해 노력하는 존재라고 보며, 위 이론에 의하면 폭력은 열등감 콤플렉스의 극복과정이라 할 수 있다.

④ 에릭슨(Erikson)은 일생을 통한 성격의 발달을 강조하며 '인간성장 8단계론'을 주장하였고, 부모와 자식 간 관계의 질이 중요하다고 보았다.

> **해설**

② 융(Jung)은 분석심리학에서 무의식을 개인적 무의식과 집단적 무의식으로 구분하여 무의식의 세계를 크게 확장하였으며, 이를 위해 페르조나(persona), 그림자(shadow), 아니마(anima)와 아니무스(animus) 등 개념을 사용하였다. '페르조나'는 인간 정신의 외적인 인격 특성을 의미하고, '그림자'는 인간의 기본적인 동물적 본성을 포함하는 원형으로 원형들 중 가장 강하고 매우 위험한 속성을 가진다고 보았으며, '아니마와 아니무스'는 인간 정신의 내적인 인격 특성을 말한다.

답 ②

4. 융(Jung)의 분석심리학에서 사용한 개념 중 괄호 안에 들어갈 말이 바르게 짝지어진 것은?

> ㉮ (   ) : 프로이드의 원초아(id)에 해당하며 인간의 기본적인 동물적 본성을 포함하는 원형이다.

④ (   ) : 타인과의 관계에서 내보이는 공적인 얼굴로써 진정한 내면의 나와 분리될 경우에 자신의 본성을 상실한다.
④ (   ) : 남성 성격의 여성적인 면으로, 남성들이 여성적인 행동을 하는 것을 의미한다.
㉑ (   ) : 여성 성격의 남성적인 면으로, 여성들의 공격적인 행동을 의미한다.

① 그림자 – 페르조나 – 아니마 – 아니무스
② 페르조나 – 아니마 – 그림자 – 아니무스
③ 아니마 – 아니무스 – 그림자 – 페르조나
④ 페르조나 – 그림자 – 아니마 – 아니무스

해설

㉮ '그림자(shadow)' : 프로이드의 원초아(id)에 해당하며 인간의 기본적인 동물적 본성을 포함하는 원형으로, 그림자가 자아와 조화를 이루면 위험에 효과적으로 대응할 수 있다.
㉯ '페르조나(persona)' : 타인과의 관계에서 내보이는 공적인 얼굴로써 진정한 내면의 나와 분리될 경우에 자신의 본성을 상실하며, 과도한 페르조나는 자신이나 타인에게 해를 끼치고 범죄에 휘말릴 수도 있다.
㉰ '아니마(anima)' : 남성의 여성적인 심상으로, 남성들이 여성적인 행동을 하는 것을 의미한다.
㉱ '아니무스(animus)' : 여성의 남성적인 심상으로, 여성들의 공격적인 행동을 의미한다.

답 ①

5. 정신장애와 범죄에 관한 설명 중 옳지 않은 것은?

① 정신병질은 반사회적 성격장애로 성격장애와 품행장애를 보이며, 품행장애의 경우에 10세 이전 발현 시 치료가 어려우나 청소년기 발현 시는 나이가 들수록 반사회적 행위가 감소하는 경향이 있다.
② 정신분열증은 범죄자 중 가장 많이 발견되는 증상으로 '조현병'이라고도 하며, 인지·동기·정서 등 심리과정에 결함이 심가하며 비현실적인 증상을 보인다.
③ 편집증은 '망상장애'라고 불리며, 일정 시간 주의 집중이 매우 어려운 주의장애와 주변 사람과 상황을 전혀 다르게 인식하는 지각장애를 동반한다.
④ 신경증은 '노이로제'라고도 하며 크게 불안신경증과 강박신경증으로 분류할 수 있고, 공황장애는 불안신경증의 한 종류이다.

> **해설**
>
> ③ '편집증(paranoia)'은 '망상장애'라고 불리며, 전반적으로 근거 없는 의심을 많이 하고 사람을 믿지 않으며 타인의 진실을 받아들이지 못하고 숨은 동기를 찾는데 몰두한다. 일정 시간 주의 집중이 매우 어려운 주의장애와 주변 사람과 상황을 전혀 다르게 인식하는 지각장애를 동반하는 것은 '정신분열증(psychosis)'의 증상이다.
>
> 답 ③

6. 다음 범죄이론의 내용과 주장자를 올바르게 연결한 것은?

> ㉮ 판단력과 통찰력 등이 부족한 사람은 충동적인 범죄를 저지르기 쉬우며, 이들은 범죄 위험성이 크므로 단종 또는 격리해야 한다.
> ㉯ 일반적으로 '정신병리' 또는 '사회병리'와 동의로 사용되며, 미래의 목표보다는 현실의 목표를 과대평가하고 목표 성취에 대한 사고와 계획성이 결여된 특징을 갖는다.
> ㉰ 일종의 '성격장애'로 외부 자극에 부자연스러운 반응이며, 10가지 분류 중 '무정성'은 롬브로조(Lombroso)의 생래적 범죄자 및 가로팔로(Garofalo)의 자연범과 유사하다.

> ⓐ 슈나이더(Schneider)의 정신병질이론
> ⓑ 고프(Gough)의 반사회적 인성이론
> ⓒ 고다드(Goddard)의 정신박약이론

① ㉮ - ⓐ, ㉰ - ⓑ
② ㉯ - ⓑ, ㉰ - ⓐ
③ ㉯ - ⓐ, ㉮ - ⓑ
④ ㉰ - ⓐ, ㉯ - ⓒ

> **해설**
>
> ㉮ 고다드(Goddard)의 정신박약이론 : 판단력과 통찰력 등이 부족한 사람은 충동적인 범죄를 저지르기 쉬우며, 이들은 범죄 위험성이 크므로 단종 또는 격리해야 한다.
> ㉯ 고프(Gough)의 반사회적 인성이론 : 일반적으로 '정신병리' 또는 '사회병리'와 동의로 사용되며, 미래의 목표보다는 현실의 목표를 과대평가하고 목표 성취에 대한 사고와 계획성이 결여된 특징을 갖는다.
> ㉰ 슈나이더(Schneider)의 정신병질이론 : 일종의 '성격장애'로 외부 자극에 부자연스러운 반응이며, 10가지 분류 중 '무정성'은 롬브로조(Lombroso)의 생래적 범죄자 및 가로팔로(Garofalo)의 자연범과 유사하다.
>
> 답 ②

7. 슈나이더(Schneider)가 분류한 정신병질의 특징과 범죄성에 관한 설명 중 괄호 안에 들어갈 말이 바르게 짝지어진 것은?

> ㉮ (   ) : 자기 운명과 능력에 대해 지나치게 낙관적인 성격을 가졌고, 충동적이고 경솔하며 불안정한 성격이다.
>
> ㉯ (   ) : 자극에 대해 지나치게 반응하고 병적인 흥분이 잦으며, 타인의 공격 뿐 아니라 자신에 대해 자해도 시도하기도 한다.
>
> ㉰ (   ) : 냉혹하고 냉담하며, 동정심 수치심 등의 인간적인 감정이 없는 성격으로 살인 · 강도 등 흉악범이나 조직범죄와 관련이 있다.
>
> ㉱ (   ) : 개인적 · 이념적인 목적 달성에 열중하며 타인을 불신하는 경향이 있어서, 정치 확신범 및 사이비 종교범 등이 해당하며 재범 확률이 높다.

| | ㉮ | ㉯ | ㉰ | ㉱ |

① 열광성 – 무정성 – 폭발성 – 발양성
② 발양성 – 폭발성 – 무정성 – 열광성
③ 폭발성 – 무정성 – 열광성 – 발양성
④ 열광성 – 폭발성 – 발양성 – 무정성

해설

㉮ '발양성 정신병질': 자기 운명과 능력에 대해 지나치게 낙관적인 성격을 가졌고, 충동적이고 경솔하며 불안정한 성격이다.
㉯ '폭발성 정신병질': 자극에 대해 지나치게 반응하고 병적인 흥분이 잦으며, 타인의 공격 뿐 아니라 자신에 대해 자해도 시도하기도 한다.
㉰ '무정성 정신병질': 냉혹하고 냉담하며, 동정심 수치심 등의 인간적인 감정이 없는 성격으로 살인 · 강도 등 흉악범이나 조직범죄와 관련이 있다.
㉱ '열광성 정신병질': 개인적 · 이념적인 목적 달성에 열중하며 타인을 불신하는 경향이 있어서, 정치 확신범 및 사이비 종교범 등이 해당하며 재범 확률이 높다.

답 ②

8. 아이젠크(Eysenck)의 인성이론에 관한 설명 중 옳지 않은 것은?

① 사람을 외향성자(extrovert) 및 내향성자(introvert)로 구분하였고, 범죄자는 대체로 외향적 성격이 높다고 주장하였다.
② 학습에서 외향인은 처벌의 영향을 많이 받고, 내향인은 보상에 의한 영향을 더욱 많이 받는다.

③ 성격의 3차원 모델은 정신이상(P), 외향성(E), 신경성(N)을 의미하며, 'P − E − N 모델'이라고도 한다.

④ 신경증 성향은 정서적 안정성과 불안정성을 측정하며, 신체적인 통증의 호소를 하는 경우가 빈번하고 많다.

해설

② 내향인은 사회적 금지사항을 더욱 쉽게 학습하며 결과 행동이 억제되어 있어, 학습에서 '내향인은 처벌의 영향'을 더 많이 받는다. 반면, 외향인은 사교적이고 흥미로운 것을 추구함에 따라 처벌보다는 보상에 의한 영향을 더욱 많이 받는다.

답 ②

9. 피아제(Piaget)가 분류한 도덕의 3단계에 관한 설명 중 괄호 안에 들어갈 말이 순서대로 바르게 짝지어진 것은?

> ㉮ (   ) : 규칙에 대한 존중이 발달하고 규칙을 절대적인 권위로 인식하므로, 규칙을 반드시 지켜야 하며 규칙을 위반하면 처벌받는다고 생각한다.
>
> ㉯ (   ) : 규칙은 사회에서 서로가 잘 공존하기 위해 만든 것으로 이해하고, 규칙은 사람들의 합의에 합의에 의한 것이므로 변경이 가능한 것으로 생각한다.
>
> ㉰ (   ) : 도덕에 관한 관심이 없으며 규칙을 의식하지 않고 관심조차 없다.

① 자율적 도덕성 − 타율적 도덕성 − 전 도덕기
② 타율적 도덕성 − 전 도덕기 − 자율적 도덕성
③ 전 도덕기 − 자율적 도덕성 − 타율적 도덕성
④ 타율적 도덕성 − 자율적 도덕성 − 전 도덕기

해설

㉮ '타율적 도덕성': 규칙에 대한 존중이 발달하고 규칙을 절대적인 권위로 인식하므로, 규칙을 반드시 지켜야 하며 규칙을 위반하면 처벌받는다고 생각한다.

㉯ '자율적 도덕성': 규칙은 사회에서 서로가 잘 공존하기 위해 만든 것으로 이해하고, 규칙은 사람들의 합의에 합의에 의한 것이므로 변경이 가능한 것으로 생각한다. 때로는 생명이나 더 중요한 이유로 규칙을 위반할 수도 있다고 인식한다.

㉰ '전 도덕기': 도덕에 관한 관심이 없으며 규칙을 의식하지 않고 관심조차 없다. 옳고 그름의 판단에 있어서 일관되지 않은 기준을 적용한다.

답 ④

10. 다음 범죄이론의 내용과 주장자를 올바르게 연결한 것은?

> ㉮ 규칙에 대한 존중과 사회적 정의의식으로 사회에서 규정한 규칙 아래서 모든 사람이 공평하고 정당하게 대우받고 있는가에 대해 관심을 두었다.
> ㉯ 개인이 아닌 타인의 입장을 이해하고 사회 속에서 적응해가는 행동 경향이다.
> ㉰ 환경에 대한 개인의 독특한 적응에 영향을 미치는 인격, 기질, 지성, 신체 요소들이 안정되고 영속적으로 조직화된 것이다.

> ⓐ 도덕적 성숙
> ⓑ 성격
> ⓒ 도덕성

① ㉮ - ⓐ, ㉯ - ⓒ
② ㉯ - ⓒ, ㉰ - ⓐ
③ ㉯ - ⓑ, ㉰ - ⓐ
④ ㉰ - ⓑ, ㉮ - ⓒ

해설

㉮ '도덕적 성숙':규칙에 대한 존중과 사회적 정의의식으로 사회에서 규정한 규칙 아래서 모든 사람이 공평하고 정당하게 대우받고 있는가에 대해 관심을 두었다. (피아제(Piaget)의 도덕발달이론)
㉯ '도덕성':개인이 아닌 타인의 입장을 이해하고 사회 속에서 적응해가는 행동 경향이다. (콜버그(Kohlberg)의 도덕발달이론)
㉰ '성격': 환경에 대한 개인의 독특한 적응에 영향을 미치는 인격, 기질, 지성, 신체 요소들이 안정되고 영속적으로 조직화된 것이다. (아이젠크(Eysenck)의 인성이론)

답 ①

11. 행동 및 학습이론에 내용과 주장자를 올바르게 연결한 것은?

> ㉮ 자신의 행동에 대한 직접적인 강화물에 의해 강화가 이루어져 학습을 하게 된다고 보았다.
> ㉯ 아이들은 공격성을 배우기 쉬운 환경에서 공격성을 학습하며, 부모의 행동 경향이나 주변의 사람·대중매체의 영향을 쉽게 받는다.
> ㉰ 범죄는 정상적으로 학습된 행위이며 인간 행위의 본질은 사회생활 중 다른 사람들의 행위를 모방하는 것이므로, 범죄행위 역시 모방에 불과하다고 보았다.

> ⓐ 스키너(Skinner)
>
> ⓑ 반두라(Bandura)
>
> ⓒ 타르드(Tarde)

① ㉮ - ⓐ, ㉯ - ⓒ

② ㉯ - ⓐ, ㉰ - ⓑ

③ ㉰ - ⓒ, ㉮ - ⓐ

④ ㉮ - ⓑ, ㉯ - ⓒ

해설

㉮ '스키너(Skinner)': 자신의 행동에 대한 직접적인 강화물에 의해 강화가 이루어져 학습을 하게 된다고 보았다.

㉯ '반두라(Bandura)': 아이들은 공격성을 배우기 쉬운 환경에서 공격성을 학습하며, 부모의 행동 경향이나 주변의 사람·대중매체의 영향을 쉽게 받는다.

㉰ '타르드(Tarde)': 범죄는 정상적으로 학습된 행위이며 인간 행위의 본질은 사회생활 중 다른 사람들의 행위를 모방하는 것이므로, 범죄행위 역시 모방(imitation)에 불과하다고 보았다.

답 ③

12. 다음 설명하는 개념에 해당되는 것은 무엇인가?

> 어떤 반응에 대해서 선택적으로 보상을 하고 그 반응이 일어날 확률을 감소시키거나 증가시키는 방법을 의미한다.

① 조작적 조건화

② 부적 강화

③ 처벌

④ 소거

해설

② '부적강화'는 불쾌하거나 혐오스러운 자극을 제거해 줌으로써 반응의 가능성을 높이는 것이다.

③ '처벌'은 혐오 자극을 제공함으로써 행동의 빈도를 감소시키는 것이다.

④ '소거'는 문제행동을 줄이기 위해서 어떤 행동 뒤에 그에 따른 반응을 하지 않아서 더 이상 강화되지 않고 반응이 약화되거나 사라지는 경향이다.

답 ①

13. 타르드(Tarde)의 모방의 법칙에 관한 설명 중 옳은 것은 몇 개인가?

> ㉮ 모방의 법칙에는 거리의 법칙, 위에서 아래로의 법칙, 삽입의 법칙 등이 있다.
>
> ㉯ 거리의 법칙은 사람과 사람 사이의 거리에 반비례한다는 것으로 거리가 가까울수록 모방작용이 강하게 행해진다.
>
> ㉰ 위에서 아래로의 법칙은 사회적인 우월자 중심으로, 상위자에서 하위자로 모방이 진행된다.
>
> ㉱ 삽입의 법칙은 '무한진행의 법칙'이라고도 하며, 단순한 모방이 유행으로 그 유행이 다시 관습으로 발전되고 삽입되어가는 것을 말한다.

① 1개
② 2개
③ 3개
④ 4개

> **해설**
>
> ④ 모두 올바른 지문이다.
>
> 답 ④

14. 범죄심리학이론의 평가에 관한 설명 중 옳지 않은 것은?

① 범죄심리학이 생물학적 범죄론과 다른 점은 범죄 과정이 인성의 작용을 거쳐서 이루어진다는 점이다.

② 심리학적 범죄론에서는 범죄성을 치료할 수 있는 심리적 상태라고 가정하고 범죄자들에게 치료감호처분 등 처벌이 아닌 치료행위를 해야 한다고 주장하였으나, 이는 미국 등에서 형사정책적으로 반영되지 못하였다.

③ 초기의 이론 특히, 고다드의 정신박약자 등에 대한 범죄성 관련성 주장은 정신박약자를 거세나 격리시키는 등 비인간적인 형사정책의 토대가 되어 비판을 받았다.

④ 범죄심리학은 범죄자를 정신병자로 치부해버리고 싶은 대중과 일부 학자들에게는 매력적인 이론이나, 아직까지 범죄인의 인성과 특정 범죄와의 직접적인 관계에 대해서는 근거가 약한 것으로 평가받고 있다.

> **해설**
>
> ② 범죄심리학적 이론은 범죄성을 치료 가능한 심리상태라고 가정하고 범죄자에 대해 일반적인 재판절차를 배제하고 심리 전문가에 의한 치료행위를 요구하였다. 특히, 고전

학파가 가정하는 '합리적인 계산인'으로서의 자유로운 판단능력이 없는 사람들에게는 치료감호처분 등 처벌이 아닌 치료행위를 해야 한다고 주장하였으며, 이는 미국에서 상당 부분 형사정책적으로 '반영'되었다.

답 ②

제4장 사회학적 측면의 범죄

| 제1절 | 사회구조이론 |

1. 사회해체이론

1) 의 의

① 개념

- 사회해체 : 공식적인 사회통제 또는 비공식적인 사회통제가 붕괴되어 가는 과정, '사회조직의 분화'라고도 함
- 사회 생태적 특징이 범죄율을 결정한다고 가정

② 특징

- 사회 해체된 지역은 주거 환경이 열악하고 이웃 주민들 간에도 유대관계가 없는 도심지
- 주거 및 상업지역이 혼재, 유동인구가 많고 이웃 이동이 심해 사회적 유대관계가 단절
- 위와 같은 지역에서는 가정, 기업, 교회 등 통제기관들이 공식적인 기능 수행 어려워 범죄율 발생 높음
- 사회 해체된 지역의 사람들은 서로 불신 긴장, 이웃 간의 갈등 문제 해결 어려움
- 결론적으로 범죄 및 반사회적 행동을 선택

2) 시카고(Chicago) 학파

① 배경

- 1920−30년대 미국 시카고 대학을 중심으로 생태학적으로 범죄를 설명한 학파
- 범죄는 개인적 요인(생물학적 또는 심리학적)이 아닌 사회환경(특히, 지역사회)에 관련되어 있다고 주장

② 원인

- 급격한 도시발전, 이민, 가난 등에 의한 가족과 학교, 교회 등 전통적 기관의 붕괴 가능성 심화
- 이로 인한 가족과 이웃 사회의 결합 약화, 특히 슬럼(slum)이 범죄 주요 원인이 됨

③ 주장
- 이민자의 다수 거주 지역인 시카고 슬럼 지역이 거주민 변동에도 불구하고 지속적인 높은 범죄율에 주목
- 따라서 지역의 특수한 환경이 범죄 발생의 주요 요소이며, 환경은 계속 전달되는 것이라 주장

3) 파크(Park)의 생태학적이론
- 도시의 발전도 다른 생물학적 생태 시스템과 같이 침략, 갈등, 수용 등의 절차에 따라 일정한 패턴을 반복
- 이와 같은 것은 범죄와 같은 인간의 행태에 영향을 주게 된다고 주장

4) 버제스(Burgess)의 동심원이론
① 모델
- 시카고 지역을 비행 분포에 따라 5개 지역으로 구분, 각 지역 범죄 발생률 조사
- 5개 지역 : 중심상업지역, 전이지역, 노동자 거주지역, 중류층 거주지역, 외부 통근지역)

② 주장
- 제2지역인 '전이지역'이 가장 높은 범죄율, 제5지역인 외부통근지역은 가장 낮은 범죄율 보임
- 도심지역과 전이지역은 범죄 발생률이 지속해서 높고, 도심에서 멀어질수록 점차 범죄율이 낮아짐을 발견

③ 원인
- 전이지역 : 급격한 도시발전, 이민, 가는 등에 의한 전통적 통제기관의 붕괴 및 제 기능 어려움, 가족과 이웃 결합이 약화되어 범죄 발생
- 범죄 발생은 개인적 요인이기보다 경제적 빈곤, 열악한 주거 환경, 결손 또는 가정파탄, 높은 유아 사망률, 정신장애 비율, 높은 인구 이동, 이질적 인

종 유입 등 많은 사회적 요인들이 주민들 간에 계속 전달된 결과로 봄

5) 쇼(Shaw)와 멕케이(Mckay)의 사회해체이론

① 배경

- 생태적 분석의 개척자인 버제스(Burgess)와 파크(Park)의 큰 영향
- 시기적으로 미국 도시지역의 생태적 전이가 극심
- 외국인들이 이민 급격한 유입과 인구의 폭발적 증가, 보건과 환경적 위험 직면

② 주장

- 청소년 범죄에 관한 법원의 통계를 시카고의 도시지역 범죄율 분포와 비교
- 청소년 범죄 비율이 인종 및 민족과 관계없이 슬럼(slum) 지역은 높고, 부유층 거주지역은 낮음을 확인
- 슬럼가의 도시팽창, 이민자 증가, 가난 악화 등으로 사회해체
- 위 거주지역 청소년은 가족과 전통사회의 돌봄과 격려 어려워 비행에 빠져든다고 주장(비행 청소년)
- 또한 슬럼가 청소년들의 성인 범죄자들과의 관계 주목, 사회해체는 범죄문화를 만들고 전달되도록 한다는 결론(문화전달)

6) 토마스(Thomas)의 사회해체이론

① 전제

- 1920년대 초 시카고와 같은 거대 이민자 유입이 있는 경우 사회문화는 급격히 변화
- 위 변화는 기존 사회와 이민 사회의 일차적 관계(Face−to−Face)를 단절시킴

② 주장

사회해체 : 사회가 새로운 기존 사회질서에 효과적으로 결합되지 않는 아이디어와 관습을 접하면 생기는 현상
- 사회해체는 이민자들의 대량 유입과 같은 급격한 사회 변화의 시기에 나타나는 현상이라 주장
- 사회해체는 개인행동을 통제하는 사회질서의 효율성 감소, 결국 범죄와 같은 병리 현상을 초래

7) 평 가

① 성과
- 시카고 학파의 이론은 현대 사회학적 범죄학의 가장 주요한 성과라고 평가됨

② 비판
- 슬럼가의 하위계층 범죄만을 설명하고 중산층이나 상류층 범죄 설명은 제외
- 사회해체의 개념이 청교도 거주 농촌 외곽 지역을 이상적 모델로 전제하고 도심지를 해체된 사회로 주장, 다분히 중산층 이상을 위한 왜곡된 이론이라는 비판
- 조사방법론적으로 시카고 학파는 경찰이나 법원 등 공식적 통계만 의존, 통계의 왜곡 현상을 고려하지 못함

2. 긴장이론

1) 의 의

① 범죄가 하층 계급의 사회에 대한 좌절과 분노의 직접적인 결과
- 사람들은 비슷한 가치와 목표를 가지지만, 목표를 달성하기 위한 능력은 사회경제적 계층에 따라 달라짐
- 즉, 부유계층보다 하위계층이 교육 · 직업적 기회의 감소로 경제적으로 열악, 합법적인 성공 불가능 상태에 놓임

② 목표와 수단 간의 괴리 현상이 범죄를 발생
- 이처럼 하위계층은 사회에 대한 분노와 긴장으로 일탈적 행위 또는 범죄를 실행
- 모든 사람은 중류계층의 삶을 목표 설정, 그러나 목표 미성취에 따른 좌절감이 하류 계층의 범죄 발생

2) 뒤르캠(Durkheim)의 아노미이론

① 개념
- 아노미(anomie)는 초기에 무규범 상태 또는 무규율상태를 의미, 이후에 신념체계의 갈등 또는 붕괴상태, 도덕적인 부작용 등 여러 의미로 사용

② 아노미이론

- 아노미는 끝없는 자기 욕망을 사회규범이나 도덕으로써 제대로 규제하지 못하는 상황
- 이런 사회상태에서 욕망 분출 또는 좌절에 의한 긴장을 해소
- 자살 또는 범죄 등은 일탈의 한 형태로 파악
- 사회응집력(cohesion)의 정도에 따라 자살률 변동, '통합'과 '규범'의 정도의 차이가 자살의 원인
③ 자살의 유형
- 자살 유형(4가지) : 이기주의적 자살, 이타주의적 자살, 아노미적 자살, 숙명론적 자살

유 형	내 용
이기주의적 자살	사회적 '통합'의 정도가 너무 낮을 때 발생하는 자살(현실 부적응 · 소외감 · 고독감 · 극단적 개성 등, 가장 높은 원인)
이타주의적 자살	사회적 '통합'의 정도가 너무 높을 때 발생하는 자살(2차대전 일본의 가미카제 특공대, 순교자 등)
아노미적 자살	가치 '규범'이 너무 약해져서 발생하는 자살(전통과 현대사회 가치 충돌 및 규제 부재, 빠른 경제성장 혼란 인한 중산층 자살 증가 등)
숙명론적 자살	가치 '규범'이 강해서 발생할 수 있는 자살(성적 비관, 낙오자 비관 등)

④ 주장
- 범죄정상설 : 모든 사회에서 범죄는 어쩔 수 없이 나타나는 현상, 병리적이기 보다 정상적인 현상
- 범죄 발생 원인으로 아노미적 상황을 주장
- 사회 통합력 저하 및 도덕적 권위의 훼손을 아노미(anomie)로 규정
- 뒤르캠(Durkheim)의 아노미 이론은 머튼(Merton)의 긴장이론으로 발전

3) 머튼(Merton)의 긴장이론
① 개념
- 문화적 목표와 제도화된 수단 간의 괴리로 인해 범죄 발생
- 범죄는 개인적 문제(결핍 · 허물)가 아닌 사회문화적 요인의 영향
- 즉, 목표의 성취가 강조되는 것과 달리 성취의 기회는 제한

② 범죄 원인
- 성공이라는 목표가 사회적으로 승인된 수단보다 더욱 우선시, 수단의 정당성과 적절성보다 수단과 방법을 가리지 않고 목표만 달성하면 된다는 생각이 지배적
- 사회계급에 따라 수단과 목표에 접근하는 길이 차별화, 모든 사람이 공정한 규칙에 의해 동일한 성공의 기회를 부여받는 것이 아님
- 이와 같은 목표와 수단 간의 괴리 현상이 범죄를 발생시키는 요인이 된다고 주장

③ 아노미에 대한 적응유형(5가지)

유 형	내 용
순응형 (동조형)	개인이 문화적 목표와 제도화된 수단을 수용하는 형태, 목표 달성에 장애가 발생해도 운명으로 여기고 제도적 수단을 통해 성공시도(인정적 사회에서 가장 공통적 유형)
혁신형 (개혁형)	현재의 목표를 제도화된 수단으로 달성할 수 없다고 여기고 일탈적인 수단을 통해서 목표를 달성하려는 형태, 문화적 목표는 수용하지만 합법적인 수단을 거부
의례형 (의식형)	문화적 목표를 포기하지만 제도화된 수단을 철저히 지키는 형태, 개인 목표에 상관없이 전통적 의식을 실천함으로써 만족(범죄 행동 수준이 가장 낮음)
은둔형 (도피형)	문화적 목표와 수단을 모두 거부하고 현실 도피적 생활을 하는 형태, 목표 설정이나 목표 달성을 위한 어떠한 시도도 하지 않음(사회낙오자, 폐인 등)
혁명형 (반역형)	전통적인 성공목표와 수단을 모두 거부하지만 새로운 목표와 수단으로 대체하려는 형태, 기존 사회 구조를 거부하고 급진적인 변화를 추구(정치혁명가, 테러범 등)

④ 무질서 상황과 사람들의 적응형태

유 형	문화적 목표	제도화된 수단	예	비 고
순응형	+	+	대부분의 정상인	無爲
혁신형	+	−	전통적 재산범죄자	규범 위반
의례형	−	+	하층 관료 · 샐러리맨	목표 약화
은둔형	−	−	약물 중독자 · 부랑자	현실도피
혁명형	±	±	반역가 · 혁명가	현실타파

⑤ 적응유형과 범죄 관련성
- 범죄예방을 위해서는 목표 성취를 위한 합법적 기회가 적은 하위계층에 많은 경제적 기회를 제공
- 갑작스러운 경기변동에 따른 침체 시 절도 및 강도범죄의 증가는 아노미적 상황의 영향으로 볼 수 있음

⑥ 평가
- 사회학적 범죄이론 중 가장 영향력 있는 이론 중 하나
- 범죄는 인간의 성격이 아닌 사회적 조건에 의해 발생함을 주장, 20세기 후반 범죄의 통제에 큰 영향
- 그러나 아노미와 관련된 사회적 여건들의 개인행동에 영향을 미치는 전환요인에 대한 설명이 불분명
- 아노미 사회의 상대적 박탈감과 범죄 실행 간의 상관관계 분석 어려움
- 사람들이 왜 특정 범죄유형을 범하는지에 대한 설명 못함

4) 메스너(Messner)와 로젠펠드(Rosenfeld)의 제도적 아노미이론

① 개념
- 뒤르캠(Durkheim)과 머튼(Merton)의 아노미이론을 계승, 미국의 범죄 현상을 거시적 관점에서 접근하는 이론
- 기존 하위계층만을 대상으로 한 한계를 벗어나 다양한 제도의 기능을 고려

② 범죄 원인
- '범죄와 미국의 꿈'의 저서에서 미국 사회 구조 제도가 범죄의 원인이라고 주장
- 즉, 미국 사회의 지나친 경제적 성공 강조와 종교와 자선 등을 무시하는 제도가 범죄 원인이 된다는 것
  자본주의 문화와 구조가 범죄를 조성하고 유지시키는 환경을 조성
- 단순한 경제 제도의 지배가 아니라 제도적 불균형 그 자체가 아노미 현상을 초래하고 범죄를 양산

③ 평가
- 지역의 범죄 감소를 위한 전략적인 청사진을 제시함
- 시민들에게 경제적 안전망을 제공함으로써 제도적 불균형을 해소하면 경제

범죄의 감소를 이룰 수 있음

5) 애그뉴(Agnew)의 일반긴장이론

① 개념

- 머튼(Merton)의 아노미 · 긴장이론을 미시적 관점에서 접근, 개인에 대한 긴장의 영향을 확인하려는 이론
- 긴장과 스트레스를 느끼는 사람들이 더 많이 범죄를 실행하는 이유 설명
- 하위계층에 한정된 범죄가 아닌 계층에 상관없는 일반적 설명 제시

② 범죄 원인

- 긴장과 좌절을 유발하는 사회환경적 요소가 범죄의 원인이자 동기로 작용
- 부정적이고 파괴적인 관계 속에서 발생하는 분노, 좌절, 적대감 등의 부정적인 감정 상태가 범죄의 직접적인 결과
- 즉, 범죄를 일으키는 부정적이 감정 상태는 다양한 원천에서 생기는 긴장때문에 생성

③ 부정적 긴장의 유형(4가지)

- 유형 : 긍정적 목표 달성의 실패, 기대와 성취 사이의 괴리, 긍정적 자극의 소멸, 부정적 자극의 생성

유 형	내 용
긍정적 목표 달성의 실패	목표 달성을 위한 수단과 관련된 기회의 차단 뿐만 아니라 능력과 기술의 부족 등 개인적 무능력으로 인한 실패
기대와 성취 사이의 괴리	자신보다 더 나은 사람과 비교함으로써 느끼는 부정적 감정 상태, 대부분 분노 · 원망 · 실망으로 이어짐
긍정적 자극의 소멸	희망 · 즐거움 등 긍정적 자극의 제거로 인한 많은 스트레스와 긴장 상태 유발, 책임자에 대한 복수나 상실한 자극 회복을 위한 일탈 행동
부정적 자극의 생성	사람 간의 경쟁적 관계 속에서 오는 부정적 감정, 사회나 타인에 대한 분노는 개인의 비행 선택의 강력한 요인

④ 주장

- 이 같은 긴장 요인들로 인하여 부정적인 감정(화, 우울 등)을 경험하기 때문에 범죄를 저지른다고 주장
- 즉, 분노 · 우울 같은 부정적 감정이 최종적인 범죄 원인, 이를 해소하기 위

해서 범죄를 실행한다는 것

⑤ 평가

- 긴장이라는 개념을 구체화하고 미래의 연구 의제를 제시한다는 점에서 높은 평가
- 긴장의 근원은 목표와 수단 간의 괴리 뿐 아니라 다양한 변수가 존재한다는 것을 강조
- 분노가 범죄유발 가능성 요인이기는 하나 분노와 범죄의 연관성 입증 못함
- 긴장 내지 스트레스가 원인이라는 설명만 할 뿐, 계층에 따라 범죄율이 달라지는 이유를 설명하지 못함
- 또한 분노 등에 의한 범죄 연관성 범죄가 폭력범죄나 공격성 범죄에 국한되었다는 비판

3. 문화적일탈이론

1) 의 의

① 개념

- '하위문화이론'으로 불림
- 열악한 지역에 사는 사람들이 사회적 고립과 함께 경제적 박탈감에 어떻게 반응하는가를 살펴보기 위해 사회해체와 긴장효과를 결합한 이론

② 가정

- 하위계층의 생활은 메마르고 절망적이기 때문에 자신들만의 규칙과 가치로 구성된 독립된 하위문화를 형성
- 이때 형성된 하위문화는 대체로 비도덕적이며 일탈적 성격 띠는 것이 다수
- 하위계층 문화는 중류계층 문화를 따라갈 수 없기에 전통적 규범과 충돌
- 또한 빈민가 사람들은 그들이 일상적으로 접촉하는 일탈 문화를 따라야 하므로 법 위반을 할 수밖에 없음
- 하위계층 청소년들은 사회적 혜택의 소외감을 극복하고 생존을 위해 일탈 문화와 같은 행동 양식을 개발한 것이라 가정

2) 밀러(Miller)의 하위계급문화이론

① 개념

- 하위계층의 사람들은 사회적 규범보다 그들이 속한 집단의 규칙에 따라 행동하기 때문에 자연스레 범죄를 저지를 수밖에 없다는 이론
- 하위계층에는 고유한 문화가 있고, 이에 따라 행동함으로써 중류계층의 법 위반을 통해 범죄가 발생
- 따라서 범죄는 중류계층의 가치와 행동규범에 대한 원한이나 반발이 아닌 하위계층 고유의 집중된 관심 추구에서 형성된 것

② 주장
- 밀러는 '비행집단의 형성과정으로서 하위계층문화'라는 논문에서 하위계층의 특별한 6가지 가치체계의 존재를 강조
- 하위계층의 핵심가치(6가지) : 말썽 유발, 강인함, 영악함, 자극추구, 운명, 자율성
- 이 가치체계는 하위계층 문화를 결정하며 사람들의 생활을 지배하는 핵심 준칙
- 즉, 하위계층의 핵심준칙에 대한 순응은 폭력적이거나 불법적인 행동을 촉진

③ 하위계층의 6가지 핵심가치
  ㉮ 말썽 유발(trouble)
  - 하위계층은 말썽 유발 활동에 실제적 또는 잠재적 관여 정도에 의해 평가
  - 말썽 유발은 싸움과 음주, 성적 비행 같은 것을 의미
  - 말썽 유발을 잘하고 또 이것을 잘 해결하는 능력을 갖춘 사람이 높은 평가를 받음
  - 반대로 말썽을 해결하지 못하거나 결과에 대한 책임을 못 지면 무능력자로 취급
  ㉯ 강인함(toughness)
  - 하위계층의 남자들은 집단 내에서 육체적 또는 정신적 강인함을 인정받고 싶어 함
  - 감상적이거나 연약한 태도를 거부, 싸움능력과 운동기술을 중요시
  - 위 기준에 충족되지 못한 사람은 나약하거나 무능력한 자로 평가
  ㉰ 영악함(smartness)
  - 하위계층은 세상 물정에 밝고 기지가 있는 이미지를 유지하고 싶어 함

- 상대를 꾀로 이기는 능력을 갖추거나 영리하게 다양한 언어를 구사하여 자신을 과시
- 공식적 교육은 형편없어도, 법 위반 행동을 기지로 피해 살아남는 생존 지혜를 가지는 것에 관심(사기도박 등)
- 영악함은 폭력에의 의존을 원치 않으므로 억셈과는 상충

㉘ 자극추구(excitement)
- 하위계층은 단조로운 생활에 활력을 넣기 위해 재미있고 흥미진진함을 추구
- 무기력하고 재미없는 권태감의 해소를 위해 비행을 선택
- 그러므로 도박, 싸움, 음주, 성적 비행을 추구

㉙ 운명(fatalism)
- 하위계층은 그들의 운명이 강력한 영적 힘에 달려 있음을 믿음
- 그들의 생활은 강력한 외적 요소에 의해 지배됨으로 인간의 의지와는 관계없다고 여김
- 따라서 범죄를 실행하고 처벌받는 것도 운명이라 생각, 대수롭지 않게 여기는 경향

㉚ 자율성(autonomy)
- 하위계층은 모든 행동은 자신의 의지와 강인한 정신에 의해 결정되어야 한다고 믿음
- 그러나 자신이 처한 환경으로 타인들로부터 명령과 간섭을 받고 있다고 생각
- 따라서 기존의 경찰·교사·부도 등 전통적인 권위를 부정

④ 평가
- 미국 사회의 문화가 동일한 가치와 목표를 추구한다는 구조 기능론자들을 반박, 미국 사회를 이질적인 문화와 가치관이 혼재하는 다원 사회로 파악
- 하류 계층의 사람들은 중류층과는 다른 사회화과정을 거치므로 상이한 그들만의 하위문화를 구성, 위 하위문화는 지배계층의 문화와 갈등 초래
- 하위계층이 불법적인 방법에 의존하며 갈등을 일으키는 것은 지배층의 가치에 반함, 이 같은 갈등행위는 지배계층에 의해 범죄 또는 일탈 행위로 규정

3) 코헨(Cohen)의 비행하위문화이론
① 개념

- '비행하위문화'는 비행집단에 공통된 가치관이나 신념 · 지식 등을 포함하는 사고나 이에 따른 행동 양식
- 코헨(Cohen)은 '비행소년' 저서에서 중산층 출신의 청소년보다 하층 계급의 청소년들이 비행 가능성이 크고, 비행원인을 중산층의 지위성취 좌절에서 오는 긴장으로 봄
- 즉, 하층 계급의 청소년들이 그들만의 반항문화를 만들어 지배문화를 거부하고 그들의 방식으로 문제를 해결하려고 비행하위문화를 형성
② 주장
- 하위계층의 청소년들은 교사 · 고용인 등 권위 있는 자들에게 긍정적으로 평가받을 수 없는 불리한 조건에 있음
- 이들 권위 있는 자들에 의해 설정된 기준을 '중류계층의 척도'라고 봄

> 🌐 **중류계층의 척도**
>
> 추진력과 야망, 개인적 책임감, 다양한 경쟁 영역에서의 성취와 성공, 미래를 위한 소망과 충동의 직접적인 만족 유보, 장기적인 계획과 예산 형태의 합리성, 타인에 대한 자기통제와 정중함, 언어적 또는 물리적인 폭력과 공격의 자제, 여가의 건전함, 타인의 사유재산에 대한 존중

- 그러나 하위계층의 청소년들은 위 기준의 충족이 거의 불가능
- 범죄는 위 기준을 충족시키지 못할 때 나타나는 갈등과 좌절이 주된 원인
③ 비행하위문화의 특징
  ㉮ 비공리성
  - 범죄로부터 얻는 물질적 이익보다 타인에게 피해를 주고 동료로부터 얻는 명예와 지위 때문에 범죄를 행함
  ㉯ 악의성
  - 타인에게 고통을 주고 금기 파괴 행위를 강조, 중산계층으로부터 소외된 자신들의 추락한 지위를 회복
  ㉰ 부정성
  - 사회의 지배적 가치체계에 대한 무조건적 거부 반응, 중산계층의 가치를 전도시켜 자신들의 가치체계를 구축

    ㉳ 단기적 쾌락주의

    - 장기적 계획과 목표가 아닌 현재의 쾌감 충족을 위한 심리 추구

    ㉮ 집단자율성의 강조

    - 외부에 대한 극도의 적대심과 내부의 응집력 강화

④ 비행하위문화의 유형

- 중류계층의 권위 있는 자들로부터 부정적 평가를 받은 하류 계층의 청소년 들은 세 가지 유형의 하위문화를 선택

유 형	내 용
길모퉁이 소년 (coner boy)	- 중류계층의 거부에 대한 하위계층 청소년들의 가장 공통적 반응 형태 - 상습적 비행 청소년은 아니나, 성적 조숙한 행동 및 호기심적 약물흡입 등 가벼운 법규 위반 행동을 하는 무단 결석자 등 - 자신과 밀접한 인간적인 관계를 맺는 동료집단의 가치를 추종
대학생 역할소년 (college boys)	- 이들은 중류계층의 문화적 또는 사회적 가치를 수용 - 중류계층의 문화를 비난하기보다 자신도 위 기준에 따른 성공을 하기 위해 적극적으로 노력, 자신의 노력으로 중류계층과 경쟁 - 그러나 하류 계층은 목표 성취를 위한 학문적 · 사회적 토대가 매우 부족 - 코헨은 이 유형을 희망 없는 곳에 투자하는 것으로 표현
비행 청소년	- 중류계층의 문화와 정반대되는 그들만의 규범과 원칙을 수용 - 기존 규범 체계를 저항하고 무시, 부정적으로 악의적인 행동을 보임 단기적 쾌락주의에 몰두, 집단자율성을 추구하고 동제를 위한 권위적인 요소에 저항 - 중류계층의 목표 성취 좌절 현상이 생길 때, 반동형성(reaction formation)에 의존 - 이 반동형성은 자극에 대한 매우 불균형적 반응, 중류계층에 대해 비합리적 · 악의적 또는 매우 큰 적대감으로 표현

	– 즉, 반동형성으로 비행 청소년들은 중류계층의 위협이나 경멸 등에 대해 매우 과도하고 강력한 반응을 보임

⑤ 평가
- 청소년 비행하위문화를 촉진하고 유지하는 요인들을 설명하는 데 기여
- 긴장이론과 사회해체이론을 기술적으로 통합, 범죄학 관점에서 지속적으로 다뤄짐
- 코헨(Cohen)의 이론은 전반적으로 경험적인 검증이 부족, 중류계층의 가치체계에 대한 저항 및 중류계층의 가치와 성공문화에 대한 적극적 관심 등
- 또한 하류계층 청소년들이 겪는 문제는 모든 청소년이 겪는 문제, 처음부터 하류 계층에 대한 사회적 편견을 전제했다는 비판

4) 클라워드(Cloward)와 올린(Ohlin)의 **차별적기회이론**

① 개념
- 차별적기회이론은 뒤르캠(Durkheim)과 머튼(Merton)의 아노미이론 및 서덜랜드(Sutherland)의 차별적접촉이론을 하나로 통합한 특성
- '차별적 기회'는 모든 사람이 성공목표를 가지고 있으나 하류 계층은 목표 달성을 위한 수단에 접근할 기회가 거의 없음을 의미
- 목표 달성을 위한 기회구조는 합법적 · 불법적 기회가 동시에 제공되나, 하류 계층은 합법적 기회와 수단이 제한되므로 불법적인 기회와 수단을 이용해 비행을 저지르게 된다는 것
- 즉, 합법과 불법의 기회구조 속에서 하류 계층의 청소년들은 일탈 행위를 선택

② 비행하위문화의 3가지 유형

유 형	내 용
범죄 하위문화	– 범죄 집단은 하위계층 내 조직화된 성인범죄 집단이 존재하는 경우에 형성 – 성인 범죄자들은 청소년 비행집단의 성공적인 역할모델 – 범죄 조직이 조직화 및 체계화, 불법적인 기회구조가 발달

	− 대대로 범죄기술이 전수, 절도 등 '재산범죄' 등을 수행하며 생계를 해결
갈등 하위문화	− 갈등집단은 성공목표 달성을 위한 합법적 또는 불법적 기회를 제공할 수 없는 집단에서 형성 − 주민들의 전출입 등 이동이 심하고, 사회 구조적으로 매우 열악한 고도로 해체된 사회에 현저 − 안정적이고 조직적인 성인 범죄집단은 없음 − 불법적인 범죄기회는 없으나 '폭력'을 수용하는 하위문화 − 전수되는 범죄기술은 없고, 지위와 성공을 위해 폭력을 주로 사용
도피 하위문화	− 도피집단은 합법적 수단으로 성공할 수 없고, 불법적 수단으로도 성공할 생각이 없는 이중 실패자 − 수법도 미숙하고 힘도 약해서 범죄 집단에서조차 수용 거부, 불법적 범죄기술 학습 기회 차단 − 일반세계와 단절되고 냉담, 약물과 알코올 중독 등 '약물' 지향적 성향

③ 평가
− 1960년대까지의 미국 범죄학 이론을 통합, 특히 소년비행을 설명하기에 좋은 이론
− 또한 범죄집단의 전문화 경향이 지역사회와 연관되어 있다고 주장, 문화적 일탈과 사회해체 개념을 통합
− 그러나 하류 계층 비행을 비행집단으로 간주하고 있으나, 그 지역 비행은 자연발생적이며 덜 조직적이다는 비판
− '신분 좌절'이라는 사회적 변수만을 강조, 개인에 차별적 영향을 주는 '가족 구조 · 인종' 등의 개인적 변수는 무시
− 또한 비행률이 높은 지역이 반드시 하나의 하위문화 유형에 의해 격정되어진다고 할 수 없다는 비판

5) 쇼(Shaw)와 맥케이(Mckay)의 문화전달이론
① 개념
− 비행을 유발하는 사회적 요인으로 비행지역에 고유한 하위문화 형성
− 하위문화는 구성원이 교체되더라도 다음 세대에 전달되어 비행이 계속 발

생한다는 것

② 주장
- '소년비행과 도시지역' 저서에서 청소년 비행원인은 지역 특유의 문화 사회적 환경에 따른 비행문화의 전달 및 학습결과라 주장
- 또한 비행자들의 거주지역에 대한 '범죄지도'를 작성, 도시생태가 범죄 발생에 영향 미침을 지적
- 오랜 시간 구성원이 변화했음에도 범죄율이 계속해서 높았던 이유는 '인구 이동률'이 높았기 때문이라고 주장
- 이렇게 사회해체가 일어난 지역은 지역주민 간의 유대와 비공식적 통제가 낮으므로 높은 범죄 발생률 보임
- 따라서 빈곤과 실업률이 높은 지역이라도 이웃 등의 비공식적인 통제가 높은 '집합 효율'이 높은 지역은 범죄율이 낮음

1. 사회해체이론에 관한 설명 중 옳지 않은 것은?

① 시카고(Chicago) 학파는 범죄가 개인적 요인이 아닌 사회환경에 관련되어 있다고 주장하며, 그 원인으로 급격한 도시발전과 이민 그리고 가난 등에 의한 가족과 학교 등의 전통적 기관의 붕괴됨으로써 발생하는 가족과 이웃 사회의 결합 약화를 꼽았다.

② 버제스(Burgess)는 시카고 지역을 비행 분포에 따라 5개 지역으로 구분하고 각 지역의 발생률을 조사하였는데, 도심에서 멀어질수록 점차 범죄율이 높아지는 것을 발견하였다.

③ 파크(Park)는 도시의 발전도 다른 생물학적 생태 시스템과 같이 침략, 갈등, 수용 등의 절차에 따라 일정한 패턴을 반복한다고 보고, 이와 같은 것이 범죄와 같은 인간의 행태에 영향을 주게 된다고 주장하였다.

④ 토마스(Thomas)는 사회해체를 이민자들의 대량 유입과 같은 급격한 사회 변화의 시기에 나타나는 현상이라 주장하며, 사회해체가 개인행동을 통제하는 사회질서의 효율성을 감소시켜 범죄와 같은 병리 현상을 초래한다고 보았다.

> **해설**
>
> ② 버제스(Burgess)는 시카고 지역을 5개 지역으로 구분하고 각 지역의 범죄 발생률을 조사하였다. 가장 높은 범죄율을 보인 지역은 제2지역인 '전이지역'이었으며, 제5지역인 외부통근지역은 가장 낮은 범죄율을 보였다. 이를 통해 도심지역과 전이지역은 범죄 발생률이 지속해서 높고, 도심에서 멀어질수록 점차 범죄율이 낮아지는 것을 발견하였다.
>
> 답 ②

2. 쇼(Shaw)와 멕케이(Mckay)이 사회해체이론에 관한 설명 중 옳은 것은 몇 개인가?

㉮ 청소년 범죄에 관한 법원의 통계를 시카고 도시지역의 범죄율 분포와 비교하였다.

㉯ 청소년 범죄의 비율은 흑인이 많이 살고 있는 슬럼 지역이 높은 것으로 나타나서 인종이 범죄 발생과 관련 있음을 경험적으로 입증하였다.

> ㉰ 슬럼가의 청소년들은 성인 범죄자들을 통해 범죄문화를 전달받고 비행에 빠진다고 주장하였다.
> ㉱ 생태적 분석의 개척자인 버제스(Burgess)와 파크(Park)의 큰 영향을 받았다.

① 1개

② 2개

③ 3개

④ 4개

해설 ▶

① 쇼(Shaw)와 멕케이(Mckay)은 청소년 범죄의 비율이 '인종 및 민족과 관계없이' 슬럼 지역은 높고 부유층 거주지역은 낮음을 확인하였다. 슬럼가는 도시팽창, 이민자 증가, 가난의 악화 등으로 인해 사회가 해체되었고 위 지역의 청소년들은 가족과 전통사회의 돌봄과 격려가 어려워서 비행에 빠진다고 주장하였다.

답 ①

3. 긴장이론에 관한 범죄이론의 내용이 옳지 않은 것은?

① 뒤르캠(Durkheim)은 아노미적 상황에서 욕망의 분출과 좌절에 의한 긴장을 해소하기 위해 자살이나 범죄를 저지른다고 보았다.

② 머튼(Merton)은 범죄 발생을 목표와 수단이 괴리되는 현상으로 보았고, 범죄 예방을 위해서는 목표 성취를 위한 합법적 기회가 적은 하위계층에 많은 경제적 기회를 제공해야 한다고 주장했다.

③ 메스너(Messner)와 로젠펠드(Rosenfeld)는 자본주의 문화와 구조가 범죄를 조성하고 유지시키는 환경을 조성한다고 보고, 경제범죄의 감소를 위해서는 서민들에게 경제적 안전망을 제공함으로써 제도적 불균형을 해소해야 한다고 하였다.

④ 애그뉴(Agnew)는 긴장과 좌절을 유발하는 사회환경적 요소가 범죄의 원인이자 동기로 작용한다고 보고 부정적인 감정을 해소하는 것이 중요하다고 보았으나, 하위계층에 한정되어 계층에 상관없는 일반적인 설명을 제시하지 못했다.

해설 ▶

④ 애그뉴(Agnew)는 머튼의 아노미 및 긴장이론을 미시적 관점에서 접근하여 개인에 대한 긴장의 영향을 확인하려는 이론이다. 긴장과 스트레스를 느끼는 사람들이 더 많이 범죄를 실행하는 이유를 설명함으로써, 하위계층에 한정된 범죄가 아닌 계층에 상관없는 '일반적인 설명을 제시하였다.'

답 ④

4. 머튼(Merton)이 분류한 아노미의 적용유형에 관한 설명 중 괄호 안에 들어갈 말이 순서대로 바르게 짝지어진 것은?

> ㉮ (   ) : 안정된 사회에서 가장 공통적인 유형으로, 목표 달성에 장애가 발생해도 운명으로 여기고 제도적 수단을 통해 성공을 시도한다.
>
> ㉯ (   ) : 문화적 목표는 수용하지만 합법적인 수단을 거부하는 유형이다.
>
> ㉰ (   ) : 범죄행동 수준이 가장 낮은 유형으로, 문화적 목표를 포기하지만 제도화된 수단을 철저히 지키는 형태이다.
>
> ㉱ (   ) : 기존의 사회 구조를 거부하고 급진적인 변화를 추구하는 유형으로 정치혁명가나 테러범 등이 해당된다.

① 순응형 – 의례형 – 혁명형 – 혁신형
② 순응형 – 혁신형 – 의례형 – 혁명형
③ 의례형 – 혁명형 – 순응형 – 혁신형
④ 혁신형 – 의례형 – 순응형 – 혁명형

해설

㉮ '순응형': 안정된 사회에서 가장 공통적인 유형으로, 목표 달성에 장애가 발생해도 운명으로 여기고 제도적 수단을 통해 성공을 시도한다.
㉯ '혁신형': 문화적 목표는 수용하지만 합법적인 수단을 거부하는 유형이다.
㉰ '의례형': 범죄행동 수준이 가장 낮은 유형으로, 문화적 목표를 포기하지만 제도화된 수단을 철저히 지키는 형태이다.
㉱ '혁명형': 기존의 사회 구조를 거부하고 급진적인 변화를 추구하는 유형으로 정치혁명가나 테러범 등이 해당된다.

답 ②

5. 애그뉴(Agnew)가 주장한 부정적 긴장의 유형 중 다음 설명에 해당되는 것은 무엇인가?

> 사람 간의 정상적인 관계 속에서 오는 부정적인 심정으로, 사회나 타인에 대한 분노는 개인이 비행을 선택하는데 강력한 요인으로 작용한다.

① 긍정적 목표 달성의 실패
② 기대와 성취 사이의 괴리
③ 부정적 자극의 생성
④ 긍정적 자극의 소멸

해설

① '긍정적 목표 달성의 실패'는 목표 달성을 위한 수단과 관련된 기회의 차단 뿐만 아니라 능력과 기술의 부족 등 개인적 무능력으로 인한 실패를 의미한다.

② '기대와 성취 사이의 괴리'는 자신보다 더 나은 사람과 비교함으로써 느끼는 부정적 감정 상태를 말하며, 이는 대부분 분노 · 원망 · 실망으로 이어진다.

④ '긍정적 자극의 소멸'은 희망 · 즐거움 등 긍정적 자극의 제거는 많은 스트레스와 긴장 상태를 유발하고, 이는 책임자에 대한 복수나 상실한 자극 회복을 위한 일탈 행동의 원인이 된다.

답 ③

6. 다음 범죄이론의 내용과 주장자를 올바르게 연결한 것은?

> ㉮ 하위계층의 사람들은 사회적 규범보다 그들이 속한 집단의 규칙에 따라 행동하기 때문에 자연스레 범죄를 저지를 수밖에 없다는 이론
> ㉯ 하층 계급의 청소년들이 그들만의 반항문화를 만들어 지배문화를 거부하고 그들의 방식으로 문제를 해결하려고 비행문화를 형성한다는 이론
> ㉰ 목표 달성을 위한 기회구조는 합법적 · 불법적 기회가 동시에 제공되나, 하류 계층은 합법적 기회와 수단이 제한되므로 불법적인 기회와 수단을 이용해 비행을 저지르게 된다는 이론
> ㉱ 비행을 유발하는 사회적 요인으로 비행지역에 고유한 하위문화 형성하고, 이와 같은 문화는 구성원이 교체되더라도 다음 세대에 전달되어 비행이 계속 발생한다는 이론

> ⓐ 쇼(Shaw)와 맥케이(Mckay)의 문화전달이론
> ⓑ 코헨(Cohen)의 비행하위문화이론
> ⓒ 밀러(Miller)의 하위계급문화이론
> ⓓ 클라워드(Cloward)와 올린(Ohlin)의 차별적기회이론

① ㉮ - ⓐ, ㉯ - ⓒ, ㉱ - ⓐ
② ㉯ - ⓑ, ㉱ - ⓐ, ㉮ - ⓒ
③ ㉰ - ⓐ, ㉱ - ⓓ, ㉯ - ⓑ
④ ㉱ - ⓑ, ㉰ - ⓐ, ㉮ - ⓓ

해설

㉮ '밀러(Miller)의 하위계급문화이론': 하위계층의 사람들은 사회적 규범보다 그들이 속

한 집단의 규칙에 따라 행동하기 때문에 자연스레 범죄를 저지를 수밖에 없다는 이론
- ④ '코헨(Cohen)의 비행하위문화이론': 하층 계급의 청소년들이 그들만의 반항문화를 만들어 지배문화를 거부하고 그들의 방식으로 문제를 해결하려고 비행문화를 형성한 다는 이론
- ⑤ '코헨(Cohen)의 비행하위문화이론': 목표 달성을 위한 기회구조는 합법적·불법적 기회가 동시에 제공되나, 하류 계층은 합법적 기회와 수단이 제한되므로 불법적인 기회와 수단을 이용해 비행을 저지르게 된다는 이론
- ④ '쇼(Shaw)와 맥케이(Mckay)의 문화전달이론': 비행을 유발하는 사회적 요인으로 비행지역에 고유한 하위문화 형성하고, 이와 같은 문화는 구성원이 교체되더라도 다음 세대에 전달되어 비행이 계속 발생한다는 이론

답 ②

7. 밀러(Miller)의 하위계급문화이론 중 하위계층의 6가지 핵심가치에 관한 설명 중 옳지 않은 것은?

① 말썽 유발은 싸움과 음주, 성적 비행 같은 것을 의미하며, 말썽 유발을 잘하고 또 이것을 잘 해결하는 능력을 갖춘 사람이 높은 평가를 받는다.

② 영악함을 가진 하위계층은 밝은 세상 물정과 기지로 폭력성을 가지고 자신의 이익을 추구하며, 상대를 꾀로 이기는 능력을 갖추거나 영리하게 다양한 언어를 구사하여 자신을 과시한다.

③ 하위계층은 단조로운 생활에 활력을 넣기 위해 재미있고 흥미진진한 자극을 추구하며, 무기력하고 재미없는 권태감의 해소를 위해 비행을 선택한다.

④ 하위계층은 모든 행동은 자신의 의지와 강인한 정신에 의해 결정되어야 한다고 믿음을 가지며, 기존의 전통적인 권위를 부정한다.

> **해설**
>
> ② 영악함을 가진 하위계층은 세상 물정에 밝고 기지가 있는 이미지를 유지하고 싶어하며, 상대를 꾀로 이기는 능력을 갖추거나 영리하게 다양한 언어를 구사하여 자신을 과시한다. 그러나 영악함은 '폭력에의 의존을 원하지 않으므로' 억셈과는 상충한다.
>
> 답 ②

8. 코헨(Cohen)의 비행하위문화의 특징과 유형에 관한 설명 중 옳지 않은 것은?

① 부정성은 타인에게 고통을 주고 금기의 파괴적인 행위를 강조하며, 중산계층으로부터 소외된 자신들의 추락한 지위를 회복하는 것을 의미한다.

② 비공리성은 범죄로부터 얻는 물질적 이익보다 타인에게 피해를 주고 동료로부터 얻는 명예와 지위 때문에 범죄를 행한다는 것이다.

③ 길모퉁이 소년은 상습적 비행 청소년은 아니나, 성적으로 조숙한 행동을 하거나 호기심으로 약물을 흡입하는 등 가벼운 법규 위반 행동을 하는 무단 결석자 등이다.

④ 비행 청소년은 중류계층의 문화와 정반대되는 그들만의 규범과 원칙을 수용하며, 기존 규범 체계를 저항하고 무시하고 부정적으로 악의적인 행동을 보인다.

해설

① '부정성'은 사회의 지배적 가치체계에 대한 무조건적으로 거부적인 반응을 보이는 것으로, 중산계층의 가치를 전도시켜 자신들의 가치체계를 구축한다는 것이다. 타인에게 고통을 주고 금기의 파괴적인 행위를 강조하며, 중산계층으로부터 소외된 자신들의 추락한 지위를 회복하는 것은 '악의성'에 대한 설명이다.

답 ①

9. 다음 설명에 해당하는 개념은 무엇인가?

> 코헨(Cohen)은 이 유형을 '희망 없는 곳에 투자하는 것'으로 표현하였으며, 이 유형은 중류계층의 문화를 비난하기보다 자신도 위 기준에 따른 성공을 하기 위해 적극적으로 노력하여 자신의 노력으로 중류계층과 경쟁한다.

① 길모퉁이 소년

② 대학생 역할소년

③ 비행 청소년

④ 일탈 소년

해설

② '대학생 역할소년(college boys)'에 대한 설명으로, 이들은 중류계층의 문화적 또는 사회적 가치를 수용하며 그들과 경쟁하기 위해 노력하는 유형이다.

답 ②

10. 클라워드(Cloward)와 올린(Ohlin)이 분류한 비행하위문화의 유형에 관한 설명 중 옳지 않은 것은?

① 범죄 조직이 조직화되고 체계화되어 있으며, 불법적인 기회구조가 발달되어 있는 것은 범죄하위문화의 특징이다.

② 갈등하위문화는 불법적인 범죄기회는 없으나 폭력을 수용하는 하위문화이며, 안정적이고 조직적인 성인 범죄집단은 없다.

③ 범죄하위문화는 주민들의 전출입 등 이동이 심하고, 사회 구조적으로 매우 열악한 고도로 해체된 사회에 현저히 많이 나타난다.

④ 도피집단은 합법적인 수단으로 성공할 수 없고, 불법적인 수단으로도 성공할 생각이 없는 이중 실패자로, 수법도 미숙하고 힘도 약해서 범죄 집단에서조차 수용을 거부하여 불법적인 기술을 학습할 수 있는 기회가 차단된다.

해설

③ 주민들의 전출입 등 이동이 심하고, 사회 구조적으로 매우 열악한 고도로 해체된 사회에 현저히 많이 나타나는 유형은 '갈등하위문화'이다.

답 ③

제2절 사회과정이론

1. 사회학습이론

1) 의 의

① 범죄는 범죄 활동과 결합된 규범, 가치 그리고 행동을 학습한 산물(모방과 학습의 결과)

② 사회학습은 범죄 행동에 대한 실질적인 수법 뿐 아니라 범죄 행동과 결합된 죄의식이나 수치심을 처리하는 방법 등 범죄자의 심리적 측면을 포함

③ 즉, 동료집단의 범죄 수법을 학습하고 또한 비행이 동료 인정과 우호감 형성의 기초가 된다는 것을 학습함으로써 죄책감 벗어남

2) 서덜랜드(Sutherland)의 차별적접촉이론

① 개념

– 범죄는 어떤 문화 속에서 개인에게 영향을 미치는 사회학습 과정의 산물

– 즉, 범죄는 개인적 특질이나 사회경제적 지위와 무관

– 범죄 행동은 타인과 상호 접촉을 통해 학습, 접촉의 차이는 강도 · 빈도 · 지속시간 · 시기에 따라 다름

– 비행 친구와의 접촉을 범죄나 비행의 중요한 원인으로 봄

– '친구 따라 강남 간다.', '나쁜 친구와 어울리다 보니 나도 모르게 물들었다'

② 비행 과정의 9가지 원칙

㉮ 범죄행위는 학습된다.

– 범죄행위는 선천적인 특질이 원인이 아닌 후천적으로 학습된 것

– 일탈 행동과 범죄 행동은 글쓰기, 그림 그리고 독서와 같이 학습된 결과

㉯ 범죄행위의 학습은 타인과의 상호작용의 부산물이다.

– 범죄행위는 다른 사람들과 교제 · 접촉 과정에서 커뮤니케이션을 통해 학습

– 범죄성은 타인과의 상호작용이 없이는 생길 수 없음

㉰ 범죄행위는 개인적으로 친밀한 집단 내에서 학습된다.

– 범죄행위의 주요 부문은 가까운 개인 집단(가족 · 친지 · 동료 등)의 깊은 영향

- 예컨대, 술을 즐기는 가정의 아이들은 음주 자체를 사회적·육체적으로 이롭다고 생각하는 경향 큼
㉣ 범죄행위의 학습은 범죄기법과 동기나 욕구 그리고 합리화의 등을 포함한다.
- 아주 복잡한 범행 수법은 물론 아주 단순한 기법까지 학습
- 범죄행위에 사용할 용어를 학습하고 법 위반에 대한 적절한 대응 방법도 습득
- 나아가 범죄자들은 범죄행위의 방어 및 합리화, 양심의 가책에 대한 반응 등도 적절히 학습
㉤ 실정법에 대한 학습된 인지가 범죄 동기와 충동에 영향을 미친다.
- 존경하는 사람이 법을 경멸하고 무시하는 경우, 범죄 우호적인 방향으로 학습
- 법 위반 행동에 대해 당연시하는 집단과 친밀한 유대관계를 형성, 빈번한 교제를 통해 자연적으로 반사회적 문화 규범을 학습
- 즉, 법 규범에 대한 호의적 또는 거부적 정의들로부터 학습
㉥ 법 위반에 대한 우호적 정의가 법률위반에 대한 비우호적인 정의를 압도할 때, 개인은 범죄를 저지른다.
- 범죄자들은 법 위반에 대해 호의적 생각을 하는 사람들과 빈번히 접촉, 반대의 생각을 하는 사람들과 차단됨으로써 범죄행위를 학습
- 법 준수 자체가 어리석은 것이고 위반하는 것이 정의로운 행동이라고 인식
- 즉, 범죄가 발생하는 것은 법 위반을 하는 것을 호의적으로 해석하는 '정의'가 법 위반을 거부적으로 해석하는 '정의'를 능가하기 때문
㉦ 차별적 교제 양상은 빈도, 지속성, 우선성, 강도의 측면에서 다양하다.
- 개인의 법 준수 및 법 위반의 학습 문제는 사회적 상호작용의 질에 의해 영향
- 개인이 범죄 집단이나 범죄자와 장기간 접촉하고 빈번히 접촉하면 당연히 법 위반을 학습
- 생애 초기 범죄자 접촉은 나이가 든 후의 접촉보다 범죄 발생에 더 큰 영향
- 부모, 교사, 목사, 가까운 친구 등은 사회적으로 소원한 상태에 있는 사람들보다 사람들의 학습에 더욱 많은 영향 미침
㉧ 범죄적 또는 비범죄적 유형과의 접촉으로 범죄행위를 학습하는 과정은 여타의 모든 학습에 관련된 모든 기제를 포함한다.

- 범죄적 또는 비범죄적 학습은 고전적 조건 형성, 강화, 모방 등의 기제를 모두 포함
- 범죄 행동의 학습은 단순한 모방 학습의 문제가 아님
㉔ 범죄행위가 일반적 욕구와 가치의 표출이긴 하지만, 그것은 일반적 욕구와 가치에 의해 설명되지 않는다.
- 범죄행위의 욕구와 가치는 일반적 욕구 및 가치와 다름
- 법의 준수(준법 행위)라는 것도 결국 동일한 욕구와 가치관의 표현이기 때문
- 인간이 모두 물질적 욕구를 추구하지만, 열심히 일해 적법하게 돈을 버는 것과 범죄를 통해 돈을 버는 것을 동일하다고 할 수 없음
- 즉, 범죄 행동의 학습은 범죄 행동에 우호적 사회규범과의 접촉을 통해서만 이뤄짐

③ 평가
- 서덜랜드의 이론은 범죄의 학습 과정을 잘 설명한, 20세기 초반 가장 뛰어난 이론 중 하나로 평가, 화이트칼라층의 범죄에 대한 본격적인 논의를 시작했다는 점도 높이 평가
- 서덜랜드의 사회화이론은 범죄행위에 대한 내적 갈등을 중화하는 기술을 학습을 강조하는 중화이론과 사람은 범죄를 저지르지 않도록 사회화되지 않으면 범죄를 저지르는 것이 당연하다는 사회통제이론의 성립에 기초
- 그러나 학습 과정이 반드시 친밀한 그룹을 통해서만 이루어지는 것은 아니며, 같이 학습을 하여도 범죄에 가담하는 데에 개인차가 생기는 것에 대한 설명이 부족하다는 비판

3) 에이커스(Akers)와 버제스(Burgess)의 차별적강화이론

① 개념
- 서덜랜드의 차별접촉이론을 계승하면서도 내용의 수정·보완을 시도한 이론
- 범죄학습이 친밀한 집단 내에서 발생한다는 서덜랜드 주장을 넘어 범죄의 시행착오적 학습원리를 통한 사회학습을 강조
- 즉, 개인이 다른 사람과 관계없이도 환경과의 접촉을 통해 학습이 가능
② 이론적 주장

㉮ 차별적 교제와 준거집단

- 차별적 교제 : 인간의 행위는 직접적인 경험이나 다른 사람에 대한 행위 모방을 통해 학습, 보상받는 행위는 강화되고 처벌받는 행위는 회피

- 준거집단(reference group) : 개인의 행동에 대한 강화와 처벌의 원칙을 통제하고 있는 집단, 개인의 행동에 가장 큰 영향을 미침

- 즉, 준거집단은 그 구성원들에게 범죄행위에 필요한 차별적 기회를 제공할 수도 있고, 준법적인 행위를 모방 학습할 기회와 여건을 조성하기도 함(이웃, 성직자, 교육자, 법 집행 기관이나 공무원 등)

- 가상의 동료집단(virtual peer group) : 현대사회에서 행위 모방에 관련된 차별적 교제 집단(인터넷, 영화, TV, 기타 미디어 등)

- 준거집단이나 가상의 동료집단과의 교제가 우선성, 지속성, 빈도, 강도를 지닐수록 행위학습은 강화됨

㉯ 정의 : 행위에 대한 신념

- 정의(definition) : 특정 행위에 대해 개인이 부여하는 의미와 태도

- 즉, 자신의 행위에 대한 선악, 옳고 그름, 정당성과 부당성에 대한 도덕적이고 평가적인 태도를 보이는 것

- 범죄행위에 대해 개인 호의적 태도를 보이는 것은 범죄에 대한 개인의 긍정적이고 중화적인 태도에 기인

- 이러한 범죄행위나 일탈에 대한 우호적 토대가 심화될수록 법 위반 행위에 빠질 위험이 커짐

- 대표적 예 : 급진적 이데올로기 소유자들의 죄의식 없는 테러행위, 낙태반대주의자들의 낙태를 반대하는 시민 불복종 행위 등

㉰ 차별적 강화 : 보상과 처벌의 균형

- 사회학습에 대한 차별적 강화는 사람들 사이에 존재하는 상호작용과 화류의 결과

- 개인이 범죄자들과 접촉을 하면서 범행을 학습하고, 학습에 대해 긍정적인 평가를 받으면 그 행동은 강화되고 동일한 행동을 반복

- 차별적 강화는 어떤 행위의 결과, 돌아오는 보상과 처벌의 균형에 의해 달라짐

- 즉, 보상이 처벌보다 크면 그것이 비록 범죄라 하더라도 그 행위는 강화
  되며, 처벌이 큰 경우는 반대의 결과
- 강화는 크기·빈도·가능성에 따라 다르며, 강화의 크기가 클수록 강화
  가 빈번할수록 강화 가능성이 클수록 행위가 반복

③ 평가

- 차별적강화이론은 개인들이 경험을 통해 처벌보다 보상이 큰 행동을 선택
  한다는 점에서 합리적선택이론과 유사
- 그러나 범죄행위 등이 범죄 집단 등과의 접촉을 통해 학습된다는 점에서 다
  양한 비판에 직면, 반드시 비행집단과의 교제가 범죄 행동에 선행하는 조건
  이 아님
- 또한 차별적강화이론의 범행대상이 흡연, 음주, 약물 오용 등 사소한 형태
  의 일탈에 집중, 더 심각한 범죄 발생의 설명하기 위한 더욱 많은 경험적
  연구가 필요

4) 글레이서(Glaser)의 차별적동일시이론

① 개념

- 서덜랜드의 '접촉' 개념 대신에 '동일시'라는 개념을 사용
- 사람들이 동일화되어 가는 과정에서 범죄 행동을 수행한다는 것
- 즉, 동일화(identification) 과정에서 자기의 태도를 합리화하고 용납함으로
  써 범죄행위를 한다는 것

② 주장

- 어떤 특정한 지역 및 집단에서의 면접적인 상호작용 만이 사회적 영향을 발
  휘하는 것은 아니라고 주장
- 사람들은 물리적인 접촉 뿐만이 아니라 대중매체(mass media)와 같은 것을
  통해서 행동에 대해 주관적인 애착·존경 등을 느끼고 자신과 동일시
- 즉, 친밀한 집단 뿐만이 아니라 사회적으로 먼 준거집단 등도 학습 과정에
  서 중요한 역할을 한다는 것
- 일탈률이 낮은 지역의 사람들도 대중매체를 통해 범죄행위에 대해 주관적
  애착을 가지면 범행 가능성은 커짐
- 반대로 범죄 지역의 사람들도 존경하는 스승이나 스포츠인 등에 의해 개인

의 범죄행위 선택에 강력한 영향을 받음

5) 사이키스(Sykes)와 맛짜(Matza)의 중화이론

① 개념

- 범죄자들이 자신의 범죄나 비행에 대해 타인들로부터의 비난을 의식적으로 합리화 또는 정당화시킴으로써 비난을 벗어난 안도감에서 범행을 저지른다는 것
- 즉, 중화기술은 범죄와 비행에 대한 호의적인 태도와 같은 의미, 비행에 대한 합리화와 변명

② 이론적 기초

- 범죄자들은 때때로 그들의 불법 행동에 대해 죄의식을 느낌
- 범죄자들은 흔히 정직하고 준법적인 사람들을 존경하고 숭배함
- 범죄자들은 그들이 피해자화할 수 있는 사람들과 그렇게 할 수 없는 사람들 사이에 분명한 선을 그음
- 범죄자들은 전통적 가치에 대한 동조 요구로부터 자유로운 것이 아님

③ 비행표류이론

- 표류 : 사회통제가 약화되었을 때 청소년들이 전통적인 합법과 가치에 전념하지 못하고 위법적인 행위에도 몰입하지 않는 합법과 위법의 중간 상태
- 범죄자들이 중화적인 태도를 취한다고 하여 전통적 사회 가치를 모두 부정하는 것은 아님
- 대부분 범죄자가 관습적 가치를 인정하나, 중화적 기술(합리화·정당화)을 습득하여 비합법적인 행위와 관습적 행위를 왔다 갔다 하는 '표류(drift)'를 함
- 이러한 중화적 기법은 사람을 잠시 전통적 가치로부터 표류하게 만들고 범죄와 약물 남용 등 비행으로 빠져들게 함
- 표류 상태에 들어간 청소년은 비행을 조장하는 요인의 영향력이 매우 강하게 작용
- 표류 상태에서는 자신을 통제할 수 없다는 절망감을 느끼고, 친구집단에서 남자답고 용기 있는 사나이라는 말에 고무
- 이러한 상황에서 청소년은 비행함으로써 자신의 잠재력을 회복하려고 함

④ 중화기법의 5가지 유형

유 형	내 용
책임의 부정	− 자신의 일탈 행동에 책임이 없다고 함으로써 본래 일탈에 대한 죄책감이나 비난으로부터 도피 − 자신의 일탈 행동이 단순한 실수이거나 통제할 수 없는 요인에 의해 강화가 된 것이라고 주장 − 비행소년이 부모의 무원칙적인 가정교육이라든가 자녀에 대한 무관심 등으로 자신의 행위를 정당화하는 경우
가해의 부정	− 자신의 행위가 위법한 것일지 몰라도 실제로 자신의 행위로 인해 손상입은 사람은 없다고 주장하며 합리화 − 범 위반 행위에 대해 단순한 장난 등과 같이 별 것 아니라고 인식 − 소유가 불확실한 재물을 훔쳤을 때 훔친 것을 빌린 것이라고 하는 경우
피해자의 부정	− 범죄행위를 피해자가 유발한 것이라고 주장함으로써 그들의 불법 행동을 중화 − 자신의 일탈 행동에 책임을 느끼기는 하나, 그 피해는 피해자가 마땅히 받아야 할 응징이라고 변명 − 뇌물을 받고 부정한 행위를 한 고위 공직자의 집에 들어가서 물건을 훔치고 이는 부정직한 공무원에 대한 정당한 보복이라고 하는 경우
비난자에 대한 비난	− 법관, 검사, 경찰, 교사 등 자신의 비난자가 더욱 부패한 자들로 자신을 심판할 자격이 없다고 비난 − 범법행위에 대한 잘못이 자신들에게 있는 것이 아니고 자신을 비난하는 자에게 있다고 변명하며 죄책감과 수치심을 중화 − 경찰이나 법관이 그렇게 깨끗한가? 약간의 약물사용이 뭐가 나쁜가? − 모두가 도둑놈인데 왜 나만 갖고 그러냐고 하는 경우
상위가치에 대한 호소	− 어느 규범에 대한 일탈이 그 규범을 거부했기 때문이 아니라 더 긴급하고 고도의 충성심을 요구하는 규범을 우선시했기 때문이라 중화 − 자신의 비행을 인정하면서도 친구의 의리나 조직을 위해 어쩔 수 없다고 변명, 일탈은 동료를 위한 희생이었다고 본인 비행을 합리화

　　　　　　　　　－ 조직폭력원이 조직의 규범과 규칙을 지키기 위해 타인을
　　　　　　　　　　폭행하고 불법으로 돈을 뺏는 경우

2. 사회통제이론

1) 의 의

① 범죄 동기는 인간 본성의 일부로 개인의 범죄 동기를 일정, 따라서 인간은 사회적 통제(내·외적 통제 및 법적 통제 등)가 약화되면 범죄를 저지름

② 따라서 사회통제론은 '사람들이 왜 범죄를 저지르는가'가 아닌 '왜 사람들이 규범적 가치에 동조하는가'가 연구 목적

③ 즉, 범죄를 저지르려는 동기에 있어서 인간의 개인차는 없으며, 범죄 상황이 주어지면 누구든지 범죄행위를 할 수 있다고 가정

2) 레클리스(Reckless)의 봉쇄이론

① 개념

－ 인간은 범죄유발요인이 억제요인보다 강하면 범죄를 저지르며, 범죄억제요인이 강하면 비록 유발요인이 있더라도 범죄와 일탈을 자제한다는 것

－ 범죄의 원인을 처벌의 여부와 강약에 주목, 처벌이 있거나 강화되면 범죄를 자제하고 반대의 경우라면 범죄 발생 가능성은 커짐

－ 어떤 행위에 대해 압력, 유인, 강요 그리고 내·외적 억제 개념을 도입해 범죄행위에 대한 억제를 설명

② 주장

－ 고전주의에 기반, 인간은 누구나 쾌락을 추구하고 고통을 피하려 한다고 가정

－ 즉, 고통과 같은 처벌을 두려워하기 때문에 확실하고 신속한 처벌 만이 범죄를 막을 수 있다고 주장

－ 일반억제 효과에 주목해 처벌의 신속성·확실성·엄격성을 주목하여 이를 통해 범죄를 억제코자 함

－ 사람들은 누구나 범죄를 저지를 수 있는 환경적 압력에 직면, 그러나 긍정적인 자기 이미지인 '자아 관념(self concept)'이 범죄행위를 억제

③ 자아 관념(self concept)

－ 개념 : 환경적인 범죄요인들로부터 청소년들을 멀어지게 하는 비행 절연체

- 이 개념은 우범지대에 살고 있는 청소년의 일부 만이 범죄를 저지른다는 것
  을 설명하기 위해 개발
- 청소년들이 비행 유발 환경에 놓여 있더라고 비행을 저지르지 않는 이유는
  긍정적인 자아 관념을 유지하기 때문
- 즉, 자아 관념의 유지가 비행적 영향이나 환경적 유인에 대한 방패막이 역할
- 동일한 범죄환경 아래에서도 실제로 비행에 가담하지 않는 개인적 반응의
  차이는 자아관념의 차이 때문
- 자아관념이 잘 형성된 청소년들은 비행에 잘 빠지지 않고 친구의 비행에 대
  해서도 저항
- 범죄요인에는 범죄유발유인과 범죄봉쇄요인이 존재, 특히 내적 · 외적 범죄
  봉쇄요인 중 어느 한 가지라도 제대로 작동하면 범죄나 비행의 예방 가능

④ 범죄유발요인과 범죄봉쇄요인

㉮ 범죄유발요인

- 압력요인 : 빈곤, 실업, 소수 집단 그리고 차별 등 다양한 일상생활과 관
  련되어 사람들을 불만족 상태로 만드는 조건
- 유인요인 : 나쁜 친구, 일탈적 특수인물(유명한 갱이나 마피아 등), 청소
  년 비행문화 그리고 폭력이나 선정적인 대중매체 프로그램 등 정상적 생
  활로부터 이탈되려고 하는 조건
- 배출요인 : 불안감, 내적 긴장감, 증오심, 공격성 그리고 반역성 등 범죄
  를 저지르도록 하는 개인의 생물학적 · 심리적 조건

㉯ 범죄봉쇄요인

- 내적 봉쇄요인 : 양심 혹은 자아개념, 긍정적 사고, 좌절감에 대한 인내,
  준법정신 등 규범이나 도덕을 내면화하여 각자 내부적으로 형성된 범죄
  차단 요인
- 외적 봉쇄요인 : 부모와 학교의 훈육과 감독, 집단이나 사회에 대한 강한
  소속감, 일관성 있는 도덕적 태도, 적절한 활동 여지의 제공과 다른 선택
  의 가능 방법 등 합리적이고 사회적으로 기대되는 외부적으로 제공된 범
  죄차단 요인

⑤ 평가

- 자아개념이 너무도 추상적이어서 경험적인 검증이 어려움
- 또한 범죄의 원인으로 주장하는 내적·외적 억제의 강약 정도를 측정하기 어려움
- 또한 나쁜 자아개념을 가지고 있음에도 범죄나 비행을 저지르지 않는 사람들에 관해서는 설명을 할 수 없음

3) 허쉬(Hirsch)의 사회유대이론

① 개념
- 개인의 범죄 성향을 통제하는 것은 '개인과 사회 간의 유대'라고 봄, 특히 가족 간의 유대를 강조한 이론
- 범죄 원인은 어릴 때 형성된 '자기통제력'이라는 내적 성향
- 즉, 범죄나 사회유대의 약화 또는 비행 친구와의 접촉은 모두 낮은 자기통제력이라는 공통점 지님
- '사회연대이론, 사회통제이론, 사회결속이론' 이라고도 함

② 주장
- 모든 사람을 잠재적 범죄자로 가정, 많은 사람이 '왜 범죄를 저지르지 않는가?'에 관심
- 사람들이 범죄를 저지르는 이유는 사회의 결속이나 통제가 약화 또는 단절되었다고 주장
- 범죄자는 타인의 희망과 기대에 상관하지 않으며, 범죄행위는 법에 역행하고 처벌에는 위험이 수반되며 범죄행위는 시간이 필요함
- 범죄가 발생하는 것은 비행에 대한 사회적 유대 요인인 '애착·참여·신념·전념'의 붕괴에서 비롯

③ 사회유대의 4가지 요소

요 소	내 용
애착 (attachment)	- 타인과의 관계에 대한 민감성과 관심의 정도 - 가족, 친구, 자신이 존경하고 모방하기를 원하는 대상에 대한 존경·애정 등의 감정을 통해 영향 - 애착이 강할수록 타인의 기대에 어긋나지 않는 행동을 하려는 경향 보임

참여 (involvement)	– 관습적인 일에 투자하는 시간과 열망 – 학업 열중, 가족과 즐겁게 지내고 유익한 취미활동에 열중 – 일상적 즐거운 일에 몰두하다 보면 비행에 빠질(참여할) 시간적 여유가 없어 범죄를 저지르지 않음
신념 (belief)	– 동일한 환경 속에서 살고 있는 사람들의 공통적인 믿음·신념 – 타인의 권리존중과 공동체 질서유지, 실정법의 준수, 전통적 가치와 규범 믿음 – 일반적·전통적 믿음의 부재나 약화는 반사회적 행동 및 일탈의 가능성 높임
전념 (commitment)	– 전통적인 생활노선에 투자되는 시간과 에너지 그리고 노력 – 미래를 위해 공부를 하고 교육을 받으며 돈을 저축하는 것 – 일탈 행동을 비용과 편익의 관점에서 접근, 모범적인 청소년은 범죄행위를 미래의 큰 손실로 인식하여 비행을 차단

④ 평가

㉮ 긍정적 지지

– 비행 뿐 아니라 어떤 유형의 범죄나 일탈 행위에도 적용될 수 있는 일관성이 높고 논리 정연, 가장 많이 인용되고 검증받은 이론

– 사회유대이론의 주요한 가설을 경험적 검증 시도, 실증적 자료 분석을 통한 상당한 증거 발견

– 사회적 유대가 약한 청소년들이 비행 청소년이 되는 경향이 높다는 사실을 경험적으로 검증

㉯ 부정적 평가

– 사회유대의 4가지 요소가 비행에 동일한 영향을 미친다고 주장하나, 각 요소 간에 영향적 차이는 존재

– 또한 4가지 요소의 영향 정도, 상관관계, 경험적 구분의 불명확성 비판

– 나아가 사회유대이론은 모든 범죄유형이 아닌 특정 유형의 범죄행위(음주·대마 흡연 등)에만 설득력이 있음

- 허쉬는 사회적 유대의 변화를 무시, 시간의 흐름에 따른 사회적 유대의 변화 간과

4) 깁스(Gibbs)의 억제이론

① 개념
- 형벌의 엄격성, 형벌의 확실성, 형벌의 신속성에 따라 범죄가 억제된다는 것
- 1968년 집단비교분석방법을 통해 미국 50개 주 전체를 대상, 각 주의 범죄 발생률, 범죄검거율, 평균 형량 등 관계 분석
- 결과, 형벌 집행이 확실이고 형벌 정도가 엄격한 주일수록 살인사건 발생률이 낮은 것으로 조사

② 주장
- 인간은 이기적이며 합리적, 범죄를 저지르는 것은 이익과 처벌을 합리적으로 계산한 결과
- 즉, 범죄의 실행 여부는 개인의 책임이지 사회의 책임은 아님
- 범죄는 처벌이라는 사회적 · 외적 통제로 억제되어야 한다는 것
- 특정 범죄의 발생률은 형벌 내용 공지, 확실한 형벌 집행, 가혹한 형벌 등에 반비례 주장
- 처벌에 대한 두려움과 불쾌감 등으로 사람들은 범죄에 가담하지 않을 것

③ 억제의 요소
  ㉮ 형벌의 엄격성
- 벌금의 양이나 구금의 기간과 같은 처벌의 정도
- 엄격한 처벌일수록 범죄 발생의 정도는 더 낮아질 것 가정
  ㉯ 형벌의 확실성
- 범죄를 저지른 후 처벌을 받을 가능성(확률)을 의미
- 처벌받은 확률이 높은수록 범죄 발생의 정도는 더 낮아질 것 가정
  ㉰ 형벌의 신속성
- 범행 후 처벌받기까지의 시간적 간격
- 범죄 이후 빨리 처벌받을수록 범죄 발생의 정도는 더 낮아질 것 가정

④ 비판
- 범죄의 이익과 처벌로 인한 손해비용을 계산 가능한 경제범죄는 적용 가능

– 그러나 우발적 과실범 및 격정범(감정폭발) 등에게는 적용이 무리

5) 헤이건(Hagan)의 권력통제이론

① 개념

– 가정에서의 자녀 성별에 따른 차별적 통제가 청소년비행의 원인이라는 것

– 직장에서의 계급 구분을 가족 내의 부부 권력 관계로 연결

– 가정 내에서의 부부 권력 관계가 자녀 성별에 따른 범죄 발생에 어떠한 영
향을 미치는지 검증 시도

– 남편과 아내의 직장 계급 위치에 따라 '가부장 가족 & 평등 가족'으로 구분

– 가부장 가족보다 평등 가족에서 자녀의 성별에 따른 비행차인 적음

② 가부장 가족과 평등 가족

㉮ 가부장 가족

– 아버지는 직장에서 권위를 행사할 수 있는 위치에 있으나, 어머니는 그렇
지 않은 경우

– 이로 인해 소비(가정)와 생산(직장)의 영역이 성별에 따라 분리

– 부부 간의 권력 관계는 아버지가 가지며, 모든 의사결정권 행사

㉯ 평등 가족

– 아버지와 어머니의 직업적 지위가 동등

– 소비와 생산의 성별 분리가 발생치 않음

– 부부간의 권력 관계는 상대적으로 평등, 의사결정은 부모 협의

③ 주장

㉮ 가부장 가족

– 아들은 생산의 영역, 딸은 소비의 영역으로 분리

– '도구-대상 관계'에 의해 어머니는 아버지의 권력을 매개하는 도구로써
자식에 대한 통제를 수행

– 가부장 가족의 딸은 어머니를 통해 엄격하게 통제

– 이로 인해 위험·비행이나 일탈 등을 회피토록 학습, 얌전하고 조신하게
행동하도록 사회화

㉯ 평등 가족

– 부부 권력 관계가 평등, 아들과 딸이 유사한 수준의 통제

　　　－ 아들과 마찬가지로 딸도 위험을 감수하는 부분에 대한 행동을 허용
　　　－ 따라서 비행 가능성 측면에서 딸과 아들의 차이 없음

6) 허쉬(Hirsch)와 갓프레드슨(Gottfredson)의 자기통제력이론

　① 개념
　－ 범죄를 저지르는 가장 중요한 요인은 자기통제력의 결여 및 약화
　－ 즉, 지역·성별·인종 간 범죄율 차이는 범죄나 비행을 저지르는 개인의
　　 자기통제력 차이에 기인
　② 주장
　－ 어린이 교육의 중요성을 강조하는 효과적인 사회통제의 확립을 주장
　－ 어린이 교육과 사회연대가 효과적으로 이뤄지면 높은 자기통제(high self-
　　 control)가 이루어져 범죄행위가 최소화
　－ 반대로 교육 및 훈련의 부족은 낮은 자기통제(low self-control)로 이어져
　　 범죄행위로 연결됨

3. 사회반응이론

1) 의 의

　① 등장 배경
　－ 1960년대 미국의 급격한 사회 변화를 겪으면서 등장
　－ 서구사회를 특징짓는 규범적 합의와 안정성에 의문을 제기, 비판
　－ 미국 사회의 형사사법 제도의 불공평성과 처벌의 부정적인 효과를 지적
　－ 처벌이 오히려 범죄자를 전과자라는 낙인을 찍어 직업범죄자로 만듦
　－ 또한 낙인은 범죄자에게 전과자라는 꼬리표를 붙여 그 사회에서 매장되는
　　 결과를 초래
　② 개념
　－ 일탈 행위와 사회적 낙인의 동태적 관계를 사회적 상호작용의 관점에서 파악
　－ 전통적인 범죄 원인론을 배격하고 범죄 원인의 전제인 범죄 자체가 형성되
　　 는 사회적 통제과정에 초점
　－ 한 사람이 범죄자로 고착되는 것은 초기의 일탈 행위에 대해 사회적 통제
　　 (처벌)를 체험한 결과

- 즉, 처벌이 범죄통제를 일으킨다기보다 범죄통제가 오히려 범죄를 일으킨다는 것
- 범죄자를 교정하는 제도가 그 낙인효과로 인해 실제로 사회 복귀에 걸림돌이 된다는 것
- 따라서 범죄는 일정한 원인에 의해 발생하는 것이 아니라, 공식적인 사법기관 등 통제기관의 낙인에 의해 발생하는 것
- 탄넨바움(Tannenbaum)은 범죄자를 만들어내는 악순환 과정(꼬리표→규정→차별→평가→자의식)을 '악의 극화(Dramatization of Evil)'로 표현

③ 기본과정
- 본질적으로 범죄적 행위는 없고, 권력자들의 이해에 의해 범죄가 정의됨
- 법을 위반했기 때문에 범죄자가 되는 것이 아니고, 공식적인 사법기관에 의해 범죄자로 규정되었으므로 범죄자가 됨
- 모든 사람을 규범 준수 여부에 따라 범죄자와 비범죄자로 분류 금지
- 형사사법기관의 체포행위는 낙인과정의 시작
- 연령, 사회경제적 특성, 인종 등은 형사사법기관의 결정에 차별적으로 작용
- 형사사법 제도는 범죄자를 비난하고 거부하는 것을 허용하는 자유의지 관점에서 형성
- 낙인은 비행적인 이미지와 하위문화로 판정되는 것을 만드는 과정

④ 특성
- 유전적 · 심리학적 · 다원론적 범죄 원인론을 배척
- 비교적 등한시되어 온 공식적인 형사사법기관을 낙인의 주체로 인식
- 일탈 행위를 규칙에서 벗어난 행위로만 보지 않고, 규칙 자체의 형성 근거를 문제로 봄
- 일탈 행위 분석법으로 통계만이 아닌 자기보고나 참여 관찰의 필요성 강조

2) 레머트(Lemert)의 낙인이론
① 개념
- 저서에서 '1차적 일탈'과 '2차적 일탈'로 일탈을 구분
- 1차적 일탈 : 생물학적 · 심리학적 · 사회학적 요소 등 다양한 원인에 의해 발생하는 첫 번째 일탈

- 2차적 일탈 : 1차적 일탈에 의한 사회적 반응(형사사법기관의 낙인) 때문에 나타난 문제들에 방어 · 공격 · 적응하면서 발생하는 두 번째 일탈
② 1차적 일탈과 2차적 일탈
  ㉮ 1차적 일탈
  - 1차적 일탈로 인해 범죄자는 '전과자'라는 낙인이 찍힘
  - 범죄를 저지를수록 더욱 강한 낙인을 찍혀 계속해서 범행
  - 결국 범죄자에 대한 사회적 처벌이 오히려 범죄를 유발
  - 낙인은 모든 범죄자에게 동일하지 않음, 소외된 소수 민족은 백인들보다 더욱 쉽게 낙인
  ㉯ 2차적 일탈
  - 한번 낙인을 찍히게 되면 모든 사회관계는 단절, 사회의 부정적인 반응
  - 전과자로 낙인찍힌 청소년은 비행 청소년과 접촉, 이는 일탈을 활성화하는 계기
  - 범죄자는 자신을 스스로 전과자로 간주하며, 계속해서 범행을 실행
  - 이 과정에서 낙인을 찍는 주요 요인은 공식적인 형사사법기관임
  - 2차적 일탈에 관심을 많이 두었으나, 1차적 일탈이 2차적 일탈의 발생 요인은 아님을 주장
  - 그러나 1차적 일탈은 부정적 사회 반응과 그 결과로 인한 경제적 기회의 상실, 관습적 사회관계의 강화에 영향
  - 결국 자신의 태도와 사회적 역할에 대한 상징적 재조직화와 부정적 자아 관념에 의한 행위를 촉진, 직업범죄자가 된다고 주장
③ 2차적 일탈에 대한 사회적 반응
- 사회구성원에 의한 반응과 사법기관에 의한 공적인 반응 등 2가지로 구분
- 공식적인 형사사법기관의 반응이 가장 권위 있고 광범위한 영향을 미친다는 것
④ 공식적인 반응이 미치는 낙인효과(5가지)
  ㉮ 오명 씌우기
  - 공식적 형사사법기관에 의해 '도덕적 열등'이라는 오명이 씌워지고, 이는 대중매체를 통해 알려지고 전과기록으로 장기간 보존

- 정상적인 사회 복귀에 실패, 사회구성원으로 제대로 성장 못 하고 2차적 일탈자로 발전
  ㉯ 불공정의 자각
- 공식 처벌과정에서 사법기관의 불공정을 직접 경험
- 사법제도의 신뢰를 갖지 못하고 사회정의의 신뢰감 상실
  ㉰ 제도적 강제
- 1차적 일탈자는 공식 처벌을 받음으로써 사법기관의 판단을 받아들일 수밖에 없음
  ㉱ 일탈하위문화의 의한 사회화
- 공식적인 처벌과정에서 일탈 하위문화를 학습
- 새로운 범죄기술 습득 및 범죄행위를 옹호 가치관 형성
  ㉲ 부정적 정체성의 긍정적 측면
- 형사사법기관이 부여하는 부정적 정체성을 일탈자가 수용
- 1차적 일탈자는 자신에 대한 부정적 평가를 거부하지 않는 현상 생김

3) 베커(Becker)의 낙인이론

① 개념
- 저서에서 일탈이론을 단계적 모델로 설명
- 일탈자라는 낙인이 '사회적 지위'와 같은 효과를 준다고 주장
- 낙인이 체계적 일탈을 낳는 과정을 관습적 경력으로 갖게 하는 과정과 비교할 수 있는 것이라 강조
- 일탈자로 공식적으로 규정된다는 것은 다른 지위를 능가하기 때문에 주요지위(주 지위, master status)로서 기능을 갖게 됨
- 주요 지위 획득한 자(일탈자)는 사회적 상호작용의 어려움으로 직업적 범죄에 탐닉

② 일탈자와 비일탈자의 4가지 유형

유 형	내 용
순응자	- 실제로 일탈 행위를 하지 않았고, 사회에 의해서 일탈자로 인식된 경우

순수 일탈자	- 실제로 일탈 행위를 하였고, 사회도 그것을 인식하고 있는 경우
잘못 낙인찍힌 자	- 실제는 일탈 행위를 하지 않았는데, 일탈 행위를 한 것으로 사회로부터 낙인을 찍힌 경우 - 이들은 성별, 나이, 인종, 사회 계층, 동료집단 등에 의해 차별적으로 낙인찍힌 사람들임
숨겨진 일탈자	- 실제로 일탈 행위를 하였음에도, 사회가 그것을 인식하지 못한 경우

③ 주장
- 범죄성은 어떤 행위 자체의 특성에 의해 결정되는 것이 아니고, 그 행위를 하는 것이 사회에 의해 주어진 지위임
- 일탈자로 낙인찍는 과정 그 자체가 일탈 행위를 결정하는 중요한 요인
- 일탈 행동 지속 및 확대 여부 등은 행위에 의한 사회집단의 반응 때문에 결정

4) 탄넨바움(Tannenbaum)의 낙인이론
① 개념
- 공식적인 형사사법기관의 간섭이 범죄성을 형성하는 가장 큰 요인
② 범죄학교인 교도소
- 벤담, 롬브로조, 봉어, 쇼 등 많은 학자가 이미 교도소가 범죄학교로서 작용한다는 사실을 지적
- 탄넨바움(Tannenbaum)은 이러한 형사사법 활동의 예상 밖의 결과를 체계화하여 연구한 최초의 학자
③ 악의 극화(dramatization of evil)
- 많은 비행 청소년 중 일부만이 체포되어 처벌을 받게 되는데, 처벌을 받게 된 청소년은 사법기관에 의해 범죄자로서 따로 분류되어 체포, 심문, 투옥 등의 경험을 하게 되고, 범죄자로서 이름이 붙여지는 경험을 하게 된다고 주장
- 처벌된 청소년들은 이런 '이름 붙여짐(tagged)'으로 인해 타인들은 물론 자기 자신도 자신을 범죄자로서 인식하고 전문 범죄자로서의 경력을 시작하게 된다고 주장
- 이런 형사사법기관의 행위를 '악의 극화'라고 부르며, 형사사법기관의 간섭

이 바로 범죄성을 형성하는 가장 큰 원인이라고 주장

5) 슈어(Schur)의 낙인이론

① 개념
- 저서에서 '자아 관념'을 주장
- 일탈자가 되는 과정은 시간이 걸려서 이루어진 협상과 같은 것
- 협상의 성공 여부가 자아 낙인에 영향을 미쳐 2차적 일탈을 유발
- 규범 위반이나 사회적 지위 때문에 일탈자가 된다는 베커(Becker)와 시각 차이

② 주장
- 2차적 일탈자가 되는 과정이 단계적 경력을 갖는 것이 아님
- 어떤 사람은 비난을 받고 낙인을 찍히나, 어떤 사람들은 변호와 협상을 통해 낙인을 벗어날 수 있음
- 사회적 낙인이 반드시 자아 관념에 영향을 미치는 것이 아님
- 2차적 일탈은 사회적 낙인의 결과보다는 자아 낙인의 산물인 경우도 많음

6) 쉐프(Scheff)의 낙인이론

① 개념
- 일시적 혹은 다발적으로 이상 행동을 하면 정신병자로 오인, 낙인찍힘
- 이로 인해 사회적 거부와 고립을 경험, 관습적 생활 복귀 방해 및 사회적 상호작용구조에 퇴행 초래
- 즉, 퇴행은 심리적 위기감과 스트레스를 유발, 정신병자 역할의 수행으로 2차적 일탈인 정신병의 고착으로 이어짐

② 주장
- 수감 여부는 정신병의 형태, 정도 또는 잠재적 위험성의 근거가 아님
- 형사사법기관에서의 태도 등과 같은 관련이 없는 외부요인에 의해 결정

7) 낙인과 형사정책

① 비범죄화
- 경미한 범죄는 일탈 행위로 규정하지 말자는 것
- 섣부른 형사사법기관의 개입은 상황을 오히려 악화할 수 있음을 경고

- 경미 범죄, 합의된 범죄 등에 대해서는 형벌의 개입을 가능한 억제

② 비시설화

- 범죄자를 교도소와 같은 시설에서 구금하기 보다 '보호관찰'과 같은 사회 내 처우토록 하자는 것
- 이를 통해 낙인을 피하고 사회 복귀를 더욱 용이하게 할 수 있음
- 교도소가 교화보다는 범죄를 학습하는 장소라는 것을 지적, 사회 내 처우를 강조

③ 전환제도(다이버전, Diversion)

- 범죄자에 대해 공식적인 제도를 도입하기 전, 지역사회에서 일정한 처우를 받도록 하자는 것
- 비형벌화, 비형벌 우회절차 등을 시행, 낙인을 가능한 한 줄여 일탈에 대한 사회적 관용 확대 주장

④ 적법절차

- 계층 간 차별 없는 법 집행 강조, 공정한 절차 적용 주장
- 변호인선임권, 묵비권 등 피의자 권리 보호 및 사법적 재량 제어

⑤ 원상회복과 배상

- 범죄자에게 형벌보다는 피해자에 대한 손해배상 및 공공사회봉사 등 실시

1. 서덜랜드(Sutherland)의 차별적접촉이론에 관한 설명 중 옳지 않은 것은?

① 범죄는 어떤 문화 속에서 개인에게 영향을 미치는 사회학습 과정의 산물이며, 범죄는 개인적 특질이나 사회경제적 지위와 무관하다고 보았다.

② '친구 따라 강남 간다.', '나쁜 친구와 어울리다 보니 나도 모르게 물들었다'라는 말은 위 이론과 관련성이 많다.

③ 범죄행위는 선천적인 유전적 요인 외에도 후천적으로 학습된 것이다.

④ 생애 초기에 범죄자를 접촉하는 것은 나이가 든 이후에 접촉보다 범죄 발생에 더 큰 영향을 미친다.

> **해설**
>
> ③ 서덜랜드(Sutherland)는 차별적접촉이론에서 범죄행위는 선천적인 특질이 원인이 아닌 '후천적으로 학습된다'고 주장했으며, 일탈 행동과 범죄 행동은 글쓰기나 그림 그리고 독서와 같이 학습된 결과라고 하였다.
>
> 답 ③

2. 서덜랜드(Sutherland)가 주장한 비행 과정의 9가지 원칙에 관한 설명 중 옳지 않은 것은 몇 개인가?

> ㉮ 범죄행위는 학습된다.
> ㉯ 범죄행위의 학습은 타인과의 상호작용의 부산물이다.
> ㉰ 범죄행위는 개인적으로 친밀한 집단 내에서 학습된다.
> ㉱ 범죄행위의 학습은 범죄기법과 동기나 욕구 그리고 합리화의 등을 포함한다.
> ㉲ 실정법에 대한 학습된 인지가 범죄 동기와 충동에 영향을 미친다.
> ㉳ 법 위반에 대한 비우호적 정의가 법률위반에 대한 우호적인 정의를 압도할 때, 개인은 범죄를 저지른다.
> ㉴ 차별적 교제 양상은 빈도, 지속성, 우선성, 강도의 측면에서 다양하다.
> ㉵ 범죄적 또는 비범죄적 유형과의 접촉으로 범죄행위를 학습하는 과정은 여타의 모든 학습에 관련된 모든 기제를 포함한다.
> ㉶ 범죄행위가 일반적 욕구와 가치의 표출이므로, 일반적인 욕구와 가치에 의해서 설명될 수 있다.

① 1개   ② 2개

③ 3개   ④ 4개

해설

㉕ 법 위반에 대한 '우호적 정의'가 법률위반에 대한 '비우호적인 정의'를 압도할 때, 개인은 범죄를 저지른다.

㉚ 범죄행위가 일반적 욕구와 가치의 표출이긴 하지만, 그것은 일반적인 욕구와 가치에 의해서 '설명되지 않는다.'

답 ②

3. 에이커스(Akers)와 버제스(Burgess)의 차별적강화이론의 개념 중 괄호 안에 들어갈 말이 순서대로 바르게 짝지어진 것은?

> ㉮ (   ) : 인간의 행위는 직접적인 경험이나 다른 사람에 대한 행위 모방을 통해 학습하며, 보상받는 행위는 강화되고 처벌받는 행위는 회피한다.
> ㉯ (   ) : 개인의 행동에 대한 강화와 처벌의 원칙을 통제하고 있는 집단을 의미한다.
> ㉰ (   ) : 인터넷, 영화, TV, 기타 미디어 등 현대사회에서 행위 모방에 관련된 차별적인 교제 집단을 의미한다.
> ㉱ (   ) : 자신의 행위에 대한 선악, 옳고 그름, 정당성과 부당성에 대한 도덕적이고 평가적인 태도를 보이는 것을 뜻한다.

① 차별적 교재 – 가상 동료집단 – 준거집단 – 정의

② 가상 동료집단 – 준거집단 – 정의 – 차별적 교제

③ 차별적 교제 – 준거집단 – 가상 동료집단 – 정의

④ 정의 – 가상 동료집단 – 준거집단 – 차별적 교제

해설

㉮ '차별적 교제': 인간의 행위는 직접적인 경험이나 다른 사람에 대한 행위 모방을 통해 학습하며, 보상받는 행위는 강화되고 처벌받는 행위는 회피한다.

㉯ '준거집단': 개인의 행동에 대한 강화와 처벌의 원칙을 통제하고 있는 집단을 의미한다.

㉰ '가상 동료집단': 인터넷, 영화, TV, 기타 미디어 등 현대사회에서 행위 모방에 관련된 차별적인 교제 집단을 의미한다.

㉱ '정의': 자신의 행위에 대한 선악, 옳고 그름, 정당성과 부당성에 대한 도덕적이고 평가적인 태도를 보이는 것을 뜻한다.

답 ③

4. 다음 사례는 차별적강화이론의 개념 중 무엇에 해당하는가?

> 2002년 9월 11일 극단적인 이슬람 무장 테러단체가 아무런 죄의식 없이 민간 항공기 4대를 강제로 납치하여 미국의 뉴욕 110층 세계무역센터 쌍둥이 빌딩과 워싱턴의 국방부 건물을 충돌하는 테러를 자행함으로써 세계 90여 개국의 3,500여명이 무고하게 생명을 잃었다.

① 차별적 교제
② 준거집단
③ 차별적 강화
④ 정의

> **해설** ▶
>
> ④ '정의'는 자신의 행위에 대한 선악, 옳고 그름, 정당성과 부당성에 대한 도덕적이고 평가적인 태도를 보이는 것을 뜻한다. 대표적인 예로 '급진적 이데올로기 소유자들의 죄의식 없는 테러행위', 낙태 반대주의자들의 낙태를 반대하는 시민 불복종 행위 등을 들 수 있다.
>
> 답 ④

5. 사이키스(Sykes)와 맛짜(Matza)의 중화이론에 관한 설명 중 옳지 않은 것은?

① 중화기술은 범죄와 비행에 대한 호의적인 태도와 같은 의미이며, 비행에 대한 합리화와 변명을 말한다.

② 범죄자들이 중화적인 태도를 취한다고 하여 전통적 사회 가치를 모두 부정하는 것은 아니므로, 중화기술을 습득하여 비합법과 관습적인 행위를 왔다 갔다 하는 표류를 한다.

③ 표류 상태에 들어간 청소년은 자신의 통제할 수 있다는 자신감을 가지고, 친구집단에서 남자답다는 말에 고무되어 범죄와 약물 남용 등 비행으로 빠져든다.

④ 범 위반 행위에 대해 단순한 장난 등과 같이 별 것 아니라고 인식하는 것은 가해의 부정이다.

> **해설** ▶
>
> ③ '표류'는 사회통제가 약화되었을 때 청소년들이 전통적인 합법과 가치에 전념하지 못하고 위법적인 행위에도 몰입하지 않는 합법과 위법의 중간 상태를 의미한다. 표류 상태에 들어간 청소년은 자신을 통제할 수 없다는 '절망감'을 느끼고, 친구집단에서 남자답고 용기 있는 사나이라는 말에 고무되어 비행을 저지른다.
>
> 답 ③

6. 다음 사례는 사이키스(Sykes)와 맛짜(Matza)의 중화기법 중 어떤 유형에 해당하는가?

> A는 승용차로 운전을 하다가 급한 나머지 신호위반을 하여 경찰관으로부터 교통단속을 당하게 되었다. A는 경찰관에게 '한번 봐 달라'고 요청했으나, 경찰관이 단속을 계속하자 매우 화가 나서 "경찰이 못된 짓은 다하고 다니면서 신호위반한 것 정도 가지고 너무한 것 아닙니까? 저기 다른 차량도 위반하는데 왜 나만 단속하고 그래요."라고 경찰관을 비난하였다.

① 책임의 부정
② 피해자의 부정
③ 상위 가치에의 호소
④ 비난자에 대한 비난

해설

④ 위 사례는 중화기법 중 '비난자에 대한 비난' 유형의 사례이다. '비난자에 대한 비난'은 범법행위에 대한 잘못이 자신들에게 있는 것이 아니고, 자신을 비난하는 경찰·검사·판사 등에게 있다고 변명하며 죄책감과 수치심을 중화시키는 기법이다.

답 ④

7. 다음 중화기법의 유형과 사례가 올바르게 연결된 것은?

> ㉮ 책임의 부정
> ㉯ 가해의 부정
> ㉰ 피해자의 부정
> ㉱ 비난자에 대한 비난
> ㉲ 상위 가치에의 호소

> ⓐ "내가 절도를 한 것은 부모님이 가정교육을 제대로 하지 않았고 나에게 관심을 가지지 않았기 때문이야."
> ⓑ "나는 길가의 물건을 훔친 것이 아니고 잠시 빌렸을 뿐이라고. 별것도 아닌데 그만하지."
> ⓒ "뭐 이까짓 술 좀 마셨다고 그래요. 참 너무하네. 막말로 검사는 개혁 대상이 아니에요."
> ⓓ "너를 때린 것은 미안하지만 어쩔 수 없었다. 난 내 친구를 괴롭히는 놈들

> 은 반드시 내 손으로 복수하고 말거든."
> ⓔ "어차피 저 집은 온갖 불법을 다 저질러서 돈을 모았기 때문에 우리가 물
> 건을 훔치는 것은 바로 정의를 실현하는 것이야."

① ㉮ − ⓐ, ㉯ − ⓑ, ㉰ − ⓔ
② ㉯ − ⓒ, ㉰ − ⓔ, ㉱ − ⓓ
③ ㉰ − ⓓ, ㉱ − ⓒ, ㉲ − ⓓ
④ ㉱ − ⓒ, ㉲ − ⓓ, ㉮ − ⓑ

해설 ▶

㉮ '책임의 부정': 내가 절도를 한 것은 부모님이 가정교육을 제대로 하지 않았고 나에게
관심을 가지지 않았기 때문이야.
㉯ '가해의 부정': 나는 길가의 물건을 훔친 것이 아니고 잠시 빌렸을 뿐이라고. 별것도
아닌데 그만하지.
㉰ '피해자의 부정': 어차피 저 집은 온갖 불법을 다 저질러서 돈을 모았기 때문에 우리가
물건을 훔치는 것은 바로 정의를 실현하는 것이야.
㉱ '비난자에 대한 비난': 뭐 이까짓 술 좀 마셨다고 그래요. 참 너무하네. 막말로 검사는
개혁 대상이 아니에요.
㉲ '상위 가치에의 호소': 너를 때린 것은 미안하지만 어쩔 수 없었다. 난 내 친구를 괴롭
히는 놈들은 반드시 내 손으로 복수하고 말거든.

답 ①

8. 사회통제이론에 관한 설명 중 옳지 않은 것은?

① 레클리스(Reckless)는 인간은 누구나 쾌락을 추구하고 고통을 피하려 하기
때문에 확실하고 신속한 처벌 만이 범죄를 막을 수 있다고 주장하였다.
② 허쉬(Hirsch)는 모든 사람을 잠재적 범죄자로 가정하고, 많은 사람이 '왜 범죄
를 저지르지 않는가?'에 관심을 가졌다.
③ 깁스(Gibbs)는 범죄의 실행 여부는 사회의 책임이지 결코 개인의 책임이 아
니라고 하면서, 범죄의 처벌은 사회적 · 외적 통제로 억제되어야 한다고 주장
하였다.
④ 헤이건((Hagan)은 남편과 아내의 직장 계급 위치에 따라 가부장 가족과 평등
가족으로 구분하였으며, 가부장 가족의 딸은 어머니를 통해서 엄격하게 통제
된다.

해설 ▶

③ 깁스(Gibbs)는 인간은 이기적이며 합리적이므로 범죄를 저지르는 것은 이익과 처벌을 합리적으로 계산한 결과라고 하였다. 그러므로 범죄의 실행 여부는 '개인의 책임'이지 결코 사회의 책임이 아니라고 하면서, 범죄의 처벌은 사회적 · 외적 통제로 억제되어야 한다고 주장하였다.

답 ③

9. 레클리스(Reckless)의 봉쇄(억제)이론 중 다음 설명하는 개념은 무엇인가?

> 환경적인 범죄요인들로부터 청소년들을 멀어지게 하는 비행 절연체와 같은 역할을 하며, 이 개념은 우범지대에 살고 있는 청소년의 일부 만이 범죄를 저지른다는 것을 설명하기 위해 개발되었다. 즉, 이것의 유지가 비행적인 영향이나 환경적인 유인에 대한 방패막이 역할을 한다고 보았다.

① 자아 관념
② 자기 통제력
③ 자기 주도
④ 자기 억제

해설

② '자아 관념(self concept)'에 관한 설명으로 청소년들이 비행 유발 환경에 놓여 있더라고 비행을 저지르지 않는 이유는 긍정적인 자아 관념을 유지하기 때문이라고 보았다. 자아관념이 잘 형성된 청소년들은 비행에 잘 빠지지 않고 친구의 비행에 대해서도 저항한다.

답 ②

10. 허쉬(Hirsch)의 사회유대이론에 관한 설명 중 옳지 않은 것은?

① 개인의 범죄 성향을 통제하는 것은 '개인과 사회 간의 유대'라고 보고, 특히 가족 간의 유대를 강조한 이론이다.
② 범죄가 발생하는 것은 비행에 대한 사회적 유대 요인인 애착, 참여, 신념, 전념이 붕괴에서 비롯된다.
③ 일상적 즐거운 일에 몰두하다 보면 비행에 빠질 시간적 여유가 없어 범죄를 저지르지 않는다는 것은 '전념'을 의미한다.
④ 허쉬의 이론은 어떤 유형의 범죄나 일탈 행위에도 적용될 수 있는 일관성이 높다는 긍정적인 평가 외에도 시간의 흐름에 따른 사회적 유대의 변화를 간과했다는 비판도 있다.

해설 ▶

③ 일상적 즐거운 일에 몰두하다 보면 비행에 빠질 시간적 여유가 없어 범죄를 저지르지 않는다는 것은'참여'를 뜻한다. '전념'은 전통적인 생활노선에 투자되는 시간과 에너지 그리고 노력을 의미하며, 미래를 위해 공부를 하고 교육을 받으며 돈을 저축하는 것을 사례로 볼 수 있다.

답 ③

11. 허쉬(Hirsch)가 분류한 사회유대 요소 중 괄호 안에 들어갈 말이 순서대로 바르게 짝지어진 것은?

㉮ ( ) : 타인과의 관계에 대한 민감성과 관심의 정도
㉯ ( ) : 동일한 환경 속에서 살고 있는 사람들의 공통적인 믿음·신념
㉰ ( ) : 전통적인 생활노선에 투자되는 시간과 에너지 그리고 노력
㉱ ( ) : 관습적인 일에 투자하는 시간과 열망

① 애착(attachment) - 참여(involvement) - 신념(belief) - 전념(commitment)
② 애착(attachment) - 신념(belief) - 전념(commitment) - 참여(involvement)
③ 참여(involvement) - 애착(attachment) - 신념(belief) - 전념(commitment)
④ 신념(belief) - 전념(commitment) - 애착(attachment) - 참여(involvement)

해설 ▶

㉮ '애착(attachment)': 타인과의 관계에 대한 민감성과 관심의 정도
㉯ '신념(belief)': 동일한 환경 속에서 살고 있는 사람들의 공통적인 믿음·신념
㉰ '전념(commitment)': 전통적인 생활노선에 투자되는 시간과 에너지 그리고 노력
㉱ '참여(involvement)': 관습적인 일에 투자하는 시간과 열망

답 ②

12. 다음 헤이건((Hagan)의 권력통제이론에 관한 내용 중 무엇을 말하는가?

아들과 딸은 유사한 수준의 통제를 받으며, 아들과 마찬가지로 딸도 위험을 감수하는 부분에 대한 행동을 허용한다. 따라서 비행의 가능성 측면에서 딸과 아들은 별반 차이가 없다.

① 평등 가족
② 가부장 가족
③ 확대 가족
④ 집합 가족

> **해설**
>
> ① '평등 가족'은 아버지와 어머니의 직업적인 지위가 동등하므로 부부의 권력 관계가 평등하다. 따라서 아들과 딸은 서로 유사한 수준의 통제를 받으며, 비행의 가능성 측면에서 딸과 아들은 차이가 존재하지 않는다. '가부장 가족'은 아버지와 어머니의 직업적인 차이가 크게 존재하며 부부 간의 권력 관계는 아버지가 가지고 모든 의결권을 행사한다. 따라서 아들은 생산의 영역, 딸은 소비의 영역으로 분리되며 어머니는 아버지를 매개하는 도구로써 자식에 대한 통제를 수행한다. 특히, 딸은 어머니에 의해 엄격하게 통제를 받으며, 비행이나 일탈을 회피토록 학습을 받고 암전하고 조신하게 행동하도록 사회화된다.
>
> 답 ①

13. 낙인이론에 관한 설명 중 옳지 않은 것은?

① 전통적인 범죄 원인론을 배격하고 범죄 원인의 전제인 범죄 자체가 형성되는 사회적 통제과정에 초점을 두었다.

② 탄넨바움(Tannenbaum)은 범죄자를 만들어내는 악순환 과정을 '악의 극화'로 표현하였다.

③ 비범죄화는 범죄자를 교도소와 같은 시설에서 구금하기 보다 '보호관찰'과 같은 사회 내 처우토록 하자는 것을 의미하며, 이를 통해 낙인을 피하고 사회복귀를 더욱 용이하게 할 수 있다.

④ 레머트(Lemert)는 2차적 일탈에 관심을 많이 두었으나, 1차적 일탈이 2차적 일탈의 발생 요인은 아니라고 주장하였다.

> **해설**
>
> ③ '비범죄화'는 경미한 범죄는 일탈이나 범죄행위로 규정하지 말자는 것을 의미하며, 섣부른 형사사법기관의 개입은 상황을 오히려 악화할 수 있음을 경고하고자 도입된 개념이다. 범죄자를 교도소와 같은 시설에서 구금하기 보다 '보호관찰'과 같은 사회 내 처우토록 하자는 것은 '비시설화'을 뜻한다.
>
> 답 ③

14. 다음 낙인과 형사정책에 관한 내용 중 무엇을 말하는가?

범죄자에 대해 공식적인 제도를 도입하기 전에 지역사회에서 일정한 처우를 받도록 하자는 것을 의미한다. 비형벌화 및 비형벌 우회절차 등을 시행하고 있으며, 낙인을 가능한 한 줄여서 범죄와 일탈에 대한 사회적인 관용을 확대하자는 주장이다.

① 비범죄화   ② 전환제도
③ 비시설화   ④ 적법절차

> **해설**
>
> ③ '전환제도(다이버전, Diversion)'에 관한 설명이다.

답 ③

15. 레머트(Lemert)의 낙인이론에 관한 설명 중 옳지 않은 것은?

① 레머트(Lemert)는 저서에서 1차적 일탈과 2차적 일탈로 일탈을 구분하였으며, 2차적 일탈로 인해 범죄자는 '전과자'라는 낙인이 찍힌다.
② 2차적 일탈의 낙인을 찍는 주요 요인은 공식적인 형사사법기관이다.
③ 레머트(Lemert)는 공식적인 반응이 미치는 낙인효과를 5가지로 구분하였다.
④ 범죄자는 '오명 씌우기'라는 낙인효과로 인해 정상적인 사회복귀에 실패하고 사회구성원으로 제대로 성장을 하지 못하여 2차적인 일탈자로 발전하게 된다.

> **해설**
>
> ① '1차적 일탈'로 인해서 범죄자는 '전과자'라는 낙인이 찍히며, '2차적 일탈'은 1차적 일탈로 인해서 발생하는 사회관계 단절이나 비행친구 접촉 등 사회의 부정적인 반응 등을 의미한다.

답 ①

16. 베커(Becker)가 분류한 일탈자와 비일탈자의 유형 중 괄호 안에 들어갈 말이 순서대로 바르게 짝지어진 것은?

> ㉮ (   ) : 실제는 일탈 행위를 하지 않았는데, 일탈 행위를 한 것으로 사회로부터 낙인을 찍힌 경우
> ㉯ (   ) : 실제로 일탈 행위를 하였음에도, 사회가 그것을 인식하지 못한 경우
> ㉰ (   ) : 실제로 일탈 행위를 하지 않았고, 사회에 의해서 일탈자로 인식된 경우
> ㉱ (   ) : 실제로 일탈 행위를 하였고, 사회도 그것을 인식하고 있는 경우

① 순응자 - 순수 일탈자 - 잘못 낙인찍힌 자 - 숨겨진 일탈자
② 잘못 낙인찍힌 자 - 숨겨진 일탈자 - 순응자 - 순수 일탈자

③ 순수 일탈자 - 잘못 낙인찍힌 자 - 숨겨진 일탈자 - 순응자

④ 숨겨진 일탈자 - 순응자 - 순수 일탈자 - 잘못 낙인찍힌 자

> **해설**
>
> ㉮ '잘못 낙인찍힌 자': 실제는 일탈 행위를 하지 않았는데, 일탈 행위를 한 것으로 사회
>   로부터 낙인을 찍힌 경우
> ㉯ '숨겨진 일탈자': 실제로 일탈 행위를 하였음에도, 사회가 그것을 인식하지 못한 경우
> ㉰ '순응자': 실제로 일탈 행위를 하지 않았고, 사회에 의해서 일탈자로 인식된 경우
> ㉱ '순수 일탈자': 실제로 일탈 행위를 하였고, 사회도 그것을 인식하고 있는 경우
>
> 답 ②

17. 다음의 낙인이론에 관한 설명으로 옳은 것은?

> 처벌된 청소년들은 이런 '이름 붙여짐(tagged)'으로 인해 타인들은 물론 자기
> 자신도 자신을 범죄자로서 인식하고 전문 범죄자로서의 경력을 시작하게 된다.

① 일탈자가 되는 과정은 시간이 걸려서 이루어진 협상과 같은 것으로, 저서에서
   '자아 관념'을 주장하였다.

② 위 이론을 주장한 학자는 형사사법 활동의 예상 밖의 결과를 체계화하여 연구
   한 최초의 학자이다.

③ 일시적 혹은 다발적으로 이상 행동을 하게 되면 사람들로부터 정신병자로 오
   인을 받아 낙인이 찍혀 이로 인해 사회적인 거부와 고립을 경험하게 된다.

④ 공식적인 형사사법기관의 간섭보다 개인의 자아통제력의 부족이 범죄성을 형
   성하는 가장 큰 원인이다.

> **해설**
>
> ② '탄넨바움(Tannenbaum)'의 낙인이론에 관한 설명이며, 탄넨바움(Tannenbaum)
>   은 형사사법 활동의 예상 밖의 결과를 체계화하여 연구한 최초의 학자이다.
> ① '슈어(Schur)'는 일탈자가 되는 과정을 시간이 걸려서 이루어진 협상과 같은 것으로
>   보았고, 저서에서 '자아 관념'을 주장하였다.
> ③ '쉐프(Scheff)'는 일시적 혹은 다발적으로 이상 행동을 하게 되면 사람들로부터 정신
>   병자로 오인을 받아 낙인이 씩혀 이로 인해 사회적인 거부와 고립을 경험하게 된다고
>   주장하였다.
> ④ 탄넨바움(Tannenbaum)은 공식적인 형사사법기관의 간섭이 바로 범죄성을 형성하
>   는 가장 큰 원인으로 보고, 이러한 형사사법기관의 행위를 '악의 극화'라고 하였다.
>
> 답 ②

제3절	갈등이론

1. 의 의

① 갈등이론의 뿌리는 마르크스(Marx)와 엥겔스(Engels)의 이론
② 때로는 급진이론, 마르크스주의, 사회주의 이론, 신범죄학 등으로 불림
③ 개념
- 모든 사회는 상충하는 이익집단 간 갈등이 존재한다는 것을 전제
- 국가는 사회 일반의 이익과 가치를 보호하기 위해서가 아니라 국가 운영을 통제할 힘을 가진 집단의 이익과 가치를 대변하는 것
- 법이란 지배계급의 가치와 신념을 표현한 것이며, 형사사법기관은 그들의 통제 기제에 불과
- 범죄는 사회의 부와 권력의 불공정한 분배에 대한 당연한 반응
- 범죄의 원인보다 법률과 형사사법기관이 가지는 계급적인 당파성을 규명하고자 함

2. 주요이론

1) 마르크스(Marx)의 계급갈등론
① 개념
- 자본주의하에서 프롤레타리아 범죄는 생활조건에 대한 반응이자 생존수단
- 생산수단을 소유한 자본가는 노동조건에 대한 통제 뿐 아니라 법 규범을 포함한 상부구조의 통제력도 가짐
- 즉, 노동자 계급은 자본가의 이해에 따라 봉사할 수밖에 없음
② 주장
- 자본주의 사회에서 노동자 지배는 경제, 정치, 사회, 문화생활 등이 반영되어 자본가들의 이익을 보호하는 것
- ⑩ 기업가들의 로비와 기업가들을 위한 법률의 제정

2) 봉거(Bonger)의 경제갈등론
① 개념

- 자본주의 사회에서는 부자를 제외한 빈자(貧者, 가난한 사람)의 이기적 행동 만을 범죄로 규정한다는 것
- 가난한 사람은 가난과 분배의 불평등에 대항하기 위해, 부자는 도덕성 하락으로 범죄를 저지름
- 봉거는 양자의 '도덕적 타락'을 범죄의 원인으로 봄
② 주장
- 자본주의에서는 자본의 소유를 근거로 해 지배자와 피지배자로 엄격한 분화가 일어남을 지적
- 자본주의하에서의 범죄는 탐욕과 이기심을 기르는 경제체제의 산물이라 주장
- 범죄는 그 행위가 힘을 가진 자들의 이해에 위협이 될 때 범죄로 규정됨
- 부르주아 계급의 낮은 범죄율은 그들의 행위를 합법화하고, 프롤레타리아 계급의 행위를 처벌하려는 사법 체계의 경향 때문
- 자본주의 구조가 파괴되고 사회주의 이상이 실현되는 때에만 빈곤이 소멸하고 동시에 범죄의 동기도 없어짐

3) 볼드(Vold)의 집단갈등이론
① 개념
- 범죄는 비정상적인 행동의 결과가 아니라 약자집단을 범죄자화함으로써 약자집단이 반발한 자연적 반응의 결과
- 지배집단은 그들 이익을 보호하기 위해 법률 통과 영향 및 경찰·법관 등 지원
- 즉, 형사사법기관은 지배집단의 이익을 위해 피지배 집단과 약자집단을 범죄자화
② 주장
- 법률 제정과 집행의 과정을 권력 집단 간 협상의 결과로 보고, 범죄를 개인적 법률 위반이 아닌 비권력 소수계층의 집단투쟁으로 이해
- 범죄는 집단갈등의 산물이며 소수 집단의 행위라고 주장
- 상당수의 범죄가 집단으로 이루어지고 있음을 볼 때, 범죄는 특정 지배집단과 국가통제기관의 합작품
- 집단 간 이해관계가 다르므로 갈등은 필연적, 결국 권력을 많이 가진 자가

경쟁에서 이김

4) 터크(Turk)의 권력갈등론

① 개념

- 범죄화(Criminalization)는 범죄자의 지위를 갖게 되는 과정을 의미
- 범죄화는 그 사람이 무엇을 했느냐가 아닌, 그 사람이 정치적 힘(권위)의 여부에 따라 달라짐
- 결국, 범죄는 위와 같은 정치적인 권위에 의해 결정되는 것

② 주장

- 범죄는 '범죄화의 조건'에 따라 달라진다고 주장
- 즉, 범죄화는 경찰의 법 규범과 문화적 · 사회적 규범이 일치하는 정도, 법 집행자와 피집행자(저항자)의 힘이 차이, 법 규범 집행에 대한 갈등의 존재 여부 등에 의해 결정된다고 주장

③ 범죄 집단의 유형(4가지)

유 형	내 용
조직화와 비정교화	− 조직화는 되었으나 단순하고 순진한 청소년 비행집단 − 갈등의 정도는 가장 심각
비조직화와 비정교화	− 조직형태도 없고 지적으로 낮은 부랑자나 부주의에 의한 절도범처럼 범죄행위는 명백하나 위협적이지 않은 비행집단 − 갈등이 별로 없음
조직화와 정교화	− 조직적이고 복잡한 형태의 기업범죄나 조직범죄처럼 범죄행위 및 범죄행위는 비가시적이나 범죄행위는 위협적임 − 갈등이 발생하기 어렵고 덜 발생, 그러나 조직 내부 잠재적 갈등 존재
비조직화와 정교화	− 조직적이지는 않지만 지능적인 횡령범이나 사기범처럼 범죄행위는 비가시적이며 위협적이지 않음 − 갈등의 정도는 가장 낮음

5) 퀴니(Quinney)의 경제계급이론

① 개념

- 형법은 국가와 지배계급이 기존의 사회 · 경제 질서를 유지하고 영구화시키기 위해 사용하는 도구

- 즉, 형사사법 제도는 사회통제 기제를 합리화하기 위해 국가가 나서고 국가의 지원 때문에 행해짐
- 경제적 지배계급은 국가 권력과 사법 통제기관을 직접 장악, 자신들의 이해를 실현

② 주장
- 국가와 법률은 사회통제를 위해 사용되는 강압적 도구이며, 공식적인 범죄통계는 강압의 증거라고 주장
- 자본주의적 상황에서 범죄는 필연적으로 발생, 자본주의의 포기를 통해서만 범죄를 예방할 수 있다고 주장
- 노동자 계급의 범죄를 적응범죄와 대항범죄로 구분

③ 노동자 계급의 범죄
  ㉮ 적응범죄
  - 경제적 곤경에 빠진 사람들이 타인의 재산을 강제적으로 탈취하는 범죄
  - 경제적 피해를 본 사람늘이 무력을 행사하여 다른 사람의 신체를 해하는 범쥐
  ㉯ 대항범죄
  - 자본가들의 지배에 대항하는 범죄유형
  - 퀴니는 비폭력적·잠재적인 불법행위와 자본주의에 직접 대항하는 혁명적 행위를 모두 포함

6) 셀린(Sellin)의 문화갈등이론
① 개념
- 문화갈등이란 사회적 가치에 대한 이해 및 규범의 충돌, 1차적·2차적 문화갈등으로 구분
- '범죄는 문화적 소산'이라는 가석읔 이로적 전제
- 법 규범을 위반하는 행위로 밀어 넣는 것, 즉 '범죄'는 문화적인 가치 규범의 갈등이라고 봄

② 문화갈등의 구분
  ㉮ 1차적 문화갈등
  - 상이한 이질 문화 간 충돌에 의한 횡적 문화갈등

- ㉔ 이민, 문화체계가 다른 국가 간의 병합 시 문화갈등
  ㉯ 2차적 문화갈등
- 동일한 문화 내에서 사회분화로 인한 규범의 갈등으로 인한 종적 문화갈등
- ㉔ 신·구세대 간 문화 및 가치관의 갈등, 도시와 농촌 사람들 간 문화 규범 갈등
③ 주장
- 법 규범이 다양한 문화적 갈등을 해결하거나 가치를 반영하기 어려운 경우, 가장 지배적인 문화 만이 반영
- 결과적으로 반영되지 못하는 문화의 규범을 따를 때 범죄로 인식되어 처벌

7) 다렌도르프(Dahrendorf)의 정치권력갈등이론

① 개념
- 권력 차이로 인해 갈등은 존재, 이러한 갈등은 건강한 사회의 필수적 현상임
- 갈등이 불공제 경제체제 속에서 존재한다는 마르크스(Marx) 견해를 비판
- 노동자 계급도 산업사회와 같이 계층이 분화
- 노동자 계급은 단순 노동자, 준기술자, 기술자로 구분
- 각 계층에 따라 권력이나 힘의 차이에 의한 이해관계가 다름
- 즉, 자본주의 모든 사회에서는 권력 차이로 인한 지배층과 피지배층이 불가피하게 나타남
② 주장
- 모든 사회는 변화하고 이것은 보편적 현상, 자본가 계급과 노동자 계급 모두 구조적 변화와 인식 변화를 경험
- 모든 사회는 의견의 불일치와 갈등이 발생, 이 갈등은 계급적 갈등 뿐만 아니라 자본가나 노동자 계급 사이에서도 모두 발생
- 모든 사회는 분열과 변화에 기여, 모든 계층은 서로 이질적인 집단을 구성하여 경쟁하고 충돌하면서 변화 추구
- 모든 사회의 일부 구성원들은 다른 구성원들의 강제력에 따라 행동 구조화

8) 챔블리스(Chambliss)와 사이드먼(Seidman)의 사법권력갈등이론

① 개념
- 국가나 형사사법기관은 사회 갈등 해소보다 권력 집단을 보호하고 옹호함

으로써 갈등을 유발, 이로 인해 가지지 못한 자를 범죄화
- 법 집행 기관은 권력층의 피지배계층을 통제하기 위한 도구로 작동
② 주장
- 형사사범 기관은 지배층의 편을 들고 피지배층을 집중적으로 통제, 사회 갈
  등을 증폭시키고 그 결과 범죄를 양산
- 법은 공공 이익을 대변하지도 않고, 모든 시민을 동등하게 대하지도 않으
  며, 사회의 이익에도 기여하지 않음
- 경찰은 정치적으로 약하고 권력이 없는 사람들에 대해 적극적 대응, 반면에
  권력층에 대해서는 소극적 자세 취함
- 그 결과, 하류층의 강도 · 강간 · 폭력 등 범죄에 대해서는 엄격하게 체포 ·
  구속하나, 중상류층의 화이트칼라범죄에 대해서는 관대

3. 대안이론

1) 좌파 현실주의 범죄이론
  ① 배경
  - 1980년대 기존 마르크스(Marx) 이론을 비판하는 과정에서 등장
  - 경제적 착취가 하류 계층 사람들의 범죄를 저지르게 만든다는 마르크스의
    '좌 이상주의'를 지적
  - 마르크스는 하류계층의 범죄문제를 너무 단순하게 보았고, 범죄대책 제시
    가 미흡하다고 함
  ② 학자
    ㉮ 리(Lea)와 영(Young)
    - 거리의 범죄자들은 가난하고 소외된 사람들을 상대로 범죄
    - 가난한 노동자는 자본주의 지배계층에 의해, 또 비슷한 처지이 거리이 범
      죄자들에 의해 이중으로 피해를 봄
    - 이런 범죄의 원인은 상대적 박탈감이며, 해결책의 부족은 범죄로 나타남
    ㉯ 테일러(Taylor)
    - 세계는 매우 다양한 위기에 직면해 있다고 전제
    - 위기란 일자리 부족, 사회 불평, 정치적 무능과 실패, 성 불평등 등을 포함

- 위기에 대한 정부대응의 실패는 서로를 불신하고 고립, 주류에서 배제되어 주변인(marginal man)으로 전락
- 주변인은 범죄를 저질러도 잃을 것이 없으므로 범죄를 저지르고 피해자를 지속 양산

③ 주장
- 모든 계급의 범죄피해자는 보호를 필요로 하고 보호받을 권리가 있음
- 범죄 대응은 지역사회의 요구를 반영한 것
- 경찰이나 법원이 시민의 생명을 보호하는 공공서비스를 마땅히 제공해야 함
- 지역사회가 경찰 개입 전에 선제적 억제를 통한 범죄예방 대책을 펼쳐야 함을 주장

2) 페미니스트 범죄이론

① 배경
- 범죄의 원인과 범죄에서 나타나는 성차별, 여성범죄 피해자에 대한 억압을 설명하기 위해 노력
- 여성에 대한 노동력 착취, 가부장제 아래의 여성 위축, 형사사법기관에 의한 여성 비하 및 피해를 거론

② 학자
  ㉮ 슈벤딩거(Schwendinger) 부부
- 국가에 의해 규정되고 제재를 받는 기존 법적 범죄개념에 대해 비판
- 이런 법적 개념은 법 제정 권력자들에 의해 통제되고 이들과 이해관계를 가지므로 허구
- 새로운 범죄는 사회적 해 또는 반사회적 행동에 입각한 윤리적 기준에 의해 규정되어야 함
- 위 개념에 의하면 빈곤 및 착취, 제국주의 전쟁, 인종차별, 성차별 등이 제도적 폭력으로 간주
- 특히, 성 불평등은 자본주의 사회에서 여성과 남성의 불평등한 권력 때문에 생겨나며, 결과적으로 여성 착취를 가져온다고 주장
  ㉯ 메셔르슈미트(Messerschmidt)
- 자본주의 사회는 가부장제와 계급갈등이라는 특징을 지님

- 자본가는 노동자의 노동력을 통제하지만, 가부장제는 여성을 경제적 · 생
  물학적으로 통제
- 여성은 가정 내에서 고립되어 화이트칼라나 경제범죄 등을 저지를 기회
  가 적음
- 또 여성은 자본주의 체제와 가부장적 성격에 의해 제한, 여성 범죄율이
  낮음
- 이와 같은 무력감은 여성이 폭력행위 피해자로 될 가능성을 높임

제4절 범죄사회학 이론의 평가

1. 사회구조이론의 평가

1) 긍정적 측면의 평가

① 범죄이론과 범죄예방 전략 모두에 유의미한 영향을 미쳤으며, 특히 대도시
  의 낙후된 빈민 지역의 범죄율과 비행률 및 비행집단의 설명에 타당
② 일반 구조 모형의 개별 이론들이 서로 지원하고 다른 이론을 확대 발전시킨
  것으로 평가
③ 합법적인 경제적 기회 접근 제한과 경제적 불평등 같은 긴장 초래 요인들이
  사회해체를 초래할 수 있음을 주장
④ 위와 같은 긴장은 약물 남용과 혼외 성행위 같은 욕구분출 행위를 조장, 가
  정을 파괴하고 사회 적대감을 심화시켜 비공식적 사회통제기능을 약화

2) 부정적 측면의 평가

① 하위계층 문화 그 자체만이 범죄를 촉진하고 다른 요인들이 작용하지 않는
  지 확신할 수 없다고 비판
② 또한 도시 빈민 지역에 거주한다는 사실 그 자체만으로 거주 주민들이 위법
  한다는 주장도 의문 제기
③ 특히, 하위계층의 범죄율이 높다는 것은 형사사법 체계의 편견에 따른 인공
  물에 불과하다고 주장
④ 하위계층이 높은 범죄율을 보이기는 하나, 만성적 범죄자의 경우 하위계층

구성원 중 극히 일부분에 불과한 것으로 밝혀짐

⑤ 사회적 요인만으로는 도시지역의 정직하고 적법한 행동을 하는 많은 하위
계층의 행동을 설명할 수 없음을 주장

⑥ 즉, 법을 위반하고 범죄를 저지른 사람은 개인의 정신·신체적 특질이나 사
회적 과정에 의해 동기 부여된 것임

2. 사회과정이론의 평가

1) 긍정적 측면의 평가

① 차별적교제이론

- 집단적이고 모방성이 강한 청소년의 비행 특성을 설명하기 위해 적합

- 특히 비행 친구 교제, 일탈 행동 학습 그리고 일탈 행동 수행 사이의 긍정
적인 상관성 입증

- 즉, 비행 친구와의 차별적 교제는 일탈적 태도와 동기를 학습하고 그 결과
일탈 행동이나 범죄 행동을 한다는 원칙이 검증

- 사회구조이론과 달리 모든 유형의 일탈 행동과 범죄 행동에 대한 설명 논리
를 일관성 있게 제공

- 하류 계층 청소년 뿐만 아니라 중상류 계층 청소년들의 비행과 범죄 행동의
설명에도 적용

② 차별적강화이론

- 차별적 교제이론과 달리 비행 청소년 뿐만 아니라 일상생활 속에서의 상호
작용 과정에서 또는 타인의 관찰 학습 중에서 차별적으로 강화되는 것이
범죄와 연결된다는 점에서 차이

- 개인들의 경험을 통해 처벌의 위험보다는 보상이 더 큰 행동 대안을 선택한
다는 점에서 '합리적 선택' 이론과 유사

③ 사회유대이론

- 사회유대이론의 중요한 가설을 경험적으로 검증 시도, 실증적 자료 분석을
통해 이론에 부합하는 상당한 증거 발견

- 즉, 부모들과 강한 애착 관계를 맺고 있는 청소년들은 범죄에 잘 **빠지지** 않
고 공부를 열심히 하며 음주를 거부하는 전통적 가치에 관여함을 밝힘

④ 낙인이론

- 낙인이 범죄 행동의 지속성에 영향을 미치는 중요한 역할을 한다는 것은 경험적으로 검증
- 낙인이론은 범죄학 이론 뿐만 아니라 범죄대책의 형사정책적 측면에서 커다란 기여
- 범죄는 신체적 또는 성격적 특질에 의해서만 발생하는 것이 아니라 누구나 범죄를 저지를 수 있다는 범죄의 보편성을 주장
- 즉, 범죄는 특정한 사람들만이 아니라 누구나 범죄의 잠재성을 지니고 있다는 견해 입각
- 또한 소년범죄, 경미범죄, 과실범죄 분야에서 이차적 예방(재범 방지)에 관한 대책 수립에 큰 영향

2) 부정적 측면의 평가

① 차별적 교제이론

- 모든 범죄행위가 동기나 욕구, 기술 등의 학습을 꼭 필요로 하는가에 대한 의문과 비판 높음
- 중요한 개념의 모호성과 그로 인한 변수화의 불가능으로 이론의 검증이 어려움
- 개인의 접촉 결과에 따른 반응에 개인적인 차이가 무시되어 있다는 비판

② 차별적강화이론

- 비행집단이나 범죄자들과의 교제가 비행이나 범죄 행동에 선행하는 조건이 아닐 수 있다는 비판
- 비행 친구와의 교제가 불법행위보다 대체로 선행하는 것으로 나타났으나, 실제로 흡연, 음주, 기타 약물 오용 등 사소한 형태의 일탈에 불균형적으로 집중되었을 뿐인
- 따라서 사소한 범죄부터 심각한 범죄를 설명하기 위해서는 더욱더 많은 경험적 연구가 필요

③ 사회유대이론

- 사회유대의 기본적 요소 간의 중요성 차이를 구별하지 않고, 결과로 그 요소 간의 차이가 존재함을 제시

- 또한 사회유대의 4가지 요소들이 비행에 영향을 미친다고 했으나, 변수의 독립성 및 영향 강도, 상관성 등에 대해서는 불분명 비판
- 모든 유형의 범죄를 설명하기보다는 음주 및 대마 흡연과 같은 사소하고 특정한 유형의 범죄 행동에 관해서만 설명 가능

④ 낙인이론
- 개인에 대한 부정적인 낙인이 일탈과 범죄 행동으로 이어진다는 견해는 상당히 단순적인 판단이라 비판
- 일탈자가 검거되고 처벌받는 등으로 낙인이 부과된 이후의 다른 변수들의 상호 영향 관계를 무시
- 일탈의 개념 규정에 있어서 '낙인이 없으면 일탈도 없다'라는 주장은 일탈 행위의 본질을 제대로 파악하지 못함
- 낙인이론은 범죄율의 차이 뿐만 아니라 최초의 일탈 행동이나 범죄 행동을 설명하지 못함

1. 갈등이론의 개념에 관한 설명 중 옳지 않은 것은?

① 모든 사회는 상충하는 이익집단 간의 갈등이 존재한다는 것을 전제하고 있다.

② 국가는 사회 일반의 이익과 가치를 보호하기 위해서가 아니라, 국가 운영을 통제할 힘을 가진 집단의 이익과 가치를 대변하는 것이다.

③ 범죄는 사회의 부와 권력의 불공정한 분배 작용에 대한 당연한 반응이다.

④ 법률과 형사사법기관이 가지는 계급적인 당파성보다는 범죄의 원인을 구체적으로 규명코자 하였다.

> **해설**
>
> ④ 갈등이론은 범죄의 원인보다 '법률과 형사사법기관이 가지는 계급적인 당파성을 규명'하고자 하였다.
>
> 답 ④

2. 다음 학자와 그 이론에 대한 설명으로 바르게 연결되지 않은 것은?

① 마르크스(Marx) : 자본주의 사회에서 노동자 지배는 경제, 정치, 사회, 문화생활 등이 반영되어 자본가들의 이익을 보호하는 하는 것이다.

② 봉거(Bonger) : 범죄는 힘을 가진 자들의 이해에 위협이 되는 행위를 규정한 것이며, 부르주아 계급의 범죄율이 낮은 것은 그들의 행위를 사법체계가 합법화하기 때문이다.

③ 볼드(Vold) : 법률 제정과 집행의 과정을 권력 집단 간의 협상 결과로 보고, 범죄를 권력 계층 간의 집단 적인 투쟁으로 이해하였다.

④ 터크(Turk) : 범죄는 경찰의 법 규범과 문화적·사회적 규범이 일치하는 정도, 법 집행기의 피집행기의 힘이 차이, 법 규범 집행에 대한 상충의 존재 여부 등에 의해 결정된다고 주장하였다.

> **해설**
>
> ② 볼드(Vold)는 법률 제정과 집행의 과정을 권력 집단 간의 협상 결과로 보고, 범죄를 개인적인 법률 위반이 아닌 '비권력 소수계층의 집단투쟁'으로 이해하였다. 즉, 범죄는 집단갈등의 산물이며 '소수 집단의 행위'라고 주장한 것이다.
>
> 답 ②

3. 터크(Turk)가 분류한 범죄 집단의 유형 중 괄호 안에 들어갈 말이 순서대로 바르게 짝지어진 것은?

> ㉮ (   ) : 조직화는 되었으나 단순하고 순진한 청소년 비행집단으로, 갈등의 정도가 가장 심각하다.
>
> ㉯ (   ) : 조직적이고 복잡한 형태의 기업범죄나 조직범죄처럼 범죄행위 및 범죄행위는 비가시적이나 범죄행위는 위협적인 집단으로, 갈등이 발생하기 어려우나 조직 내부의 잠재적인 갈등은 존재한다.
>
> ㉰ (   ) : 조직적이지는 않지만 지능적인 횡령범이나 사기범처럼 범죄행위는 비가시적이며 위협적이지 않은 집단으로, 갈등의 정도는 가장 낮다.
>
> ㉱ (   ) : 조직형태도 없고 지적으로 낮은 부랑자나 부주의에 의한 절도범처럼 범죄행위는 명백하나 위협적이지 않은 비행집단으로, 갈등이 별로 없다.

① 조직화와 비정교화 – 조직화와 정교화 – 비조직화와 정교화 – 비조직화와 비정교화

② 조직화와 정교화 – 비조직화와 정교화 – 비조직화와 비정교화 – 조직화와 비정교화

③ 비조직화와 정교화 – 비조직화와 비정교화 – 조직화와 비정교화 – 조직화와 정교화

④ 비조직화와 비정교화 – 조직화와 비정교화 – 조직화와 정교화 – 비조직화와 정교화

해설 ▶

㉮ '조직화와 비정교화': 조직화는 되었으나 단순하고 순진한 청소년 비행집단으로, 갈등의 정도가 가장 심각하다.

㉯ '조직화와 정교화': 조직적이고 복잡한 형태의 기업범죄나 조직범죄처럼 범죄행위 및 범죄행위는 비가시적이나 범죄행위는 위협적인 집단으로, 갈등이 발생하기 어려우나 조직 내부의 잠재적인 갈등은 존재한다.

㉰ '비조직화와 정교화': 조직적이지는 않지만 지능적인 횡령범이나 사기범처럼 범죄행위는 비가시적이며 위협적이지 않은 집단으로, 갈등의 정도는 가장 낮다.

㉱ '비조직화와 비정교화': 조직형태도 없고 지적으로 낮은 부랑자나 부주의에 의한 절도범처럼 범죄행위는 명백하나 위협적이지 않은 비행집단으로, 갈등이 별로 없다.

답 ①

4. 다음 사례에 관한 갈등이론의 내용 중 옳은 것은?

> "경찰은 정치인이나 기업가들의 잘못에는 콧방귀도 안끼면서 우리 같은 사람들이 조금만 잘못하면 득달같이 달려든다니까. 그러니 못 사는 사람들의 범죄만 계속 늘어나는 것 아니겠어."

① 국가와 법률은 사회통제를 위해 사용되는 강압적 도구이며, 공식적인 범죄통계는 강압의 증거이다.

② 법 규범이 문화적 갈등을 해결하거나 가치를 반영하기 어려운 경우에 가장 지배적인 문화 만이 반영되므로, 반영되지 못한 문화규범을 따르면 범죄로 인식되어 처벌된다.

③ 법은 공공의 이익을 대변하지도 않고, 모든 시민을 동등하게 대하지도 않으며, 사회의 이익에도 기여하지 않는다.

④ 모든 사회는 의견의 불일치와 갈등이 발생하며, 이 갈등은 계급적인 갈등 뿐만이 아니라 자본가나 노동자 계급 사이에서도 모두 발생한다.

해설

③ 위 사례는 '챔블리스(Chambliss)와 사이드먼(Seidman)의 사법권력갈등론'에 관한 설명이다.
① 퀴니(Quinney)의 경제계급론에 관한 설명이다.
② 셀린(Sellin)의 문화갈등이론에 관한 설명이다.
④ 다렌도르프(Dahrendorf)의 정치권력갈등이론에 관한 설명이다.

답 ③

5. 다음과 같이 마르크스(Marx)의 계급갈등이론을 비판하면서 발전한 이론은?

> 권력 차이로 인해 갈등은 존재하며 이러한 갈등은 건강한 사회의 필수적인 현상으로, 노동자 계급 또한 산업사회와 같이 계층이 분화하면서 각 계층에 따라 권력이나 힘의 차이로 인해 갈등이 나타날 수 있다. 결국, 자본주의 모든 사회에서는 권력 차이로 인한 지배층과 피지배층이 불가피하게 나타날 수 밖에 없다.

① 셀린(Sellin)의 문화갈등이론

② 퀴니(Quinney)의 경제계급이론

③ 챔블리스(Chambliss)와 사이드먼(Seidman)의 사법권력갈등론

④ 다렌도르프(Dahrendorf)의 정치권력갈등이론

④' 다렌도르프(Dahrendorf)의 정치권력갈등이론'에 관한 설명이다. 모든 사회는 분열과 변화에 기여하고 모든 계층은 서로 이질적인 집단을 구성하여 경쟁하고 충돌하면서 변화를 추구한다.

답 ④

6. 다음 좌파 현실주의 및 페미니스트 범죄이론과 학자에 관한 설명 중 옳지 않은 것은?

① 좌파 현실주의 범죄이론은 마르크스(Markx) 이론을 비판하는 과정에서 등장하였으며, 구체적인 범죄의 원인 및 대책의 제시가 하류계층의 범죄문제 만을 대상으로 이루어졌다는 비판이 있다.

② 테일러(Taylor)는 세계는 다양한 위기에 직면해 있다고 전제하고 주류에서 배제된 '주변인'들이 지속적으로 범죄를 저지르고 피해자를 양산한다고 하였다.

③ 페미니스트 범죄이론은 범죄의 원인과 범죄에서 나타나는 성차별, 여성범죄 피해자에 대한 억압을 설명하기 위해 노력하였다.

④ 슈벤딩거(Schwendinger) 부부는 국가에 의해 규정되고 제재되는 법적 개념에 대해 이해를 달리했고, 특히 성 불평등은 자본주의 사회의 남녀 간의 불평등한 권력 때문이라고 주장하였다.

① 좌파 현실주의 범죄이론은 마르크스(Markx) 이론을 비판하는 과정에서 등장하였으며, 경제적 착취가 하류 계층 사람들의 범죄를 저지르게 만든다는 마르크스의 '좌 이상주의'를 지적하였다. 그리고 마르크스는 '하류계층의 범죄문제를 너무 단순하게 보았고, 범죄대책의 제시가 미흡하다'는 비판이 있다.

답 ①

7. 사회구조 이론의 평가에 관한 설명 중 옳지 않은 것은?

① 범죄이론과 범죄예방 전략 모두에 유의미한 영향을 미쳤으며, 특히 대도시의 낙후된 빈민 지역의 범죄율과 비행률 및 비행집단의 설명에 타당하다.

② 하위계층이 높은 범죄율을 보이는 이유는 '만성적 범죄자'들이 하위계층의 구성원 중 높은 비율을 차지하기 때문이다.

③ 낙인이론은 낙인이 범죄 행동의 지속성에 영향을 미치는 중요한 역할을 한다는 것은 경험적으로 검증하였다.

④ 사회유대이론은 사회유대의 기본적 요소 간의 중요성 차이를 구별하지 않고, 결과로 그 요소들 간의 차이가 존재함을 제시하였다는 비판이 있다.

해설

② 하위계층이 높은 범죄율을 보이기는 하나, '만성적 범죄자'의 경우에 하위계층 구성원 중 '극히 일부분에 불과'하다는 비판이 있다.

답 ②

8. 사회과정 이론의 평가에 관한 설명 중 옳지 않은 것은?

① 낙인이론은 낙인이 범죄 행동의 지속성에 영향을 미치는 중요한 역할을 한다는 것은 경험적으로 검증하지 못하였으나, 범죄학 이론 뿐만 아니라 범죄대책의 형사정책적 측면에서 커다란 기여를 하였다.

② 차별적 교제이론은 개인의 접촉 결과에 따른 반응에 개인적인 차이가 존재한다는 것을 무시하였다는 비판도 존재한다.

③ 차별적강화이론은 차별적 교제이론과 달리 비행 청소년 뿐만 아니라 일상생활 속에서의 상호작용 과정에서 또는 타인의 관찰 학습 중에서 차별적으로 강화되는 것이 범죄와 연결된다는 점에서 차이가 있다.

④ 사회유대이론은 사회유대의 기본적 요소 간의 중요성 차이를 구별하지 않고, 결과로 그 요소들 간의 차이가 존재함을 제시하였다는 비판이 있다.

해설

① '낙인이론'은 낙인이 범죄 행동의 지속성에 영향을 미치는 중요한 역할을 한다는 것은 '경험적으로 검증'하였다. 그리고 범죄는 신체적 또는 성격적 특질에 의해서만 발생하는 것이 아니라, 누구나 범죄를 저지를 수 있다는 '범죄의 보편성'을 주장하기도 했다.

답 ①

제5장 범죄원인론의 최신 동향

제1절 발달적 범죄이론

1. 범죄경력연구

- 개인의 범죄경력이 연령의 증가에 따라 어떤 발전과정을 거치는지 연구
- 크게 '평생지속이론, 잠재적특성이론, 궤도이론'으로 구분

1) 평생지속이론

- 범죄성은 역동적 과정으로 개인 성격, 사회적 경험 등 여러 요인에 의해 복합적 영향
- 인간은 삶의 과정 중 사물에 대한 인지와 경험의 변화 겪고, 이로 인해 행동이 부정적 및 긍정적으로 전환

2) 잠재적특성이론

- 인간의 발달은 안정적인 기질적 성향 또는 중요한 인간 특성에 의해 통제
- 성장하더라도 그 특성은 변하지 않고 행동을 지도하고 직면하는 상황들을 해석

3) 궤도이론

- 범죄자의 인생 경로 중에는 여러 궤도가 있어 각자 다른 궤도의 인생을 살 수 있음
- 또 범죄자의 인생 궤도를 사는 사람들 내 다시 많은 하위 그룹이 존재
- 따라서 조기에 비행 또는 범죄에 노출되는 사람이 있는가 하면, 성인기 다른 요인의 영향으로 범죄성이 발현되기도 함

2. 생애경로이론

1) 개 념

- 범죄성의 원인을 부적응적 성격, 교육 실패, 가족관계 등으로 보는 다차원

적 이론
- 범죄성은 단일한 원인에 의해서 발생할 수 없고, 성장하면서 다양한 요인의 영향을 받음
- 즉, 하나의 단계에서 영향을 미친 요인은 다음 단계에서 거의 영향을 못 미침

2) 생애과정과 범죄성

- 인간은 생애과정 속에서 많은 전환을 경험, 이러한 전환 시기에 성공과 실패를 겪음
- 학업 실패, 실업 지속, 결혼 실패 등은 전환 시기에 제대로 적응하지 못한 사람들
- 이러한 전환점의 중단 및 혼란 경험은 파괴적인 성격이나 범죄성을 촉진
- 특히, 경제적 문제와 가정 문제가 있는 경우 더욱 쉽게 위험한 전환 상태에 빠지게 됨
- 어린 시기의 전환 실패로 인한 범죄성은 성인기까지 지속됨
- 그러나 범죄성은 변화하므로 시간의 흐름에 따라 생애과정 속 긍정적 경험은 비행에서 멀어지게 됨
- 사람이 생애의 성장 전환점마다 사회적 상호작용의 성질은 변화하기 때문에 행동은 바뀜

3. 발달범죄이론

1) 샘슨(Sampson)과 라웁(Laub) 발전통제이론

① 의의
- 범죄 발생을 통제하는 사회유대 형태는 생애과정에 따라 다를 수 있다는 점에 주목
- 특정 범죄기의 범죄 지속 및 중단에 대한 생애과정별 사회유대 영향 연구
② 전제
- 사람이 성숙해가면서 범죄를 저지르는 성향에 영향을 주는 요인은 변화함
- 어린 시절에는 가족 요인이 결정적, 성인 시절에는 결혼과 직장 요인이 큰 영향 미침
- 즉, 개인의 범죄성 변화와 관련된 인생의 전환점이 되는 사건들의 영향을

중요시

③ 주장

- 어린 시절 형성된 범죄성의 개인별 차이는 큰 문제가 되지 않고, 성장하면 서 맺게 되는 사회유대의 정도가 더욱 중요
- 어릴 적 조기징후, 행동 이상, 낮은 자아 통제력 등을 보인 사람이 만성범죄 자가 되더라도, 이는 범죄성향의 발현이 아니라 조기 비행 때문에 사회유대 가 약화되었기 때문
- 따라서 어린 시절 형성된 개인적·심리적 특성보다 초기 사회적 행위 이후 맺게 되는 가족관계, 학교생활, 동료 관계, 직업 생활 등이 더욱 범죄성 유발

④ 전환점과 누적적 불이익

㉮ 전환점의 역할

- 전환점이란 한 개인의 생애 전 과정에 큰 영향을 미치는 사회적 전이, 우 연이 나타날 수 있으나 대부분 생활방식에 따라 규칙성을 가지고 나타남 (입대, 취업, 결혼 등)
- 전환점은 이후 특정 개인의 생애에 부정적 또는 긍정적 영향을 미침
- 전환점에 의해 범죄성이 강화되거나 약화되는 등 범죄 수정이 가능
- 특히, 범죄자 생애과정 중 중요한 전환점으로 '결혼과 직업'을 지적
- 어렸을 때 비행이나 범죄를 저질렀다고 하여도 안정된 직업과 결혼으로 인해 사회유대가 강화되면서 정상적 생활로 환원되는 것이 전환점의 역할

㉯ 누적적 불이익의 역할

- 이후 범죄의 발생 가능성은 과거 범죄에 의해 주로 결정된다고 전제
- 누적적 불이익이란 과거 범죄가 이후 범죄를 유발하는 과정에서 이를 매 개하는 것
- 즉, 과거 범죄로 인해 누적적 불이익이 생겨나면서 사회유대 결손이 발생 하고 이후 범죄의 가능성이 커진다는 것
- 누적적 불이익은 '누적적 연속성과 상호작용적 연속성'의 2가지 유형으로 구분

구 분	내 용
누적적 연속성	• 과거 범죄로 인해 학교 실패, 취업 어려움, 결혼 실패 등 사회제도로부터 단절되는 현상
상호작용적 연속성	• 상호작용 과정에서 다른 사람들로부터 불이익을 경험하는 현상 – 어린 시절 비행이나 범죄를 저지른 사람은 성장 과정에 서 정상적인 사회유대 관계를 형성치 못해 성인기까지 범죄 지속

– 범죄 발생은 범죄성 소질보다 범죄 이후 사회유대 영향이 더욱 중요, 사
  회유대 약화는 이후 범죄 가능성 증가
– 조기 비행은 부모 관계 악화, 학업 실패, 동료 배척, 우울 심리, 비행 친
  구 교제 등 2차 사회유대 문제 유발, 이후 범죄는 누적적 불이익으로 더
  욱 영향받음
⑤ 평가
– 인간은 생애과정을 통해 변화, 청소년기 비행 영향 요인은 성인범죄에 별로
  영향 못 미침
– 범죄성은 생애과정에 따라 발생하는 사건들 및 비행 동료와의 접촉 강도에
  따라 높은 영향을 미친다고 검증
– 어린 나이 전과자의 낙인은 성장 과정에서 반사회적 행위 가능성 높임
– 또한 사회적 자본의 축적이 범죄율을 감소시킨다는 가정을 지지

2) 모핏(Moffitt)의 발달범죄이론
① 전제
– 범죄자를 연령과 범죄율과의 관계에 따라 생애 지속 범죄자와 청소년기 한
  정범죄자로 구분
– 이들의 작용으로 인해 청소년기 범죄율이 높아지고 성인기 범죄율이 감소
  함을 설명
② 범죄자의 유형(2가지)
㉮ 생애 지속 범죄자
– 개인의 기본 성향 면에서 결함이 있음

- 어린 시절부터 범죄를 저지르기 시작, 성인기에도 범죄에서 벗어나지 못하는 만성적인 범죄자
④ 청소년기 한정 범죄자
- 기본 성향의 측면에서는 일반인들과 차이 없음
- 청소년이란 발전 과정상 특성과 학습이나 모방 때문에 청소년기에 국한해 범죄를 저지르고 이후 그만둠
③ 생애 지속 범죄자와 청소년기 한정 범죄자의 특성
  ㉮ 생애 지속 범죄자의 특성
- 생애 지속 범죄자는 정신 심리적 기능의 장애와 어린 시절 부적절한 성장 환경이 큰 영향
- 생물학적 결정론을 넘어 생물학적 요인과 조기 성장 환경의 상호작용을 중요한 요인으로 고려
- 비행에 영향을 미치는 문제 요인으로 흥분성, 높은 활동성, 낮은 자아 통제력, 낮은 인지능력을 지적
- 만성적 범죄를 저지르는 이유는 문제성향의 '현시적 결과'와 '누적적 결과'에 기인한다고 봄

구 분	내 용
현시적 결과	• 문제의 성향으로 인해 발생하는 부정적인 결과를 의미 • 문제성향의 '직접 효과'로 사회생활의 적응에 부정적인 결과를 초래 – 흥분성이 높은 사람은 성장 과정 중 상황에 대해 감정적으로 대응하는 경우가 많고, 낮은 인지능력으로 상황에 대해 종합적인 판단을 하지 못해 즉흥적으로 행동하여 반사회적 행위로 빠져듦

누적적 결과	• 문제가 있는 성향이 성장 과정에서 누적적으로 부정적인 영향을 미치는 것을 의미
	• 문제성향의 '간접 효과'에 의해 유발되는 결과들
	   – 문제 아동은 학교생활에 적응하기 어려워 학업을 중도에 포기, 이로 인해 성인이 되어서도 정상적인 취업의 어려움으로 불법적인 방법을 통해 생계를 유지
	   – 문제가 있는 성향이 정상적인 생활기회를 점차 차단, 반사회적인 행위가 장기화

㉯ 청소년기 한정 범죄자의 특성

- 청소년기 한정 범죄자는 20대 이후 더 이상 범죄의 필요성을 느끼지 못하고 정상적인 생활로 환원
- 청소년기는 '독립성 추구와 성인 역할 갈망' 등 특유의 욕구가 존재, 비행 및 범죄가 욕구 충족 수단이 되어 많은 한정 범죄자가 발생
- 청소년기 한정 범죄자가 대거 발생하는 이유는 욕구 좌절 청소년들이 범죄나 비행 청소년들의 독립적인 생활과 성인 역할 향유를 모방하기 때문
- 또한 청소년기 비행이 증가하는 이유를 '비행의 상징적 가치 부여와 신분 기능 강화' 측면에서 파악
- 청소년기 한정 범죄자들이 성인기 범죄 이탈 이유를 '상황 변화, 인식 변화, 낮은 현시적 불이익과 축적적 불이익' 등 3가지 측면에서 설명
- 따라서 청소년기 한정 범죄자들은 성인기에 더 쉽게 범죄로부터 이탈할 수 있다고 봄

④ 평가

㉮ 범죄 집단의 단순 구분 문제

- 범죄 집단을 오로지 생애 지속 범죄자와 청소년기 한정 범죄자로만 구분할 수 있을지 의문
- 블록랜드(Blokland)와 동료들은 간혹 범죄를 저지르는 집단, 발생 비율이 낮고 범죄를 단절한 집단, 발생 비율이 중간수준이고 범죄를 단절한 집단, 높은 발생 비율로 지속해서 범죄를 저지른 집단 등 4개 범죄 집단으로 구분
- 즉, 범죄 집단을 너무 단순화시켜 복잡한 범죄 발전 형태를 반영하지 못할 가능성 존재

㉯ 범죄 집단 구분의 효과성 미흡

- 범죄 수준의 차이는 행위자들의 질적 차이가 아니라, 개인 범죄성의 양적 차이일 뿐
- 위와 같은 범죄 집단 구분은 존재치 않으며, 연구자가 임의로 분류한 것에 불과
- 범죄성은 청소년기 갑자기 나타나는 것이 아니라, 아동기 · 청소년기 · 성

인기까지 지속해서 발현

3) 손베리(Thornberry)의 상호작용이론

① 전제

- 범죄자는 범죄경력 기간에 생활양식의 변화를 겪음
- 범죄의 시작은 청소년 시절 부모에 대한 애착 부족, 낮은 성적, 전통적 가치의 신념적 결여 등이 영향
- 범죄와 비행의 원인은 양방향, 약한 유대는 비행 친구와의 관계를 발전시키고 비행에 참여하도록 유도
- 위와 같은 비행−촉진 요인은 서로를 강화하는 경향이 있어 만성적 범죄를 유발
- 그러므로 가정폭력에 노출된 아이는 이후 반사회적 성향을 띠기도 하고, 그 반내의 경우도 가능

② 범죄와 사회적 과정

- 범죄성은 사람이 성숙해가면서 단계별로 다른 의미와 형태를 보이는 발달 과정
- 초기 청소년기는 가족의 애착이 결정적, 중기 청소년기는 친구 · 학교 · 청소년 문화 등으로 대체
- 성인기에는 개인 선택이 관습적 사회와 자신이 속한 핵가족 내의 위치에 따라 형성
- 비록 범죄가 사회적 힘의 영향을 받더라도, 범죄도 이런 사회적 과정과 교제에 영향을 미침
- 그러므로 범죄와 사회적 과정은 상호작용적 영향

③ 평가

- 범죄가 사회적인 유대 관계가 상호작용적이라는 명제는 경험적 검증
- 즉, 가족의 질이 비행에 영향을 미치고, 가족의 질(質) 변화 또한 범죄에 영향을 미침
- 비행집단과의 유대는 사실상 비행행위를 증가시키고, 비행이 비행집단과의 유대를 강화
- 비행집단의 구성원들과 범죄 활동 사이의 관계는 상호작용적이라는 증거

발견

4) 애그뉴(Agnew)의 발전긴장론

① 의의

- 소수 만성범죄자가 일생 동안 반복적으로 범죄를 저지르는 이유와 일정 시기에 범죄가 급격히 증가하는 일시범죄자 문제를 연구

② 특징

- 개인 소질 중 사회화 영향을 많이 받는 '문제해결 능력'을 범죄지속 여부의 중요 요인으로 고려
- 청소년들에 미치는 부정적 영향 범위를 폭넓게 인정
- 즉, 주위 이웃과의 관계 또는 일상생활의 다양한 상호작용 형태까지 부정적 영향의 범위에 포함
- 부정적인 영향과 비행과의 관계에서 인지능력 차이나 청소년에게 허용된 권한 등도 고려
- 비행이나 범죄에 대해 청소년들이 부정적인 감정을 회피 또는 완화하기 위한 행위라고 인식
- 외부 영향에 의해 범죄가 발생한다는 단순도식을 회피, 범죄는 행위자에 의해 선택되는 행위라는 측면 부각

제2절 통합적 범죄이론

1. 엘리엇(Elliott)과 동료들의 긴장-통제 통합이론

① 전제

- 긴장-통제 통합이론은 기존에 고려했던 이론적 요인들이 생애과정의 특정 단계에 더욱 중요하게 작용할 수 있음을 시사
- 비행이나 범죄를 저지르는 데는 다양한 경로가 있다고 가정, 생애과정이나 발전론적 이론에서 재등장

② 주장

- 아동기 강한 유대의 형성 여부가 주요 고려 사항, 초기 사회화의 영향을 강조

– 아동기의 사회유대 경험을 '통합과 전념'의 두 가지 유형으로 구분

구 분	내 용
통 합	• 가족, 학교, 친구 관계와 같은 일상적 사회집단과 제도에 사람들이 관여하고 연결된 정도를 의미 – 사회적 역할을 담당할 때 사람들은 역할기대와 관련된 제재들을 통해 통제 • 통합은 허쉬의 사회유대이론에서 '관여와 전념'과 유사
전 념	• 일상적인 역할, 집단, 제도에 대한 개인의 애착의 정도를 의미 – 사회규범에 대해서 도덕적인 구속감을 느끼는 정도 • 전념은 허쉬의 사회유대이론에서 '애착과 신념'과 유사

– 범죄에 이르는 경로를 사회유대이론, 통제이론, 사회학습이론 등 여러 이론을 인용하여 상세히 설명

③ 범죄경로 유형

㉮ 사회유대 형성과 유지

– 어린 시절 높은 사회유대를 형성하고 청소년기 이를 유지할 경우 비행 가담 가능성 작음

– 반면, 아동기 낮은 사회유대는 청소년기 지속적 범죄에 참여 가능성 높음

– 이런 아동들은 10대를 겪으면서 범죄 집단으로 노출 기회 증가

– 즉, 아동기 낮은 사회유대로 인해 비행집단의 참여에 이르고, 이로 인해 지속적 범죄행위가 유발

㉯ 전통적 사회유대이론과 불일치

– 사회유대가 강한 일반적 아동은 평범한 친구집단과 어울리며 정상적 행동 보임

– 그러나 높은 사회유대 형성에도 불구, 일부 아동은 범죄와 약물사용에 빠져듦

– 이는 강한 사회유대가 비행이나 범죄 가능성을 낮춘다는 전통적 사회유대이론과 불일치하기 때문

– 청소년기 지나친 긴장 초래 경험은 청소년의 전념과 통합 등 사회유대 요소를 약화시킴

– 이로 인해 청소년이 속한 사회집단이 불안정해지고 응집력이 약화, 자유

로이 비행에 빠짐
- 즉, 청소년기 긴장은 사회유대를 약화, 비행 친구집단에 가담하여 지속적
  범죄행위 유발

④ 평가
- 엘리엇 등의 연구는 경험적 연구 결과, 통합모형과 일치했음에도 불구하고
  여러 비판이 존재
- 범죄에 대한 사회학습 변수가 청소년기와 비행집단을 통해서만 영향을 미
  치는지 설명 부족(아동기부터 친구집단이 영향을 미친다는 연구 존재)
- '가족'을 사회유대 형성의 요소로만 볼 뿐, 사회학습이 실현되는 환경으로
  보지 않음

2. 브레이스웨이트(Braithwaite)의 재통합적 수치심이론

① 의의
- '수치'라는 새로운 개념을 제안, 기존 이론의 핵심적인 여러 개념을 분석
- 사람들이 범죄를 회피하는 이유는 처벌의 두려움이 아니라, 범죄행위 자체
  가 혐오스럽고 수치스럽기 때문이라는 것

② 주장
- '수치'는 사람들에게 양심의 가책을 갖게 하는 의도 또는 효과를 가짐
- 수치를 기본적으로 범죄에 대해 조건화된 반응이라고 파악
- 일탈 등 반사회적 행위가 있을 때 주위의 질타와 훈계를 경험, 이 같은 경
  험들이 축적됨으로써 학습
- 높은 사회적 유대를 가진 사람들은 재통합적 수치심을 경험할 가능성이 큼
- 또한 낙인을 받은 사람들은 비행적 하위문화에 빠질 가능성과 범죄유발 가
  능성이 커짐

③ 수치심의 구분
- 사회가 범죄를 감소시키기 위해서는 좀 더 효과성 있는 수치심을 부여해야
  하며, '재통합과 거부'로 구분
- '재통합적 수치심' 부여는 범죄자를 사회와 결속시키기 위한 고도의 확신을
  주는 것

- '거부적 수치심' 부여는 범죄자에게 명백한 낙인을 찍어 높은 수치심을 주는 것
- 따라서 전자는 범죄율이 더 낮고, 후자는 범죄율이 더 높은 결과를 초래

구 분	내 용
재통합적 수치심	• 수치를 주는 사람이 수치를 받는 사람과의 유대를 지속할 것이라는 확신을 주는 것 - 수치를 받는 사람이 자신이 한 행동이 잘못되었으나, 동시에 동조 집단에 다시 받아들여질 것이라는 점이 인식할 때 범죄 발생
거부적 수치심	• 수치를 줌으로써 수치를 받는 사람에게 일탈의 느낌이 들게 하는 것

3. 티틀(Tittle)의 통제균형이론

① 의의
- 차별교제이론, 아노미이론, 갈등이론, 통제이론 등 다양한 이론의 핵심적 요소를 통합하는 일탈의 일반이론을 제시코자 함
- 이를 위해 넓은 범위의 일탈이 완전히 설명되어야 하고, 인과 진술의 구체성 및 인과관계의 전 과정을 설명 가능해야 함
② 주장
- '일탈'은 특정 집단의 대다수가 받아들일 수 없는 것으로 간주하거나 부정적 형태의 집단적 반응을 일으키는 행위
- 일탈 행동은 단일하지 않고 강탈, 착취, 저항, 침탈, 타락, 항복 등 6가지 유형이 이 존재
- 사람의 통제비율은 행위에 영향을 미치며, 이는 '통제와 균형'이라는 2개의 독특한 요소를 가짐
- 한 사람이 다른 사람에 의해 받게 되는 통제의 양과 다른 사람에게 행사되는 통제의 양이 균형을 이룰 때 순응이 발생하고 불균형은 범죄를 발생
③ 일탈 행동의 6가지 유형

유 형	내 용
강탈 (predation)	− 신체에 대한 물리적 폭력의 직접적인 형태 − ㉖ 강도, 성폭력 및 다른 형태의 폭력 등
반항 (defiance, 저항)	− 통제 기제에 도전하지만 물리적 위해를 가하지 않음 − ㉖ 파괴주의, 통금 위반, 비관습적 성생활 등
항복 (submission, 굴종)	− 다른 사람의 요구에 수동적으로 복종하는 것 − 아무런 반응 없이 물리적인 성적 학대에 항복하는 것 등
착취 (exploitation)	− 청부살인이나 마약 운반책 등 범죄를 저지르기 위해 다른 사람을 이용하는 것
약탈 (plunder, 침탈)	− 증오범죄나 환경오염 등 다른 사람에 대한 배려 없이 권력을 사용하는 것
퇴폐 (decadence, 타락)	− 아동학대 등 순간적이고 비이성적인 행동을 하도록 압력을 가하는 것

1. 발달적 범죄이론에 관한 설명 중 옳지 않은 것은?

① 범죄경력연구는 개인의 범죄경력이 연령의 증가에 따라 어떤 발전과정을 거치는지 연구하는 것으로, 크게 평생지속이론·잠재적특성이론·궤도이론'으로 구분할 수 있다.

② 샘슨(Sampson)과 라웁(Laub)은 어린 시절 형성된 범죄성의 개인별 차이는 큰 문제가 되지 않고, 성장하면서 맺게 되는 사회유대의 정도가 더욱 중요하다고 주장하였다.

③ 모핏(Moffitt)은 범죄자를 연령과 범죄율과의 관계에 따라 생애 지속 범죄자와 청소년기 한정범죄자로 구분하였다.

④ 손베리(Thornberry)는 개인 소질 중 사회화 영향을 많이 받는 문제해결 능력을 범죄 지속 여부의 중요한 요인으로 고려하였다.

> **해설**
>
> ④ '손베리(Thornberry)'는 범죄와 비행의 원인은 양방향이므로, 약한 사회적 유대는 비행 친구와의 관계를 발전시키고 비행에 참여하도록 유도하는 요인이 된다. 즉, 범죄와 사회적인 유대 관계는 상호작용적인 영향을 미친다. 개인 소질 중 사회화 영향을 많이 받는 '문제해결 능력'을 범죄 지속 여부의 중요한 요인으로 고려한 학자는 '애그뉴(Agnew)'이다.
>
> 답 ④

2. 다음 범죄경력 연구에 관한 설명 중 괄호 안에 들어갈 말이 순서대로 바르게 짝지어진 것은?

> ㉮ ( ) : 범죄성은 역동적 과정으로 개인 성격, 사회적 경험 등 여러 요인에 의해 복합적인 영향을 받는다.
>
> ㉯ ( ) : 조기에 비행 또는 범죄에 노출되는 사람이 있는가 하면, 성인기에 다른 요인의 영향으로 범죄성이 발현되기도 한다.
>
> ㉰ ( ) : 인간은 성장하더라도 그 특성은 변하지 않고 행동을 지도하고 직면하는 상황들을 해석

① 평생지속이론 - 잠재적특성이론 - 궤도이론
② 잠재적특성이론 - 궤도이론 - 평생지속이론
③ 궤도이론 - 평생지속이론 - 잠재적특성이론
④ 평생지속이론 - 궤도이론 - 잠재적특성이론

> **해설**
>
> ㉮ '평생지속이론': 범죄성은 역동적 과정으로 개인 성격, 사회적 경험 등 여러 요인에 의해 복합적인 영향을 받는다.
> ㉯ '궤도이론': 조기에 비행 또는 범죄에 노출되는 사람이 있는가 하면, 성인기에 다른 요인의 영향으로 범죄성이 발현되기도 한다.
> ㉰ '잠재적특성이론': 인간은 성장하더라도 그 특성은 변하지 않고 행동을 지도하고 직면하는 상황들을 해석
>
> 답 ②

3. 다음 범죄이론과 그 내용의 연결이 옳은 것은?

① 샘슨(Sampson)과 라웁(Laub) 발전통제론 : 사람이 성숙해가면서 범죄를 저지르는 성향에 영향을 주는 요인은 변화하며, 어린 시절에는 가족 요인이 결정적이고 성인 시절에는 결혼과 직장 요인이 큰 영향 미친다.
② 모핏(Moffitt)의 발달범죄이론 : 생애 지속 범죄자는 정신 심리적 기능의 장애와 어린 시절 부적절한 성장 환경이 큰 영향을 미치고, 청소년기 한정 범죄자는 독립성의 추구와 성인 역할에 대한 갈망 등이 범죄나 비행을 유발하는 요인이 된다.
③ 손베리(Thornberry)의 상호작용이론 : 가족의 질은 범죄나 비행에 영향을 미치니 않으나, 가족 유대의 질은 범죄에 영향을 미친다.
④ 애그뉴(Agnew)의 발전긴장론 : 주위 이웃과의 관계 또는 일상생활의 다양한 상호작용 형태까지 부정적인 영향의 범위에 포함하고 있다.

> **해설**
>
> ③ 손베리(Thornberry)의 상호작용이론 : 가족의 질이 범죄나 비행에 '영향을 미치고', 가족 유대의 질(質) 변화 또한 범죄에 영향을 미친다
>
> 답 ③

4. 범죄자 생애과정 중 중요한 전환점으로 '결혼과 직업'을 지적하고, 어렸을 때 비행이나 범죄를 저질렀다고 하여도 안정된 직업과 결혼으로 인해 사회유대가 강화되면서 정상적 생활로 환원된다고 주장한 이론은?

① 모핏(Moffitt)의 발달범죄이론
② 애그뉴(Agnew)의 발전긴장론
③ 샘슨(Sampson)과 라웁(Laub) 발전통제론
④ 손베리(Thornberry)의 상호작용이론

> **해설**
>
> ③ '샘슨(Sampson)과 라웁(Laub) 발전통제론'에 관한 설명이다.
>
> 답 ③

5. 모핏(Moffitt)이 분류한 범죄자의 유형에 관한 설명 중 옳지 않은 것은?

① 생애 지속 범죄자는 어린 시절부터 범죄를 저지르기 시작하여 성인기에도 범죄에서 벗어나지 못하는 만성적인 범죄자를 말한다.
② 생애 지속 범죄자는 어린 시절의 부적절한 성장 환경이 큰 영향을 미치나, 정신 심리적 기능의 장애와는 관련이 없다.
③ 청소년기 한정 범죄자는 기본 성향적인 측면에서는 일반인들과 거의 차이가 없다.
④ 청소년기 한정 범죄자가 대거로 발생하는 이유는 욕구를 좌절한 청소년들이 범죄나 비행 청소년들의 독립적인 생활과 성인 역할 향유를 모방하기 때문이다.

> **해설**
>
> ② 생애 지속 범죄자는 '정신 심리적 기능의 장애'와 어린 시절의 부적절한 성장 환경이 큰 영향을 미친다. 즉, 생물학적 요인과 더불어 조기 성장 환경의 상호작용을 중요한 요인으로 고려하였다.
>
> 답 ②

6. 다음 범죄이론의 내용과 주장자를 올바르게 연결한 것은?

> ㉮ 아동기의 강한 유대감 형성의 여부가 범죄 발생의 주요 요인으로 보았고, 아동기의 사회유대 경험을 '통합과 전념'의 두 가지 유형으로 구분하였다.
> ㉯ 사람들이 범죄를 회피하는 이유는 처벌의 두려움 때문이 아니라, 범죄행위 자체가 혐오스럽고 부끄럽기 때문이다.
> ㉰ '일탈'은 특정 집단의 대다수가 받아들일 수 없는 것으로 간주하거나 부정적 형태의 집단적 반응을 일으키는 행위이며, 일탈 행동의 유형은 단일하지 않고 6가지 유형으로 존재한다.

ⓐ 티틀(Tittle)의 통제균형이론

ⓑ 브레이스웨이트(Braithwaite)의 재통합적 수치심이론

ⓒ 엘리엇(Elliott)과 동료들의 긴장-통제 통합이론

① ㉮ − ⓐ, ㉯ − ⓑ, ㉰ − ⓒ

② ㉯ − ⓐ, ㉰ − ⓑ, ㉮ − ⓒ

③ ㉰ − ⓒ, ㉮ − ⓑ, ㉯ − ⓑ

④ ㉮ − ⓒ, ㉯ − ⓑ, ㉰ − ⓐ

해설

㉮ '엘리엇(Elliott)과 동료들의 긴장-통제 통합이론': 아동기의 강한 유대감 형성의 여부가 범죄 발생의 주요 요인으로 보았고, 아동기의 사회유대 경험을 '통합과 전념'의 두 가지 유형으로 구분하였다.

㉯ '브레이스웨이트(Braithwaite)의 재통합적 수치심이론': 사람들이 범죄를 회피하는 이유는 처벌의 두려움 때문이 아니라, 범죄행위 자체가 혐오스럽고 부끄럽기 때문이다.

㉰ '티틀(Tittle)의 통제균형이론': 일탈은 특정 집단의 대다수가 받아들일 수 없는 것으로 간주하거나 부정적 형태의 집단적 반응을 일으키는 행위이며, 일탈 행동의 유형은 단일하지 않고 6가지 유형으로 존재한다.

답 ④

7. 다음의 범죄이론에 관한 설명으로 옳은 것은 몇 개인가?

비행이나 범죄를 저지르는 데는 다양한 경로가 있다고 가정하고, 범죄에 이르는 경로를 사회유대이론, 통제이론, 사회학습이론 등 여러 이론을 인용하여 상세히 설명하였다.

㉮ 위 이론에서 중요한 개념은 '통합과 전념'이며, 이 중 통합은 가족 · 학교 · 친구 관계와 같은 일상적인 사회집단과 제도에 사람들이 관여하고 연결된 정도를 의미한다.

㉯ '전념'은 허쉬의 사회유대이론에서 '관여와 전념'과 유사한 개념이다.

㉰ 어린 시절에 높은 사회유대를 형성하고 청소년기에 이를 지속적으로 유지할 경우에는 범죄나 비행에 가담할 가능성이 작다.

㉱ 사회유대가 높은 청소년의 경우에도 일부는 범죄와 약물사용에 빠져드는데, 이것은 사회유대 경험과 범죄 발생 간의 관련성이 낮기 때문이다.

ⓜ 청소년기의 지나친 긴장 초래 경험은 그 소속 집단의 응집력을 약화시켜서 자유로이 비행에 빠질 수 있는 요인이 된다.

① 1개   ② 2개

③ 3개   ④ 4개

해설

③ 엘리엇(Elliott)과 동료들의 '긴장-통제 통합이론'에 관한 설명이다.

ⓝ '전념'은 허쉬의 사회유대이론에서 '애착과 신념'과 유사한 개념이다. 반면에 '관여와 전념'은 '통합'과 유사한 개념이다.

ⓡ 사회유대가 높은 청소년의 경우에도 일부는 범죄와 약물사용에 빠져드는데, 이것은 강한 사회유대가 비행이나 범죄 가능성을 낮춘다는 '전통적인 사회유대이론과 불일치하기 때문'이다.

답 ③

8. 다음 범죄이론에 관한 설명 중 괄호 안에 들어갈 말이 순서대로 바르게 짝지어진 것은?

㉮ (   ) : 수치를 주는 사람이 수치를 받는 사람과의 유대를 지속할 것이라는 확신을 주는 것이다.

㉯ (   ) : 수치를 줌으로써 수치를 받는 사람에게 일탈의 느낌이 들게 하는 것이다.

① 거부적 수치심 - 재통합적 수치심

② 유대적 수치심 - 일탈적 수치심

③ 재통합적 수치힘 - 일탈적 수치심

④ 재통합적 수치심 - 거부적 수치심

해설

④ 브레이스웨이트(Braithwaite)의 '재통합적 수치심이론'에 관한 설명으로, 사회가 범죄를 감소시키기 위해서는 좀 더 효과성 있는 수치심을 부여해야 한다고 주장하며. 이를 '재통합적 수치심과 거부적 수치심'으로 구분하였다.

㉮ '재통합적 수치심': 수치를 주는 사람이 수치를 받는 사람과의 유대를 지속할 것이라는 확신을 주는 것이다.

㉯ '거부적 수치심': 수치를 줌으로써 수치를 받는 사람에게 일탈의 느낌이 들게 하는 것이다.

답 ④

9. 티틀(Tittle)이 분류한 일탈 행동의 6가지 유형에 관한 설명 중 옳지 않은 것은 몇 개인가?

> ㉮ 강탈은 신체에 대한 물리적인 폭력의 직접적인 형태를 말한다.
>
> ㉯ 착취는 다른 사람에 대한 배려 없이 권력을 사용하는 것을 뜻한다.
>
> ㉰ 항복은 다른 사람의 요구에 수동적으로 복종하는 것으로, 물리적인 학대에 적극적으로 저항하다가 결국 포기하는 것을 말한다.
>
> ㉱ 퇴폐는 통제기제에 도전하고 지속적으로 비이성적인 행동을 하도록 압력을 가하는 것을 의미한다.
>
> ㉲ 약탈의 예는 파괴주의, 통금 위반, 마약 운반 등이라 할 수 있다.
>
> ㉳ 반항은 물리적인 위해를 가하기도 하지만 소극적으로 대응하는 것을 말한다.

① 1개   ② 2개
③ 3개   ④ 4개

해설

> ㉯ '착취'는 청부살인이나 마약 운반책 등 범죄를 저지르기 위해 다른 사람을 이용하는 것을 말하고, 다른 사람에 대한 배려 없이 권력을 사용하는 것은 '약탈'을 뜻한다.
>
> ㉰ '항복'은 다른 사람의 요구에 수동적으로 복종하는 것으로, 물리적인 학대에 '아무런 반응 없이' 항복하는 것을 말한다.
>
> ㉱ '퇴폐'는 '순간적으로' 비이성적인 행동을 하도록 압력을 가하는 것을 의미한다.
>
> ㉲ '약탈'은 '증오범죄나 환경오염' 등 다른 사람에 대한 배려 없이 권력을 사용하는 것이다.

답 ④

10. 다음 통합적 범죄이론에 관한 설명 중 옳지 않은 것은?

① 엘리엇(Elliott) 등은 긴장－통제 통합이론에서 기존에 고려했던 이론적 요인들이 생애과정의 특정 단계에 더욱 중요하게 작용할 수 있음을 시사하였다.

② 브레이스웨이트(Braithwaite)는 '수치'를 기본적으로 범죄에 대해 조건화된 빈응이라고 파악하였고, 높은 사회적 유대감을 가진 사람들은 재통입적 수치심을 경험하지 않는다고 보았다.

③ 티틀(Tittle)은 사람의 통제비율은 행위에 영향을 미친다고 보고, 한 사람이 주고 받는 통제의 양이 균형을 이루지 못할 경우에 범죄가 발생한다고 하였다.

④ 엘리엇 등의 연구는 경험적 연구 결과, 통합모형과 일치했음에도 불구하고 여러가지 비판이 존재한다.

해설 ▶ ···

② 브레이스웨이트(Braithwaite)는 재통합적 수치심이론에서 '수치'를 기본적으로 범죄에 대해 조건화된 반응이라고 파악하였고, 높은 사회적 유대감을 가진 사람들은 범죄나 일탈 행위가 있을 경우에 '재통합적 수치심을 경험할 가능성이 크다'고 보았다.

답 ②

부 록

국가직 기출문제

- 9급 교정학
- 7급 교정학
- 5급 교정학
- 7급 형사정책

1. 범죄원인론에 관한 설명으로 옳지 않은 것은? ⟨09. 9급⟩

① 셀린(Sellin)은 이해관계의 갈등에 기초한 집단갈등론을 1958년 이론범죄학에서 주장하였다.

② 사이크스(Sykes)와 맛차(Matza)의 중화기술이론에 의하면 중화기술의 유형에는 책임의 부정, 가해의 부정, 피해자의 부정, 비난자에 대한 비난, 고도의 충성심에 호소 등 5가지가 있다.

③ 메스너(Messner)와 로젠펠드(Rosenfeld)는 머튼(Merton)의 아노미이론을 계승하여 제도적 아노미이론을 주장하였다.

④ 합리적 선택이론은 고전주의 학파에 그 뿌리를 두고 있다.

> **해설**
>
> ① 셀린(Sellin)은 '문화갈등이론'에서 '범죄는 문화적 소산'이라는 가설을 이론적 전제로 하면서, 문화갈등을 1차적 및 2차적 문화갈등으로 구분하였다. '집단갈등이론'은 볼드(Vold)가 주장하였고, 법률 제정과 집행의 과정을 권력 집단 간 협상의 결과로 보고 범죄를 개인적 법률 위반이 아닌 비권력 소수계층의 집단투쟁으로 이해하였다.
>
> 답 ①

2. 범죄학자의 저서 및 주장내용을 바르게 연결한 것은? ⟨09. 9급⟩

ㄱ. 감옥개량운동의 선구자로 감옥개혁을 주장하였다.

ㄴ. 범죄와 형벌 사이에는 비례성이 있어야 한다.

ㄷ. 감옥은 단순한 징벌장소가 아닌 개선장소가 되어야 한다.

ㄹ. 사연범설을 주장하면서 적응의 법칙을 강조하였다.

ㅁ. 범죄예방의 가장 좋은 방법의 하나는 잔혹한 형의 집행보다 확실하고 예외 없는 처벌이다.

ㅂ. 사형집행으로 죽는 죄수보다 감옥내 질병으로 죽는 죄수가 많다는 것은 곤란한 일이다.

ㅅ. 근대범죄학의 아버지로 불리며 생래적 범죄인설을 주장하였다.

> ㅇ. 잔혹한 누범자에 대하여 사형을 인정하였다.

① 베까리아(Beccaria) - 범죄와 형벌 - ㄴ, ㄷ, ㅁ
② 하워드(Howard) - 감옥의 상태 - ㄱ, ㄷ, ㅂ
③ 가로팔로(Garofalo) - 범죄사회학 - ㄴ, ㄹ, ㅂ
④ 롬브로조(Lombroso) - 범죄인론 - ㄷ, ㅅ, ㅇ

> **해설**
>
> ① 베까리아(Beccaria) - 범죄와 형벌 - ㄴ, ㅁ
> ③ 가로팔로(Garofalo) - 범죄심리학 - ㄹ
> ④ 롬브로조(Lombroso) - 범죄인론 - ㅅ, ㅇ
>
> 답 ②

3. 오늘날 형사사법정책의 새로운 방향이 아닌 것은?　〈09. 9급〉

① 소년비행 및 소년범죄에 대한 다이버젼(diversion)
② 벌금형의 축소 및 단기자유형의 확대
③ 원상회복적 사법(restorative justice)
④ 범죄예방에 대한 공중참가제도

> **해설**
>
> ② 오늘날의 형사사법정책은 단기자유형의 악풍감염 등 폐해로 인하여 벌금형을 확대하
> 거나 '단기자유형을 축소'하는 방향으로 정책이 추진되고 있다.
>
> 답 ②

4. 머튼(Robert K. Merton)의 긴장이론(Strain Theory)에 대한 설명으로 옳지 않은
것은?　〈11. 9급〉

① 사회 내에 문화적으로 널리 받아들여진 가치와 목적, 그리고 그것을 실현하고
자 사용하는 수단 사이에 존재하는 괴리가 아노미적 상황을 이끌어낸다고 보
았다.
② 특정 사회 내의 다양한 문화와 추구하는 목표의 다양성을 무시하고 있다.
③ 다섯 가지 적응유형 중에 혁신형(Innovation)이 범죄의 가능성이 제일 높은
유형이라고 보았다.
④ 하층계급을 포함한 모든 계층이 경험할 수 있는 긴장을 범죄의 주요 원인으로
제시하였다.

해설

④ 머튼Merton)의 긴장이론은 사회학적 범죄이론 중 가장 영향력 있는 이론 중 하나이나, 사람들이 왜 특정한 유형의 범죄를 저지르는지에 대한 설명을 하지 못한다. 또한 위 이론에서는 '목표와 수단 간의 괴리 현상'을 범죄를 발생시키는 주요 요인이라고 주장하였다. 반면, 애그뉴애그뉴(Agnew)의 일반긴장이론은 하위계층에 한정된 범죄가 아닌 계층에 상관없는 일반적인 설명이 가능하다.

답 ④

5. 다음 학자와 그의 주장이 바르게 연결된 것은? 〈13. 9급〉

① 리스트(Liszt) — 죄는 범죄인을 제외한 모든 사람에게 있다.

② 케틀레(Quetelet) — 사회 환경은 범죄의 배양기이며, 범죄자는 미생물에 해당할 뿐이므로 벌해야 할 것은 범죄자가 아니라 사회이다.

③ 타르드(Tarde) — 모든 사회현상이 모방이듯이 범죄행위도 모방으로 이루어진다.

④ 라카사뉴(Lacassagne) — 사회는 범죄를 예비하고, 범죄자는 그것을 실천하는 도구에 불과하다.

해설

③ '타르드(Tarde)'는 모방의 법칙을 주장하며 범죄자가 되는 과정을 설명하였다. 모방의 법칙은 거리의 법칙, 방향의 법칙, 삽입의 법칙 등이다.
① 리스트(Liszt)는 범죄의 원인을 범죄인의 소질과 환경에 있다고 주장하였다.
② 케틀레(Quetelet)는 사회환경적 요인들이 범죄의 발생과 연관 관계가 있음을 주장하면서, 사회는 범죄를 준비하고 범죄자는 그것을 실천하는 도구에 불과하다고 하였다.
④ 라카사뉴(Lacassagne)는 사회환경은 범죄의 배양기이며, 범죄자는 미생물에 불과하므로 범죄자를 벌하기보다 사회환경을 개선해야 한다고 하였다.

답 ③

6. 허쉬(T. Hirschi)의 사회유대이론의 요소에 대한 설명으로 옳게 짝지어진 것은? 〈14. 9급〉

ㄱ. 부지지간의 정, 친구 사이의 우정, 가족끼리의 사랑, 학교 선생님에 대한 존경 등 다른 사람과 맺는 감성과 관심을 의미한다.

ㄴ. 미래를 위해 교육에 투자하고 저축하는 것처럼 관습적 활동에 소비하는 시간과 에너지, 노력 등을 의미한다.

ㄷ. 학교, 여가, 가정에서 많은 시간을 보내게 되면 범죄행위의 유혹에서 멀어진다는 것을 의미한다.

> ㄹ. 관습적인 규범의 내면화를 통하여 개인이 사회와 맺고 있는 유대의 형태
> 로 관습적인 도덕적 가치에 대한 믿음을 의미한다.

     ㄱ   ㄴ   ㄷ   ㄹ
① 애착 전념 참여 신념
② 애착 전념 신념 참여
③ 전념 애착 신념 참여
④ 전념 참여 애착 신념

해설

ㄱ. '애착'은 타인과의 관계에 대한 민감성과 관심의 정도를 의미한다.
ㄴ. '전념'은 전통적인 생활노선에 투자되는 시간과 에너지 그리고 노력을 뜻한다.
ㄷ. '참여'는 관습적인 일에 투자하는 시간과 열망을 말한다.
ㄹ. '신념'은 동일한 환경 속에서 살고 있는 사람들의 공통적인 믿음·신념을 의미한다.

답 ①

7. 머튼(R. Merton)이 주장한 아노미이론에서 문화적 목표는 수용하지만 제도화된 수단은 거부하는 적응유형은? 〈14. 9급〉

① 동조형(conformity)
② 혁신형(innovation)
③ 의례형(ritualism)
④ 반역형(rebellion)

해설

② '혁신형'은 현재의 목표를 제도화된 수단으로 달성할 수 없다고 여기고 일탈적인 수단을 통해서 목표를 달성하려는 형태로써, 문화적 목표는 수용하지만 합법적인 수단을 거부하는 유형이다.

답 ②

8. 다음 학자와 그 이론에 대한 설명으로 바르게 연결되지 않은 것은? 〈15. 9급〉

① 롬브로조(Lombroso) – 범죄의 원인을 생물학적으로 분석하여 격세유전과 생래적 범죄인설을 주장하였다.
② 페리(Ferri) – 범죄의 원인을 인류학적 요인, 물리적 요인, 사회적 요인으로 구분하고 이 세 가지 요인이 존재하는 사회에는 이에 상응하는 일정량의 범죄가 발생한다는 범죄포화의 법칙을 주장하였다.

국가직 기출문제 333

③ 셀린(Sellin) - 동일한 문화 안에서 사회변화에 의하여 갈등이 생기는 경우를 일차적 문화갈등이라 보고, 상이한 문화 안에서 갈등이 생기는 경우를 이차적 문화갈등으로 보았다.

④ 머튼(Merton) - 아노미 상황에서 개인의 적응 방식을 동조형(conformity), 혁신형(innovation), 의례형(ritualism), 도피형(retreatism), 반역형(rebellion) 으로 구분하였다.

> **해설**
>
> ③ 셀린(Sellin)은 '범죄는 문화적 소산'이라는 가설을 이론적 전제하며 문화갈등을 1차 적 및 2차적 문화갈등으로 구분하였다. 1차적 문화갈등은 '상이한 이질 문화 간'의 충 돌에 의한 횡적인 문화갈등을 의미하고, 2차적 문화갈등은 '동일한 문화 내'에서 사회 분화로 인한 규범의 갈등으로 인한 종적인 문화갈등을 뜻한다.
>
> 답 ③

9. 범죄에 대한 설명으로 옳지 않은 것은? 〈15. 9급〉

① 비범죄화란 지금까지 형법에 범죄로 규정되어 있던 것을 폐지하여 범죄목록에 서 삭제하거나 형사처벌의 범위를 축소하는 것으로 그 대상범죄로는 단순도박 죄, 낙태죄 등이 제시된다.

② 형식적 의미의 범죄는 법규정과 관계없이 반사회적인 법익침해 행위이고, 실 질적 의미의 범죄는 형법상 범죄구성요건으로 규정된 행위이다.

③ 신범죄화(신규 범죄화)란 지금까지 존재하지 않던 새로운 형벌구성요건을 창 설하는 것으로 환경범죄, 경제범죄, 컴퓨터범죄 등이 여기에 해당한다.

④ 암수 범죄(숨은 범죄)는 실제로 범죄가 발생하였으나 범죄통계에 나타나지 않 는 범죄를 의미한다.

> **해설**
>
> ② '형식적 의미의 범죄'는 법률상 의미의 범죄로 형벌 법규에 의해 형벌이 부과되는 행위 이고, '실질적 의미의 범죄'는 법 규정과는 관계없이 사회질서에 대한 법익을 침해하 는 반사회적 행위이다
>
> 답 ②

10. 다음 사례를 적절히 설명할 수 있는 이론과 그 이론을 주장한 학자로 옳은 것 은? 〈15. 9급〉

A회사에 근무하는 甲은 신입직원 환영회에서 여직원들에게 인기를 독차지한

乙이 자신이 근무하는 부서로 발령을 받자 다른 남자 동료 직원과 함께 乙을 집단으로 따돌렸다. 甲은 乙이 오히려 부서의 단합을 저해한 원인을 제공하고 있다고 비난하였다.

① 허쉬(Hirschi)의 사회통제이론
② 클로워드(Cloward)와 오린(Ohlin)의 차별적 기회구조이론
③ 사이크스(Sykes)와 맛차(Matza)의 중화기술이론
④ 베커(Becker)의 낙인이론

> **해설**
>
> ③ 사이키스(Sykes)와 맛짜(Matza)의 중화이론은 범죄자들이 자신의 범죄나 비행에 대해 타인들로부터의 비난을 의식적으로 합리화 또는 정당화시킴으로써 비난을 벗어 난 안도감에서 범행을 저지른다는 것을 의미한다. 이러한 중화기법의 유형에는 책임 의 부정, 가해의 부정, 피해자의 부정, 비난자에 대한 비난, 상위가치에 대한 호소 등 5가지가 있는데, 위의 사례는 중화기법 중 '피해자의 부정'에 해당한다. '피해자의 부 정'은 범죄행위를 피해지기 유발한 것이라고 주장함으로써 그들의 불법 행동을 중화시 키는 것을 말한다.
>
> 답 ③

11. 다음의 설명과 관련 있는 범죄이론가는? 〈16. 9급〉

○ 범죄는 의사소통을 통한 타인과의 상호작용 과정에서 학습된다.
○ 범죄학습에서 중요한 사항은 친밀한 사적 집단 사이에서 이루어진다.
○ 차별적 교제의 양상은 빈도, 지속성, 우선성, 강도의 측면에서 다양하다.

① 뒤르켐(E. Durkheim)
② 롬브로조(C. Lombroso)
③ 서덜랜드(E. Sutherland)
④ 레머트(E. Lemert)

> **해설**
>
> ③ 서덜랜드(Sutherland)의 '차별적접촉이론'은 범죄는 어떤 문화 소에서 개인에게 영 향을 미치는 사회학습 과정의 산물로 보고, 범죄 행동은 타인과 상호 접촉을 통해 학 습, 접촉의 차이는 강도 · 빈도 · 지속시간 · 시기에 따라 다르다고 하였다. 또한 비 행 친구와의 접촉을 범죄나 비행의 중요한 원인으로 보았다. '친구 따라 강남 간다.'는 말이 위 이론과 관련이 깊다.
>
> 답 ③

12. 범죄이론에 대한 설명으로 옳지 않은 것은? ⟨16. 9급⟩

① 코헨(A. Cohen)의 비행하위문화이론 — 하류계층의 비행은 중류계층의 가치와 규범에 대한 저항이다.

② 베까리아(C. Beccaria)의 고전주의 범죄학 — 범죄를 처벌하는 것보다 범죄를 예방하는 것이 더욱 바람직하다.

③ 코헨과 펠슨(L. Cohen & M. Felson)의 일상활동이론 — 일상 활동의 구조적 변화가 동기부여된 범죄자, 적절한 범행대상 및 보호의 부재라는 세 가지 요소에 대해 시간적 · 공간적으로 영향을 미친다.

④ 브레이스웨이트(J. Braithwaite)의 재통합적 수치심부여이론 — 사회구조적 결핍은 대안적 가치로써 높은 수준의 폭력을 수반하는 거리의 규범(code of the street)을 채택하게 하고, 결국 이것이 높은 수준의 폭력을 양산한다.

> **해설**
>
> ④ 브레이스웨이트(J. Braithwaite)의 '재통합적 수치심부여이론'은 사람들이 범죄를 회피하는 이유는 처벌의 두려움이 아니라 범죄행위 자체가 혐오스럽고 수치스럽기 때문이라고 보고, 사회가 범죄를 감소시키기 위해서는 좀 더 효성성 있는 수치심을 부여해야 하며 이를 '재통합적 수치심과 거부적 수치심'으로 구분하였다. 반면, 거리의 규범(code of the street)을 주장한 사람은 '엘리야 앤더슨(Anderson)'이다.
>
> 답 ④

13. 소년범죄의 원인과 대책에 대한 설명으로 옳지 않은 것은? ⟨17. 9급⟩

① 모피트(T. E. Moffit)는 사회적 자본(social capital) 개념을 도입하여 청소년기에 비행을 저지른 아이들도 사회유대 혹은 사회자본의 형성을 통해 취업과 결혼으로 가정을 이루는 인생의 전환점을 만들면 성인이 되어 정상인으로 돌아가게 된다고 주장하였다.

② 패터슨(G. R. Patterson) 등에 따르면 초기 비행을 경험한 소년들이 후반에 비행을 시작한 소년에 비하여 어릴 때부터 반사회적 환경과 밀접한 관계를 맺음으로써 또래집단 속에서 정상적 사회화를 경험할 기회가 상대적으로 적기 때문에 만성적 범죄자가 될 확률이 높다고 하였다.

③ 워렌(M. Q. Warren)에 따르면 비행소년 분류상 신경증적 비행소년에 대한 처우로는 가족집단요법과 개별심리요법이 적절하다고 한다.

④ 바톨라스(C. Bartollas)의 적응(개선)모델에 따르면 비행소년 스스로 책임 있는 선택과 합법적 결정을 할 수 있다고 하며, 이 모형에 따른 처우로서는 현실요법, 환경요법, 집단지도 상호작용, 교류분석 등의 방법이 이용되고 있다.

해설 ▶

① '모피트(Moffit)'는 범죄자를 연령과 범죄율과의 관계에 따라 '생애 지속 범죄자와 청소년기 한정범죄자로 구분'하였다. 생애 지속 범죄자는 어린 시절부터 범죄를 저지르기 시작하고 성인기에도 범죄에서 벗어나지 못하는 만성적인 범죄자가 된다고 보았고, 청소년기 한정 범죄자는 청소년이란 발전 과정상 특성과 학습이나 모방 때문에 청소년기에 국한해 범죄를 저지르고 이후 그만둔다고 주장하였다. 반면, 범죄자 생애과정 중의 중요한 전환점으로 '결혼과 직업'을 지적하며, 어렸을 때 비행이나 범죄를 저질렀다고 하여도 안정된 직업과 결혼으로 인해 사회유대가 강화되면 정상적 생활로 환원된다고 주장한 학자는 '샘슨(Sampson)과 라웁(Laub)'이다.

답 ①

14. 애그뉴(R. Agnew)의 일반긴장이론(General Strain Theory)에 대한 설명으로 옳은 것만을 모두 고른 것은? 〈17. 9급〉

> ㄱ. 머튼(R. Merton)의 아노미이론(Anomie Theory)에 그 이론적 뿌리를 두고 있다.
> ㄴ. 거시적 수준의 범죄이론으로 분류된다.
> ㄷ. 범죄발생의 원인으로 목표달성의 실패, 기대와 성취 사이의 괴리, 긍정적 자극의 소멸, 부정적 자극의 발생을 제시했다.
> ㄹ. 긴장을 경험하는 모든 사람이 범죄를 저지른다거나 범죄에 의존하게 되는 것은 아니다.

① ㄱ, ㄹ
② ㄱ, ㄴ, ㄷ
③ ㄱ, ㄷ, ㄹ
④ ㄱ, ㄴ, ㄷ, ㄹ

해설 ▶

③ 애그뉴(Agnew)의 일반긴장이론은 머튼(Merton)의 아노미·긴장이론을 '미시적 관점에서 접근'하여 개인에 대한 긴장의 영향을 확인하려는 이론이다. 긴장과 좌절을 유발하는 사회환경적 요소가 범죄의 원인이자 동기로 작용한다고 보면서, 부정적 긴장의 유형을 위 4가지로 분류하였다.

답 ③

15. 다음 사례에 해당하는 중화의 기술을 옳게 짝지은 것은? 〈18. 9급〉

> (가) 친구의 물건을 훔치면서 잠시 빌린 것이라고 주장하는 경우
> (나) 술에 취해서 자기도 모르는 사이에 저지른 범행이라고 주장하는 경우

	(가)	(나)
①	가해(손상)의 부정	책임의 부정
②	가해(손상)의 부정	비난자에 대한 비난
③	책임의 부정	비난자에 대한 비난
④	피해자의 부정	충성심에 대한 호소

해설 ▶

① 사이키스(Sykes)와 맛짜(Matza)의 중화이론은 범죄자들이 자신의 범죄나 비행에 대해 타인들로부터의 비난을 의식적으로 합리화 또는 정당화시킴으로써 비난을 벗어난 안도감에서 범행을 저지른다는 것을 의미한다. 이러한 중화기법의 유형에는 책임의 부정, 가해의 부정, 피해자의 부정, 비난자에 대한 비난, 상위가치에 대한 호소 등 5가지가 있는데, 위 (가)의 사례는 중화기법 중 '가해의 부정', (나)의 사례는 '책임의 부정'에 해당한다. '가해의 부정'은 자신의 행위가 위법한 것일지 몰라도 실제로 자신의 행위로 인해 손상입은 사람은 없다고 주장하며 합리화하는 것을 뜻하고, '책임의 부정'은 자신의 일탈 행동에 책임이 없다고 함으로써 본래 일탈에 대한 죄책감이나 비난으로부터 도피하는 것을 의미한다.

답 ①

16. 머튼(Merton)이 제시한 아노미 상황에서의 적응양식 중에서 기존 사회체제를 거부하는 혁명가(A)와 알코올 중독자(B)에 해당하는 유형을 옳게 짝지은 것은?

〈18. 9급〉

적응양식의 유형	문화적 목표	제도화된 수단
㉠	+	+
㉡	+	−
㉢	−	⏐
㉣	−	−
㉤	±	±

※ +는 수용, −는 거부, ±는 제3의 대안을 추구하는 것을 의미

	(A)	(B)
①	ㄹ	ㄷ
②	ㄴ	ㅁ
③	ㅁ	ㄹ
④	ㅁ	ㄷ

해설

③ 머튼(Merton)은 긴장이론에서 문화적 목표와 제도화된 수단 간의 괴로 인해 범죄가 발생한다고 보고, 아노미에 대한 적응유형을 순응형, 혁신형, 의례형, 은둔형, 혁명형 등 5가지로 구분하였다. 이 중 '혁명형'은 전통적인 성공목표와 수단을 모두 거부하지만 새로운 목표와 수단으로 대체하려는 형태로 기존 사회 구조를 거부하고 급진적인 변화를 추구하는 혁명가 등을 말하고, '은둔형'은 문화적 목표와 수단을 모두 거부하고 현실 도피적 생활을 하는 형태로 목표 설정이나 목표 달성을 위한 어떠한 시도도 하지 않는 사회낙오자나 알코올 중독자 등을 말한다.

답 ③

17. 〈보기 1〉에 제시된 설명과 〈보기 2〉에 제시된 학자를 옳게 짝지은 것은?

〈18. 9급〉

〈보기 1〉

ㄱ. 감옥개량의 선구자로 인도적인 감옥개혁을 주장하였다.

ㄴ. 범죄와 형벌을 집필하고 죄형법정주의를 강조하였다.

ㄷ. 파놉티콘(Panopticon)이라는 감옥형태를 구상하였다.

ㄹ. 범죄포화의 법칙을 주장하였다.

〈보기 2〉

A. 베까리아(Beccaria)   B. 하워드(Howard)

C. 벤담(Bentham)   D. 페리(Ferri)

	ㄱ	ㄴ	ㄷ	ㄹ
①	A	B	C	D
②	C	A	B	D
③	B	A	C	D
④	B	A	D	C

해설

ㄱ. '하워드(Howard)': 감옥개량의 선구자로 인도적인 감옥개혁을 주장하였다.
ㄴ. '베까리아(Beccaria)' : 범죄와 형벌을 집필하고 죄형법정주의를 강조하였다.
ㄷ. '벤담(Bentham)': 파놉티콘(Panopticon)이라는 감옥형태를 구상하였다.
ㄹ. '페리(Ferri)': 범죄포화의 법칙을 주장하였다.

답 ③

18. 범죄원인론 중 고전주의학파에 대한 설명으로 옳은 것만을 모두 고르면?

〈19. 9급〉

ㄱ. 인간은 자유의사를 가진 합리적인 존재이다.
ㄴ. 인간은 처벌에 대한 두려움 때문에 범죄를 선택하는 것이 억제된다.
ㄷ. 범죄는 주로 생물학적 · 심리학적 · 환경적 원인에 의해 일어난다.
ㄹ. 범죄를 효과적으로 제지하기 위해서는 처벌이 엄격 · 확실하고, 집행이 신속해야 한다.
ㅁ. 인간에 대한 과학적 분석을 통해 범죄원인을 규명하고자 하였다.

① ㄱ, ㄴ, ㄷ
② ㄱ, ㄴ, ㄹ
③ ㄴ, ㄷ, ㄹ
④ ㄷ, ㄹ, ㅁ

해설

ㄱ. '고전주의': 인간은 자유의사를 가진 합리적인 존재이다.
ㄴ. '고전주의': 인간은 처벌에 대한 두려움 때문에 범죄를 선택하는 것이 억제된다.
ㄷ. '실증주의': 범죄는 주로 생물학적 · 심리학적 · 환경적 원인에 의해 일어난다.
ㄹ. '고전주의': 범죄를 효과적으로 제지하기 위해서는 처벌이 엄격 · 확실하고, 집행이 신속해야 한다.
ㅁ. '실증주의': 인간에 대한 과학적 분석을 통해 범죄원인을 규명하고자 하였다.

※ 고전주의 학파와 실증주의 학파의 비교

구분 \ 학파	고전주의 학파	실증주의 학파
시 대	18~19세기	19~20세기
대표학자	베까리아, 하워드, 벤담 등	롬브로조, 페리, 가로팔로 등
전 제	의사비결정론	의사결정론
범죄원인	자유의사	신체적 · 심리적 · 사회적 요인
관 점	범죄행위	범죄자
수 단	사법제도(형벌)	과학적 방법(통계분석)
목 적	일반예방	특별예방

답 ②

19. 낙인이론에 대한 설명으로 옳지 않은 것은? 〈19. 9급〉

① 탄넨바움(F. Tannenbaum)은 공공에 의해 부여된 범죄자라는 꼬리표에 비행소년 스스로가 자신을 동일시하고 그에 부합하는 역할을 수행하게 되는 과정을 '악의 극화(dramatization of evil)'라고 하였다.

② 슈어(E. Schur)는 사람에게 범죄적 낙인이 일단 적용되면, 그 낙인이 다른 사회적 지위나 신분을 압도하게 되므로 일탈자로서의 신분이 그 사람의 '주지위(master status)'로 인식된다고 하였다.

③ 레머트(E. Lemert)는 1차적 일탈에 대하여 부여된 사회적 낙인으로 인해 일탈적 자아개념이 형성되고, 이 자아개념이 직접 범죄를 유발하는 요인으로 작용하여 2차적 일탈이 발생된다고 하였다.

④ 베커(H. Becker)는 금지된 행동에 대한 사회적 반응이 2차적 일탈을 부추길 뿐 아니라 사회집단이 만든 규율을 특정인이 위반한 경우 '이방인(outsider)'으로 낙인찍음으로써 일탈을 창조한다고 하였다.

해설 ▶

② 슈어(Schur)는 일탈자가 되는 과정은 시간이 걸려서 이루어진 협상과 같은 것으로 보고, 협상의 성공 여부가 자아 낙인에 영향을 미쳐 2차적 일탈을 유발한다고 하면서 '자아 관념'을 주장하였다. 베커(Becker)는 일탈자라는 낙인이 '사회적 지위'와 같은 효과를 준다고 주장하며, 일탈자로 공식적으로 규정된다는 것은 다른 지위를 능가하기 때문에 주요 지위(주 지위, master status)로서 기능을 갖게 된다고 하였다.

답 ②

20. 다음 설명에 해당하는 학자는? 〈20. 9급〉

> ○ 범죄는 정상(normal)이라고 주장함
> ○ 규범이 붕괴되어 사회 통제 또는 조절능력이 상실된 상태를 아노미로 규정함
> ○ 머튼(R. Merton)이 주장한 아노미 이론의 토대가 됨

① 뒤르켐(E. Durkheim) ② 베까리아(C. Beccaria)
③ 케틀레(A. Quetelet) ④ 서덜랜드(E. Sutherland)

해설 ▶

① 뒤르캠(Durkheim)은 범죄는 모든 사회에서 발생하는 정상적인 현상이라는 '범죄정상설'을 주장하였고, 규범이 붕괴되어 사회통합력의 저하 및 도덕적 권위가 훼손된 상황을 아노미(anomie) 상황으로 규정하고 범죄 발생의 원인으로 아노미를 설명하였다. 뒤르캠의 아노미 이론은 머튼(Merton)의 긴장(아노미)이론으로 발전하였다.

답 ①

21. 회복적 사법(restorative justice)에 대한 설명으로 옳지 않은 것은? 〈20. 9급〉

① 경쟁적, 개인주의적 가치를 권장한다.

② 형사절차상 피해자의 능동적 참여와 감정적 치유를 추구한다.

③ 가족집단회합(family group conference)은 피해자와 가해자 및 양 당사자의 가족까지 만나 피해회복에 대해 논의하는 회복적 사법 프로그램 중 하나이다.

④ 사건의 처리과정이나 결과에 대한 보다 많은 정보를 피해자에게 제공해 줄 수 있다.

> **해설**
>
> ① 회복적 사법은 공식적인 형사사법절차에 의한 처벌을 지양하고 가정·학교 및 지역사회 등 비공식적인 절차를 통한 피해자와 가해자의 상호 용서와 화해에 이르는 것을 목표로 한다. 그러므로 회복적 사법은 경쟁적이고 개인주의적인 가치를 권장하는 것이 아니라, '화합적이고 공동체적 가치를 권장한다.'
>
> 답 ①

22. 낙인이론에 대한 설명으로 옳은 것만을 모두 고르면? 〈20. 9급〉

> ㄱ. 일탈·범죄행위에 대한 공식적·비공식적 통제기관의 반응(reaction)과 이에 대해 일탈·범죄행위자 스스로가 정의(definition)하는 자기관념에 주목한다.
>
> ㄴ. 비공식적 통제기관의 낙인, 공식적 통제기관의 처벌이 2차 일탈·범죄의 중요한 동기로 작용한다고 본다.
>
> ㄷ. 범죄행동은 보상에 의해 강화되고 부정적 반응이나 처벌에 의해 중단된다고 설명한다.
>
> ㄹ. 형사정책상 의도하는 바는 비범죄화, 탈시설화 등이다.

① ㄴ, ㄹ   ② ㄱ, ㄴ, ㄷ

③ ㄱ, ㄴ, ㄹ   ④ ㄴ, ㄷ, ㄹ

> **해설**
>
> ㄷ. 에이커스(Akers)와 버제스(Burgess)의 '차별적강화이론'에서 범죄행동은 보상에 의해 강화되고 부정적 반응이나 처벌에 의해 중단된다고 설명하였다. 즉, 보상이 처벌보다 크면 그것이 비록 범죄라 하더라도 그 행위는 강화되며 반대로 처벌이 큰 경우는 반대의 결과가 발생한다. 강화는 크기·빈도·가능성에 따라 다르며, 강화의 크기가 클수록 강화가 빈번할수록 강화 가능성이 클수록 행위가 반복된다.
>
> 답 ③

7급 교정학

1. 전과자 A는 교도소에서 배운 미용기술로 미용실을 개업하여 어엿한 사회인으로 돌아오고, 범죄와의 고리를 끊었다. 다음 중 이 사례를 설명할 수 있는 것으로 가장 거리가 먼 것은? 〈14. 7급〉

① 허쉬(Hirschi)의 사회유대
② 샘슨(Sampson)과 라웁(Laub)의 사회자본
③ 베커(Becker)의 일탈자로서의 지위
④ 머튼(Merton)의 제도화된 수단

> **해설**
>
> ③ 베커(Becker)의 '일탈자로시의 지위'는 일탈자를 하나의 지위로 보고, 일탈자는 청중들에 의해 받아들여지기 때문에 정상생활이 어렵고 오히려 일탈의 가능성이 더욱 높아진다. 그러므로 A가 범죄와의 고리를 끊은 점에서 일탈의 가능성이 더욱 높아지는 '베커의 이론과 무관하다.'
>
> ① 허쉬(Hirschi)의 사회유대이론에서는 누구나 범죄자가 될 수 있으나 사회유대의 정도에 따라서 범죄를 저지할 수 있다고 본다. 그러므로 A가 미용기술을 배우고 사회인으로 정상적 생활을 하는 것은 개인과 사회유대감이 높아졌다는 것으로 볼 수 있다.
>
> ② 샘슨(Sampson)과 라웁(Laub)은 개인이 타인 및 사회적 제도와 가지는 적극적인 관계의 정도를 '사회적 자본'이라 하였으며, 사회적 자본의 정도에 따라 범죄 가능성은 조절된다고 보았다. 그러므로 A가 재사회화에 성공한 것은 사회적 자본이 커진 결과로 볼 수 있다.
>
> ④ 머튼(Merton)은 긴장이론에서 범죄의 발생 원인을 목표와 수단 간의 괴리 현상으로 보았으며, 목표를 이룰 수 있는 제도화된 수단이 부여되면 범죄의 가능성은 낮아진다고 보았다. 그러므로 A가 미용기술을 배워서 미용실을 개업하여 정상적인 생활을 하는 것은 목표와 수단이 합치된 결과라고 볼 수 있다.
>
> 답 ③

2. 형사정책의 연구방법에 대한 설명으로 옳지 않은 것은? 〈14. 7급〉

① 공식범죄통계는 범죄현상을 분석하는 데 기본적인 수단으로 활용되고 있으며, 다양한 숨은 범죄를 포함한 객관적인 범죄 상황을 정확히 나타내는 장점이 있다.
② (준)실험적 연구는 새로 도입한 형사사법제도의 효과를 검증하는데 유용하게 활용된다.
③ 표본조사방법은 특정한 범죄자 모집단의 일부를 표본으로 선정하여 그들에 대

한 조사결과를 그 표본이 추출된 모집단에 유추 적용하는 방법이다.

④ 추행조사방법은 일정한 범죄자 또는 비범죄자들에 대해 시간적 간격을 두고 추적·조사하여 그들의 특성과 사회적 조건의 변화를 관찰함으로써 범죄와의 상호 연결 관계를 파악할 수 있다.

해설

① 공식범죄통계는 특정 국가 또는 단체 등에서 발간하는 공식적인 범죄 관련 통계를 분석하는 연구방법이다. 범죄나 범죄자의 일반적인 경향 파악 유용하고 객관성이 가장 높아서 치안 수요의 예측이 가능하다는 장점이 있으나, '암수범죄의 파악이 어렵고' 범죄의 질적인 특성 파악의 비교가 불가하며 각 국가 간의 통계를 비교하기 어렵다는 단점이 있다.

답 ①

---

3. 피해자학 또는 범죄피해자에 대한 설명으로 옳지 않은 것은?　　〈14. 7급〉

① 멘델존(Mendelsohn)은 피해자학의 아버지로 불리며 범죄 피해자의 유책성 정도에 따라 피해자를 유형화하였다.

② 범죄피해자 보호법에서는 대인범죄 피해자와 재산범죄 피해자를 모두 범죄피해 구소내상으로 본다.

③ 마약 복용, 매춘 등의 행위는 '피해자 없는 범죄'에 해당한다.

④ 정당방위(형법 제21조 제1항)에 해당하여 처벌되지 않는 행위 및 과실에 의한 행위로 인한 피해는 범죄피해 구조대상에서 제외된다.

해설

② 범죄피해자보호법 제1조에서 "타인의 범죄행위로 인하여 생명·신체에 피해를 받은 사람을 구조함"을 목적으로 하고 있고, 동법 제3조 제1항 제4호에서 "구조대상 범죄피해"를 "사람의 생명 또는 신체를 해치는 죄"로 보고 있으므로, '재산범죄의 피해자는 포함되지 않는다.'

답 ②

---

4. 낙인이론(labeling theory)에 대한 설밍으로 옳시 않은 섯은?　　〈15. /급〉

① 레머트(Lemert)는 1차적 일탈에 대한 부정적 사회반응이 2차적 일탈을 만들어 낸다고 하였다.

② 베커(Becker)는 일탈자의 지위는 다른 대부분의 지위보다도 더 중요한 지위가 된다고 하였다.

③ 중요한 정책으로는 다이버전(diversion), 비범죄화(decriminalization), 탈시설화(deinstitutionalization) 등이 있다.

④ 사회내 처우의 문제점을 지적하면서 시설내 처우의 필요성을 강조하였다.

해설

④ 낙인이론에서는 비범죄화, 비시설화, 전환제도, 적법절차, 원상회복과 배상 등을 형사 정책적으로 제안하였다. 이 중 '비시설화'는 범죄자를 교도소와 같은 시설에서 구금하기 보다 보호관찰과 같은 사회 내(시설 외) 처우를 하도록 하자는 것이다. 교도소가 교화보다는 범죄를 학습하는 장소라는 것을 지적하면서 범죄자의 '사회 내 처우를 강조'하였다.

답 ④

5. 범죄에 관하여 고전주의 학파와 실증주의 학파로 나눌 때, 다음 설명 중 동일한 학파의 주장으로만 묶은 것은? 〈15. 7급〉

> ㄱ. 효과적인 범죄예방은 형벌을 통해 사람들이 범죄를 포기하게 만드는 것이다.
> ㄴ. 법ㆍ제도적 문제 대신에 범죄인의 개선 자체에 중점을 둔 교정이 있어야 범죄예방이 가능하다.
> ㄷ. 형이상학적인 설명보다는 체계화된 인과관계 검증 과정과 과거 경험이 더 중요하다.
> ㄹ. 형벌은 계몽주의, 공리주의에 사상적 기초를 두고 이루어져야 한다.
> ㅁ. 인간은 기본적으로 자유의지를 가진 합리적ㆍ이성적 존재이다.

① ㄱ, ㄴ, ㅁ

② ㄱ, ㄹ, ㅁ

③ ㄴ, ㄷ, ㄹ

④ ㄴ, ㄷ, ㅁ

해설

ㄱ. '고전주의': 효과적인 범죄예방은 형벌을 통해 사람들이 범죄를 포기하게 만드는 것이다.

ㄴ. '실증주의': 법ㆍ제도적 문제 대신에 범죄인의 개선 자체에 중점을 둔 교정이 있어야 범죄예방이 가능하다.

ㄷ. '실증주의': 형이상학적인 설명보다는 체계화된 인과관계 검증 과정과 과거 경험이 더 중요하다.

ㄹ. '고전주의': 형벌은 계몽주의, 공리주의에 사상적 기초를 두고 이루어져야 한다.

ㅁ. '고전주의': 인간은 기본적으로 자유의지를 가진 합리적 · 이성적 존재이다.

답 ②

6. 회복적 사법(restorative justice)에 대한 설명으로 옳지 않은 것은? 〈15. 7급〉

① 회복적 사법은 가해자에 대한 강한 공식적 처벌과 피해의 회복을 강조한다.

② 회복적 사법은 공식적인 형사사법이 가해자에게 부여하는 오명 효과를 줄이는 대안이 될 수 있다.

③ 회복적 사법의 시각에서 보면 범죄행동은 법을 위반한 것일 뿐만 아니라 피해자와 지역사회에 해를 끼친 것이다.

④ 회복적 사법 프로그램으로는 피해자−가해자 중재, 가족회합 등이 있다.

> **해설**

① 회복적 사법은 공식적인 형사사법기관의 처벌보다는 비공식적인 절차, 즉 가정 · 학교나 지역사회의 개입을 통해서 피해자를 지원하고 가해자에게 책임감을 주기 위한 제도이다. 그러므로 회복적 사법은 '가해자에 대한 공식적 처벌이 아닌' 비공식적인 개입을 통해 문제를 해결하고자 한다.

답 ①

7. 맛차(Matza)의 표류이론(drift theory)에 대한 설명으로 옳지 않은 것은?

〈15. 7급〉

① 비행청소년들은 비행의 죄책감을 모면하기 위해 다양한 중화의 기술을 구사한다.

② 비행이론은 표류를 가능하게 하는, 즉 사회통제를 느슨하게 만드는 조건을 설명해야 한다고 주장하였다.

③ 대부분의 비행청소년들은 합법적인 영역에서 오랜 시간을 보낸다.

④ 비행청소년들은 비행 가치를 받아들여 비행이 나쁘지 않다고 생각하기 때문에 비행을 한다.

> **해설**

④ 표류이론은 사회통제가 약화되었을 때 청소년들이 전통적인 합법과 가치에 전념하지 못하고 위법적인 행위에도 몰입하지 않는 합법과 위법의 중간 상태에 놓인다는 것이다. 대부분 범죄자가 관습적 가치를 인정하나, 중화적 기술(합리화 · 정당화)을 습득하여 비합법적인 행위와 관습적 행위를 왔다 갔다 하는 '표류(drift)'를 하며, 이와 같이 범죄자들이 중화적인 태도를 취한다고 하여 전통적 사회 가치를 모두 부정하는 것은 아니다. 반면, 밀러(Miller)의 '하위계급문화이론'은 하위계층의 사람들은 사회적

규범보다 그들이 속한 집단의 규칙에 따라 행동하기 때문에 자연스레 범죄를 저지를 수밖에 없다는 것이다. 비행청소년의 집단은 그들만의 고유한 문화가 있고 '그 문화가치를 받아들여 이에 따라 행동'함으로써 법 위반을 통해 범죄를 저지르게 된다.

답 ④

8. 환경범죄학(Environmental Criminology)에 대한 설명으로 옳지 않은 것은?

〈16. 7급〉

① 범죄사건을 가해자, 피해자, 특정 시공간상에 설정된 법체계 등의 범죄환경을 통해 설명하였다.
② 브랜팅햄(Brantingham) 부부의 범죄패턴이론(Crime Pattern Theory)에 따르면 범죄자는 일반인과 같은 정상적인 시공간적 행동패턴을 갖지 않는다.
③ 환경설계를 통한 범죄예방(CPTED)을 주장한 제프리(Jeffrey)는 "세상에는 환경적 조건에 따른 범죄행동만 있을 뿐 범죄자는 존재하지 않는다"라고 주장하였다.
④ 환경범죄학의 다양한 범죄분석 기법은 정보주도 경찰활동(Intelligence – Led Policing : ILP)에 활용되고 있다.

해설

② 브랜팅햄(Brantingham) 부부의 범죄패턴이론(Crime Pattern Theory)은 범죄가 일정한 장소적 패턴을 있으며 이것은 범죄자의 평상시 행동패턴과 유사하다는 것이다. 그러므로 위 이론에 따르면 '범죄자는 일반인과 같은 정상적인 시공간적 행동패턴을 가진다'고 할 수 있다.

답 ②

9. 허쉬(Hirschi)의 사회유대이론에 대한 설명으로 옳은 것은?

〈17. 7급〉

① 모든 사람을 잠재적 법위반자라고 가정한다.
② 인간의 자유의지와 도덕적 책임감을 강조한다.
③ 범죄율을 이웃공동체의 생태학적 특징과 결부시킨다.
④ 범죄행위는 다른 사람들과의 상호작용으로 학습된다.

해설

① 허쉬(Hirschi)의 사회유대이론은 모든 사람을 잠재적 범죄자로 가정하고 많은 사람이 '왜 범죄를 저지르지 않는가?'에 관심을 두었다.
② '고전주의(비결정론)'은 인간의 자유의지와 도덕적 책임감을 강조한다.
③ '사회해체이론'은 범죄율을 이웃공동체의 생태학적 특징과 결부시킨다.

④ 서덜랜드(Sutherland)는 차별적접촉이론에서 범죄행위는 다른 사람들과의 상호작용
으로 학습된다고 하였다.

답 ①

10. 비범죄화에 대한 설명으로 옳은 것은? 〈17. 7급〉

① 검사의 기소유예 처분은 비범죄화와 관계가 없다.

② 형법의 탈도덕화 관점에서 비범죄화 대상으로 뇌물죄가 있다.

③ 비범죄화는 형사처벌의 완화가 아니라 폐지를 목표로 한다.

④ 비범죄화는 형법의 보충성 요청을 강화시켜주는 수단이 되기도 한다.

해설

① 검사의 기소유예 처분은 혐의는 인정되나 일정한 사유 등을 정상 참작하여 처벌을 유
예하는 제도이므로 '기소유예는 사실상의 비범죄화에 해당'한다.

② 형법의 탈도덕화는 도덕적 또는 윤리적으로 비난받을 행위를 한 경우에는 형법이 아닌
도덕규범 등으로 규제하는 것이 바람직하다는 것으로, 대표적인 것으로 '성매매, 공연
음란죄, 위헌결정으로 폐지된 간통죄' 등을 들 수 있다.

③ 비범죄화는 형사처벌 자체를 폐지하자는 것이 아니라 형사제재가 적합하지 않은 경미
한 범죄 등에 대해 처벌을 완화함으로써 처벌 적정화를 이루자는 것이므로, 비범죄화
는 형벌 폐지가 아닌 '형사처벌의 완화'를 목표'로 한다.

답 ④

11. 범죄원인론에 대한 설명으로 옳지 않은 것은? 〈18. 7급〉

① 낙인이론은 범죄행위에 대한 처벌의 부정적 효과에 주목한다.

② 통제이론은 모든 인간이 범죄를 저지를 수 있는 동기를 가지고 있다고 가정한다.

③ 일반긴장이론은 계층에 따라서 범죄율이 달라지는 이유를 설명하는 데 유용하다.

④ 사회해체론은 지역사회의 안정성, 주민의 전ㆍ출입, 지역사회의 통제력에 주
목한다.

해설

③ 애그뉴(Agnew)의 일반긴장이론은 머튼(Merton)의 아노미ㆍ긴장이론을 미시적 관
점에서 접근하여 개인에 대한 긴장의 영향을 확인하려는 이론으로, 긴장과 스트레스
를 느끼는 사람들이 더 많이 범죄를 실행하는 이유를 설명하고자 하였다. 하위계층에
한정된 범죄가 아니라 계층에 상관없이 일반적인 설명을 제시할 수 있다는 장점이 있
는 반면, 계층에 따라 범죄율이 왜 달라지는지에 대한 이유를 설명하지 못한다는 비판
이 있다.

답 ③

12. 범죄 문제에 대한 고전학파의 특징에 대비되는 실증주의 학파의 특징으로 옳지 않은 것은? 〈18. 7급〉

① 범죄행위를 연구하는데 있어서 경험적이고 과학적인 접근을 강조한다.

② 범죄행위는 인간이 통제할 수 없는 영향력에 의해서 결정된다고 주장한다.

③ 범죄행위의 사회적 책임보다는 위법 행위를 한 개인의 책임을 강조한다.

④ 범죄행위를 유발하는 범죄원인을 제거하는 것이 범죄통제에 효과적이라고 본다.

> **해설**
>
> ③ '고전학파'는 범죄자가 자유의지를 가지고 자신들의 행위를 선택한다고 하여 범죄자에 대한 엄격하고 확실하며 신속한 형벌을 강조하여 '개인의 책임을 강조'하였다. 그러나 실증학파는 고전주의를 정면으로 반박하여 범죄는 생물학적, 심리학적 요인 및 환경 사회학적 요인의 영향을 받기 때문에 범죄행위보다 범죄자에게 중점을 둔 범죄예방이 중요하다고 보았으므로 개인보다 사회적 책임을 강조하였다고 할 수 있다.
>
> 답 ③

13. 서덜랜드(E. H. Sutherland)의 차별적접촉이론에 대한 설명으로 옳은 것은? 〈18. 7급〉

① 범죄행위의 학습 과정과 정상 행위의 학습 과정은 동일하다.

② 범죄행위는 유전적인 요인뿐만 아니라 태도, 동기, 범행 수법의 학습 결과이다.

③ 법에 대한 개인의 태도는 개인이 처한 경제적 위치와 차별 경험에서 비롯된다.

④ 타인과 직접 접촉이 아닌 매체를 통한 특정 인물의 동일시에 의해서도 범죄행위는 학습된다.

> **해설**
>
> ② 범죄행위는 선천적인 특질이 아닌 '후천적으로 학습된 것'이므로, 유전적인 요인과는 관계가 없다.
> ③ 범죄가 발생하는 것은 '법 위반을 하는 것을 호의적으로 해석'하는 생각이 법 위반을 거부적으로 해석하는 생각을 넘어서기 때문이므로, 경제적 위치와 차별 경험과는 관련이 없다.
> ④ 범죄행위의 학습은 '타인과의 상호작용의 부산물'이므로, 타인과의 직접적인 접촉 등 상호작용이 없이는 범죄행위는 학습될 수 없다, 사람과의 물리적인 접촉이 아닌 대중매체 등을 통해서 범죄행위를 학습하는 것은 '글레이서(Glaser)의 차별시 동일시이론'이다.
>
> 답 ①

14. 교정학 및 형사정책의 연구방법에 대한 설명으로 옳은 것은? 〈19. 7급〉

① 범죄(공식)통계표 분석방법은 범죄와 범죄자의 상호 연계관계를 해명하는 데 유용하며, 숨은 범죄를 발견할 수 있다.

② 참여관찰방법은 조사대상에 대한 생생한 실증자료를 얻을 수 있고, 연구결과를 객관화할 수 있다.

③ 실험적 연구방법은 어떤 가설의 타당성을 검증하거나 새로운 사실을 관찰하는 데 유용하며, 인간을 대상으로 하는 연구를 쉽게 할 수 있다.

④ 사례조사방법은 범죄자의 일기, 편지 등 개인의 정보 획득을 바탕으로 대상자의 인격 및 환경의 여러 측면을 분석하고, 그 각각의 상호 연계관계를 밝힐 수 있다.

> **해설**
>
> ① 공식통계방법은 범죄나 범죄자의 일반적인 경향을 파악하기 유용하나, 숨은 범죄인 '암수범죄의 파악이 어렵다.'
> ② 참여관찰방법은 관찰대상의 배경 및 상황에 대한 살아있는 생생한 정보를 얻을 수 있으나, 연구자의 주관적 편견 개입에 따른 사실 왜곡의 우려가 있어 '연구결과의 객관화가 어렵다.'
> ③ 실험적 연구방법은 가설의 타당성을 검증하거나 새로운 사실을 관찰하는데 유용하나, '인간의 가치와 윤리적 측면이 결여된 실험의 한계'가 있다. 인간을 대상으로 하는 연구는 사례 및 생애사조사, 추적조사 등이 있다.
>
> 답 ④

15. 베까리아(C. Beccaria)의 형사사법제도 개혁에 대한 주장으로 옳지 않은 것만을 모두 고르면? 〈19. 7급〉

> ㄱ. 형벌은 성문의 법률에 의해 규정되어야 하고, 법조문은 누구나 알 수 있게 쉬운 말로 작성되어야 한다.
>
> ㄴ. 범죄는 사회에 대한 침해이며, 침해의 정도와 형벌 간에는 적절한 비례관계가 유지되어야 하다
>
> ㄷ. 처벌의 공정성과 확실성이 요구되며, 범죄행위와 처벌 간의 시간적 근접성은 중요하지 않다.
>
> ㄹ. 형벌의 목직은 범죄예방을 통한 사회안전의 확보가 아니라 범죄자에 대한 엄중한 처벌에 있다.

① ㄱ, ㄴ   ② ㄱ, ㄹ

③ ㄴ, ㄷ   ④ ㄷ, ㄹ

해설

ㄷ. 처벌의 공정성과 확실성이 요구되며, 범죄행위와 처벌 간의 '시간적 신속성은 중요'하다.

ㄹ. 형벌의 목적은 범죄자를 처벌하는 것이 아니라, '범죄예방을 통한 사회안전의 확보'이다.

※ **베까리아(Beccaria)의 형사사법제도 12가지 개혁안(「범죄와 형벌」)**

　ㄱ 법은 사회계약 유지를 위해서만 사용되어야 한다.

　ㄴ 국회의원만이 법을 만들 수 있다.

　ㄷ 판사는 법률에 따라 형벌을 부과해야 한다.

　ㄹ 판사는 법을 해석해서는 안 된다.

　ㅁ 처벌은 쾌락과 고통의 원리에 근거하여야 한다.

　ㅂ 형벌은 행위자에게 근거하는 것이 아니라 행위에 근거하여야 한다.

　ㅅ 형벌은 범죄에 따라 결정되어야 한다.

　ㅇ 처벌은 신속하고 효과적이어야 한다.

　ㅈ 모든 사람은 평등하게 대접받아야 한다.

　ㅊ 사형은 폐지되어야 한다.

　ㅋ 자백을 얻기 위한 고문은 금지되어야 한다.

　ㅌ 범죄를 처벌하는 것보다 범죄를 예방하는 것이 더욱 좋다.

답 ④

16. 범죄원인에 관한 학자들의 주장으로 옳지 않은 것은?　〈19. 7급〉

① 샘슨(R. J. Sampson)과 라웁(J. H. Laub): 어려서 문제행동을 보인 아동은 부모와의 유대가 약화되고, 학교에 적응하지 못하며, 성인이 되어서도 범죄를 저지르게 되므로, 후에 사회와의 유대가 회복되더라도 비행을 중단하지 않고 생애 지속적인 범죄자로 남게 된다.

② 클라우드(R. A. Cloward)와 올린(L. E. Ohlin): 하류계층 청소년들이 합법적 수단에 의한 목표달성이 제한될 때 비합법적 수단에 호소하게 되는 경우에도, 비행의 특성은 불법행위에 대한 기회에 영향을 미치는 지역사회의 특성에 따라 달라진다.

③ 머튼(R. K. Merton): 문화적으로 규정된 목표는 사회의 모든 구성원이 공유하고 있으나 이들 목표를 성취하기 위한 수단은 주로 사회경제적인 계층에 따라 차등적으로 분배되며, 이와 같은 목표와 수단의 괴리가 범죄의 원인으로 작용한다.

④ 글레이저(D. Glaser): 범죄의 학습에 있어서는 직접적인 대면접촉보다 자신

의 범죄적 행동을 지지해 줄 것 같은 실존 또는 가상의 인물과 자신을 동일시
하는가가 더욱 중요하게 작용한다.

> **해설**
>
> ① 샘슨(Sampson)과 라웁(Laub)은 사람이 성숙해가면서 범죄를 저지르는 성향에 영
> 향을 주는 요인은 변화한다고 주장하면서, 어린 시절에 사회유대가 약하여 비행이나
> 범죄를 저질렀다고 하더라도 성인이 되어 안정된 직업과 결혼으로 인해 사회유대가
> 강화되면서 정상적 생활로 환원된다고 하였다. 이것을 바로 '전환점'이라고 하였고, 범
> 죄자의 생애과정 중 가장 중요한 전환점은 '결혼과 직업'이라 지적하였다. 한편, 범죄
> 자를 연령과 범죄율과의 관계에 따라 범죄자의 유형을 생애 지속 범죄자와 청소년기
> 한정 범죄자로 구분한 사람은 '모핏(Moffitt)'이다.
>
> 답 ①

17. 통제이론에 대한 설명으로 옳지 않은 것은? ⟨20. 7급⟩

① 라이스(A. Reiss) - 소년비행의 원인을 낮은 자기통제력에서 찾았다.
② 레크리스(W. Reckless) - 청소년이 범죄환경의 압력을 극복한 것은 강한 자
아상 때문이다.
③ 허쉬(T. Hirschi) - 범죄행위의 시작이 사회와의 유대약화에 있다고 보았다.
④ 에그뉴(R. Agnew) - 범죄는 사회적으로 용인된 기술을 학습하여 얻은 자기
합리화의 결과이다.

> **해설**
>
> ④ 에그뉴(R. Agnew)는 긴장과 좌절을 유발하는 사회환경적 요소가 범죄의 원인이자
> 동기로 작용하며, 긴장과 스트레스를 느끼는 사람들이 더 많이 범죄를 실행한다고 주
> 장하였다. 범죄는 사회적으로 용인된 기술을 학습하여 얻은 자기합리화의 결과라고
> 주장하는 것은 '사이키스(Sykes)와 맛짜(Matza)의 중화이론'이다.
>
> 답 ④

18. 발달범죄학이론에 대한 설명으로 옳지 않은 것은? ⟨20. 7급⟩

① 1930년대 글룩(Glueck) 부부의 종단연구는 발달범죄학이론의 토대가 되었다.
② 인생항로이론은 인간의 발달이 출생 시나 출생 직후에 나타나는 수된 속성에
따라 결정된다고 주장한다.
③ 인생항로이론은 인간이 성숙해 가면서 그들의 행위에 영향을 주는 요인도 변
화한다는 사실을 인정한다.
④ 인생항로이론은 첫 비행의 시기가 빠르면 향후 심각한 범죄를 저지를 것이라
고 가정한다.

해설

② 인생항로이론은 생애경로이론이라고 하며, 인간은 생애과정 속에서 '학업 실패, 실업 지속, 결혼 실패 등 많은 전환을 경험'하면서 이러한 전환 시기에 제대로 적응하지 못한 사람들은 범죄성이 촉진된다는 것이다.

답 ②

19. 교정학 연구방법 중 실험연구에 대한 설명으로 옳지 않은 것은? 〈20. 7급〉

① 인과관계 검증과정을 통제하여 가설을 검증하는 데 유용한 방법이다.

② 실험집단과 통제집단에 대한 사전검사와 사후검사를 통해 종속변수에 미치는 처치의 효과를 검증한다.

③ 집단의 유사성을 확보하기 위해 무작위 할당방법이 주로 활용된다.

④ 외적 타당도에 영향을 미치는 요인들을 통제하는 데 가장 유리한 연구방법이다.

해설

④ 실험연구는 연구 목적과 관련 있는 변수만을 선정하여 요소 간의 인과관계를 집중 분석이 가능하나, 실험 결과를 '연구자가 인위적으로 조작할 수 있기 때문에' 외적 타당도에 영향을 미치는 가장 유리한 연구방법은 아니다.

답 ④

20. 다음 글에서 설명하는 것으로 옳은 것은? 〈20. 7급〉

> 재범위험성이 높다고 판단되는 상습범죄자를 장기간 구금한다면 사회 내의 많은 범죄를 줄일 수 있다.

① 다이버전

② 충격구금

③ 중간처우소

④ 선택적 무력화

해설

④ 위 개념은 그린우드(Green Wood)의 '선택적 무능력화'에 관한 설명으로, 범죄를 누적하는 상습 범죄자들에 대해 교도소에 장기간 구금함으로써 범죄율을 감소시킨다는 것이다.

답 ④

🔲 5급 교정학

1. 범죄원인론 중 갈등이론에 대한 설명으로 옳지 않은 것은? 〈17. 5급〉

① 갈등이론에 의하면 한 사회의 법률을 위반하는 범죄 문제는 사회경제적이고 정치적인 함의를 지니는 문제가 아니라 도덕성의 문제로 다루어진다.

② 베버(M. Weber)는 범죄를 사회 내 여러 집단들이 자기의 생활기회를 증진시키기 위해 하는 정치적 투쟁 내지 권력투쟁의 산물이라고 본다.

③ 볼드(G. B. Vold)는 범죄를 법제정과정에 참여하여 자기의 이익을 반영시키지 못한 집단의 구성원이 일상생활 속에서 법을 위반하며 자기의 이익을 추구하는 행위로 본다.

④ 셀린(T. Sellin)은 전체 사회의 규범과 개별집단의 규범 사이에는 갈등이 존재하고, 개인도 이러한 종류의 갈등이 내면화됨으로써 인격해체가 이루어지고 범죄원인으로 작용하게 된다고 한다.

⑤ 터크(A. Turk)는 갈등의 개연성은 지배집단과 피지배자 양자의 조직화 정도와 세련됨의 수준에 의해 영향을 받는다고 한다.

> **해설**
>
> ① 갈등이론은 모든 사회는 상층하는 이익집단 간 갈등이 존재한다는 것을 전제하고, 법이란 지배계급의 가치와 신념을 표현한 것으로 상위 집단이 하위 집단의 행위를 범죄로 규정한다는 것이다. 따라서 갈등이론은 범죄문제를 도덕성의 문제가 아닌 각 계층 간의 갈등을 범죄원인으로 보는 '정치적인 성격을 가진다'고 할 수 있다.
>
> 답 ①

2. 범죄전이는 개인 또는 사회의 예방활동에 의한 범죄의 변화를 의미한다. 레페토 (Reppetto)는 범죄의 전이를 다섯 가지 유형으로 분류하였는데, 다음 지문이 설명하는 전이의 유형은? 〈17. 5급〉

> ○ 범죄자가 한 범죄를 그만두고, 다른 범죄유형으로 옮겨가는 유형
>
> ○ 침입절도가 목표물을 견고화하는 장치에 의해 어려워졌을 때, 침입절도 범죄자들은 대신 강도범죄를 하기로 함

① 공간적(territorial) 전이

② 시간적(temporal) 전이

③ 전술적(tactical) 전이

④ 목표물(target) 전이

⑤ 기능적(functional) 전이

해설

⑤ 레페토(Reppetto)는 상황적 범죄예방활동의 한계로써 범죄의 전이 현상을 주장하였으며, 범죄전이의 유형을 5가지로 구분하였다. 이 중 '기능적 전이'는 범죄자가 절도에서 강도로 범죄형태를 바꾸는 것처럼 범죄의 유형적인 변경을 하는 것이다.

답 ⑤

3. 범죄학이론 중 발달이론(Developmental Theory)에 대한 설명으로 옳지 않은 것은? ⟨17. 5급⟩

① 이 이론은 1990년대 샘슨(R. Sampson)과 라웁(J. Laub)이 1930년대 글뤽(Glueck) 부부의 연구를 재분석하며 활성화된 이론이다.

② 범죄자의 삶의 궤적을 통해 범죄를 지속하는 요인과 중단하는 요인이 무엇인지를 찾아내는 데 관심이 있다.

③ 심리학자 모핏(Moffitt)은 범죄자를 청소년한정형 범죄자와 인생지속형 범죄자로 분류하면서 이들 중 인생지속형 범죄자는 아주 이른 나이에 비행을 시작하고 성인이 되어서도 범죄를 지속하는 유형이라고 정의하였다.

④ 인생지속형 범죄자보다 청소년한정형 범죄자가 정신건강상의 문제를 더 많이 가지고 있다.

⑤ 발달이론에서 범죄경력을 중단하는 계기가 되는 사건으로 결혼, 취직 등이 있다.

해설

④ 모핏(Moffitt)은 범죄자를 연령과 범죄율과의 관계에 따라 생애 지속 범죄자와 청소년기 한정 범죄자로 범죄자의 유형을 구분하였다. 이 중 생애 지속 범죄자는 정신 심리적 기능의 장애와 어린 시절의 부적절한 성장 환경으로 어린 시절부터 범죄를 저지르기 시작하여, 성인기에도 범죄에서 벗어나지 못하는 만성적인 범죄자를 말한다. 따라서 정신건강상의 문제를 더 많이 가지고 있는 범죄자 유형은 청소년 한정 범죄자보다 '생애 지속 범죄자'이다.

답 ④

🔳 **7급 형사정책**

1. 회복적 사법에 대한 설명으로 옳지 않은 것은? 〈13. 7급〉

① 회복적 사법은 지역사회의 피해를 복구하고 사회적 화합을 도모할 수 있다.

② 회복적 사법은 가해자에게 진심으로 반성할 수 있는 기회를 제공함으로써 재사회화에도 도움이 된다.

③ 회복적 사법은 회복목표가 명확하고 재량이 광범위하여 평가 기준이 가변적이라는 장점이 있다.

④ 회복적 사법은 형사화해를 통해 형벌이 감면되는 경우 낙인효과를 경감시킬 수 있다.

해설 ▶

③ 회복적 사법은 공식적인 형사사법절차에 의한 처벌을 지양하고 가정·학교 및 지역사회 등 비공식적인 절차를 통한 피해자와 가해자의 상호 용서와 화해에 이르는 것을 목표로 한다. 회복적 사법은 범죄자의 낙인효과를 최소화하고 형사사법 절차를 통해 해결하기 어려운 범죄에 효과적으로 대응할 수 있는 반면, '회복 목표가 불분명하고 재량이 광범위하여 평가기준이 가변적이라는 문제'가 있다.

* **회복적 사법의 장단점**

장 점	단 점
• 지역사회 자율적 분쟁조절능력 향상 • 범죄자 낙인효과 절감 • 공식적 절차를 통해 해결 어려운 범죄 효과적 대응 • 형사사법기관 업무 경감 • 형사사법 작용 국민신뢰 향상	• 회복 목표의 불분명 • 재량 광범위, 평가기준 가변 • 피해자 희생 강요 문제 • 사법절차의 공정성 및 명확성 훼손 가능성

답 ③

2. 형사정책은 범죄예방 및 통제에 대한 정부나 사회의 입장을 반영한다. 형사정책의 관점 및 범죄통제 유형에 대한 설명으로 옳지 않은 것은? 〈13. 7급〉

① 범죄억제모델은 처벌을 통하여 범죄자들의 잠재적 범죄를 예방하고, 이를 통하여 사회를 안전하게 보호하는데 중점을 둔다.

② 사회환경 개선을 통한 범죄예방모델은 범죄의 원인을 개인과 환경과의 상호작용에서 찾음으로써 사회적 범죄환경요인을 개선 내지 제거할 것을 주장한다.
③ 적법절차 관점은 형사사법절차상 범죄자의 권리와 법적 절차를 충실하게 지키도록 형사사법기관의 자유재량(discretion)을 최대한 존중해야 한다고 주장한다.
④ 치료적 사법 관점은 단순한 법적용과 기계적 처벌 위주의 전통적 형사사법의 한계를 극복하기 위해 범죄자에 내재해 있는 범죄발생요인을 근본적으로 치유하는데 중점을 둔다.

해설

③ 적법절차적 관점은 형사사법기관의 '자유재량을 축소'하고, 범죄자의 권리와 법적절차를 충실하게 수행토록 해야 한다.

답 ③

3. 밀러(Miller)의 하류계층 하위문화이론에 대한 설명으로 옳지 않은 것은?
〈13. 7급〉

① 하류계층의 비행을 '중류층에 대한 반발에서 비롯된 것'이라는 코헨(Cohen)의 주장에 반대하고 그들만의 독특한 하류계층 문화 자체가 집단비행을 발생시킨다고 보았다.
② 하류계층의 대체문화가 갖는 상이한 가치는 지배계층의 문화와 갈등을 초래하며, 지배집단의 문화와 가치에 반하는 행위들이 지배계층에 의해 범죄적·일탈적 행위로 간주된다고 주장한다.
③ 하류계층의 비행이 반항도 혁신도 아닌 그들만의 독특한 '관심의 초점'을 따르는 동조행위라고 보았다.
④ 하류계층의 문화를 범죄적 하위문화, 갈등적 하위문화, 도피적 하위문화로 분류하였다.

해설

④ 클라워드(Cloward)와 올린(Ohlin)은 차별적기회이론에서 비행하위문화의 유형을 범죄 하위문화, 갈등 하위문화, 도피 하위문화로 구분하였다.

답 ④

4. 범죄문제의 현황을 파악하는 자료로 활용되는 공식범죄통계와 범죄피해조사에 대한 설명으로 옳은 것으로만 묶인 것은? 〈13. 7급〉

> ㄱ. 공식범죄통계는 일선경찰서의 사건처리방침과 경찰관들의 재량행위로 인하여 범죄율이 왜곡되고 축소될 가능성이 있다.
>
> ㄴ. 범죄피해조사는 응답자의 기억에 오류가 있을 수 없기에 비교적 정확히 범죄의 수준을 파악할 수 있다.
>
> ㄷ. 공식범죄통계를 통해서 범죄현상의 내재적 상관관계나 범죄원인을 밝힐 수 있다.
>
> ㄹ. 범죄피해조사에 대해서는 범죄구성요건에 대한 응답자의 지식이 충분하지 못하고, 질문문항이 잘못 작성될 가능성이 있다는 등의 문제점이 지적된다.
>
> ㅁ. 공식범죄통계와 범죄피해조사는 각기 나름대로의 한계가 있기 때문에 범죄의 수준을 측정하는 도구로 완벽하다고 볼 수는 없다.

① ㄱ, ㄴ, ㄷ
② ㄱ, ㄹ, ㅁ
③ ㄴ, ㄷ, ㄹ
④ ㄴ, ㄷ, ㅁ

해설

> ㄴ. 범죄피해조사는 범죄피해자를 통해서 범죄를 파악하는 방법으로 공식통계에서 파악되지 않은 숨은 범죄와 관련된 정보를 파악 가능하고, 범죄피해 실태를 보다 정확하게 판단할 수 있다. 그러나 '피해자의 망각 및 오기억으로 인한 대상자의 잘못된 응답'이 가능하다.
>
> ㄷ. 공식범죄통계는 특정 국가 또는 단체 등에서 발간하는 공식적인 범죄 관련 통계를 분석하는 연구방법으로, 범죄나 범죄자의 일반적인 경향 파악 유용하고 객관성이 가장 높아서 치안 수요 예측이 가능하다. 그러나 암수범죄의 파악이 어렵고 범죄의 질적인 특성을 파악하여 비교할 수 없다.

답 ②

5. 형사정책에 대한 학자들의 주장(보기 1)과 이에 대한 분석 〈보기 2〉가 있다. 〈보기 2〉의 분석 중 옳은 것을 모두 고르면? 〈13. 7급〉

> 〈보기 1〉
>
> A. 범죄학은 영토를 가지지 않은 제왕의 학문이다.(Sellin)
>
> B. 범죄는 불가피하고 정상적인 사회현상이다.(Durkheim)
>
> C. 형법은 형사정책의 극복할 수 없는 한계이다.(Liszt)

D. 피해자의 존재가 오히려 범죄자를 만들어 낸다.(Hentig)

E. 암수범죄에 대한 연구는 축소적으로 실현된 정의(正義)에 대한 기본적 비판(Kaiser)

〈보기 2〉

ㄱ. A는 범죄원인은 종합적으로 규명되어야 하기 때문에 범죄학은 범죄사회학 이외에도 범죄생물학, 범죄심리학 등 모든 관련 주변학문영역에 대해 개방적일 수밖에 없음을 표현한 것이다.

ㄴ. B는 범죄가 사회의 규범유지를 강화시켜주는 필수적이고 유익한 기능을 한다는 설명이다.

ㄷ. C는 형법의 보호적 기능이 형사정책을 제한하는 점에 대한 설명이다.

ㄹ. D는 범죄피해자는 단순한 수동적 객체에 불과한 것이 아니라 범죄화과정에 있어서 적극적인 주체라는 점을 부각시킨 설명이다.

ㅁ. E는 숨은 범죄의 존재로 인해 범죄에 대한 대책을 수립하는 데 범죄통계가 충분한 출발점이 될 수 없음을 나타낸 표현이다.

① ㄱ, ㄴ, ㄹ, ㅁ

② ㄱ, ㄴ, ㅁ

③ ㄴ, ㄷ, ㄹ, ㅁ

④ ㄷ, ㄹ, ㅁ

> **해설**
>
> ① C는 리스트(Liszt)의 말로, 형법의 '보장적 기능(책임주의 원칙)'이 형사 정책을 제한한다는 것을 설명한 것이다.
> A. '종합과학성': 범죄학은 영토를 가지지 않은 제왕의 학문이다.
> B. '범죄정상설': 범죄는 불가피하고 정상적인 사회현상이다.(Durkheim)
> C. '책임주의 원칙(보장적 기능)': 형법은 형사정책의 극복할 수 없는 한계이다.(Liszt)
> D. '피해자의 범죄화과정': 피해자의 존재가 오히려 범죄자를 만들어 낸다.(Hentig)
> E. '프라이브르크 프로젝트': 암수범죄에 대한 연구는 축소적으로 실현된 정의(正義)에 대한 기본적 비판(Kaiser)
>
> 답 ①

6. 다음은 슈나이더(Schneider)가 분류한 정신병질의 특징과 범죄의 관련성에 대해 설명한 것이다. 괄호 안에 들어갈 말이 바르게 짝지어진 것은?   〈13. 7급〉

(㉠) 정신병질자는 인간이 보편적으로 갖는 고등감정이 결핍되어 있으며, 냉

혹하고 잔인한 범죄를 저지르는 경우가 많다.

(ⓛ) 정신병질자는 환경의 영향을 많이 받으며, 누범의 위험이 높다.

(ⓒ) 정신병질자는 심신의 부조화 상태를 늘 호소하면서 타인의 동정을 바라는 성격을 가지며, 일반적으로 범죄와는 관계가 적다.

(ⓔ) 정신병질자는 낙천적이고 경솔한 성격을 가지고 있으며, 상습사기범이 되기 쉽다.

	㉠	㉡	㉢	㉣
①	광신성	의지박약성	우울성	발양성
②	무정성	의지박약성	무력성	발양성
③	광신성	자신결핍성	우울성	기분이변성
④	무정성	자신결핍성	무력성	기분이변성

해설

② 슈나이더(Schneider)는 정신병질이론에서 정신병질을 10가지로 분류했으며, 이를 '슈나이더 10분법'이라고 한다.

※ **슈나이더(Schneider)의 정신병질 분류**
① 발양성 : 자기 운명과 능력에 대해 지나치게 낙관적
② 우울성 : 매우 비관적인 인생관, 항상 우울하고 매사 자책
③ 의지박약성 : 의지와 지능이 약하고 정신 능력이 떨어짐
④ 무정성 : 냉혹하고 냉담하며, 동정심 수치심 등의 인간적인 감정이 없음
⑤ 폭발성 : 자극에 대해 지나치게 반응하고 병적인 흥분이 잦음
⑥ 기분이변성 : 기분의 동요가 심해 감정 예측 불가
⑦ 자기현시욕성 : 자기를 과대평가하고 허언을 일삼음
⑧ 자신결핍성 : 자신의 우월성 인식은 있으나 능력 부족을 늘 의식
⑨ 광신성 : 개인적·이념적인 목적 달성에 열중, 타인 불신 경향
⑩ 무력성 : 심신의 부조화 호소, 타인에게 동정을 바람

답 ②

7. 서덜랜드(Sutherland)의 차별접촉이론을 보완하는 주장들에 대한 설명으로 옳은 것으로만 묶인 것은? 〈13. 7급〉

ㄱ. 법위반에 우호적인 대상과 반드시 대면적 접촉을 필요로 하는 것은 아니므로 영화나 소설 등을 통한 간접적인 접촉을 통해서도 범죄행동을 모방할 수 있다.

ㄴ. 사람들이 사회와 맺는 사회유대의 정도에 따라 범죄행동이 달라질 수 있다.

Body:

ㄷ. 하층이나 소수민, 청소년, 여성처럼 사회적 약자에게 법은 불리하게 적용될 수 있다.

ㄹ. 비행은 주위 사람들로부터 학습되지만 학습원리, 즉 강화의 원리에 의해 학습된다.

ㅁ. 비합법적인 수단에 대한 접근가능성에 따라서 비행하위문화의 성격 및 비행의 종류도 달라진다.

① ㄱ, ㄴ ② ㄱ, ㄹ
③ ㄴ, ㄷ ④ ㄴ, ㅁ

해설

ㄱ. '글레이서(Glaser)의 차별시 동일시이론': 법위반에 우호적인 대상과 반드시 대면적 접촉을 필요로 하는 것은 아니므로 영화나 소설 등을 통한 간접적인 접촉을 통해서도 범죄행동을 모방할 수 있다.

ㄹ. '에이커스(Akers)와 버제스(Burgess)의 차별적강화이론': 비행은 주위 사람들로부터 학습되지만 학습원리, 즉 강화의 원리에 의해 학습된다.

답 ②

8. 화이트칼라범죄에 대한 설명으로 옳지 않은 것으로만 묶인 것은? 〈13. 7급〉

ㄱ. 화이트칼라범죄는 사회지도층에 대한 신뢰를 파괴하고, 불신을 초래할 수 있다.

ㄴ. 화이트칼라범죄는 청소년비행이나 하류계층 범인성의 표본이나 본보기가 될 수 있다.

ㄷ. 화이트칼라범죄는 폭력성이 전혀 없다는 점에서 전통적인 범죄유형과 구별된다.

ㄹ. 화이트칼라범죄는 업무활동에 섞여 일어나기 때문에 적발이 용이하지 않고 증거수집이 어려운 특성이 있다.

ㅁ. 경제발전과 소득증대로 화이트칼라범죄를 범하는 계층은 점차 확대되어가는 경향이 있다.

ㅂ. 서덜랜드는 사회적 지위와 직업활동이라는 요소로 화이트칼라범죄를 개념정의한다.

ㅅ. 화이트칼라범죄는 직접적인 피해자를 제외하고는 다른 사람들에게 영향을 미치지 않는다.

ㅇ. 화이트칼라범죄는 전문적 지식이나 기법을 기반으로 행해지기 때문에 대체로 위법성의 인식이 분명한 특성이 있다.

① ㄱ, ㄹ, ㅇ　　　　　　　　　② ㄴ, ㅅ

③ ㄷ, ㅇ　　　　　　　　　　　④ ㅁ, ㅂ, ㅅ

해설

③ 화이트칼라범죄는 서덜랜드(Sutherland)가 주장한 범죄 개념으로 사회적 존경과 고위직에 있는 사람이 직업적인 과정에서 범하는 범죄를 말하며, 육체노동을 주로 하는 노동자의 범죄를 뜻하는 '블루칼라 범죄'와 대비된다.

ㄷ. 화이트칼라범죄는 전통적인 범죄에 비해 폭력을 수단으로 거의 하지 않는 것이지, '폭력성이 전혀 없다는 것은 아니다.'

ㅅ. 화이트칼라범죄는 직접 피해자를 제외하고도 '광범위한 피해자를 양산'할 수 있다.

ㅇ. 화이트칼라범죄는 전문적 지식이나 기법을 기반으로 행해지기 때문에 대체로 '위법성의 인식이 불분명'하다.

답 ③

9. 다음의 범죄이론과 그 내용이 바르게 짝지어진 것은? 〈13. 7급〉

> ㄱ. 억제이론(deterrence theory)
>
> ㄴ. 차별접촉이론(differential association theory)
>
> ㄷ. 사회유대이론(social bond theory)
>
> ㄹ. 낙인이론(labeling theory)
>
> ㅁ. 사회해체이론(social disorganization theory)
>
> A. 도심지역의 주민이동과 주민이질성이 범죄발생을 유도한다.
>
> B. 지하철에 정복경찰관의 순찰을 강화하자 범죄가 감소했다.
>
> C. 부모와의 애착이 강한 청소년일수록 비행가능성이 낮다.
>
> D. 청소년 비행의 가장 강력한 원인은 비행친구에 있다.
>
> E. 어려서부터 문제아로 불리던 사람은 성인이 되어서도 범죄성향이 강하게 나타난다.

	ㄱ	ㄴ	ㄷ	ㄹ	ㅁ
①	A	B	E	C	D
②	A	E	D	B	C
③	B	C	D	A	E
④	B	D	C	E	A

해설

ㄱ. '억제이론': 지하철에 정복경찰관의 순찰을 강화하자 범죄가 감소했다.
ㄴ. '차별접촉이론': 청소년 비행의 가장 강력한 원인은 비행친구에 있다.
ㄷ. '사회유대이론': 부모와의 애착이 강한 청소년일수록 비행가능성이 낮다.
ㄹ. '낙인이론': 어려서부터 문제아로 불리던 사람은 성인이 되어서도 범죄성향이 강하게 나타난다.
ㅁ. '사회해체이론': 도심지역의 주민이동과 주민이질성이 범죄발생을 유도한다.

답 ④

10. 머튼(Merton)의 아노미이론에서 제시한 개인의 적응방식 중 다음의 사례에서 찾을 수 없는 유형은? 〈14. 7급〉

○ 비록 자신은 충분한 교육을 받지 못했지만 주어진 조건 내에서 돈을 많이 벌려고 노력하는 자
○ 정상적인 방법으로는 부자가 될 수 없다고 판단하고 사기, 횡령 등을 행하는 자
○ 사업이 수차례 실패로 끝나자 자신의 신세를 한탄히면서 부랑생활을 하는 자
○ 환경보호를 이유로 공공기관이 시행하는 댐건설현장에서 공사 중단을 요구하며 시위를 하는 자

① 혁신형(innovation)
② 회피형(retreatism)
③ 의례형(ritualism)
④ 반역형(rebellion)

해설

③ 머튼(Merton)은 긴장이론에서 문화적 목표와 제도화된 수단 간의 괴리로 인해 범죄가 발생한다고 보았고, 아노미에 대한 적응유형을 순응형(동조형), 혁신형(개혁형), 의례형(의식형), 은둔형(회피형), 혁명형(반역형) 등 5가지로 구분하였다.
• '동조형': 비록 자신은 충분한 교육을 받지 못했지만 주어진 조건 내에서 돈을 많이 벌려고 노력하는 자
• '혁신형': 정상적인 방법으로는 부자가 될 수 없다고 판단하고 사기, 횡령 등을 행하는 자
• '회피형': 사업이 수차례 실패로 끝나자 자신의 신세를 한탄하면서 부랑생활을 하는 자
• '반역형': 환경보호를 이유로 공공기관이 시행하는 댐건설현장에서 공사 중단을 요구하며 시위를 하는 자

답 ③

11. 학습이론(learning theory)에 대한 설명으로 옳은 것은? 〈14. 7급〉

① 버제스(Burgess)와 에이커스(Akers)에 따르면 범죄행위를 학습하는 과정은 과거에 이러한 행위를 하였을 때에 주위로부터 칭찬, 인정, 더 나은 대우를 받는 등의 보상이 있었기 때문이다.

② 타르드(Tarde)의 모방의 법칙에 따르면 학습의 방향은 대개 우월한 사람이 열등한 사람을 모방하는 방향으로 진행된다.

③ 서덜랜드(Sutherland)에 따르면 범죄자와 비범죄자의 차이는 접촉유형의 차이가 아니라 학습과정의 차이에서 발생한다.

④ 글레이저(Glaser)에 따르면 범죄를 학습하는 과정에 있어서는 누구와 자신을 동일시하는지 또는 자기의 행동을 평가하는 준거집단의 성격이 어떠한지보다는 직접적인 대면접촉이 더욱 중요하게 작용한다.

해설 ▶ ···

① 버제스(Burgess)와 에이커스(Akers) : 차별적강화이론

② 타르드(Tarde)는 모방이론에서 거리의 법칙, 위에서 아래로의 법칙, 삽입의 법칙 등 '모방의 법칙'을 주장하였다. 이 중 위에서 아래로의 법칙은 사회적 우월자를 중심으로 상위자에서 하위자로 모방이 진행된다는 것이며, 이 과정에서 '학습은 열등한 사람이 우월한 사람을 모방하는 방향으로 진행'된다. 즉, 모방의 방향은 하류계층(민중)이 상류계층(귀족)을 모방하거나, 지방도시가 대도시를 모방하는 형태가 일반적이다.

③ 서덜랜드(Sutherland)는 차별적접촉이론에서 범죄 행동은 타인과 상호 접촉을 통해 학습되며, 접촉의 차이는 강도 · 빈도 · 지속시간 · 시기에 따라 다르다고 보았다. 따라서 서덜랜드(Sutherland)는 비행 친구와의 접촉을 범죄나 비행의 중요한 원인으로 보아, 범죄와 비범죄자의 차이를 학습과정이 차이가 아닌 '접촉유형의 차이'로 보았다.

④ 글레이저(Glaser)는 차별적동일시이론에서 서덜랜드(Sutherland)의 '접촉' 개념 대신에 '동일시'라는 개념을 사용하면서, 사람들은 물리적인 접촉 뿐만이 아니라 대중매체(mass media)와 같은 것을 통해서 행동에 대해 주관적인 애착 · 존경 등을 느끼고 자신과 동일시한다고 주장하였다. 즉, 친밀한 집단 뿐만이 아니라 '사회적으로 먼 준거집단 등을 통해서도 범죄를 학습할 수 있다'는 것이다.

답 ①

12. 사회해체론에 대한 설명으로 옳지 않은 것만을 모두 고른 것은? 〈14. 7급〉

> ㄱ. 개별적으로 누가 거주하든지 관계없이 지역의 특성과 범죄발생 간에는 중요한 연관성이 있다고 본다.
>
> ㄴ. 쇼우(Shaw)와 맥케이(Mckay)는 도심과 인접하면서 주거지역에서 상업지역으로 바뀐 이른바 전이지역(transitional zone)의 범죄발생률이 지속적

으로 높다고 지적하였다.

ㄷ. 버식(Bursik)과 웹(Webb)은 지역사회가 주민들에게 공통된 가치체계를 실현하지 못하고 지역주민들이 공통적으로 겪는 문제를 해결할 수 없는 상태를 사회해체라고 정의하고, 그 원인을 주민의 비이동성과 동질성으로 보았다.

ㄹ. 버식(Bursik)과 웹(Webb)은 사회해체지역에서는 공식적인 행동지배규범(movement-governing rules)이 결핍되어 있으므로 비공식적 감시와 지역주민에 의한 직접적인 통제가 커진다고 주장하였다.

ㅁ. 사회해체지역에서는 전통적인 사회통제기관들이 규제력을 상실하면서 반가치를 옹호하는 하위문화가 형성되나, 주민이동이 많아지면서 이러한 문화는 계승되지 않고 점차 줄어들면서 범죄율이 낮아진다고 본다.

① ㄱ, ㄴ, ㄷ
② ㄴ, ㄷ, ㄹ
③ ㄴ, ㄹ, ㅁ
④ ㄷ, ㄹ, ㅁ

해설

ㄷ. 버식(Bursik)과 웹(Webb)은 사회해체의 원인을 지역 주민들의 많은 이동과 주민들 간의 공통적인 가치체계의 부재라고 주장하였다. 즉, '주민의 이전성과 주민의 이질성'이 사회통제능력을 약화시킨다는 것이다.

ㄹ. 버식(Bursik)과 웹(Webb)은 사회해체된 지역에서는 공식적인 행동지배규범이 있더라도 그 규범이 제대로 적용되지 않을 뿐만 아니라, '비공식적인 감시나 지역주민들에 의한 직접적인 통제 등도 역할을 제대로 하지 못해' 사회통제능력은 약화된다,

ㅁ. 사회해체지역에서는 그 지역 만의 하위문화가 형성되어 구성원들의 변동이 잦음에도 불구하고 '범죄율은 계속 높게 나타난다.'

답 ④

13. 다이버전(diversion)에 대한 설명 중 옳은 것(○)과 옳지 않은 것(×)을 순서대로 바르게 나열한 것은? 〈14. 7급〉

ㄱ. 일반적으로 공식적 형사절차로부터의 이탈과 동시에 사회내 처우프로그램에 위탁하는 것을 내용으로 한다.

ㄴ. 형사사법기관이 통상의 형사절차를 중단하고 이를 대체하는 새로운 절차로 이행하는 것으로, 성인형사
사법보다 소년형사사법에서 그 필요성이 더욱 강조된다.

> ㄷ. 기존의 사회통제체계가 낙인효과로 인해 범죄문제를 해결하기보다는 오히려 악화시킨다는 가정에서 출발하고 있다.
>
> ㄹ. 종래에 형사처벌의 대상이 되었던 문제가 다이버전의 대상이 됨으로써 형사사법의 통제망이 축소되고 나아가 형사사법의 평등을 가져온다.

	ㄱ	ㄴ	ㄷ	ㄹ
①	○	○	○	×
②	○	×	×	○
③	×	○	×	○
④	○	×	○	×

해설 ▶

ㄹ. 종래에 형사처벌의 대상이 되었던 문제가 다이버전의 대상이 됨으로써 '형사사법 통제망의 확대'가 발생하고, 다이버전의 대상을 누구로 할 것인가에 관하여 '형사사법의 불평등'을 가져올 수 있는 문제가 발생한다.
형사사법의 통제망이 축소되고 나아가 형사사법의 평등을 가져온다.

답 ①

14. 다음 설명 중 옳지 않은 것은? 〈14. 7급〉

① 라까사뉴(Lacassagne)는 사회는 범죄의 배양기이고 범죄자는 그 미생물에 해당한다고 하여 범죄원인은 결국 사회와 환경에 있다는 점을 강조하였다.

② 셀린(Sellin)은 동일한 문화 안에서의 사회변화에 의한 갈등을 1차적 문화갈등이라고 하고, 이질적 문화 간의 충돌에 의한 갈등을 2차적 갈등이라고 설명하였다.

③ 뒤르켐(Durkheim)은 집단적 비승인이 존재하는 한 범죄는 모든 사회에 어쩔 수 없이 나타나는 현상으로 병리적이기 보다는 정상적인 현상이라고 주장하였다.

④ 코헨(Cohen)은 중산층 문화에 적응하기 못한 하위계층 출신 소년들이 자신을 궁지에 빠뜨린 문화나 가치체계와는 정반대의 비행하위문화를 형성한다고 보았다.

해설 ▶

② 셀린(Sellin)은 문화갈등이론에서 문화갈등을 1차적 문화갈등과 2차적 문화갈등으로 구분하였다. '1차적 문화갈등'은 '상이한 이질 문화 간' 충돌에 의한 횡적 문화갈등이라 하였고, '2차적 문화갈등'은 '동일 문화 내'에서 사회분화로 인한 규범의 갈등으로

인한 종적 문화갈등이라 하였다.

답 ②

15. 낙인이론이 주장하는 형사정책적 결론에 부합하는 것만을 모두 고른 것은?

〈14. 7급〉

> ㄱ. 기존 형법의 범죄목록 중에서 사회변화로 인하여 더 이상 사회위해성이
> 없는 행위로 평가되는 것은 범죄목록에서 삭제해야 한다.
> ㄴ. 가능한 한 범죄에 대한 공식적 반작용은 비공식적 반작용으로, 중한 공식
> 적 반작용은 경한 공식적 반작용으로 대체되어야 한다.
> ㄷ. 가능한 한 범죄자를 자유로운 공동체 내에 머물게하여 자유로운 상태에서
> 그를 처우하여야 한다.
> ㄹ. 범죄자의 재사회화가 성공적으로 이루어진 후에는 그의 사회적 지위를 되
> 돌려주는 탈낙인화가 뒤따라야 한다.

① ㄱ, ㄷ
② ㄴ, ㄹ
③ ㄱ, ㄴ, ㄷ
④ ㄱ, ㄴ, ㄷ, ㄹ

해설

④ 모든 지문이 올바른 설명이다.
ㄱ. 비범죄화(경미범)
ㄴ. 공식적인 형사사법기관의 작용 축소 및 대체
ㄷ. 개방 처우 등 사회 내 처우 확대
ㄹ. 재사회화를 위한 탈낙인화 노력

답 ④

16. 다음 설명 중 옳지 않은 것은?

〈14. 7급〉

① 롬브로조(Lombroso)는 범죄인류학적 입장에서 범죄인을 분류하였으나, 페
리(Ferri)는 롬브로조가 생물학적 범죄원인에 집중한 나머지 범죄인의 사회적
영향을 무시한다고 비판하고 범죄사회학적 요인을 고려하여 범죄인을 분류하
였다.

② 가로팔로(Garofalo)는 생물학적 요소에 사회심리학적 요소를 덧붙여 범죄인
을 자연범과 법정범으로 구분하고, 과실범은 처벌하지 말 것을 주장하였다.

③ 아샤펜부르크(Aschaffenburg)는 개인적 요인과 환경적 요인을 결합하여 범죄인으로부터 생겨나는 법적 위험성을 기준으로 범죄인을 분류하였다.

④ 리스트(Liszt)는 형벌의 목적을 개선, 위하, 무해화로 나누고 선천적으로 범죄성향이 있으나 개선이 가능한 자에 대해서는 개선을 위한 형벌을 부과해야 한다고 하면서, 이러한 자에 대해서는 단기 자유형이 효과적이라고 주장하였다.

해설

④ 리스트(Liszt)는 범죄자 유형을 개선불가능자, 개선가능자, 기회범으로 나누고, 형벌의 목적을 개선, 위하, 무해화로 구분하였다. 그리고 개선불가능자는 종신형에 따른 무해화를, 개선가능자는 개선에 필요한 형벌을 부과하고, 기회범에게는 벌금형을 부과해야 한다고 주장하였다. 단,' 개선가능자에게 단기자유형을 제외한 형벌을 부과해야 한다'고 하며, 단기자유형의 폐해를 강조하였다. "단기자유형은 형사정책상 무용할 뿐만 아니라 해롭기까지 한 형벌이다."

답 ④

17. 소년비행의 원인에 대한 설명으로 옳지 않은 것은? 〈14. 7급〉

① 맛차(Matza)와 사이크스(Sykes)에 따르면 일반소년과 달리 비행소년은 처음부터 전통적인 가치와 문화를 부정하는 성향을 가지고 있으며, 차별적 접촉과정에서 전통규범을 중화시키는 기술이나 방법을 습득한다.

② 레크리스(Reckless)에 따르면 누구든지 비행으로 이끄는 힘과 이를 차단하는 힘을 받게 되는데, 만일 비행으로 이끄는 힘이 차단하는 힘보다 강하면 범죄나 비행을 저지르게 된다.

③ 허쉬(Hirschi)에 따르면 누구든지 비행가능성이 잠재되어 있고, 이를 통제하는 요인으로 개인이 사회와 맺고 있는 일상적인 유대가 중요하다.

④ 나이(Nye)에 따르면 소년비행을 예방할 수 있는 방법 중 가장 효율적인 것은 비공식적 간접통제방법이다.

해설

① 맛치(Matza)와 시이그스(Sykes)는 비행표류이론에서 비행소년들이 범죄에 대해 중화적인 태도를 취한다고 하여 전통적 사회의 가치를 모두 부정하는 것은 아니다고 하며, '대부분의 비행소년들이 관습적인 가치는 인정'하나 중화적인 기술을 습득하면서 비합법적인 행위와 관습적인 행위를 왔다 갔다 하는 표류를 한다고 주장하였다. 따라서 비행소년들이 처음부터 전통적인 가치와 문화를 부정하는 성향을 가지고 있는 것은 아니다.

답 ①

18. 비판범죄학에 대한 설명으로 옳지 않은 것은? 〈16. 7급〉

① 비판범죄학의 기초가 되는 마르크스(Marx)는 범죄발생의 원인을 계급갈등과 경제적 불평등으로 설명하고, 생활에 필요한 물적 자산을 충분히 갖지 못한 피지배계급이 물적 자산 내지 지배적 지위에 기존사회가 허락하지 않는 방법으로 접근하는 행위를 범죄로 인식했다.

② 봉거(Bonger)는 사법체계가 가진 자에게는 그들의 욕망을 달성할 수 있는 합법적인 수단을 허용하는 반면, 가난한 자에게는 이러한 기회를 허용하지 않기 때문에 범죄는 하위 계급에 집중된다고 주장했다.

③ 퀴니(Quinney)는 마르크스의 경제계급론을 부정하면서 사회주의 사회에서의 범죄 및 범죄통제를 분석하였다.

④ 볼드(Vold)는 집단갈등이 입법정책 영역에서 가장 첨예하게 나타난다고 보았다.

> **해설**
>
> ③ 퀴니(Quinney)는 마르크스의 경제계급론을 발전시켜 '자본주의 사회에서의 범죄 및 범죄통제를 분석'하였다. 그는 자본주의적 상황에서는 범죄가 필연적으로 발생하므로 자본주의의 포기를 통해서만 범죄를 예방할 수 있다고 주장하였다.
>
> 답 ③

19. 다음 ㉠, ㉡에 들어갈 용어가 바르게 연결된 것은? 〈16. 7급〉

> ○ 뒤르껨(Durkheim)에 의하면 (㉠)는 현재의 사회구조가 구성원 개인의 욕구나 욕망에 대한 통제력을 유지할 수 없을 때 발생한다고 보았으며, 머튼(Merton)에 의하면 문화적 목표와 이를 달성하기 위한 제도적 수단 사이에 간극이 있고 구조적 긴장이 생길 경우에 발생한다고 보았다.
>
> ○ 밀러(Miller)에 의하면 (㉡)는 중산층과 상관없이 고유의 전통과 역사를 가진 독자적 문화로 보았으며, 코헨(Cohen)에 의하면 중산층의 보편적인 문화에 대항하고 반항하기 위해서 형성되는 것이라고 보았다.

	㉠	㉡
①	아노미	저항문화
②	아노미	하위문화
③	사회해체	저항문화
④	사회해체	하위문화

해설

- 뒤르켐(Durkheim)과 머튼(Merton)의 '아노미'
- 밀러(Miller)와 코헨(Cohen)의 '하위문화'

답 ②

20. 환경과 범죄원인에 대한 설명으로 옳지 않은 ? 〈16. 7급〉

① 물가와 범죄의 관계에 대한 경험적 연구는 주로 곡물류 가격과 범죄의 관계를 대상으로 하였다.

② 계절과 범죄의 관계에 대한 연구에 의하면 성범죄와 폭력범죄는 추울 때보다 더울 때에 더 많이 발생한다고 알려져 있다.

③ 범죄인자 접촉빈도와 범죄발생과의 관계에 대한 이론인 습관성 가설은 마약범죄 발생의 원인규명에 주로 활용되었다.

④ 엑스너(Exner)는 전쟁을 진행 단계별로 나누어 전쟁과 범죄의 관련성을 설명하였다.

해설

③ 슈람(Schramm)의 '습관성가설'은 폭력에 장기간 노출되다보면 자신도 모르게 폭력에 길들여져서 '폭력범죄에 노출될 가능성이 높아진다'는 이론이다.

답 ③

21. 생물학적 범죄원인론에 대한 설명으로 옳지 않은 것은? 〈16. 7급〉

① 랑게(Lange)는 일란성 쌍둥이가 이란성 쌍둥이에 비해 쌍둥이가 함께 범죄를 저지를 가능성이 높다고 하였다.

② 허칭스(Hutchings)와 메드닉(Mednick)의 연구결과에 의하면 입양아는 생부와 양부 둘 중 한 편만 범죄인인 경우가 생부와 양부 모두가 범죄인인 경우보다 범죄인이 될 가능성이 낮다고 하였다.

③ 크레치머(Kretschmer)는 사람의 체형 중 비만형이 범지화률이 높은데 특히 절도범이 많다고 하였다.

④ 제이콥스(Jacobs)에 의하면 XYY형의 사람은 남성성을 나타내는 염색체 이상으로 신장이 크고 지능이 낮으며 정상인들에 비하여 수용시설에 구금되는 비율이 높다고 하였다.

해설

③ 크레취머(Kretschmer)는 신체 유형을 세장형, 투사형, 비만형, 혼합형으로 구분하였다. 이 중 '비만형'은 '범죄를 적게 하는 경향'이 있으며, 범죄를 범하는 경우에도 대체로 '사기범이 다수'이고 그 다음으로 폭력범죄의 순이다. 반면, '절도범은 세장형이 많고', 폭력범은 투사형의 체형이 다수이다.

답 ③

22. 다음 설명의 내용과 형사정책학의 연구대상이 옳게 짝지어진 것은? 〈16. 7급〉

ㄱ. 형법해석과 죄형법정주의에 의한 형법의 보장적 기능의 기준이 된다.

ㄴ. 범죄행위뿐만 아니라 그 자체가 범죄로 되지 아니하는 알코올 중독, 자살 기도, 가출 등과 같은 행위도 연구의 대상이 된다.

ㄷ. 사회유해성 내지 법익을 침해하는 반사회적 행위를 의미하며, 범죄화와 비범죄화의 기준이 된다.

ㄹ. 범죄 가운데 시간과 문화를 초월하여 인정되는 범죄 행위가 존재한다고 보고, 이는 형법상 금지여부와 상관없이 그 자체의 반윤리성·반사회성으로 인해 비난받는 범죄행위이다.

A. 실질적 범죄개념
B. 자연적 범죄개념
C. 형식적 범죄개념
D. 사회적 일탈행위

ㄱ ㄴ ㄷ ㄹ
① A B C D
② A D C B
③ C B A D
④ C D A B

해설

ㄱ. '형식적 범죄개념': 형법해석과 죄형법정주의에 의한 형법의 보장적 기능의 기준이 된다.

ㄴ. '사회적 일탈행위': 범죄행위뿐만 아니라 그 자체가 범죄로 되지 아니하는 알코올 중독, 자살기도, 가출 등과 같은 행위도 연구의 대상이 된다.

ㄷ. '실질적 범죄개념': 사회유해성 내지 법익을 침해하는 반사회적 행위를 의미하며, 범죄화와 비범죄화의 기준이 된다.

ㄹ. '자연적 범죄개념': 범죄 가운데 시간과 문화를 초월하여 인정되는 범죄 행위가 존재한다고 보고, 이는 형법상 금지여부와 상관없이 그 자체의 반윤리성·반사회성으로

인해 비난받는 범죄행위이다.

답 ④

23. 범죄예측에 대한 설명으로 옳지 않은 것을 모두 고른 것은? 〈16. 7급〉

> ㄱ. 글룩(Glueck) 부부는 아버지의 훈육, 어머니의 감독, 아버지의 애정, 어머니의 애정, 가족의 결집력 등 다섯가지 요인으로 구분하여 범죄예측표를 작성하였다.
> ㄴ. 통계적 예측법은 많은 사례를 중심으로 개발된 것이기 때문에 개별 범죄자의 고유한 특성이나 편차를 충분히 반영할 수 있다는 장점이 있다.
> ㄷ. 직관적 예측법은 실무에서 자주 사용되는 방법이지만, 이는 판단자의 주관적 입장에 의존한다는 점에서 비판을 받는다.
> ㄹ. 예방단계의 예측은 주로 소년범죄 예측에 사용되는데 잠재적인 비행소년을 식별함으로써 비행을 미연에 방지하고자 하는 방법이다.
> ㅁ. 재판단계에서 행해지는 예측은 주로 가석방결정에 필요한 예측이다.

① ㄱ, ㄷ
② ㄱ, ㄹ
③ ㄴ, ㄷ
④ ㄴ, ㅁ

해설

> ㄴ. 통계적 예측법은 범죄자의 행위적인 특징을 계량화하고 점수화하여 향후 범죄예측을 하는 방법으로, 범죄자의 일반적인 성향은 알 수 있으나, 개별 범죄자의 유한 특성이나 편차를 충분히 반영할 수는 없다.
> ㅁ. 재판단계에서 행해지는 예측은 주로 범죄자의 양형 결정에 필요한 예측방법이 행해지며, '가석방결정에 필요한 예측은 교정단계'에서 행해지는 예측방법이다.

답 ④

24. 다음에서 설명하는 형사정책 연구방법은? 〈16. 7급〉

> 청소년들의 약물남용실태를 조사하기 위하여 매 2년마다 청소년 유해환경조사를 실시하고 있다. 이 조사는 매 조사 연도에 3,000명의 청소년들을 새롭게 표본으로 선정하여 설문지를 통해 지난 1년 동안 어떤 약물을, 얼마나 복용하였는지를 질문하고 있다.

① 자기보고식조사
② 범죄피해조사
③ 추행조사
④ 참여관찰조사

해설

① 자기보고식조사는 자신의 과거 범죄행위에 관해 묻거나 설문하여 범죄를 밝혀내는 방법이다. 위 설문의 내용은 청소년들을 대상으로 스스로에게 약물복용여부를 조사하는 방식이므로 '자기보고시조사'에 해당한다.

답 ①

25. 여성범죄에 대한 설명으로 옳지 않은 것은?　　　　　　　　　　〈16. 7급〉

① 여성범죄는 우발적이거나 상황적인 경우가 많고 경미한 범행을 반복해서 자주 저지르는 성향이 있다.
② 폴락(Pollak)은 여성이 남성 못지 않게 범죄행위를 저지르지만, 은폐 또는 편견적 선처에 의해 통계상 적게 나타나는 것일 뿐이라고 지적하였다.
③ 신여성범죄자(new female criminals) 개념은 여성의 사회적 역할변화와 그에 따른 여성범죄율의 변화와의 관계에 초점을 맞추어 등장하였다.
④ 롬브로조(Lombroso)는 범죄여성은 신체적으로는 다른 여성과 구별되는 특징이 없지만, 감정적으로는 다른 여성과 구별되는 특징이 있다고 설명하였다.

해설

④ 롬브로조(Lombroso)는 '범죄 여성은 몸에 털이 많이 나는 등의 신체적 특징과 감성적인 면이 남성과 더 가까움'을 보이는 등 정상적 여성과 구별되는 '남성적 가설'을 주장하였다.
① 여성범죄의 특징
② 기사도정신 가설
③ 신여성범죄자

답 ④

26. 범죄이론에 대한 설명으로 옳지 않은 것은?　　　　　　　　　　〈16. 7급〉

① 서덜랜드(Sutherland)에 의하면 범죄행동은 학습되며 범죄자와 비범죄자의 차이는 학습과정의 차이가 아니라 접촉유형의 차이라고 한다.
② 글래저(Glaser)에 의하면 범죄는 행위자가 단순히 범죄적 가치와 접촉함으로써 발생하는 것이 아니라, 행위자 스스로 그것을 자기 것으로 동일시하는 단

계로까지 나가야 발생한다고 한다.

③ 사이크스(Sykes)와 맛짜(Matza)에 의하면 비행소년들이 범죄자와 접촉하는 과정에서 전통의 규범을 중화시키는 기술을 습득하게 된다고 한다.

④ 머튼(Merton)에 의하면 반응양식 중 혁신(innovation)은 문화적 목표는 부정하지만 제도화된 수단은 승인하는 형태라고 한다.

해설

④ 머튼(Merton)은 긴장이론에서 아노미에 대한 적응유형을 순응형, 혁신형, 의례형, 은둔형, 혁명형 등 5가지 유형으로 구분하였다. 이 중 '혁신형'은 현재의 목표를 제도화된 수단으로 달성할 수 없다고 여기고 일탈적인 수단을 통해서 목표를 달성하려는 형태로, '문화적 목표는 수용하지만 합법적인 수단을 거부'하는 유형이다. 반면, 문화적 목표는 부정하지만 제도화된 수단은 승인하는 형태는 '의례형'이다.

답 ④

참고문헌

Ⅰ. 단행본

경찰청,『피해자 · 보호지원 매뉴얼』, 서울: 경찰청, 2016.

공정식,『살아있는 범죄학』, 경기: 교육과학사, 2011.

김상균 · 송병호 · 신석환,『교정학』, 서울: 박영사, 2017.

김재민,『범죄학이론』, 서울: 박영사, 2018.

김재민 · 임낭연,『범죄피해조사론』, 서울: 박영사, 2018.

김재엽,『한국의 가정폭력』, 서울: 학지사, 2007.

김준호 · 노성호 · 이성식 · 곽대경 · 박정선 · 이동원 · 박철현,『청소년비행론』, 서울: 청목출판사, 2016.

대검찰청,『범죄분석』, 서울: 대검찰청, 2017.

문영호 · 정진수, "조직폭력의 실태와 대책", 한국형사정책연구원 보고서, 1993.

배종대,『형사정책』, 서울: 홍문사, 2011.

송희진,『범죄와 생활법률』, 서울: 박영사, 2018.

심희기 외,『현대 한국의 범죄와 형벌』, 서울: 박영사, 2019.

양원규 · 배철효 · 정우열 · 장철영,『범죄학 제대로 알기』, 서울: 백산출판사, 2014.

이건수,『범죄학개론』, 경기: 도서출판 정독, 2020.

이상현,『범죄심리학』, 서울: 박영사, 2004.

이순래 · 박철현 · 정안식,『범죄학이론』, 서울: 박영사, 2017.

이윤호,『교정학』, 서울: 박영사, 2017.

이윤호,『범쇠학』, 서울: 박엉사, 2019.

임상곤,『범죄심리학원론』, 서울: 백산출판사, 2004.

임준태,『범죄예방론』, 서울: 대영문화사, 2009.

전대양,『범죄학 기초 · 유형 · 이론』, 서울: 도서출판 다해, 2017.

전대양 · 박동균 · 김종오,『5G 시대와 범죄』, 서울: 박영사, 2018.

전돈수,『범죄학개론』, 경기: 21세기사, 2019.

정신교, 『범죄학 입문』, 서울: 형설출판사, 2011.

조철옥, 『현대범죄학』, 서울: 대영문화사, 2008.

허경미, 『피해자학』, 서울: 박영사, 2017.

허경미, 『현대사회와 범죄학』, 서울: 박영사, 2018.

Ⅱ. 논 문

강동범, "사이버범죄와 형사법적 대책", 형사정책연구, 제11권 제2호, 2000.

강숙자, "한국 여성운동 이념정립을 위한 시론", 이화여자대학교 박사학위논문, 2004.

기광도, "경찰과 범죄간의 관계분석: 시계열분석을 중심으로", 한국경찰연구, 제6권 제2호, 2007.

김성규, "DNA 정보의 데이터베이스화에 관한 법제의 의미와 형사정책적 과제", 형사정책연구, 2012.

김영진 · 길태영, "가정폭력범죄의 처벌 등에 관한 특례법의 개정방향", 법학연구, 제27권 제1호, 2016.

김주현, "조직범죄수사에 필요한 제도개선방향에 관한 소고", 강력검사연구논문집, 제4권, 1994.

김채영, "범죄학이론의 발전과 현대적 과제에 관한 연구", 호서대학교 석사학위논문, 2010.

김혜경, "DNA 데이터베이스와 프라이버시권: 사회안전과 개인정보자기결정권을 중심으로", 형사정책연구, 2014.

박경숙 외, "연명의료결정의 딜레마와 그 사회적 맥락", 사회와 이론, 통권 제26집, 2015.

박기석, "부부강간행위의 강간죄 성립여부", 형사정책연구, 제15권 제4호, 2004.

박성민, "성매매특별법상 자발적 성매매행위의 비범죄화 가능성 고찰", 형사법연구, 제27권 제4호, 2015.

배임호, "회복적 사법정의의 배경, 발전과정, 주요 프로그램 그리고 선진교정복지", 교정연구, 통권 제3호, 2007.

신동일, "성폭력범죄자의 성충동 약물치료에 관한 법률의 평가", 형사정책, 제23권

제1호, 2011.

양근원, "사이버범죄의 특징과 수사방향", 수사연구, 6월호, 2000.

원혜욱, "아동학대의 개념 및 실효적인 대책에 관한 검토", 법학연구, 제18집 제4호, 2015.

윤영철, "병역법 제88조 제1항과 양심적 병역거부", 비교형사법연구, 제6권 제2호, 2004.

윤지영, "위치추적 전자감시제도에 관한 비판적 고찰", 피해자학연구, 제18권 제2호, 2010.

이숙연, "디지털 증거의 증거능력과 증거조사방안", 재판자료, 제133집, 2016.

이완규, "디지털 증거 압수 절차상 피압수자 참여 방식과 관련성 범위 밖의 별건 증거 압수 방법", 형사법의 신동향, 통권 제48호, 2015.

이용식, "성범죄자 신상등록·신상공개·신상고지 제도에 관한 소고", 피해자학연구, 제24권 제1호, 2016.

이원상, "스토킹 처벌규정 도입에 대한 고찰", 형사정책연구, 통권 제94권, 2013.

이유정, "여성 폭력과 사법", 저스티스, 제146권 제3호, 2015.

이인영, "인공호흡기 제거청구사건 판결의 형사법적 시사점", 비교형사법연구, 제11권 제1호, 2009.

정준석, "간통죄 위헌결정에 대한 소고", 법학연구, 통권 제47집, 2016.

최응렬, "환경설계를 통한 범죄예방", 동국대학교 박사학위논문, 1984.

최인호, "사례분석을 통해 본 범죄피해자 지원제도의 필요성", 2016 범죄방지재단 춘계학술세미나 자료집, 2016.

허남순, "한국 아동학대 범죄의 처벌 등에 관한 특례법의 의미와 과제", 동광, 통권 제109권, 2014.

저자 프로필

▶ **학력 및 경력**
- 한세대학교 경찰법무대학원 경찰학 석사
- 한세대학교 일반대학원 경찰학 박사
- 서울송파·광진경찰서, 경기성남수정·중원경찰서 근무
- 한국산업인력공단 경비지도사 시험출제위원
- 현재 국립경찰대학 경찰학과 교수

▶ **저서 및 논문**
- 경찰학개론(메티스, 2020) 공저
- 경찰긴급대응론(박영사, 2020) 단독
- 생활안전경찰론(경찰대학 출판부, 2018) 공저
- 경찰관직무집행법(경찰대학, 2020) 공저
- 경찰관의 현장 출입 여부 판단의 문제점과 개선방안(2020)외 20편
- 112경찰의 직무성과 향상 요인 연구(2019)

▶ **수상경력**
- 경찰대학교 총학생회 청람강의상(2019)
- 경찰대학교 교수업적평가 최우수 및 우수 표창(2019, 2020)

경찰범죄학

초판 발행	2021년 2월 25일
지은이	박종철
펴낸이	안종만·안상준
편 집	김상인
기획/마케팅	오치웅
표지디자인	BEN STORY
제 작	고철민·조영환
펴낸곳	(주)박영사
	서울특별시 금천구 가산디지털2로 53, 210호(가산동, 한라시그마밸리)
	등록 1959. 3. 11. 제300-1959-1호(倫)
전 화	02)733-6771
f a x	02)736-4818
e-mail	pys@pybook.co.kr
homepage	www.pybook.co.kr
ISBN	979-11-303-1228-6 93350

정 가   20,000원